海 权

General Theory of Sea Power

通 论

吴锦标　主编

法律出版社 LAW PRESS·CHINA
北京

图书在版编目（CIP）数据

海权通论 / 吴锦标主编. -- 北京：法律出版社，2024. -- ISBN 978 - 7 - 5197 - 9881 - 9

Ⅰ. D993.5

中国国家版本馆 CIP 数据核字第 2024WR1590 号

海权通论　　　　　　　　　吴锦标 主编　　　策划编辑　张　珺
HAIQUAN TONGLUN　　　　　　　　　　　　　　责任编辑　张　珺
　　　　　　　　　　　　　　　　　　　　　　装帧设计　汪奇峰

出版发行　法律出版社	开本　710 毫米 × 1000 毫米　1/16
编辑统筹　法商出版分社	印张　27　　　字数　369 千
责任校对　王晓萍	版本　2025 年 4 月第 1 版
责任印制　胡晓雅	印次　2025 年 4 月第 1 次印刷
经　　销　新华书店	印刷　保定市中画美凯印刷有限公司

地址：北京市丰台区莲花池西里 7 号（100073）
网址：www.lawpress.com.cn　　　　　　销售电话:010 - 83938349
投稿邮箱：info@lawpress.com.cn　　　　客服电话:010 - 83938350
举报盗版邮箱：jbwq@lawpress.com.cn　　咨询电话:010 - 63939796
版权所有·侵权必究

书号：ISBN 978 - 7 - 5197 - 9881 - 9　　　　　定价：126.00 元

凡购买本社图书，如有印装错误，我社负责退换。电话:010 - 83938349

编委会

主　编　吴锦标

副主编　李　宁　牛　萌

撰稿人　（以姓氏拼音为序）

陈　健　陈亚莉　单　娟　匡　浩

李　宁　李清扬　刘　昭　刘振华

马俊霞　牛　萌　孙法柏　王洪飞

吴锦标　于　昊　佘晓龙

序

徐显明[*]

地理大发现大大促进了航海业的发展。随着新航路的开辟,海上贸易逐渐繁荣。

19世纪末20世纪初,美国军事理论家阿尔弗雷德·塞耶·马汉相继完成了"海权论"三部曲——《海权对历史的影响(1660—1783)》《海权对法国革命和法帝国的影响(1793—1812)》《海权与1812年战争的联系》,一时洛阳纸贵。由此,马汉关于"争夺海上主导权对于主宰国家乃至世界命运都会起到决定性作用"的观点盛行百年。在马汉提出"海权论"之前,葡萄牙、西班牙、荷兰、英国已通过控制海上要冲和掌握海权奠定了各自的优势地位。马汉"海权论"提出后,美国、德国、日本等国迅速引为圭臬,形成了强大的海上力量,一时成为"海上强国"。海权的发展史是世界市场开拓的产物。海路运输由于运力巨大且成本低廉,至今仍占据全球贸易的绝

---

[*] 徐显明,中国法学会副会长,中国人权研究会副会长,中国法理学研究会名誉会长,教育部法学教学指导委员会主任委员,教育部中央政法委卓越法治人才培养计划指导委员会主任委员,最高人民法院特邀咨询员,国际商事专家委员会专家委员,最高人民检察院专家咨询委员会委员。

对地位。在未来很长的一段时间中,海权理论仍然会继续影响大国地区间的博弈。

建设海洋强国是中国特色社会主义事业的重要组成部分。开展海权理论研究,把握其理论脉络、功能定位及实践路径,对于进一步关心海洋、认识海洋、经略海洋,维护国家主权、安全、发展利益,提升全民海洋意识,获得海洋强国地位,具有积极意义。

党的十八大以来,习近平总书记以深邃的战略眼光,统筹国内国际两个大局,将海洋强国建设提升至国家战略的高度。习近平总书记强调:"海洋在国家经济发展格局和对外开放中的作用更加重要,在维护国家主权、安全、发展利益中的地位更加突出,在国家生态文明建设中的角色更加显著,在国际政治、经济、军事、科技竞争中的战略地位也明显上升。"[1]当前,国际格局和国际体系正在经历深刻变革,百年未有之大变局加速演进。在此背景下,海洋治理作为全球治理体系的重要组成部分,正迎来前所未有的挑战。深度参与全球海洋治理,深入研究中国特色海权理论和海洋治理相关问题成为当务之急。

海权理论研究是推动经济高质量发展的迫切需要。海洋作为地球上最广阔的地理单元,蕴藏着丰富的生物、矿产、能源和化学资源,是人类生存与发展的宝贵财富。随着科技的进步,人类对海洋的开发利用已进入全新阶段,海洋空间已成为实现可持续发展的"第二疆域"。面对全球范围内日益激烈的海洋权益和资源争夺,加强海权理论研究,明确海洋权益边界,对于我国更好地利用海洋资源、保障航道安全、拓展海洋空间,实现经济的高质量发展具有重要意义。

海权理论研究是落实涉外法治建设的重要一环。在全球化的今天,国际竞争日益体现为制度之争、规则之争。海洋因其连续性、贯通性和完整性,成为连接国内法治与涉外法治的桥梁。通过深入研究海权理论,推动海

---

[1] 《海洋强国——实现中国梦的必然选择》,载共产党员网,https://www.12371.cn/2013/03/09/ARTI1362783917708921.shtml。

洋法治融入法治国家、法治政府、法治社会建设,有助于构建内外兼顾、协调发展的法治体系。同时,加强海权理论研究,阐释中国特色涉外法治理念,讲好中国法治故事,有助于构建具有中国特色、融通中外的涉外法治理论体系和话语体系,为国际海洋争端解决提供法理依据,形成以我为主、深度融合、互利共赢的涉海对话合作框架,展现我国法治大国、文明大国的良好形象。

海权理论研究是维护国家海洋安全的重要保障。海洋安全是国家安全的重要组成部分。随着我国海洋事业的蓬勃发展,来自海洋方面的安全威胁和挑战日益增多。同时,近海资源枯竭、海洋污染、全球气候变化等非传统海洋安全风险也在持续上升。加强海权理论研究,有助于提升我国应对海洋安全挑战的能力,为国际海洋治理提供了更多公共安全产品,推动全球海洋治理朝着更加公正合理的方向发展。

海权理论研究是提升全民海洋意识的重要基础。中华民族自古便有着深厚的海洋文化积淀,但相较其他海洋强国,我国在公众海洋观念、海洋知识和海洋实践方面仍有待提升。加强海权理论研究,深入挖掘、梳理、研究和阐释中华传统海洋文化,有助于激发广大人民群众了解海洋、关注海洋、经略海洋的热情,为海洋强国建设凝聚强大的精神力量。同时,通过人才培养和环境营造,提升全民海洋意识,为全面建设社会主义现代化国家提供坚实的支撑。

《海权通论》致力于相对系统地介绍海权理论与观念,探索海权掌控规律,激发人们持续关注海洋,这也是在该领域的一次有益尝试,是一本有价值的好书。愿此书能引发更多人对海洋事业的关注和思考,共同为推动国家海洋事业的发展贡献力量。

是为序。

2024 年 12 月 25 日

前　言

我国既是大陆国又是大海国。经略海洋关涉中华民族伟大复兴,关涉国家和民族的前途命运。建设海洋强国既是推进强国建设、民族复兴伟业的长远之谋,也是应对风险挑战,捍卫国家主权、安全、发展利益的现实之需,更是推进中国式现代化的应有之义。维护海洋权益,参与全球海洋治理,深入研究中国特色海权理论和海洋治理相关问题是党中央作出的重大战略安排。

以习近平同志为核心的党中央高度重视海洋强国建设。习近平总书记提出了一系列新思想、新观点、新论断。建设海洋强国就是要以习近平新时代中国特色社会主义思想为指导,坚持稳中求进工作总基调,把握新发展阶段、贯彻新发展理念、构建新发展格局。统筹发展和安全,畅通陆海连接,增强海洋意识,加强海上实力,走依海富国、以海强国、人海和谐、合作共赢的发展道路。建设海洋经济发达、海洋科技领先、海洋环境优美、海洋权益和安全保障有力、海洋法治和海洋治理成效显著,海洋文化健康发达,涉海综合实力强大的中国特色海洋强国。

——树立全球眼光。顺应新一轮全球发展潮流,围绕国家重大海洋权益,把握经略海洋的方法、原则、路径。高起点谋划、高标准布局、高水平推进海洋强国事业,在更宽领域、更广范围、更高层次上配置陆海资源,大力度、大效率、大规模拓展发展空间。

——彰显中国气派。海洋强国建设紧扣服务民族复兴伟业、促进人类进步主题,高举和平、发展、合作、共赢旗帜,展现出与时俱进、开放包容的中国特色、中国气派。习近平总书记立足历史发展大势和百年未有之大变局,提出了一系列富有中国特色、体现时代精神、引领人类构建海洋命运共同体的新理念、新主张、新倡议,为弘扬全人类共同价值、全球安全观、全球治理观、促进世界和平发展提供了中国方案。新时代海洋强国建设在中国特色海洋权益维护和海洋治理理论创新、实践创新中破浪前行。

——厚植海洋意识。要坚持陆海统筹、人海和谐。统筹陆海空间、要素、通道、生态建设,以陆促海、以海兴陆,依法开发利用海洋资源。既要重开发,更要重养护,维护海洋资源自然再生产能力,促进海洋资源可持续发展。突出创新驱动、科技兴海,破除影响和制约海洋经济、海洋生态保护和海洋权益维护的体制、机制和科技障碍,积极抢占海洋科技领域国际竞争新高地。推动海洋开发、开放和维权协同发展,管控涉海重大风险,处理好维稳和维权关系,深化涉海互利合作,以更高水平开发开放不断巩固提升海上安全保障能力。强化海外利益、投资风险预警防控和保护体制机制,强化涉外安全领域国际执法合作,维护我国公民、法人在海外的合法权益,建立健全反制裁、反干涉、反"长臂管辖"机制,维护我国海洋权益。

——聚焦中心视阈。随着全球化的推进,尤其是亚洲地区经济的快速发展,国际贸易和航运的中心逐渐从传统的欧美地区向亚洲转移,中国作为亚洲最大的经济体、世界第二大经济体,其港口群如长江三角洲港口群、珠江三角洲港口群等,正在成为国际航运的重要枢纽。中国的金融机构在全球航运融资领域也占据了重要地位。国际贸易和航运金融的紧密联系性决定了包括我国在内的亚洲许多国家,在航运金融服务方面的重要性也在增加。这一趋势将对全球航运金融市场产生深远影响。可以断定,随着亚洲特别是中国在全球贸易和航运中的地位日渐重要,相关的航运贸易金融服务也将相应地向该地区聚集。这一区域将逐渐成为全球贸易航运金融的重要中心。

——广大厚生境界。在全球化背景下,海洋的战略地位越发凸显。围绕海洋权益的争夺与合作成为国际关系的重要内容。追求和平合作、共同发展的道路,强调国家间在海洋事务中的互利合作,共同维护海洋和平与繁荣已成为全人类的共同愿望。因应时代发展大势,习近平总书记先后提出全球发展倡议、全球安全倡议和全球文明倡议"三大倡议",为全球治理、人类文明发展指明了方向。通过"三大倡议"的推动落实,促进世界和平稳定,减少海洋争端,维护国际海洋秩序。推动各国合作共赢,增强国家间互信合作,实现利益共享。树立新型海洋观,即海洋命运共同体,超越传统零和博弈思维,倡导和谐共生理念。引领全球治理变革,为全球海洋治理提供新思路和模式。

当前,国际格局正在进行深刻调整,百年未有之大变局加速演变,海洋治理作为全球治理体系的重要组成部分,也正在发生深刻变革。因此,适时开展中国特色海权理论研究,准确把握中国特色海权的理论脉络、内涵外延、功能地位以及实践路径具有极强的时代性、针对性,是新时代推进海洋强国建设的重要内容。

从目前来看,国际竞争越来越体现为制度之争、规则之争,谁能在国际新制度、新规则的制定中占据有利位置,谁就能赢得更多的制度性权利和未来发展的主动权。海洋的连续性、贯通性、完整性决定了海洋法治一头连着国内法治、一头连着涉外法治,通过开展中国特色海权理论研究,推动海洋法治融入法治国家、法治政府、法治社会各个领域,将为统筹推进国内法治与涉外法治提供有力支撑。和平解决国际争端是国际法的基本原则,海洋争端作为国际争端的主要表现形式,我们亟需加强中国特色海权理论研究,阐释中国特色涉外法治理念、主张和成功实践,讲好新时代中国法治故事,构建中国特色、融通中外的涉外法治理论体系和话语体系,为推动国家间海洋争端解决提供法理依据,彰显我国法治大国、文明大国形象。海安才能国安,海不安则国必难安。近年来,随着我国海洋事业的不断发展,受到海洋方向的安全威胁和挑战也不断上升。同时,近海资源枯竭、海洋污染、全球气候变化等诸多非传统海洋安全风险也在持续增长,全球和平赤字、发展赤字、安全赤字、治理赤字加重。党的十八大以来，党中央把坚持总体国家安全观纳入坚持和发展中国特色社会主义基本方略，从全局和战略高度对国家安全作出一系列重大决策部署，强调"加强国际安全合作，完善全球安全治理体系"，为海洋安全治理体系建设指明了方向。中国作为人类命运共同体理念的积极倡导者与实践者，要加强中国特色海权理论研究，为国际海洋治理提供更多公共安全产品，推动全球海洋治理向着更为公正合理的方向发展。

历史的经验告诉我们，向海则兴、背海则衰。从古至今，中华先民开发海洋、经营海洋、利用海洋，涵育出博大精深、兼收并蓄、历久弥新的海洋文化。但与其他海洋强国相比，目前我国仍然普遍存在公众海洋观念落后、海洋知识匮乏和海洋实践单薄等诸多问题。习近平总书记指出："要努力从中华民族世世代代形成和积累的优秀传统文化中汲取营养和智慧，延续文化基因，萃取思想精华，展现精神魅力。"[①]面向未来，全面海洋强国建设，必须坚守中华优秀传统文化立场、注重传承，以中国特色海权理论研究为抓手，做好对中华传统海洋文化深入系统的挖掘、梳理、研究和阐释。人才培养作为全面建设社会主义现代化国家的基础性、战略性支撑，要充分运用中国特色海权理论研究成果，营造有利于增强全民海洋意识的环境和氛围，增强广大人民群众认识海洋、关心海洋、经略海洋意识，为海洋强国建设凝聚强大的精神力量。

本书坚持以习近平新时代中国特色社会主义思想为指导，从政治海权、经济海权、法治海权、生态海权、文化海权等多个维度力图详尽阐释中国特色海权理论的逻辑结构、基本内容，由吴锦标确定选题并制订编写纲目，李宁、牛萌负责组织推动工作。初稿完成后，吴锦标、李宁、牛萌、匡浩进行了多次修改，最后由吴锦标修改并审订。由于能力所限，错误疏漏在所难免，敬请广大读者批评指正。

编者

2024 年 12 月 25 日

[①] 习近平：《大力弘扬伟大爱国主义精神　为实现中国梦提供精神支柱》，载《人民日报》2015 年 12 月 31 日，第 1 版。

目录

绪　论 / 001

第一章　| 　海权概述 / 017

　　第一节　海权的基本概念 / 018

　　一、海权的定义 / 018

　　二、海权的特征与形成条件 / 019

　　（一）海权的特征 / 019

　　（二）海权的形成条件 / 020

　　三、海权的构成要素 / 021

　　（一）海权的三个构成要素 / 021

　　（二）各构成要素之间的关系 / 022

　　四、海权的基本类型 / 022

　　（一）政治海权 / 023

　　（二）经济海权 / 025

　　（三）法治海权 / 027

　　（四）生态海权 / 032

　　（五）文化海权 / 035

　　（六）航行海权 / 039

　　（七）军事海权 / 041

第二节　海权的历史演进 / 044
一、海权的萌芽阶段 / 044
（一）古希腊时期 / 044
（二）地理大发现时期 / 045
二、海权的发展阶段 / 046
（一）马汉的海权理论 / 046
（二）马汉海权理论的特点 / 048
三、现代海权 / 050
（一）海权实践在"二战"后的转变 / 050
（二）各国行使海权的挑战与应对 / 052
（三）海权价值多元化 / 053
（四）海权行使手段复杂化 / 054

第三节　中国海权 / 054
一、古代中国海权 / 055
（一）古代中国海权实践 / 055
（二）古代中国海权的发展局限 / 056
二、近代中国海权 / 058
（一）近代中国海权实践 / 058
（二）近代中国海权的发展局限 / 059
三、当代中国海权 / 060
（一）当代中国海权实践 / 060
（二）当代中国海权的发展成果 / 061
（三）以和平、发展、共赢为基调的当代中国海权 / 063
四、中国特色海权理论 / 064
（一）中国特色海权理论产生的背景 / 064
（二）中国特色海权的内涵、目标、特点 / 066

第四节　其他国家的海权实践及其对中国的影响 / 069
一、英国 / 069

（一）英国的地理特点与海权实践 / 069

（二）英国海权实践的特点及其对中国的影响 / 071

二、法国 / 071

（一）法国的地理特点与海权实践 / 071

（二）法国海权实践的特点及其对中国的影响 / 072

三、美国 / 073

（一）美国的地理特点与海权实践 / 073

（二）美国海权实践的特点及其对中国的影响 / 075

四、日本 / 077

（一）日本的地理特点与海权实践 / 077

（二）日本海权实践的特点及其对中国的影响 / 079

第二章 | 政治海权 / 081

第一节　海洋政治与海权的关系 / 081

一、海洋政治及海权 / 082

二、海洋政治与海权的历史发展 / 083

（一）海权、海洋政治及海洋权益的概念辨析 / 083

（二）海权与海洋政治的历史演进 / 085

三、海洋政治之于海权的重要性 / 089

（一）21世纪海洋的重要地位和战略作用 / 089

（二）海洋在国家发展中的作用更加突出 / 090

（三）海洋在国际竞争中的地位已经明显上升 / 091

四、海权的海洋政治功能 / 094

第二节　世界其他国家的海权模式及其对中国政治海权建设的启示 / 097

一、世界其他国家海权模式的特征 / 098

（一）英美海权模式的特征 / 098

（二）日俄海权模式的特征 / 102

二、世界其他国家海权模式对中国的启示与展望 / 109

第三节　中国特色政治海权建设的理论基础 / 112

一、坚持"坚守底线、倡导和为贵"的海洋权益思想 / 114

（一）坚定维护主权和相关权利 / 114

（二）坚定致力于维护地区和平稳定与航行自由 / 116

（三）坚持用和平协商方式、谈判方式解决争端，维护和平稳定 / 117

（四）在处理与海上邻国关系、维护周边局势稳定方面把握维权
　　 与合作关系 / 118

二、坚持统筹维权与维稳的国家海洋安全观 / 119

（一）海洋维权的复杂性和长期性 / 119

（二）统筹兼顾、切实维护中国主权和发展利益 / 121

（三）提升海洋维权综合保障能力 / 122

三、坚持"陆海统筹、协作共赢"的系统论思想 / 123

（一）依托中国独有的地缘政治环境，统筹陆海发展 / 124

（二）落实共建"一带一路"倡议，促进更高水平的协作共赢 / 125

四、坚持海洋命运共同体理念下的全球海洋治理观 / 126

（一）弘扬海洋共同体理念，增强理念认同 / 127

（二）坚持"共商、共建、共享"，树立全球海洋治理观 / 128

五、坚持中国特色海上力量建设运用理念 / 130

（一）坚持和平原则，建设适应国家发展战略和安全战略新要求的
　　 海上安全保障力量 / 131

（二）坚持系统原则，推进国家海上安全保障力量建设全面协调
　　 发展 / 131

（三）坚持与时俱进，适时转变海上安全保障力量战略运用模式，
　　 拓展运用范围和领域 / 133

（四）坚持全球性原则，积极参与国际海洋治理，推动海洋规则秩序
　　 发展完善 / 134

目 录

第四节　中国特色政治海权理论建设的基本遵循、挑战与应对之策 / 136

一、中国特色政治海权理论建设的基本遵循 / 136

（一）坚持走中国特色海洋强国的道路 / 136

（二）坚持推动党的海洋理论政策创新发展 / 139

（三）坚持妥善处理海洋工作领域的重大关系 / 141

二、中国特色政治海权理论建设面临的挑战 / 142

（一）中国与周边国家海上划界任务艰巨复杂 / 143

（二）中国海洋国土易被侵害 / 143

（三）中国海上通道的安全易受到各种因素干扰 / 144

三、中国特色政治海权理论建设的应对之策 / 145

（一）遵循和平发展的实践理性，改善中国处理海洋权益争端的环境 / 146

（二）提高中国处理海洋权益争端的实力 / 147

第三章　经济海权 / 150

第一节　海洋经济与海权 / 150

一、海洋经济与海权的关系 / 150

（一）海洋经济与海权相伴而生 / 150

（二）海洋经济与海洋权益相辅相成 / 151

（三）海洋经济助推海洋强国建设 / 152

二、海洋经济与海权的历史发展 / 153

（一）马汉的"海权论" / 153

（二）戈尔什科夫的"国家海权"理论 / 154

（三）马克思、恩格斯的海洋经济思想 / 155

三、海洋经济之于海权的重要性 / 157

（一）海洋经济带来了海洋意识的转变 / 157

（二）海洋经济扩展了国家海权的边界 / 158

（三）海洋经济促进了国家海权互动模式的变革 / 158

四、海权的经济功能 / 159
（一）从地理要素来看，海洋是全球通道 / 159
（二）从资源要素来看，海洋是地球上最大的资源宝库 / 160
（三）从发展要素来看，海洋为人类生存发展提供新的空间 / 160

五、国际经济海权的演变与发展 / 161
（一）美国经济海权的演变与发展 / 161
（二）日本经济海权的演变与发展 / 168
（三）欧盟经济海权的演变与发展 / 171
（四）英国经济海权的演变与发展 / 175

第二节 中国特色经济海权的重点领域 / 180

一、海洋渔业领域 / 180
（一）发展海洋渔业的意义 / 180
（二）中国海洋渔业发展历程 / 181
（三）全球海洋渔业基本情况 / 182

二、海上交通运输领域 / 183
（一）发展海运业的意义 / 183
（二）中国海运业发展历程 / 184
（三）全球海运业基本情况 / 185

三、海洋化工及生物制药领域 / 187
（一）发展海洋化工及生物制药产业的意义 / 187
（二）中国海洋化工及生物制药产业发展历程 / 188
（三）全球海洋化工及生物制药产业发展状况 / 189

四、海洋能源领域 / 191
（一）发展海洋能源产业的意义 / 191
（二）中国海洋能源产业发展历程 / 192
（三）全球海洋能源产业发展状况 / 193

五、海洋工程装备及船舶制造领域 / 194
（一）发展海洋工程装备及船舶制造业的意义 / 195

（二）中国海洋工程装备及船舶制造业发展历程 / 195

（三）全球海洋工程装备及船舶制造业发展状况 / 197

六、滨海旅游领域 / 198

（一）发展滨海旅游业的意义 / 198

（二）中国滨海旅游业发展历程 / 199

（三）全球滨海旅游业发展状况 / 200

第三节　中国特色经济海权建设路径与措施 / 202

一、立足高水平对外开放，积极发展"蓝色伙伴关系" / 202

（一）中国—东盟"蓝色伙伴关系" / 202

（二）中国—非洲"蓝色伙伴关系" / 204

（三）中国—欧盟"蓝色伙伴关系" / 205

二、立足国家粮食安全，推动建设"蓝色粮仓" / 206

（一）建设"蓝色粮仓"必要性 / 207

（二）建设"蓝色粮仓"的主要路径 / 208

三、立足国家能源安全，加快建设新型能源体系 / 209

（一）中国能源安全面临的现实问题 / 210

（二）推动海洋能源绿色转型的主要路径 / 211

四、立足海洋强国战略，有序推进"国货国运" / 212

（一）"国货国运"的实施形式 / 213

（二）"国货国运"的国际政策 / 213

（三）推进"国货国运"的主要路径 / 215

五、立足总体国家安全观，完善我国海外利益保护机制 / 216

（一）中国海外经济利益风险类型 / 217

（二）加强海外利益保护的主要路径 / 218

第四章 ｜ **法治海权** / 220

第一节　海洋法治与海权 / 220

一、海洋法治与海权的关系 / 220

二、海洋法治与海权的历史发展 / 221
（一）大航海时代之前的时期 / 221
（二）西葡两国称霸海洋时期 / 222
（三）荷英两国海权争夺时期 / 223
（四）近现代时期 / 223

三、海洋法治之于海权的重要性 / 224
（一）良好的海洋法治能提升海权的国际认同度 / 224
（二）海洋法治能稳定表达海洋秩序、避免海权无序扩张 / 224

四、海权的海洋法治功能 / 225
（一）划分国家管辖海域 / 225
（二）确定国家海洋权利与义务 / 225
（三）规范海洋开发和利用活动 / 226
（四）引领全球海洋治理 / 226

五、国际法治海权的演变与发展 / 226
（一）国际法治海权的演变历程 / 227
（二）《联合国海洋法公约》项下各海域基本法律制度 / 231
（三）世界其他国家法治海权的现状 / 239

第二节　中国特色法治海权建设的实践基础 / 246
一、中国法治海权发展历程 / 246
（一）皇权至上主导时期 / 246
（二）不平等条约破坏时期 / 247
（三）海洋意识逐渐觉醒时期 / 247
（四）新中国成立后独立自主时期 / 248

二、中国海洋立法实践 / 248
（一）中国领海及毗连区制度 / 249
（二）中国专属经济区和大陆架制度 / 249
（三）其他 / 250

三、中国海上维权执法实践 / 250
（一）中国海上维权执法机构设置情况 / 250

（二）中国海警机构职责任务 / 251

四、中国海事司法实践 / 252

（一）中国海事司法的基本情况 / 252

（二）中国海事司法的职能作用 / 254

第三节　中国特色法治海权建设的基本原则与路径措施 / 256

一、中国特色法治海权建设的基本原则 / 256

（一）维护以《联合国海洋法公约》为中心的国际海洋法律秩序的原则 / 256

（二）依法保障国家领土主权和海洋权益的原则 / 259

（三）主动参与全球海洋法治建设的原则 / 260

二、中国特色法治海权建设的路径措施 / 261

（一）健全完善中国涉海法律体系 / 261

（二）强化中国海上维权执法能力 / 263

（三）建强新时代中国海事司法审判机制 / 265

第五章 ｜ 生态海权 / 272

第一节　海洋生态与海权 / 273

一、海洋生态与海权的关系 / 273

二、海洋生态与海权的历史发展 / 274

（一）海洋生态研究的发展进程 / 274

（二）海权的发展历程 / 276

三、海洋生态之于海权的重要性 / 279

（一）海洋生态为海权的发展提供了物质基础 / 280

（二）海洋生态的稳定直接关系到国家海权的稳定 / 281

四、海权的生态功能 / 281

（一）环境服务供给功能 / 281

（二）经济功能 / 283

五、世界其他国家生态海权的建构与策略 / 284

（一）美国：以"海权论"为支撑的海洋霸权主义 / 285

（二）俄罗斯：以"海洋学说"为指导的海洋强国战略 / 286

（三）日本：以"海洋立国"为指导的海洋发展计划 / 291

第二节 中国特色生态海权建设的现实需求与理论基础 / 295

一、中国的生态海权权益内容及面临的挑战 / 295

（一）生态海权权益 / 295

（二）生态海权权益面临的挑战 / 300

二、中国生态海权建设的现实需求及基础条件 / 302

（一）生态海权建设的现实需求 / 302

（二）生态海权建设的基础条件 / 303

三、中国生态海权建设的基本原则与理论基础 / 303

（一）可持续发展 / 303

（二）建设海洋强国 / 307

（三）海洋生态文明思想 / 310

（四）陆海统筹观念 / 314

（五）海洋命运共同体 / 316

（六）"双碳"目标 / 318

（七）中国式现代化 / 321

第三节 中国特色生态海权的建设路径 / 324

一、坚持党的领导 / 325

二、强化生态法治引领 / 326

三、重视海洋文化宣传 / 330

四、深化国际合作 / 334

第六章　文化海权 / 337

第一节 海洋文化与海权 / 337

一、海洋文化概述 / 338

（一）海洋文化的概念 / 338

（二）海洋文化的特征 / 339

（三）海洋文化与海权的关系 / 340

二、海洋文化的海权性功能 / 342

（一）海洋文化的教育功能 / 342

（二）海洋文化的外交功能 / 343

（三）海洋文化的秩序功能 / 344

三、海洋文化之于海权的重要性 / 345

（一）海洋文化的精神 / 345

（二）海洋文化的价值 / 346

（三）海洋文化与海权强国 / 348

第二节　国际文化海权的演进 / 349

一、世界其他海权国家的海洋文化 / 350

（一）葡萄牙与西班牙 / 350

（二）荷兰 / 351

（三）英国 / 352

（四）法国 / 352

（五）德国 / 353

（六）美国 / 354

（七）俄罗斯 / 355

（八）日本 / 355

二、中国文化海权的历史发展 / 356

（一）文化海权的历史演进 / 357

（二）传统文化海权的历史特点 / 360

（三）传统文化海权与文化陆权的关系 / 362

三、当今国际文化海权的格局 / 364

（一）"冷战"后文化海权竞争的延续 / 364

（二）新秩序下文化海权合作的延续 / 365

第三节　中国特色文化海权建设的原则 / 367

一、注重提升中国文化海权软实力 / 367

（一）坚定中国海洋文化自信 / 367
（二）准确把握中国文化海权的独特性 / 368
（三）加强新时代海洋文化对外交流 / 372
二、牢固树立海洋命运共同体理念 / 374
（一）海洋命运共同体理念提出的背景 / 374
（二）海洋命运共同体理念的文化内涵 / 375
（三）海洋命运共同体理念指引下的文化海权建设方向 / 377

第四节　中国特色文化海权建设的路径 / 379
一、积极参与全球海洋治理 / 380
二、提升国民海洋意识 / 382
（一）提升国民海洋意识的必要性 / 382
（二）提升国民海洋意识的进路 / 383
三、保护海洋文化遗产 / 384
（一）保护海洋文化遗产的价值 / 384
（二）海洋文化遗产保护现状 / 386
（三）保护海洋文化遗产的进路 / 387
四、深化海洋文化交流 / 388
（一）开展海洋文化交流的价值 / 388
（二）中国海洋文化交流的现状 / 389
（三）深化海洋文化交流的进路 / 389

参考文献 / 390

写在后面的话 / 411

绪 论

一

中华民族是世界上伟大的民族,有着5000多年源远流长的文明历史,为人类文明进步作出了不可磨灭的贡献。1840年鸦片战争以后,中国逐步沦为半殖民地半封建社会,中华民族遭受了前所未有的劫难。中国共产党自诞生到现在的100多年来,团结带领中国人民努力奋斗,中华民族伟大复兴进入了不可逆转的历史进程。党的十八大以来,中国特色社会主义进入新时代,强国之路也进入了新阶段。当前和今后一个时期是以中国式现代化全面推进强国建设、民族复兴伟业的关键时期。在以习近平同志为核心的党中央绘就的宏伟蓝图中,一个个强国目标推动着各个领域的强国建设。

建设海洋强国是众多强国目标之一。习近平总书记强调:"海洋事业关系民族生存发展状态,关系国家兴衰安危。"①"一定要向海洋进军,加快建设海洋强国。"②海洋自身是空间和资源的宝库,也是世界各国之间沟通、联系的主要渠道,其重要性也随着科技的发展与日俱增。习近平总书记指出:"制度优势是一个国家的最大优势,制度竞争是国家间最根本的竞争。"③各国对于海洋权益的博弈日趋激烈,海权成为维护海洋权益最重要的手段之一,也是各项制度竞争中最重要的领域之一。

但是,近代以来我国的海权事业发展陷入落后状态,欠缺强大的海上力量,也不具备先进的科技水平,海洋权益无法保障,更遑论海洋影响力和话语权。此外,随着社会发展特别是经济需求、科技水平、治理手段、环境保护理念的提升,海权理论也需要不断地进行审视和调整。上述种种导致我国的海权理论研究先天基础不足、后天发展受限,不能满足海洋强国建设的需求。

例如,我国船舶油污损害赔偿对海洋生态、环境的保护存在举证难度高,赔偿项目少、数额低等问题。从表面上看,我国船舶油污损害未能获得充分赔偿的原因在于海洋生态环境保护的相关法律规定,从更深层次进行推导,海洋生态环境保护属于生态海权的范畴,生态海权又是海权的一部分,而海权是将国家的海洋权力(利)和利益提纲挈领地抽象出来的概念,在海洋领域内具有根本性、纲领性和最高权威性等属性,对推进海洋强国建设起到纲举目张的作用。所以,我国船舶油污损害未能获得充分赔偿的根本原因是目前我国海权整体尚未获得完整、协调、充分的法律规范保护。

从纵向历史走向和横向各国情况的分析可以发现,海权受到有效法律规范的保护程度与国家海洋建设呈现一定的正相关关系。自1978年改革开放以来,中国经济社会发展取得了举世瞩目的成就,近年来全球海洋博弈形

---

① 刘成文、胡婧怡:《大连着力发展海洋经济》,载《人民日报》2024年8月6日,第1版。
② 《习近平:向海洋进军,加快建设海洋强国》,载人民网2022年6月8日,http://politics.people.com.cn/n1/2022/0608/c1001-32441597.html。
③ 周尚君:《从四个维度把握国家安全制度体系》,载《光明日报》2024年4月15日,第6版。

势与我国周边海洋情势均发生重大变化。虽然党的十八大以来,我国制定并完善了一系列关于海洋发展的战略、政策、法律法规,但我国海洋法律仍然存在不足。例如,法律法规呈现碎片化,未制定具有统领性、基础性的海洋基本法,法律法规散见于各细分领域而缺乏协调。又如,部分法律法规制定于20世纪八九十年代我国海洋事业发展初期,未及全面、系统修订,部分国际公约也存在这种情况,导致部分现行涉海立法已无法满足海权保护的现实需要,无法为解决纷繁复杂的海权纠纷提供依据。

上述问题具有地理、历史、文化等多方面的原因。从地理的角度看,我国是一个海洋大国,有着辽阔的海域、极长的海岸线、丰富的海洋资源。从历史的角度看,海洋强国是人类历史变迁的产物,与特定的历史趋势和时代潮流具有重要关系。恩格斯指出:"每一历史时代的经济生产以及必然由此产生的社会结构,是该时代政治的和精神的历史基础。"[1]在大航海时代,地理、勘探、医学等方面的知识积累,使舰船建造与续航能力不断提升,为人们探索海洋创造了条件,海洋在更为广泛的开拓进程中被连接成整体,并形成了第一代世界海洋强国。第二次世界大战结束之后,海洋勘探和能源开发技术的革新使涉海国家逐步转向对海洋资源本身的关注和竞争,而科学技术从少数国家向世界范围的外溢也引致了人类需要共同面对的海洋气候、环境和安全问题。[2] 我国农耕经济的封闭性造就了中国古代重陆轻海的意识。这导致中国虽然从地理条件上看属于陆海复合型国家,但长期以来并没有重视海洋的战略传统。19世纪中叶之前,中国并没有相关的海防概念,更遑论海洋战略。在西方国家对海洋进行探索、争霸的过程中,我国的海洋事业要么完全缺席,要么被动接受海上强权的欺辱,要么疲于应付,直至新中国成立才走向正轨,但想要完全消除巨大的消极历史惯性,需要一定的时间积累。

习近平总书记指出:"我们党领导人民治国理政,很重要的一个方面就

---

[1] 中共中央马克思恩格斯列宁斯大林著作编译局编:《马克思恩格斯选集》(第1卷),人民出版社1995年版,第252页。
[2] 参见刘笑阳:《海洋强国战略的理论分析》,载《太平洋学报》2018年第8期。

是要回答好实现什么样的发展、怎样实现发展这个重大问题。"[1]发展本质上是指一个国家或地区由相对落后的不发达状态向相对先进的发达状态的过渡和转变,其内容包括经济、政治、社会、科技、文化、教育以及人自身等多方面的发展,是一个动态的、全面的社会转型和进步过程。从国内层面看,21世纪的中国发展取决于海洋。当前,随着经济的高速发展,陆地资源日益匮乏,我国是海洋大国,海岸线漫长,海洋资源丰富,向海要资源、要空间成为必然选择。改革开放以来,依海而兴的沿海省市成为我国经济最具活力的地区,海洋成为培育我国经济发展新动能的前沿阵地。海洋正深刻改变着国家经济发展格局和国民生活,甚至在一定程度上决定着我国未来发展的基本走向。从国际层面看,中国已在近几十年来实现了经济与社会的快速发展,国家利益逐渐全球化。国际秩序与国家利益是互为条件、彼此影响、相依相伴的一对孪生兄弟。中国有必要实施全球化的战略方针,建立、维护以《联合国宪章》宗旨原则和国际法为基础的国际秩序,发展与之匹配的强大海上力量。综上所述,建设社会主义现代化强国,实现中华民族伟大复兴,必须把我国建设成海洋完整安全、海洋经济发达、海洋法治健全、海洋生态健康、海洋文化先进的新型现代化海洋强国。海洋强国是海洋事业成功后的结果,海权则是从事海洋事业的权利来源和行为规则,所以建设海洋强国一定离不开强大海权的保障。

新中国成立以后,尤其是改革开放以来,中国海权事业已经取得了举世瞩目的成就,但基于历史因素和现实条件,仍然面临一些困难。在政治方面,中国处于欧亚大陆最东端的边缘地带,面向广阔的太平洋,背靠辽阔的欧亚大陆。要向海发展受到诸多限制:北太平洋缺乏出海口,东向太平洋则有岛链限制。在经济方面,我国海洋科技创新对海洋资源开发的引领和支撑不足,海洋科技成果转化率低,海洋经济发展仍旧存在不充分、不平衡、不协调的现象,生产要素整合不足,海洋产业体系"供给老化"明显,海洋产业

---

[1] 《完整准确全面贯彻新发展理念——论学习贯彻习近平总书记在省部级专题研讨班上重要讲话》,载《人民日报》2021年1月14日,第1版。

结构亟待优化协调。① 在法治方面,我国海洋法律体系基本建成,但尚不完备,部分重要海洋立法缺乏可操作性,缺乏保障相关法律制度得以实施的具体措施和办法,司法缺乏运用国际法治手段积极维护我国海洋权益的能力,国民海洋法治意识仍显薄弱。② 在生态方面,面对高强度人类活动和气候变化等多重压力,海洋生态破坏现象仍时有发生,海洋生态系统的结构受损、功能退化、服务减弱等问题较为突出,海岸带生态系统退化趋势尚未得到根本扭转,对海洋可持续发展构成严峻挑战。③ 在文化方面,对海洋文化的研究一直侧重于基础研究,理论与实践脱节,不能服务于国家战略与发展,尤其是海洋文化教育普及问题相当突出,直接导致社会公众缺乏海洋意识。④

党的十八大报告提出:"提高海洋资源开发能力,发展海洋经济,保护海洋生态环境,坚决维护国家海洋权益,建设海洋强国。"党的十九大报告提出:"坚持陆海统筹,加快建设海洋强国。"党的二十大报告提出:"发展海洋经济,保护海洋生态环境,加快建设海洋强国。"从以上论断可以看出,建设海洋强国已成为中国特色社会主义事业的重要组成部分,必须长期坚持和持续发展。而维护、发展海权是加快实现中国海洋强国战略的必要条件。

习近平总书记指出:"世界上没有放之四海而皆准的具体发展模式,也没有一成不变的发展道路。历史条件的多样性,决定了各国选择发展道路的多样性。"⑤所以,人类社会海权的演进道路是多元而非一元的。在特定国情条件下,由于生产力状况的不同,生产关系构成的区别,经济基础的显著差异,政治上层建筑的多样性,乃至历史进程、文化传统、地理环境等因素的

---

① 参见韩增林等:《我国海洋经济高质量发展的问题及调控路径探析》,载《海洋经济》2021年第3期。
② 参见张海文:《百年未有之大变局下的国家海洋安全及其法治应对》,载《理论探索》2022年第1期。
③ 参见曹立主编:《建设海洋强国》,中国青年出版社2022年版,第116页。
④ 参见姜秀敏:《服务海洋强国战略的海洋文化体系构建》,载《中国海洋大学学报(社会科学版)》2020年第4期。
⑤ 习近平:《在纪念毛泽东同志诞辰120周年座谈会上的讲话》,载《人民日报》2013年12月27日,第2版。

特殊性,必然会形成社会基本矛盾运动的不同形式,从而导致海权在不同国家、不同时期的历史差异性。在中国特色社会主义新时代中如何发展好、利用好海权,成为摆在海洋强国建设者面前的重要课题。

二

"以史为鉴,可以知兴替。"[①]当前,世界百年未有之大变局加速演进,各国在海洋领域的博弈不稳定性、不确定性明显增加。如何在海权博弈变局中开新局,为我国海权事业开辟出一条正确的道路,需要我们从世界传统海洋大国的隆替中汲取经验和思想智慧。

1890年,美国历史学家马汉(A. T. Mahan)的《海权对历史的影响》首次对海权进行了系统的探讨,随后各国学者都在此基础上进行深入研究,认为海权对国家的生存、发展具有重要作用。上述研究的结论在历次世界海权兴衰更替史上被验证,并促使各国发展海上力量。

马汉的海权论是面向帝国主义的海权论,他的理论中充满了帝国主义者思维,鼓吹掠夺侵略,夺取霸权。马汉的海权论迎合了当时列强积极扩张、发展海军的需要,适应了垄断资本重新瓜分世界、夺取世界霸权的政治需要。西方各大海洋强国的海权思想也具有帝国主义的内核,最初的海洋霸主都是通过海洋在全球各地夺取殖民地建立了殖民帝国。美国也在马汉海权论的指导下通过海军的强盛确立了世界霸主的地位。老牌海洋霸权国家的领土扩张,背后的目的都是增加战略缓冲地或者获得出海口。日本通过海洋摆脱了自己作为孤立岛国的窘境,凭借地缘位置的战略地位与美国联手强化自身的海权控制。

我国对海权的研究兴起于新中国成立以后,主要从国际政治、历史、地理、海军、大国海权战略等角度进行的海权研究。[②] 在海权的范围界定上,张

[①] 《旧唐书·魏徵传》。
[②] 参见张峰:《马克思主义经济学框架下的海权思想研究》,载《太平洋学报》2014年第8期。

文木认为,中国海权包括从中国国家主权引申出来的"海洋权利"和实现与维护这种权利的"海上力量"两个部分。① 孙璐认为海权应是一个综合概念,是海洋实力(海洋硬实力和海洋软实力)、海洋权益(内核海洋权利和外围海洋权益)和海洋权力(海洋硬权力和海洋软权力)三要素的有机统一,②但其论述范畴仅限于政治、军事领域。叶自成等认为,海权为研究、开发、利用和一定程度上控制海洋的能力和影响力,或拥有与自己的海洋空间利益相适应的能力和影响力。③ 上述研究大多局限于地缘政治、军事领域,而未能以海洋强国为实现目标对海权进行分析。

关于海洋强国的内涵和外延,不同的专家学者有着不同的理解。刘赐贵认为:"中国特色海洋强国的内涵应该包括认知海洋、利用海洋、生态海洋、管控海洋、和谐海洋等五个方面。"④杨金森认为,海洋强国包括综合国力强、海洋软实力强、海洋开发利用能力强、海洋研究和保障能力强、海洋管理能力强以及海洋防卫能力强等方面。⑤ 殷克东等认为,海洋强国包括"海洋经济综合实力发达、海洋科技综合水平先进、海洋产业国际竞争力突出、海洋资源环境可持续发展能力强大、海洋事务综合调控管理规范、海洋生态环境健康、沿海地区社会经济文化发达、海洋军事实力和海洋外交事务处理能力强大"⑥。上述研究讨论了海洋强国的多项要素,但未能对各要素按照逻辑层次进行取舍和梳理,这些要素要么整理得略显凌乱,要么相互之间有重复或不完整。

因此,我们要在全面认识和把握我国基本国情的历史新坐标上,以海洋强国为目标对海权进行研究,发展出一条内涵丰富、要素完整、体系协调的具有中国特色的海权道路。要坚持以马克思主义为指导,吸收借鉴国外海

---

① 参见张文木:《论中国海权》,载《世界经济与政治》2003年第10期。
② 参见孙璐:《中国海权内涵探讨》,载《太平洋学报》2005年第10期。
③ 参见叶自成、慕新海:《对中国海权发展战略的几点思考》,载《国际政治研究》2005年第3期。
④ 刘赐贵:《关于建设海洋强国的若干思考》,载《海洋开发与管理》2012年第12期。
⑤ 参见杨金森:《海洋强国兴衰史略》,海洋出版社2014年版,第20页。
⑥ 殷克东等:《我国海洋强国战略的现实与思考》,载《海洋开发与管理》2009年第6期。

权理论研究成果,推动中华优秀海洋传统文化创造性转化、创新性发展,运用我国几千年来海洋实践中形成的主体性、内生性思想,建构中国自主的海权研究知识体系。

三

改革开放后,虽然党和政府高度重视海洋及海权事业,但海洋、海权的相关理论研究和实践却处在起步发展阶段。我国经济实现了腾飞,综合国力大幅提升,中国发展取得了惊人的成就,而海权理论的研究发展亦应与国力的大幅提升相适应。因此,我们将研究对象聚焦于海权及其内部的各个方面,并讨论各方面之间的关系。

对海权的讨论离不开对海洋特性的深入洞察。首先,海洋具有整体性。海洋有着不同于陆地的较为独特的地理特质:海洋是地球上面积最大的、相连的水体。不同于陆地较为复杂的地形地貌,海洋具有极为典型的空间同质性特征,即构成海洋的介质是单一的同质的海水,海水具有相同或者相近的物理和化学特征,不停地流动和交换,构成了海洋非常明显的立体和不可分割的整体性特点。其次,海洋具有开放性。海洋是连续的一望无际的流动的水体,其表面平坦,地形地貌非常单一,且面积极大,既没有山川、河流、湖泊、森林等地理标志,也无法为围墙和栅栏所隔离,海洋这种难以封闭和度量的状况使它呈现出明显的开放性特点,个人和组织出入海洋的行动比在陆地上更加自由。[①] 最后,海洋具有通达性。在政治和技术上,海洋无法被主权国家实行排他性的占领,世界各国均有权使用海洋。在经济上,海上运输量大,成本低廉,所以国际贸易的主要通道是海洋交通体系。

研究方法上以系统论方法为主。海洋是一个开放、复杂的巨型生态系统,随着人类经济活动向海延伸以及技术手段更新迭代,自然状态下的海洋生态系统已经逐渐成为由海洋经济、生态环境等子系统共同构成的复合系

---

① 参见刘新华:《新时代中国海洋战略与国际海洋秩序》,载《边界与海洋研究》2019年第3期。

统。要揭示海洋系统内部的复杂机制,就必须确定系统各部分间的关联机制。海洋复合系统的各个子系统存在相互制约与相互联系,它们之间不是简单的线性叠加关系,而是形成了复杂的远离平衡态的非线性关系。这些海洋子系统之间通过物质流、能量流和信息流的传递转化,使海洋系统在时空和功能上保持相对稳定和有序状态;而海洋系统内外因素的变化和相互间耦合,可能会放大影响海洋系统的微小因素,进而触发系统形成新的结构,驱使海洋系统继续演化发展。探究海洋子系统及其要素间的耦合关联机制以及这种机制变化如何影响海洋复合系统的整体功能发挥,显得十分必要。[1]

海权的范畴较海洋更加宽泛,要在海洋本身的经济、生态环境等子系统的基础上,叠加政治、法治、文化等子系统。第一,从逻辑上分析,海洋政治是人类—海洋二元关系中,国家之间关系的子系统。人类个体、国家和人类整体是三个具有典型意义的价值判断主体,但国家是主要人类组织形式,国家之间的关系在目前最具重要性,对其他要素具有重要甚至决定性的影响。政治海权的定位始终以维护国家安全、海洋权益、发展利益为核心,以新时代海洋观为引领,立足于国际海洋现状和未来布局,积极参与国际海洋治理,构建国际海洋新格局。目前,国际海洋的政治博弈处于百年未有之大变局,不确定的因素日趋复杂,各国之间力量的角逐日趋激烈。政治海权具有涉外属性,主要解决岛礁主权归属、海洋资源争夺、深远海战略利益等问题。第二,经济是一切社会活动的基础,因为经济活动为人的生存提供基础。海洋经济是指开发、利用和保护海洋的各类产业活动,以及与之相关联活动的总和。经济海权既是海权产生和发展的根本动力,也是决定海权长久存续与发展的支撑性要素,具体包括海洋渔业、海运业、海洋化工及生物制药产业、海洋能源产业、海洋工程装备及船舶制造业、滨海旅游业等领域。第三,海洋法治主要包括完善海洋立法、严格海洋执法、公正海事司法几个方面的内容,旨在发挥法律制度的规范和督导功能,提升海洋治理能力和工作成

---

[1] 参见汪永生:《海洋强国背景下中国海洋经济—科技—环境复合系统研究》,中央财经大学2021年博士学位论文,第33页。

效,以应对更加复杂多变的国际海洋形势和能源资源相对短缺的国内发展环境,维护国家海洋安全、拓展海洋利益、参与全球海洋治理。[①] 法治海权具有对国家海洋权益的维护功能、对国家海洋安全的保障功能、对海洋高质量发展的规范功能、对全球海洋治理理念的引领功能等。对内可以加强涉及海洋环境保护和海洋渔业发展等方面法律问题的发现和解决,对于加快建设海洋强国、构建和实现海洋命运共同体目标也有重要的促进作用。[②] 对外维护国际海洋秩序,增进共同利益,而且对于消除海洋规范的制度性缺陷,特别是补充完善《联合国海洋法公约》,实现从海洋规则的遵守者到制定者、维护者到引导者、实施者到监督者、承受者到供给者的转换。第四,海洋生态是各类植物、动物、人类与海洋环境的相互作用,强调的是人类与海洋空间要素的互动,尤其是关注人类活动对海洋造成的负面影响,这种负面影响将直接损害海洋经济,并对其他海权子系统形成间接损害。生态海权是国家对海洋生态、环境进行保护并对海洋资源进行利用的权利和利益。生态海权的核心在于"形成并维护人与海洋的和谐共生关系",既不是人类社会的进步与发展完全依赖于海洋的原本状态,也不是海洋的发展变化完全服从于人类自身发展的需要,而是人的全面发展与海洋的平衡有序之间的和谐统一。第五,海洋文化是人类对于海洋的认识、观念、思想与意识,包括对海洋的自然规律、战略价值和作用的认知,以及在此基础上形成的一系列法律制度、政策规定、风俗习惯及文学艺术等,这是一个渗透人类文明进程的认识世界和改造世界的人类智慧的外化过程。[③] 文化海权具有教育功能、外交功能、秩序功能。对内能树立全民现代海洋文化观,重视海洋教育,加大同涉海国家文化和高等教育领域的交流合作,培育战略性海洋文化人才队

[①] 参见自然资源部海洋发展战略研究所课题组编著:《中国海洋发展报告(2021)》,海洋出版社2021年版,第178~179页。
[②] 参见金永明:《新时代中国海洋强国战略治理体系论纲》,载《中国海洋大学学报(社会科学版)》2019年第5期。
[③] 参见姜秀敏:《服务海洋强国战略的海洋文化体系构建》,载《中国海洋大学学报(社会科学版)》2020年第4期。

伍，增强国民的海洋文化自信；对外能够讲好中国海洋故事，塑造好海洋大国形象。

如上述分析，海权是一套复杂的系统。所谓系统，即由若干要素组成、既相互联系又相互制约、为达到共同目的而存在的有机整体。复合系统的稳定发展离不开子系统及要素间的和谐一致、配合得当。"协调"是一种约束和规定，立足于整体利益，而非单个子系统或要素的发展。例如，在全球海洋竞争以及国内海洋开发利用程度不断加深的背景下，在海权系统中，海洋经济是最具活力的子系统，扩张速度势必快于其他子系统，同时海洋经济子系统内的经济规模扩张可能领先于经济结构优化，进而导致复合系统从局部到整体的非协调和不均衡现象。为了避免系统失调和紊乱的情况发生，要求破除单一子系统过度或优先发展的目标追求，从海权整体发展的大局出发，统筹各个海权子系统管理部门的政策规划。海权复合系统的发展目标是将政治、经济、生态、法治、文化海权的独立发展，转变为政治、经济、生态、法治、文化海权"五位一体"均衡成长，在效益同步提升的基础上实现总体效益最大化，进而把中国海权事业推向更高的发展阶段。

虽然我们强调系统整体的协调，但协调必须要以对各要素进行深入研究为基础。我们将海权整体内容按照一定标准进行抽象，形成政治、经济、生态、法治、文化海权等若干要素（也可以称为子系统）进行分别研究，对其历史发展、重要性、特点、在世界其他国家的发展情况、对中国的启示、中国未来发展的基本遵循、对风险挑战的应对之策等内容进行了一定程度的探讨。

四

本书采用总分结构，完整阐述海权的相关议题：

绪论部分。介绍本书的研究背景，从海洋对我国高质量发展的重要性和目前我国海洋事业中存在的问题为视角阐述本书的研究意义。概要陈述本书的主要研究对象、研究内容、对应的研究方法思路，并对框架结构进行简要介绍。

总论部分,即海权概述。在综合分析各学者对海权的定义基础上,从最广义的范围对海权进行界定,指出海权是指一个国家对本国领海、毗连区、专属经济区、大陆架和公海的实际管辖能力、控制能力和防御自卫能力以及在物质和意识层面开发、利用、保护海洋生态、资源的权利和权力。梳理海权的特征和海权形成需要满足的时空、技术、经济和文化等基本条件。海权包括海洋实力、海洋权益和海洋权力三个主要要素。海权的基本类型包括政治、经济、生态、法治、文化、航行、军事等方面。在不同国家、不同历史时期,海权有着迥异的实践形式和理论表现。中国海权是在特定自然环境和政治环境中实践、发展起来的,并具有与其他国家截然不同的实践特色与理论品格,可以分为先秦时期到清朝中期的古代中国海权、清朝中后期到新中国成立前夕的近代中国海权、新中国成立之初至今的当代中国海权。在此基础上,以习近平同志为核心的党中央科学分析和系统阐述了中国海洋事业发展的基本理论、基本实践和基本经验,聚焦我国海洋领域的现实问题,立足中国海洋事业的实际,有针对性地回应涉海人员、组织关切,提出一系列关于建设海洋强国的新思想、新观点、新论断。本书在对上述内容进行梳理后,提出中国特色海权理论。世界上各大海洋强国如英国、法国、美国、日本的海权战略均经历了不同的阶段,其海权发展历史经验对于今天中国的海权建设及海洋强国战略的实施具有重要的借鉴意义。

从第二章开始为分论,以海权基本类型为主线展开,分别讨论政治海权、经济海权、法治海权、生态海权、文化海权。因中国与部分东盟国家就南海问题存在争议,航行海权、军事海权较为敏感,故本书不进行详细讨论。

政治海权。在海权的发展中,国家权力往往起到主导的作用,海权发展是国家的战略行为。作为国家意志在海洋领域的表达,海洋政治在海权建设过程中意义重大。当今世界正经历百年未有之大变局,而维护海洋主权和海洋权益的斗争正是这个大变局中十分重要的方面。海洋强国和海权强大互为因果,相辅相成。实现中华民族伟大复兴的中国梦,既要对中外源远流长的海洋兴衰史进行反思,又要对未来海洋强国之路进行理性谋划,以建设中国特色海洋强国。世界其他国家的海权模式对中国政治海权建设具有重要的启示作用。从世界各国海洋发展史来看,以下两种海权模式最不容忽视:一是英国与美国的"世界性海洋霸权大国"。二是日本与俄罗斯的"挑战世界海权的传统型海洋强国"。上述海洋国家兴衰经验带给中国的启示包括:第一,大国崛起于地区性守成而消亡于世界性扩张;第二,霸权主义将导致国家政治陷入死地;第三,中国需发展海权与海上力量。我国坚持"坚守底线、倡导和为贵"的海洋权益思想,坚持统筹维权与维稳的国家海洋安全观,坚持"陆海统筹、协作共赢"的系统论思想,坚持海洋命运共同体理念下的全球海洋治理观,坚持中国特色海上力量建设运用理念。中国特色政治海权构建的基本遵循包括坚持走中国特色海洋强国的道路,坚持推动党的海洋理论政策创新发展,坚持妥善处理海洋工作领域的重大关系。近年来世界格局的变化表现出了更多的不可控因素和更突出的动荡性特征,对中国特色政治海权构建形成一定的挑战。中国政治海权构建及应对海洋权益争端的基本路径主要有以下四方面:一是遵循和平发展的实践理性,改善中国处理海洋权益争端的环境;二是提高中国处理海洋权益争端的实力;三是强化中国在争议海域的实质性存在;四是坚持系统思维,完善海洋管理行政体系。

　　经济海权。海洋经济与海权相伴而生,海洋经济与海洋权益相辅相成,海洋经济助推海洋强国建设。海洋经济之于海权的重要性在于海洋经济带来了海洋意识的转变,海洋经济扩展了国家海权的边界,海洋经济导致了国家海权互动模式的变革。海权具有以下经济功能:从地理要素来看,海洋是全球通道;从资源要素来看,海洋是地球上最大的资源宝库;从发展要素来看,海洋为人类生存发展提供新的空间。国际经济海权领域充斥着竞争。美国、日本、欧盟、澳大利亚、英国分别制定并实施了不同的海洋经济战略,海洋经济状况各有特点,与中国进行了不同方面、不同程度的地缘经济博弈。中国特色经济海权的重点领域,包括海洋渔业领域、海上交通运输领域、海洋化工及生物制药领域、海洋能源领域、海洋工程装备及船舶制造领域、滨海旅游领域等。中国特色经济海权理论建设要立足高水平对外开放,积极发展"蓝色伙伴关系";立足国家粮食安全,推动建设"蓝色粮仓";立足国家能源安全,加快建设新型能源体系;立足海洋强国战略,有序推进"国货国运";立足总体国家安全观,建立、健全和完善我国海外利益保护机制。

法治海权。海权争夺及海洋霸权的更替、强衰,都伴随着海洋法治的成长与发展。世界上许多海洋大国崛起的经历都验证了法治的重要性。历史上,海洋法治伴随海权的争夺而产生,主要表现为大航海时代之前的时期、西葡两国称霸海洋的时期、荷英两国海权争夺的时期、近现代时期四个阶段。海洋法治之于海权的重要性在于良好的海洋法治能提升海权的国际认同度,海洋法治能稳定表达海洋秩序、避免海权无序扩张。海权的海洋法治功能包括划分国家管辖海域、确定国家海洋权利与义务、规范海洋开发和利用活动、引领全球海洋治理。国际法治海权经历了联合国海洋法会议下的法治海权实践、国际海事组织的法治海权实践、国际渔业组织的法治海权实践和其他国际法治海权实践。《联合国海洋法公约》将世界海域划分为国家管辖海域和国家管辖范围以外海域两大类。其中,国家管辖海域又可细分为国家享有领土主权的海域和国家享有一定管辖权、管制权或主权性权利的海域。世界各国的海权意识不断增强,越来越多的国家以立法形式确定自身管辖海域和海洋利益,各国间的海权竞争也越发激烈。中国法治海权发展先后经历了以皇权至上为主导的时期、不平等条约破坏下的时期、海洋领土主权意识逐渐觉醒的时期、新中国成立后独立自主的时期。中国对领海和毗连区制度、专属经济区和大陆架制度实施了立法实践,也进行了海上维权执法实践、海事司法实践。中国特色法治海权建设,应当坚持维护以《联合国海洋法公约》为中心的国际海洋法律秩序、依法保障国家领土主权和海洋权益、主动参与全球海洋法治建设等原则。中国特色法治海权建设的路径措施包括健全完善中国涉海法律体系、强化中国海上维权执法能力、建强新时代中国海事司法审判机制。

生态海权。海洋蕴藏着远比陆地丰富得多的资源,包括海水资源、海洋生物资源、海洋矿产资源、海洋能源、海洋空间资源等。海洋生态系统与人类发展存在密切相关的功能主要表现为它的经济功能、环境服务功能及科技功能。世界各国已在生态海权领域展开了激烈的竞争,许多国家也已在生态海权的博弈中利用各种政策与方法掌握了博弈的主动权,如美国、俄罗斯、日本等。这些国家对中国生态海权发展模式的建构带来了极大的参考意义。中国的生态海权权益内容包括生物资源、矿产资源、油气资源、海洋能源、空间资源等。我国与周边海上邻国存在一定程度的资源纠纷,海洋资源权益受到一些挑战,生态海权建设的国际环境条件已经具备。从海外贸易发展及经济需求看,中国从"内向型经济"转向"外向型经济"后,扩大海外贸易成为经济增长的根本性需求,建立中国特色海权理论已经有了强大的内在动力;从海洋认知看,海洋是国家同外部进行往来沟通的媒介,在海洋作用观上注重从经济角度来看待海洋,开始把海洋作为最便利、经济的交流纽带,将海洋作为中国改革开放的载体。中国具备成为一个海权强国的基本地理条件,它处于重要的战略位置,有较好的海洋空间资源,还有得天独厚的强大陆权支撑。中国生态海权建设的基本原则与理论基础包括可持续发展、建设海洋强国、海洋生态文明思想、陆海统筹观念、海洋命运共同体、"双碳"目标、中国式现代化。中国特色生态海权的实践样态与建设路径,包括坚持"地区性守成"目标,发展立足于地区的"有限海权";注重海陆均衡协调发展,坚持和平发展道路;加强"信誉信用信心"体系建设,构建中国特色生态海权理论。要坚持党的领导、强化生态法治引领、重视文化宣传、深化国际合作。

文化海权。对海洋文化理论体系有清晰的认知,旨在根据影响海洋文明与海权发展的各种变量,把握海洋文化建设发展的方向与大局,更好地拟定国家的海洋战略,从而捍卫、强化国家海权,建设海洋强国。文化海权是海权的基本类型之一,是一个国家对本国领海、毗连区、专属经济区、大陆架、公海在物质、观念和制度层面开发和利用的权利和权力。文化海权是海权体系的分支,海权战略衍生出相应的海洋文化,海洋文化又影响决定着海权战略的制定。海权是海洋文化的根本与载体,海权的文化功能主要体现在海洋文化方面。海洋文化作为文化的一种,具有教育功能、外交功能、秩序功能等。海洋文化具有开拓探索、重商勤勉、兼容开放、自由无畏的精神,具有政治价值、经济价值、科技价值、审美价值。世界海洋的控制权最初由崇尚财富和最先进行地理大发现的葡萄牙和西班牙掌握,随后转移到了海洋贸易发达的荷兰以及随后海战胜出的英国手中,而免遭两次世界大战蹂躏的美国又从英国手中接过了海洋霸权,成为世界头号强国。中国人民在长期开发利用海洋的过程中,形成了思想、习俗、语言文学艺术等种类繁多的精神和物质成果,对周边国家有极强的辐射力和影响力,与陆地文化相互影响、相互作用,创造了底蕴丰厚且独具特色的海洋文化,共同构成了灿烂辉煌的中华文明。中国传统海洋文化关怀国家命运、重视和平包容、兼具开发保护,具有独特的海洋气质。当今国际文化海权的格局可以从争夺和合作两个方面来看。"冷战"结束后,海盗文化"崛起",文化海权争夺延续。同时,各涉海组织、团体、协会经常与政府部门联合举办各种各样的海洋文化节等,强化了国际社会对海权与海洋文明的认识,通过海洋文化的交流稳固了国际海权的新格局,新秩序,使文化海权合作得以延续。中国特色文化海权建设的原则,包括注重提升中国文化海权软实力,牢固树立海洋命运共同体理念,强化海洋生态法治文化的引领。中国特色文化海权建设的路径,包括积极参与全球海洋治理,提升国民海洋意识,保护海洋文化遗产,深化海洋文化交流。

第一章　海权概述

从世界文明发展史来看,海洋文明是历史上最具活力和创造性的文明。因为各国间海洋贸易与海权自我强化、发展而形成的基本社会结构体系,保证着国家内部与外部世界的联系、交流、摩擦、融合和互动,不断激发着国家、民族的创造性思维,从而形成精神创造和物质创造的"活土层"。历史经验告诉我们,面向海洋则兴、放弃海洋则衰,国强则海权强、国弱则海权弱。向海而兴、背海而衰是世界强国发展历史上的铁律。在西方崛起的过程中,对海洋的重视发挥着十分重要的作用。"谁控制了海洋,谁就控制了世界"的论断一直被西方世界奉为圭臬。西方国家凭借着对海洋的探索、谋划、争夺,抓住了历史机遇走上了富国强兵的道路。反观彼时的中国,尽管拥有陆海兼备的地理优势,但"重陆轻海"思想阻碍了中国与近代世界变革历史机遇的接轨。

随着社会的发展和国际海洋秩序的深刻变革,海权的内涵迅速扩展,海权价值更加多元,各国对海权的关注与日俱增。一方面,各国间的海权博弈日趋激烈;另一方面,防止秩序混乱、和平解决争端也始终是人类社会对国际秩序寻求和建构过程中的重要价值目标。中国的海洋权益也日益面临许多新的挑战。作为一个后起的海洋国家,在实现和发展海权的问题上,我们除了应当向内求索以了解中国海权问题的产生和发展外,也有必要向外远眺,汲取其他国家海权实践中的经验,并在此基础上对中国特色海权之路及海权的各个要素进行探讨。

第一节　海权的基本概念

海权,是一种主观层面上的认识,不同国家在不同的经验基础上会有不同的理解;同时海权也是一个客观存在,随国家不同时期的经济、政治和文化的变化而变化。海权概念决定了其内涵与外延,进而决定其特征与要素。只有了解海权概念体系及建立于其上的理论体系,才能运用这些概念和理论回答海权实践中的现实问题。

一、海权的定义

根据《牛津英语辞典》的解释,海权有两个层面的含义:一是指民族或国家具有对海洋的国际权力或影响;二是指国家在海战上拥有的力量和功效。通常认为,海权有狭义和广义之分。狭义的海权指依靠海洋军事力量即海军获取的制海权。广义的海权除了军事方面还包括其他方面的海洋掌控能力。有学者认为,中国海权是指中国研究、开发、利用和在一定程度上控制海洋的能力和影响力或中国拥有与自己的海洋空间利益相适应的能力和影响力。[1] 也有学者认为,中国海权是中国利用军事和非军事手段维护海洋权利,收回海洋权益,并不失时机地拓展海洋权力的一种综合能力。[2] 上述学者从不同侧面以不同方式对海权进行了定义。但是,随着科技水平的进步

---

[1] 参见叶自成、慕新海:《对中国海权发展战略的几点思考》,载《国际政治研究》2005年第3期。
[2] 参见李小军:《论海权对中国石油安全的影响》,载《国际论坛》2004年第4期。

和认识水平的提高,人们发现:在客体方面,各类海洋区域和资源联系紧密;在主体方面,单一国家无法形成相对于其他国家的绝对强势地位;在治理、保护方式方面,认识层面与物质层面的影响相互交织。因此,应当在更加广阔的范围内对海权进行定义和讨论。从最广义的范围来说,海权是指一个国家对本国领海、毗连区、专属经济区、大陆架和公海的实际管辖能力、控制能力和防御自卫能力以及在物质和意识层面开发、利用、保护海洋生态、资源的权利或权力。本书即采用这种定义。

从海权定义的发展可以发现,现代海权的价值趋向多元化,目标构成更加丰富,运作方式和手段呈现综合化,其主体和性质也日益多元化。全球各个海洋国家已经由传统的争夺具体军事目标、战略海域和咽喉海道为主,变为争夺综合性经济利益、岛屿归属及海洋资源占有利用为主;由过去以超级大国为主的争夺变为广大沿海国家都纷纷参与的竞争,使海权竞争加剧、博弈的目标和范围更加广泛。①

二、海权的特征与形成条件

(一) 海权的特征

从定义可以看出,海权至少包括国际法范畴的海洋权利和政治学范畴的海洋权力。也就是说,海权在形式上是国际海洋法对一个主权国家海洋权利资格的确认,在本质上是主权国家在特定海域展示主体资格、以有效维护海洋权利的军事力量为核心的国家能力。②

首先,海权是主权国家在特定的海洋区域拥有的主体资格,是"国家主权"概念自然延伸。起初,各国凭借自己的舰队获取对海洋的掌控。随着联合国的建立和发展,国际海洋法以国际条约形式赋予主权国家享有海上权利,这是主权国家在国际法等法律文本的规定下所享有的海洋利益的法定

---

① 参见徐杏:《海洋经济理论的发展与我国的对策》,载《海洋开发与管理》2002 年第 2 期。
② 参见巩建华:《海权概念的系统解读与中国海权的三维分析》,载《太平洋学报》2010 年第 7 期。

资格。其次,海权是主权国家在特定海域实际管控的国家能力,体现在是否拥有维护海洋权利的国家综合实力。主体资格与综合实力相结合,就产生了海洋利益,具体指主权国家在特定海域获得的满足本国需要的经济、政治、文化利益。最后,海权具有观念、物质两个层面。观念层面的海权主要表现为具有强烈的海洋观念、浓厚的海洋意识、深沉的海洋情感、深刻的海洋思想和领先的海洋理论。从反面分析,倘若一个国家、民族的海洋观念比较愚昧滞后,必然对海洋权利掉以轻心,从而也难以拥有维护海洋利益的海洋权力。物质层面的海权主要表现为海洋军事力量、海洋行政力量、海洋经济力量、海洋科技力量等。

(二)海权的形成条件

海权的形成需要满足以下条件。首先,要具备一定的地理条件。国土至少要有一个方向连接海洋,或者至少也要有一个出海口。其次,要具备一定的科学技术条件。要有相应的船舶设计、制造技术,航海技术,卫星定位和导航技术,通信技术,等等。再次,要具备对外经贸往来的经济环境。海权必须依赖于对外贸易,依赖海洋通道的外向型经济结构是引发海权的第一要素。可以说,海洋国家都是由内陆"内向型经济"转变而来,都经历了一个从"内向型经济"到"外向型经济"的演变过程。所以,海洋国家的管控、利用范围也随之越出陆地范围。一般而言,海洋比陆地更难以掌控,根据能力维持秩序的历史法则,海洋国家为了生存、发展,会高度重视海上管控能力建设。例如,海洋航运通道安全境况严峻,海洋运输安全问题突出的国家,才会更加重视寻求海权。最后,要具备对海洋资源利用、生态保护等的需求。例如,国家的发展必须建立资源供给基地,海洋国土和海洋资源被严重侵犯会严重影响国家的生存、发展。

三、海权的构成要素

(一)海权的三个构成要素

海权包括海洋实力、海洋权益和海洋权力三个主要要素,是海洋实力(海洋硬实力和海洋软实力)、海洋权益(内核海洋权利和外围海洋权益)和海洋权力(海洋硬权力和海洋软权力)三要素的有机统一。[①] 其中,海洋实力是前提,海洋权益是目的,海洋权力是手段。通过对构成海权各要素的辨析,可以看到,海权各要素之间有相互影响、相互依存的密切关系。

海洋实力是国家实力的重要构造要素,是国家拥有的多种要素勾连、嵌合而形成的综合力量。正确评价、估量自身海洋实力是制定相应海洋战略、维护和发展海权的重要依据。海洋实力包括海洋硬实力和海洋软实力。海洋硬实力是指一国海上力量是否足以维护国家主权和海洋权益,维护战略通道和海外利益安全,参与海洋国际合作,为建设海洋强国提供战略支撑。海洋软实力是指国家层面是否有系统的海洋战略,学界层面是否重视对海洋问题的研究和探索,军事层面是否有高技术、高素质的新型海军指挥人才,个人层面是否具有海洋意识的广度与深度等。同样,海洋权力可分为海洋硬权力和海洋软权力,分别指建立在海洋硬实力基础上的海洋权力和建立在制度框架、国与国之间互动关系基础之上的软权力。我国在维护自身海洋权益的过程中,可根据情况需要实施低烈度的海洋硬权力,而在利用制度框架内和国与国之间互动关系对他国实施影响的博弈过程中,需要尽量利用海洋软权力。"国家利益是一个国家的最高利益,它也不能不是一切国家对外行动和行为的指南和准则。"[②]海洋实力、海洋权力最终都是为了获取、增大、保持海洋权益。

---

① 参见孙璐:《中国海权内涵探讨》,载《太平洋学报》2005年第10期。
② 杨玲玲:《"国家利益"的基本内涵和本质特征》,载《国际关系学院学报》1997年第4期。

(二) 各构成要素之间的关系

通过对海权各构成要素的辨析,可以看到海权各构成要素之间具有相互影响、相互依存的密切关系。第一,海洋实力是海洋权益和海洋权力的基本保障,调整发展海洋实力要适应中国海洋权益范围以及海洋权力的实施手段的不断变化。随着海洋权益范围以及内容不断扩大,中国的海洋实力也应当有相应的发展,调整"绝对海洋实力"和"相对海洋实力"。[①] 第二,海洋权益的变化直接影响海洋实力和海洋权力的发展,而且海洋权益实现与否直接取决于二者的运用是否得当。也就是说,海洋实力和海洋权力都是为实现海洋权益服务的。海洋权益是在不断变化之中的,尤其是外围海洋权益。因此,如何根据形势的发展变化确定运用何种手段来维护国家的海洋权益、如何保障并实现与时俱进的海洋权益是根本目标。当今时代,中国更多的是需要用海洋软权力,即通过谈判协商妥善处理涉海矛盾分歧,维护海洋权益,管控海上分歧,深化涉海合作。第三,海洋权力的应用要以海洋实力为基本保障,应用海洋权力的根本目的是维护海洋权益。维护海洋权益的过程也就是施加影响力、有所作为的过程。

四、海权的基本类型

海洋强国是指在开发海洋、利用海洋、保护海洋、管控海洋方面拥有强大综合实力的国家。海权的发展与建设海洋强国密切相关,二者之间互相依存、互为依托。与海洋强国中海洋经济发达、海洋科技领先、海洋生态优良、海洋文化先进、海洋治理高效等要素相对应,从不同角度观察,海权也有着不同的面孔。下面对不同类型的海权展开论述。

---

① 参见孙璐:《中国海权内涵探讨》,载《太平洋学报》2005年第10期。

(一) 政治海权

1. 政治海权的定义

政治海权是指国家对本国领海、毗连区、专属经济区、大陆架和有管辖权的公海至高无上的、排他性的实际管辖能力、控制能力和防御自卫能力、权力和权利。要理解政治海权离不开对主权概念的分析。国家主权理论是民族国家的历史产物,国家主权原则构成了一般国际法的支柱。法国政治思想家让·博丹(Jean Bodin)最早对国家主权理论进行了系统的阐释,他认为主权是最高的、绝对的、永久的、不可分割的。[①] 理论上讲,在国际社会中,独立者之间是平等的,平等者之间无管辖权。实践中,国家是国际法最基本的主体,主权国家享有国际法上的完全的权利能力和行为能力。就其权力的属性而言,海权是国家主权的下位概念,政治海权是国家主权的重要内容。

在政治因素方面,国家权力和机构也会对海权发展产生影响。马汉认为,权力的集中是发展海权的重要条件,精明而坚定的集权政府行使权力,往往能用更直截了当的方法创建一支强大的海上贸易队伍和一支卓越的海上安全保障力量,比自由民主政府缓慢的行动更容易达到目的。

2. 政治海权的特征

政治海权具有行政管理性。在海权的发展中,国家权力往往起到主导的作用,海权发展是国家的战略行为。[②] 能够最大限度地将权力集中起来使用的国家,将具备更大的海权发展潜力。而国家权力的另一种体现则在于成立专门的海洋管理机构。海洋管理机构是国家管理海洋事务,处理海上非军事化风险的机构,通常由政府主管的海洋行政监管机构和海上警察部队执行主要工作,通过海上巡逻和海上布控来有效维护国家的领海主权,确保国家的海洋资源得到有效保护和可持续开发,维护国家的海洋环境,防止

---

① 参见初育国:《试论民族国家的演进及现状》,载《北京大学学报(哲学社会科学版)》2003年第4期。
② 参见刘一健、吕贤臣:《试论海权的历史发展规律》,载《中国海洋大学学报(社会科学版)》2007年第2期。

重大海洋污染事件的发生,并为本国开发公海资源提供保护。目前,世界主要海洋大国都设立了自己的海洋管理机构,其管理范围包括除海洋军事之外的几乎所有领域,且具有分工明确、专业性强的特点。海洋管理机构的建立能够使国家对海洋实施有效的控制、开发和管理,目前国家层面的海洋管理机构已经成为影响海权成败的重要因素。[①]

政治海权具有国际性。"二战"后,政治海权的发展趋势表现为国家海洋管辖权不断扩张。杜鲁门公告(Truman Proclamation)尽管是单方面的政策宣示,却开启了沿海国家对于公海的领土与准领土要求,也催生了战后国际海洋关系的制度化进程。杜鲁门公告创制了法律上"大陆架"的概念,1958年《大陆架公约》使其成为国际法制度,而拉丁美洲国家主张的200海里"专属渔区"或"承袭海"最终演变为《联合国海洋法公约》中的"专属经济区"制度,沿海国对大陆架上和专属经济区内的自然资源享有主权权利。大陆架建立的依据是沿岸国领土的自然延伸,专属经济区毗邻沿海国领海。国家海洋管辖权的扩张,一方面是由于科技的发展,人类具备了开发海底和底土中的海洋资源特别是油气资源的能力,人类的经济需求不断向海洋延伸;另一方面是"二战"后,非殖民化运动产生的大量的新兴独立国家强烈要求建立新的国际经济秩序,在海洋法方面,它们强烈要求扩张沿海国的管辖权,从而对抗海洋大国的航行自由主张,以维护本国安全和经济利益,具有维护领海、保障本国海洋资源、反对他国海洋霸权的正义性。可见,现代海洋利益的争夺已经从历史上通过海洋争夺陆地变为争夺海洋本身。[②]

我国属于半闭海沿海国。半闭海沿海国在行使和履行权利和义务方面,应与邻国互相合作。但我国东、南两面濒临渤海、黄海、东海和南海。除渤海外,黄海、东海和南海由北向南分别与朝鲜、韩国、日本、菲律宾、印度尼西亚、马来西亚、越南和文莱为海上邻国。随着各国对海洋空间及其资源的开发、利用和依赖的程度越来越高,我国与各海上邻国的国际关系面临

[①] 参见杨震:《后冷战时代海权的发展演进探析》,载《世界经济与政治》2013年第8期。
[②] 参见马嬿:《当前世界海洋的发展趋势及其对中国的影响》,载《国际观察》2012年第4期。

挑战。

我国建立了领海、毗连区、专属经济区和大陆架法律制度,所主张的管辖海域面积较大,但这些海域中有近一半的海域与海上邻国存在主张重叠和争议。相比之下,我国属于实际的地理不利国。有些我国固有的岛屿被海上邻国占领,严重侵犯了我国主权,我国海洋生物资源被掠夺,渔民生命财产安全受到直接威胁。

针对中国近年来面临的严峻复杂的海上形势,习近平总书记反复强调维护海洋权益既是基本原则也是基本底线,"决不能放弃正当权益,更不能牺牲国家核心利益"[1]"要坚决维护领土主权和海洋权益,维护国家统一,妥善处理好领土岛屿争端问题"[2]"周密组织边境管控和海上维权行动,坚决维护领土主权和海洋权益,筑牢边海防铜墙铁壁"[3]。

(二) 经济海权

1. 经济海权的定义

经济海权是指国家对本国领海、毗连区、专属经济区、大陆架和公海在物质层面开发、利用海洋资源的权利和权力。经济因素在海权中占有重要地位。海权发展的历史表明,经济因素既是海权产生和发展的根本动力,也是决定海权能否长久存续与发展的支撑性要素。与陆地的"排他占有继而追求产出"的经济理性不同,海权是建立在对外贸易刺激经济增长模式之上的。因此,互通有无的海外贸易、对外开放发展的经济结构不但是海权产生的基础和条件,也是海权本身应该包含的主要内容。

---

[1] 《习近平:进一步关心海洋认识海洋经略海洋 推动海洋强国建设不断取得新成就》,载《人民日报》2013年8月1日,第1版。
[2] 《中央外事工作会议在京举行 习近平发表重要讲话》,载《人民日报》2014年11月30日,第1版。
[3] 倪光辉:《强化忧患意识使命意识大局意识 努力建设强大稳固的现代边海防》,载《人民日报》2014年6月28日,第1版。

2.经济海权的特征

经济海权具有经济性。海洋蕴藏着巨大的发展能量,发展海洋经济是解决陆域资源短缺的唯一选择。必须立足于陆海资源的互补性、陆海生态的互通性和陆海产业的联动性,从国家经济社会发展的高度将陆地和海洋进行整体部署,坚持陆海统筹推进海洋经济发展。要大力发展海洋交通运输、国际服务货物贸易,发展沿海港口经济,鼓励发展海洋产业特别是战略性海洋新兴产业,构建完善的现代海洋产业体系,以沿海经济带带动、辐射内陆腹地,大力推进海洋经济发展。

从马克思主义经济学的角度对海权进行分析可以发现,海权本质上是一个经济问题,经济实力或直接或间接地决定了海权的兴衰。从不同维度看,工业革命和社会分工是海权产生的基础;航运是海权实力的重要载体;全球开放的市场是发展海权的重要目的;海上安全保障力量是保护海上贸易畅通进而强大海权的保障;资本增值的内在逻辑是发展海权的外在推动力。此外,一国实行的宏观贸易政策也会对海权的兴衰发挥作用,在一般情况下,自由贸易政策比贸易保护更能够促进国家海权的发展。

经济海权具有内容丰富性。根据海洋经济活动的性质,将其划分为海洋产业和海洋相关产业。其中,海洋产业是指开发、利用和保护海洋所进行的生产和服务活动,主要表现在以下五个方面:第一,直接从海洋中获取产品的生产和服务活动;第二,直接从海洋中获取的产品的一次加工生产和服务活动;第三,直接应用于海洋和海洋开发活动的产品生产和服务活动;第四,将海水或海洋空间作为生产过程的基本要素所进行的生产和服务活动;第五,海洋科学研究、教育、管理和服务活动。海洋相关产业是指以各种投入产出为联系纽带,与海洋产业构成技术经济联系的产业。[①]

作为经贸往来的重要枢纽,海运业的作用凸显,海运业的发展直接推动海上商船队的发展,战时商船队可以直接承担战略海运和后勤支援的任务。

---

① 参见第一次全国海洋经济调查领导小组办公室编著:《第一次全国海洋经济调查海洋及相关产业分类》,海洋出版社2017年版,第1页。

此外,海运业的发展还可以带动造船业的发展,促进相关技术创新,还能推动港口和基地建设的不断完善。

经济海权包括对海洋资源开发的能力,其中最重要的就是对渔业资源的控制权,而能否掌握渔业权力对国家的海权成败往往起到巨大的影响性作用。人类摄取的动物性蛋白质当中有 1/4 来自鱼类,世界上 90% 的渔业资源集中在沿岸 200 海里的水域里。"渔界所至,海权所在。"从历史上可以看出,国家往往从争夺海洋捕鱼权开始,进而扩大到渔业管辖权,最终扩大为海洋的主权范围,或者海上的实际控制权。[①] 有学者认为,海洋资源的勘探、开发和利用不仅是国家繁荣发展和增强国家综合实力的重要途径,更是增强海权的重要源泉。利用现代海洋开发技术来开发海洋资源可以使国家获得取之不尽、用之不竭的财富。其中,海洋战略资源的开发和利用可以直接用于海军的建设和作战服务。[②]

我国是海洋大国,管辖海域辽阔,海岸线漫长,环境多样,海洋资源可开发利用的潜力很大。同时,我国又是世界上人口最多的国家之一,由于陆域空间不足,资源有限,长期以来能源及其他重要资源严重短缺,这些已成为我国经济和社会可持续发展的瓶颈。加快发展海洋产业,促进海洋经济发展意义重大。

(三) 法治海权

1. 法治海权的定义

法治海权是指国家以法治思维和法治手段对本国领海、毗连区、专属经济区、大陆架和公海的实际管辖、控制能力和自卫的能力和以法治手段开发、利用、保护海洋生态、资源的权利和权力。在对海权发展的影响方面,法治往往是军事和政治的延伸,尤其是进入 21 世纪后,国际法和国际制度规则对国家海权发展的影响日益明显。海洋争端曾以武力解决为主要方式,但

[①] 参见黄硕琳:《渔权即是海权》,载《中国法学》2012 年第 6 期。
[②] 参见王生荣:《海权对大国兴衰的历史影响》,海潮出版社 2009 年版,第 366 页。

随着文明的进步,法律手段逐渐代替武力手段。① 法治海权逐渐产生,且其确立的过程与海洋法的演进密切相关。

2. 法治海权的特征

法治海权具有国际法属性。法治海权发展的重要表现形式就是海洋法的编纂,它使海洋法规则在各国博弈后逐渐成文化和体系化。1930 年海牙国际法编纂会议对于领水制度关于航行自由、沿海国对领水的主权原则的编纂是海洋法编纂的成功尝试,但是由于各国在领海宽度的问题上未达成一致,会议没有产生领海公约。"二战"后,在联合国国际法委员会的推动下,1958 年第一次海洋法会议制定了包括《领海及毗连区公约》在内的"日内瓦海洋法四公约",初步实现了海洋法的编纂。其中,《公海公约》和《领海及毗连区公约》是对习惯法的编纂,而《大陆架公约》和《公海捕鱼和生物资源养护公约》是对国际法的发展,顺应了沿海国要求扩大权利的国际趋势。科技发展使深海资源开发成为可能,新发展亟须国际立法规范。到 20 世纪 60 年代末 70 年代初,联合国大会在处理和平利用国家管辖外海床和海底的问题时,意识到海洋问题彼此密切相关,需要将其作为一个整体来考虑,从而决定召开第三次海洋法会议,建立与国家管辖以外海床和海底及自然资源公平利用有关的国际制度,并且包括一系列涉及公海、大陆架、领海、毗连区、海洋资源养护、海洋环境保护及海洋科学研究等问题。在这一过程中,数量占据优势的第三世界国家的意愿得到了尊重,海洋大国坚持的充分利用海洋为主要目的的海洋自由也得到了体现。第三次海洋法会议从 1973 年持续到 1982 年,最终诞生了《联合国海洋法公约》。海洋法编纂的过程经历了 1930 年海牙国际法编纂会议的萌芽,到"日内瓦海洋法四公约"的发展,至《联合国海洋法公约》成为阶段性成果。②

《联合国海洋法公约》被视为"海洋宪章",旨在使全球海洋事务统一化、法律化、规范化,同时平衡和协调各国之间的海权边界,进而维护整个国际

---

① 参见杨华:《海洋法权论》,载《中国社会科学》2017 年第 9 期。
② 参见王阳:《全球海洋治理:历史演进、理论基础与中国的应对》,载《河北法学》2019 年第 7 期。

社会的共同利益。由于各方在某些议题存在无法协调的分歧,具体条款也只得进行模糊表述。《联合国海洋法公约》同样规定了各国海权的运行方式和矛盾解决机制,设立的大陆架界限委员会(UN Commission on the Limits of the Continental Shelf,CLCS)、国际海洋法法庭(International Tribunal for the Law of the Sea,ITLOS)和国际海底管理局(International Seabed Authority,ISA)的运作,为实现《联合国海洋法公约》设立的目标发挥了重要的作用。

在影响海权崛起的各种因素中,国际法是主要因素。美国学者詹姆斯·克拉斯卡(James Kraska)认为,国际法是一种服务于海权的"力量倍增器"。[1]《联合国海洋法公约》是国家应对规则强制的制度保障,该公约所主张的谈判、调解和仲裁等方法,以及其设立的国际法庭,可以裁断某些发生在海上的行为是否合法。

国家对国际制度规则的掌握和运用对于该国海权最终的成败具有重要作用。海权的国际制度规则的确立有助于国家间海洋利益的分配,或有助于国家对海洋利益的维护。国家可以通过有效运用国际制度规则来抗衡他国扩大海洋利益的行为,也可以通过国际制度规则上的合作来获得其他国家在海权领域的支持。此外,有效地运用国际制度规则还可以帮助国家直接占有某项海洋利益,赋予国家在海洋利益竞争中的优势;国际制度规则还有助于应对海洋利益威胁,维护既有的海洋利益。[2]

法治海权具有国内法属性。为切实保障国家管辖海域的主权权利和对其行使管辖权,维护国家的根本利益,我国政府十分重视海洋立法工作,并采取了一系列与其接轨的措施来加强海洋领域的法律法规建设。1996 年批准《联合国海洋法公约》时,我国宣布享有 200 海里专属经济区和大陆架的主权权利和管辖权。为了全面履行规定的权利和义务,我国依据《联合国海洋法公约》颁布了一系列相关法律。《领海及毗连区法》再次确认了我国 12

---

[1] See James Kraska Grasping, *The Influence of Law on Sea Power*, Naval War College Review, Vol. 62:3, p. 115(2009).
[2] 参见李大陆:《海权演变与国际制度的运用》,载《太平洋学报》2014 年第 1 期。

海里的领海宽度,在总体上保留了《关于领海的声明》的基本原则和立场,如有关领海宽度仍为12海里、领海基线采用直线基线法划定、外国军用船舶须经批准方可进入我国领海,以及我国对于周边群岛和岛屿的主张等,为维护我国主权、海洋权益和国防安全等提供了法律保障。《专属经济区和大陆架法》确认了我国专属经济区和大陆架的有关权利并建立了相关法律制度,使我国对专属经济区和大陆架内自然资源拥有了主权权利,保障了对日益增多、范围不断拓展的海洋相关活动的管理和控制。这两部法律健全了涉海各领域的法律和必要的规章制度,是我国实施《联合国海洋法公约》最重要的举措,在维护我国的海洋权益方面发挥了重要作用,对我国的海洋管理实践意义重大。从适用范围上看,这两部法律覆盖了领海、毗连区、专属经济区、大陆架等管辖海域;从内容上看,这两部法律构成了维护我国海洋权益的"宪章"。这些海洋法律法规的制定和实施,有效地确立和维护了我国的海洋利益,用法律手段调整海洋管理实践,使我国的维权活动纳入《联合国海洋法公约》的规范,使我国的海洋管理初步走上法制化轨道。

法治海权具有动态性。在法治海权运行过程中,世界各国发现虽然已经建立较为完整的国际法规则,但仍然面临着一系列挑战。这些挑战表明,法治海权运行是一个相互关联、相互交织、相互融合、相互竞争的复杂网络[1],仅仅依靠相关治理规范和规则的约束似乎很难达到预期的治理目标。法治海权运行不仅需要对相关的海权制度加以完善,更根本的是要在海权理念和目标层面有所调整。所以,海权理念和目标的调整进入了各国视野,其标志是2015年第70届联合国大会通过的决议文件《变革我们的世界:2030年可持续发展议程》(A/RES/70/1),其中第14个可持续发展目标是"保护和可持续利用海洋和海洋资源以促进可持续发展",表明推动全球海洋可持续发展成为法治海权的价值目标。为落实这一个目标,联合国成立

---

[1] See Ibukun Jacob Adewum, *Exploring the Nexus and Utilities Between Regional and Global Ocean Governance Architecture*, Frontiers in Marine Science, Vol. 8, p. 2 (2021).

了海洋大会(UN Ocean Conference)。① 2017年6月5日至9日,联合国"海洋大会"召开,支持实施关于海洋的第14个可持续发展目标,通过《我们的海洋、我们的未来:行动呼吁》宣言。该宣言进一步保障了与海洋相关的可持续发展目标的达成,开启了国际社会广泛参与规范海权运行的新阶段。

然而,法治海权在运行中也会遭遇困境。在国际层面,参与全球海洋治理的国家在涉及重大利益时,不可避免地追求自身利益最大化。行为主体一旦选择工具理性主义理念,权力就容易发生滥用。这一点在海洋强国身上有明确体现,为了实现海洋霸权和自身利益,全球海洋治理往往异化为其实现自身国家利益的手段。最典型的是美国所主导的"海洋霸权"模式。美国自诩为"世界警察",是全球法治海权运行中最重要的力量之一。但是,美国的海权叙事思维吸收了太多工具理性主义,导致美国的海洋价值观主要是实现海洋权力的扩张与争夺制海权。例如,在《联合国海洋法公约》的谈判进程中,以美国为首的西方国家始终以"权力逻辑"为基础,围绕海洋规则的制定展开激烈的博弈。为了国家利益最大化和"自由化",且由于受到国内不同意见的影响,美国不仅没有批准加入《联合国海洋法公约》,而且对《联合国海洋法公约》的部分条款总是依据本国的利益作出单方面的解释,从而损害了《联合国海洋法公约》的权威性。②

在国内层面,由于国家整体海洋战略及规划的缺失,中国至今尚未出台一部总揽全局、综合调整海洋各方面关系的法律。目前,中国已经制定的与海洋有关的法律法规多是部门法或具体的单项立法,其缺乏全局性和整体性,无法为国家海洋事务的不断拓展和海洋权益维护提供强有力的法律支撑。这些法律法规多适用于海洋资源的开发、利益群体的保护等方面。由于立法的角度和行业的局限性,这些法律法规往往强调行业利益和需求,有些法律法规相互之间存在不协调甚至矛盾的条款,还存在诸如法律位阶较

---

① 参见庞中英:《联合国可持续发展目标及其对全球海洋治理的意义》,载《人民论坛·学术前沿》2022年第15期。
② 参见金永明、崔婷:《"海洋命运共同体"对全球海洋治理体系困境的"三维"超越》,载《社会科学》2023年第10期。

低、缺乏配套条例、缺乏权威性和可操作性等问题,无法很好地实现立法初衷,更难以满足当前海洋权益维护的需求。根据相关立法例,一国海洋法体系分为若干层次,应包括关于海洋主权的基本法、关于海洋利用开发和生态环境保护的单项法律、相关行政法规和部门规章、地方性法规。中国应在现有单项涉海法律法规的基础上,尽快制定一部海洋管理的综合性、基础性法律,厘清各涉海部门的关系。制定综合性的海洋法的呼声,实际上是国家海洋权益受到挑战甚至侵蚀严峻局面的一个折射,也是建设海洋强国所必须具备的法律基石。出台一部对海洋实施全面综合管理的"母法"势在必行。

(四)生态海权

1. 生态海权的定义

生态海权是指国家对海洋生态、环境进行保护并对海洋资源进行利用的权利和权力。现代科学认为,海洋是孕育一切生命的母体,海洋是地球生命的摇篮。从远古到近代,海洋作为全球生命支持系统的地位更加重要,人类未来的生存寄希望于海洋中丰富的资源及其为人类提供的适合生存的自然环境。海洋是一个巨大且连通的整体,包含着众多海洋生态类型,相互作用的生物组分和非生物组分,通过能量流动和物质循环构成了具有一定结构和功能的统一体。不同的生态环境栖息着不同种类的海洋生物,每种海洋生物生活在与其相适应的环境中,同时也在改造其生存环境。例如:潮间带富含有机质的泥质环境为红树提供了适宜生长的环境,红树林的生长对海岸带安全发展起到了很好的防护作用;大洋中上层丰富的饵料生物可聚集大量渔业资源;深海和深渊区的生物具有应对高压、食物稀少等令人惊叹的生存技能,丰富的基因资源蕴藏着无限的可能。

但随着人类对海洋资源的开发和利用,海洋污染、海洋灾害等环境问题日益突出。面对高强度人类活动和气候变化等多重压力,海洋生态破坏现象时有发生,海洋生态系统的结构受损、功能退化、服务减弱等问题较为突出,海岸带生态系统退化趋势尚未得到根本扭转,对海洋可持续发展构成严峻挑战。① 如果在海洋开发与海洋保护之间无法保持平衡,经济社会可持续发展的目标就可能受到掣肘或损害。然而,时至今日仍有部分海洋强国仅关注如何无休止地从海洋中攫取资源和财富,却没有对如何保护海洋,将海洋建设成人类共同的家园而不是争霸场所等问题作出回答。例如,美国对全球海洋战略要地的军事控制、日本顽固不化的捕鲸政策和一意孤行的核废水排放、其他国家开发北冰洋的排他性政策等行为证实了保护海洋的紧迫性和必要性。

2. 生态海权的特征

生态海权具有系统协调性。生态海权的核心在于"形成并维护人与海洋的和谐关系",既不是人类社会的进步与发展完全依赖于海洋的原本状态,也不是海洋的发展变化完全服从于人类自身发展的需要,而是人的全面发展与海洋的平衡有序之间的和谐统一。陆上人类活动的用海或海洋产业本身,都在利用海洋的生物、非生物资源或空间资源,而这些资源都与海洋生态有着紧密的联系,无法割裂。我们要理解海洋生态的特殊性、重要性,合理保护海洋生态,对已受到破坏的生态系统的关键环节进行修复,可持续利用海洋资源,构建人海和谐的美丽海洋。

生态海权具有法律强制性。1982年的《海洋环境保护法》是中国第一部专门的海洋环境单行法,规范了中国管辖海域及沿海地区海洋环境保护活动和行为,并针对主要的海洋污染源如陆源污染、海岸工程、海上倾废、船舶和海洋石油勘探等建立了许可、环境影响报告书和交纳排污费用等制度。《海洋环境保护法》对保护海洋资源与环境,规范中国管辖海域以及沿海地区海洋环境保护活动和行为具有重要作用。

生态海权具有国际性。海水存在流动性,海洋边界也相对模糊,各国在治理海洋生态环境时难以预防来自本国以外的污染。各国协调、联动治理才是有效的治理。世界各国应当推进生态海权视域下的全球海洋生态环境治理体系的构建,拓展更加广泛的全球合作布局,不断加强与其他海洋国家

---

① 参见曹立主编:《建设海洋强国》,中国青年出版社2022年版,第116页。

在海洋与气候变化、海洋环境保护等领域的交流与合作,建立互利共赢的蓝色伙伴关系,铸造可持续发展的海洋生态环境治理体系。中国作为一个负责任的大国,应把握全球海洋生态环境治理体系的建设新机遇,统筹国内法治和国际法治,确立全球化的海洋生态环境保护,在全球范围内推进生态海权建设。①

行使生态海权全面保护海洋生态环境,是治理海洋污染和防治海洋生态环境灾害的根本途径,关乎人民的福祉和民族未来。习近平总书记特别重视海洋经济发展中的生态保护问题,基于我国海洋环境不容乐观的基本现实,作出了着力提升海洋生态环境的整体性和前瞻性部署,明确海洋生态环境保护底线,要下决心采取措施,全力遏制海洋生态环境不断恶化趋势,让我国海洋生态环境有一个明显改观,让人民群众吃上绿色、安全、放心的海产品,享受到碧海蓝天、洁净沙滩。② 他强调,我们要像对待生命一样,关爱海洋,③把可持续发展的理念,深刻融入保护和利用海洋的每一个环节中。要尊重海洋、顺应海洋、保护海洋,把海洋资源节约、海洋环境保护、海洋生态自然恢复放在首要位置,推动海洋开发活动向循环利用型转变,全面保护海洋生态环境,促进海洋绿色发展。要提高和增强全社会、全民族海洋意识,正确认识人类和海洋的关系,实现人海和谐和良性互动。要坚持开发和保护并重,秉承以人为本、绿色发展、生态优先的理念,把海洋生态文明建设纳入海洋开发的总布局之中,才能促进人与海洋和谐共生。④

---

① 参见张卫彬、朱永倩:《海洋命运共同体视域下全球海洋生态环境治理体系建构》,载《太平洋学报》2020年第5期。
② 参见《习近平:进一步关心海洋认识海洋经略海洋 推动海洋强国建设不断取得新成就》,载《人民日报》2013年8月1日,第1版。
③ 参见李学勇、李宣良、梅世雄:《习近平集体会见出席海军成立70周年多国海军活动外方代表团团长》,载《人民日报》2019年4月24日,第1版。
④ 参见林善炜:《习近平海洋强国战略思想的核心要义与时代价值》,载《理论视野》2023年第7期。

(五)文化海权

1. 文化海权的定义

文化海权是指一个国家通过有意识地构建海洋文化和海洋身份来对本国领海、毗连区、专属经济区、大陆架和公海的管辖、控制和防御自卫以及在物质和意识层面开发、利用、保护海洋生态、资源的权利和权力。建设海洋强国要求一个国家在具备雄厚的海洋军事实力、先进科技和发达经济的同时,更要拥有领先于时代的海洋文化和坚实的海洋文化软实力,所以文化海权已经成为衡量现代海权综合实力的重要指标。

2. 文化海权的特征

文化海权具有意识层面特性。文化在马克思主义的"经济基础—上层建筑"关系框架内,被视为意识形态的产物。作为一种为经济基础所决定的上层建筑,文化或隐或现地维护着统治者的利益。文化是一种历史现象,每一社会都有与其相适应的文化,并随着社会物质生产的发展而发展。海洋文化是人类在涉海活动中逐步形成的精神的、行为的、社会的和物质文明生活的文化内涵,其本质就是人类与海洋的互动关系及其产物。[1] 海洋文化的本质是人类与海洋的互动关系及其产物,包含人类社会依赖于海洋而形成和创造的一切文化。[2] 海洋地理环境孕育了世界海洋文化,从古至今,不同区域、族群的创造主体以其丰富、多元、恢宏独特的海洋历史实践活动,铸造了风格迥异的人类海洋文化传统。

文化海权在国际上具有共性。世界范围内的海洋文化传统,在物质形态、社会规范、行为方式和精神观念等层面,表现出共同特征,在许多方面具有相同之处。[3] 第一,开放精神。绝大多数海洋文化是随着航海范围与线路的扩大而形成发展的,开放精神成为海洋文化的核心和首要精神。第二,协

---

[1] 参见曲金良:《海洋文化与社会》,中国海洋大学出版社2003年版,第26页。
[2] 参见姜秀敏:《服务海洋强国战略的海洋文化体系构建》,载《中国海洋大学学报(社会科学版)》2020年第4期。
[3] 参见曹立主编:《建设海洋强国》,中国青年出版社2022年版,第159页。

作精神。海上活动具有极高的风险性,在原始状态或较低的科技水平条件下,为了抵抗航行过程的高风险,人类的海上活动必须依靠严密的社会合作和团队协作。第三,竞先进取精神。海上探索贯穿大航海时代,西方涌现出的哥伦布、麦哲伦等数位航海家竞相开展环球航行和探险活动。竞先进取的海洋价值观并未随大航海时代的结束而消失,反而随着人类对海洋未知空间的探索而深入人心。第四,契约精神。海洋探险和海上贸易在一系列契约的规制下相对自由地开展,随着海上经济活动的日益频繁,原本碎片化的契约逐渐演化成为完整、成熟的国际海洋贸易规则体系,进而形成国际海洋法等规则。第五,和谐精神。人类走进海洋、利用海洋的历史,反映的是人海间的和谐关系不断调整优化的进程。

文化海权是海洋软实力的重要基础。民族文化和国际话语权等软实力与大国海权在一定程度上互为因果。海洋文化较之于大陆文化更能使国民关注海洋,使更多的国民去收集海洋资料、研究海洋问题,为国家制定有效的海洋战略和海洋立法提供智力保障,最终增强国家在国际海洋事务管理中的话语权,使其在国际海洋立法、海洋治理领域构建其主导的制度与规则。因此,大国要想强化其海权,一是应不遗余力地宣传海洋文化,培养公民的海洋意识。二是应在国际海洋事务中增强话语权,将体现其文化特性和政治观念的事件和问题设置为国际社会共同关注的问题,使其政治观念和法律价值嵌入国际海洋法的大量软法之中。三是国家的软实力对于国际海洋法规则的形成及其实施产生了重要影响,因为国际法是一个较为原始的法律体系,其规则可以分为硬法和软法两大部分,[1]而国际软实力通过大国政治和国际法的互动影响了国际硬法的实效和国际软法向硬法的转化。相对于国内法而言,国际法是一种"弱法",从法律的有效到实效,软实力发挥着决定性作用。在国际海洋法领域,国际议题的设置、条约的谈判能力以及利用国际争端解决机制来维护海洋权益都依赖于国家的软实力,特别是公民的海洋意识、海洋领域的执业者和研究者的素质,因为这将深刻影响它

---

[1] 参见王海峰:《论国际软法与国家"软实力"》,载《政治与法律》2007年第4期。

在海洋法上应享有的权利和实际享有的权利。

长期以来,历史和现实原因造成的薄弱的海洋意识和以土为本的传统观念,使我国国民缺乏海洋国土意识而轻视蓝色海洋,头脑中仅有960万平方千米的陆地国土,而300万平方千米的海域则被忽略。文化是一个民族进步的灵魂,是一个国家兴旺发达的不竭动力,也是中华民族最深沉的民族禀赋。海洋文化是中华民族文化体系的有机组成部分,坚定海洋文化自信,是中国推动海洋文化发展的必要条件。

中国文化海权应当是以中国立场为立论基点,以中国话语为立论工具,以促进中国海洋文化的健康传承和可持续发展并推动海洋强国战略实施为立论目的,以解决国民海洋文化认知、学界海洋文化解说、国家海洋文化发展以及世界海洋文化共识等理论问题与实践问题为立论标的,能够体现中国特色、中国范式的理论体系和实践体系。中国文化海权应当具有以下特征:第一,它是中国立场、中国话语、中国学派的、体现新时代特征的、中国特色自主知识体系的海洋文化体系;第二,它是认知、评价中国海洋文化的理论体系;第三,它是传承、创新发展中国特色的海洋文化体系;第四,它是可以解决国家海洋战略、文化战略决策亟需参考和社会各界普遍关注的相关重大、关键性基本理论问题。[1]

按照上述标准,当前我们对海洋权益方面的研究远远落后于海洋大国,科学决策滞后,突出表现为海洋人才的缺乏,这导致中国并未获得更多相应的利益和权益保障。海洋权益的维护涉及法律、科技、经济军事和外交等多领域,具有较强专业性和复杂性等特点,需要建立海洋综合人才和专家的培养机制,将海洋方面专家的声音通过各种途径向国民传递,使民在耳濡目染中增加对海洋的了解和认识。[2]

文化海权既是中国文化对外传播发展中的宝贵资源,又是中国在成为

---

[1] 参见姜秀敏:《服务海洋强国战略的海洋文化体系构建》,载《中国海洋大学学报(社会科学版)》2020年第4期。
[2] 参见薛桂芳编著:《蓝色的较量:维护我国海洋权益的大博弈》,中国政法大学出版社2015年版,第453~454页。

世界文化强国和海洋强国道路中的重要支撑力量。随着中国维护海洋环境、保护海洋资源、发展海洋经济的意识逐渐增强,树立世界海洋强国形象的呼声日渐高涨,提高中国海洋文化国际传播能力、宣传中国海洋文化理念的愿望亦日益强烈。然而,相较于其他国家或地区的文化海权传播的范围和影响力,当今中国文化海权的国际影响力还比较弱——传播内容较为分散、传播手段较为单一、传播理念较为落后,使我国海洋文化产业的经济活力与文化效应与国际对比还存在较大差距。[1] 加强文化海权的主要目标,是在国际上消除别国对于中国文化认知的歪曲和误解,将中国海洋文化精神和理念传播出去,使世界更加了解中国,特别是了解中国保卫海洋领土的决心,并取得各国的信任和支持,树立更加友善和负责任的大国形象。

中国需要把全方位提升和强化国家和民族海洋意识、加强海洋人才的培养作为一项长期的战略任务,大力弘扬海洋文化,铸造蓝色文明。教育的普及是深化和提升公众海洋意识的有效途径,海洋人才的培养应从青少年抓起。国家一方面要推进海洋意识的教育和普及,在中小学的历史、地理教科书中专门增加海洋的内容、充实关于海疆的概念、海疆和海防的历史,介绍海洋国土方面的知识,着重介绍中国海域概况、注重介绍当代世界的海洋现状,海洋资源与开发等方面的知识,增强青少年的海洋忧患意识和维护海洋权益的责任感和使命感。高等学校应在国家的学科分类中增加具有独立地位的海洋科学、海洋法学专业,加强涉海学科群、专业队伍及相应学术机构的建设,建立健全基本研究领域、理论支撑体系和针对实践问题的对策性研究,以便为政府决策提供高质量的智力支撑。要把海洋教育作为终生教育,建立健全海洋各学科人才和专家的培养机制。国家应支持综合性、海洋类高校的学科建设,使其成为涉海综合、专业人才培养的摇篮。有了海洋综合性研究的权威机构和有针对性的优秀成果,可以促使专家的声音不断地向国民中传递,起到增强海洋意识的"种子"作用。

---

[1] 参见杨威:《"一带一路"视阈下中国海洋文化国际传播路径探析》,载《湖湘论坛》2019年第1期。

(六)航行海权

1. 航行海权的定义

航行海权是指一国在本国管辖海域和公海通行、运输的权利和权力。海洋是交通的要道,海洋因其独特优势,能够提供海上交通这一最为经济的运输途径,使海上交通成为国际贸易的主要运输方式。国际货物运输有多种方式,包括铁路运输、航空运输、公路运输、海洋运输、管道运输、运河运输等。地球各块大陆因海隔离、靠海往来,海洋运输历史悠久,在国际货物运输中占据着非常重要的位置,发挥着举足轻重的作用。统计数据显示,各种运输方式在国际运输中的比重是:海洋运输占75%~80%(相邻国家之间陆上运输占15%~20%,航空运输占3%~4%)。[1] 尤其是在经济全球化背景下,各国物质生产和贸易活动越发密切,能源原料和商品运输需求强烈。而国际海洋货物运输因其通过能力大、运量大、连续性强、费用低、适合大宗货物运输以及对货物适应性强等众多优越性,被认为是经济便捷的运输途径,成为国际贸易中的主要运输方式。

2. 航行海权的特征

航行海权是确保国家海上战略通道安全的基础,日益影响着国家的生存和发展。随着世界全球化趋势的不断发展,国家与国家之间的利益、国家与全球之间的利益越发息息相关。自18世纪以来,海洋通道是海洋国家的命脉,事关经济繁荣和政治、军事安全。英国航海家沃尔特·雷利称:"谁控制了海上通道,谁就控制了海洋;谁控制了海洋,谁就控制了世界贸易;谁控制了世界贸易,谁就控制了世界财富;谁控制了世界财富,谁就控制了世界本身。"[2] 英国海上战略理论家科贝特(Julian S. Corbett)在《海上战略的若干原则》中指出,海洋具有巨大的交通价值,海洋和陆地不同,它是交通的手段,但也是交通的障碍。控制了海洋,就可以打通这一障碍,并通过军事手

---

[1] 参见李兵:《论海上战略通道的地位与作用》,载《当代世界与社会主义》2010年第2期。
[2] 段波:《"董贝父子世纪":查尔斯·狄更斯的英国海权想象》,载《广东外语外贸大学学报》2024年第4期。

段为敌人设置这种障碍。控制海洋的意义不仅在于控制海洋,也在于商业和军事目的。

航行海权对一个国家的经济安全、能源运输安全、军事安全具有全面、长久的影响。因此,各国不断加紧对海上通道的争夺、利用与控制。如今,苏伊士运河、巴拿马运河、马六甲海峡、直布罗陀海峡、霍尔木兹海峡、曼德海峡、土耳其海峡,因是海上交通要道、航运枢纽成为兵家必争之地。巴拿马运河航线,途经巴拿马运河,是沟通大西洋和太平洋的捷径,对美国东西海岸的往来具有重要意义;北冰洋航线是世界上最繁忙的海上运输路线,而好望角航线是石油运量最大的航线,被称为西方国家的石油"生命线";苏伊士运河航线,途经台湾海峡、巴士海峡、马六甲海峡、曼德海峡和苏伊士运河、直布罗陀海峡、英吉利海峡等。这些重要的海运航线在海洋运输中发挥着重要作用,航行海权深刻影响着国家的生存和发展,需要上升到国家战略层面来考虑布局。

对一个濒海国家来说,出海口和航道是该国的发展基石,可谓"得之则兴,失之则亡"。中国是海陆兼备的国家,从海岸的自然地理条件和拥有的管辖海域面积看,具有发展海洋经济的优势,但海区处于半封闭状态,被一系列边缘海、半闭海包围,被三重岛链封锁。中国陆地海岸没有直通太平洋的海域,其间横隔着日本列岛、琉球群岛、菲律宾群岛、印度尼西亚群岛等。这些群岛周围的海峡及群岛海道,是中国远洋航行的必经之路。随着周边国家专属经济区及群岛水域制度的建立,中国被进一步封堵。中国领海内没有用于国际航行的重要海峡,须经一系列重要的国际海峡(如朝鲜海峡、津轻海峡、大隅海峡等)以及第一岛链的多个海峡进入太平洋,又需要通过马六甲海峡、新加坡海峡、直布罗陀海峡等,将国内货物运往亚、非、南美、北美和大洋洲各国,并将这些国家输出的货物运回国内。这些海峡对于国防安全、经济发展都具有非常重要的意义。

中国海运货物遍布全世界,必须利用全球海洋战略通道,进入全球经济体系。中国未来的经济发展和海洋利益的实现均需要与中东国家、东南亚国家等建立良好的关系,以保障海上运输通道的畅通无阻,航行安全及保障能力的重要性毋庸赘言。

(七) 军事海权

1. 军事海权的定义

军事海权是指国家依靠海上力量对本国领海、毗连区、专属经济区、大陆架和公海的实际管辖、控制和防御自卫的能力、权利和权力。享有海洋权益并不等于控制海洋,经济海权的基础需要军事海权加以保卫。当习惯法和国际法失灵时,海洋权益的争夺必然导致冲突或战争。而冲突的解决和战争的结局,必然要借助于军事海权,即对海洋的有效控制。所谓"控制海洋",并不是指通过纯粹的技术手段对海洋自然力量的征服和对海洋自然环境的控制,而是指海洋的和平利用有赖于对海洋的军事控制,即制海权。一国海军力量及其发展水平,直接影响与制约该国海权的运用与发展。

制海权主要有三种类型。其一,绝对制海权,即占绝对优势的海权国家在不受任何海上威胁的情况下,海军力量享有在海上行动的绝对自由权。一个海权国家只有使敌人海军力量完全失去自由活动的权力,才算获得绝对的制海权。方法是在海战中歼灭敌人的海军力量,或者通过封锁敌人的海军力量,使其失去行动自由。其二,有效制海权,即占相对优势的海权国家在其所受的威胁减少到最低限度的情况下,海军力量享有行动的高度自由权,而敌人虽有"舰队存在",但只能在极端危险下行动。其三,争夺中的制海权,即双方海军力量势均力敌,每一方都要冒相当大的危险才能行动,因此在有限区域内和有限时间内建立起有效控制才能实施作战,最后获得行动自由。在冲突和战争状态下,争夺制海权的主要表现形式为破坏或保护海上交通线。"海洋是大自然所造就的御用大道","是天然的伟大交通媒介"。海洋的不可分割性,决定了在海上不可能建立起固定的防线,所以控制海上交通线,其实质就是通过海战消除来自敌方的海上威胁,使自己获得在海上行动的自由,进而对敌方造成重大的海上威胁,限制敌人在海上行动的自由。①

2. 军事海权的特征

军事海权是其他海权的保障。从军事海权和非军事海权关系来看,前者的使命是夺取和保持制海权,确保海上通道安全;后者的职责是汲取财富,为发展海上军事力量提供足够的物质保障。二者的关系成则相互促进,败则相互制约。但是,二者并非彼此的充分条件,拥有军事海权并不一定拥有非军事海权。濒海国家如果存在海外贸易等海外经济活动,并拥有一支作为工具用以保护上述利益的海军,也就具备了拥有海权的条件,但仅仅如此并无法表明国家可以自然地拥有海权。只有当濒海国家对上述力量予以正确运用,并对本国的海洋经济和未来发展以及涉及海洋争端的事务产生威慑力时,海权才能成立。②

尽管当今国际和地区形势总体稳定,但我国周边特别是海上方向面临的安全威胁呈上升趋势,海洋岛屿主权被分裂被侵占、海洋权益斗争更为复杂,国际敌对势力对我国实施海上围堵,海外利益安全日益凸显,生存安全和发展安全问题、传统安全威胁和非传统安全威胁相互交织,机遇和挑战并存。实现海洋强国目标,必须依靠国家军事海权,以便有效维护国家海洋主权、海上安全和海洋发展利益,为建设海洋强国构筑稳固的基石。

第一,建立强大军事海权,确保我国海上方向安全。我国海上方向战略环境复杂,海上周边地缘竞争激烈,海上争端矛盾集中,国家安全威胁主要来自海上。我国与周边国家围绕海洋主权权益争端的斗争严峻复杂。美国近年来推行"亚洲再平衡"战略,加紧实施海上战略围堵,对我国构成长远、全局和综合性军事威胁。在这种形势下,只有不断增强海上军事实力,加紧做好海上军事斗争准备,才能不断提高处置海上危机和应对突发事件及海上冲突的能力,确保以和平方式、谈判方式解决矛盾争端,确保不放弃正当权益、不牺牲国家核心利益。

---

① 参见王生荣:《海权对大国兴衰的历史影响》,海潮出版社2009年版,第8页。
② 参见秦天、霍小勇主编:《中华海权史论》,国防大学出版社2000年版,第4~6页。

第一章　海权概述

第二，建立强大军事海权，维护国家海上交通线和战略通道安全。我国正在构建国内国际双循环相互促进的新发展格局，对海上通道、海外市场和海外资源有较强依赖，远洋渔船、货轮长年游弋于世界各大洋。然而，我国海上交通线和战略通道面临的形势十分复杂，一些重要海峡和出海口主要掌控在西方国家手中，尤其美国依靠其强大海军掌握"美国的生命线和转运区"，控制世界海洋多个咽喉要道，长期在海湾、阿拉伯海、南中国海及其他航线巡逻，并以强化与日本、澳大利亚等亚太盟国关系为补充，以"反恐"和"推行民主"为名，越来越多地介入我国海洋事务，破坏我国以能源为核心的经济安全，迟滞我国和平崛起进程。此外，海盗、恐怖袭击等非传统安全威胁有增无减，直接危及国家经济安全。在此背景下，只有建立强大军事海权，才能有效应对以上多种威胁，保护我国海上能源及其他重要战略物资运输的安全。

第三，建立强大军事海权，有效维护国家日益增长的海外利益。我国在公海、国际海底和极地拥有广泛利益，国家海外利益不断拓展，面临的安全风险也不断上升。一是随着我国跨国公司大量涌现，驻外机构、人员和资产遍布全球，海外留学和工作人数持续增加。二是在一些长期动荡地区，我国海外公民成为叛乱分子袭击的主要目标，涉中国公民和企业的领事保护案件呈全球、多点同时爆发趋势。一旦驻在国发生骚乱和排华事件，投资工程及人员生命财产安全都将面临重大威胁。只有建立强大海权，才能以国家综合国力和军事实力形成强大威慑，通过国家行为及时采取多种手段，制止犯罪和迫害行为，有效保护我国海外人员生命财产安全，维护我国大国形象、民族尊严及在国际社会的影响力。[①]

虽然军事海权在海权体系中的作用无须多言，但也不能过分强调，以至于认为其他海权可有可无。中国海外利益需要保护，但只依靠强大的海上安全保障力量是不可能完成的。一方面，军事海权在一定程度上标志着该

---

① 参见徐起：《海洋强国建设与现代海权相关问题探析》，载朱锋主编：《21世纪的海权：历史经验与中国课题》，世界知识出版社2015年版，第236~238页。

国的实力,但海上安全保障力量的强大并不意味着整体海权的增强,合理地利用舰队,建立完善的培训、教育及战术机制则显得更为重要,因此要建立有限的军事海权。而海上安全保障力量通过低烈度的冲突模式,加强机动性能建设,实现全球机动全球到达,以非对抗的方式来实现有限军事海权较为适宜。因此,应当强调在新的时代背景下海上安全保障力量发展和革新的重要性。另一方面,在军事技术日新月异、现代军事打击能力从陆基、海基、空基等领域不断扩大到天基、网络空间的新时代海上军事力量已经不再是主导海权建设的唯一核心因素。

第二节 海权的历史演进

任何理论创新都离不开总结历史与现实的经验教训。海权的发展经历了漫长的历史过程,人类历史上富强的国家和民族都拥有强大的海权,发展出了与实践相应的理论。海洋兴,海权强,国家富;海洋衰,海权弱,国家贫,这是历史多次验证、颠扑不破的客观规律。但是在历史的特定时期、全球特定国家,海权有着迥异的实践形式和理论表现。历史学就是未来学,因此,我们有必要梳理海权的演进过程,指导未来的海权实践。

一、海权的萌芽阶段

(一)古希腊时期

历史学家早在2500多年前就开始使用海权这个概念,可能是古希腊人最早提出海权这个概念的,古希腊人的做法对现代意义的海权产生了重大影响。[1] 希罗多德、修昔底德等历史学家都从海权角度探讨了雅典和斯巴达

---

[1] See Arnaldo Momigliano, *Sea Power in Greek Thought*, The Classical Review, Vol. 58:1, p. 1 – 7 (1944).

海权国家属性和陆权国家属性的根本不同。在历史学家眼中,海权是国家对海洋做出的全部反映。在这些国家里,海洋占据着决定性的位置,关系到民众的生活、商业、艺术和语言。海洋强国拥有海洋英雄、海洋仪式,在日常演讲中使用海洋语言,海洋融入了国民生活的方方面面。对他们来说,海权并不是选项之一,而是必备品。简单来说,离开海洋他们就难以生存。①

(二)地理大发现时期

从地理大发现开始,海权理论开始出现。以学术角度分析,最著名的是格劳秀斯(Hugo Grotius)的海洋自由论和塞尔登(John Seldem)的闭海论。前者认为海洋应当是可以自由航行的,因为人类不可能占有和控制像空气和海水那样无边无涯的自然资源;后者则认为海洋和陆地一样可以由国家占有。可见,海洋法的历史为海洋自由和海洋主权这一持久而永恒的话题所统领。不过,海洋自由与海洋主权并非水火不容。海洋法理论体系的变迁与发展不断重组和融贯其他的理论。② 格劳秀斯在《战争与和平法》中也承认大洋自由和沿海国一定范围的近海主权,从而为公海自由和领海主权的发展奠定了良好的基础。后来的学者逐渐明确提出了领海与公海的划分标准。

与学者学说同时进行的还有各国的海权实践。新航路开辟后,西班牙、葡萄牙和随后的英国、丹麦等国分别对不同海域主张主权。伴随欧洲国家的殖民扩张,为便利其掠取殖民地和原料产地,海洋主权逐渐被海洋自由所取代。同时,对于邻近陆地的海域,基于海防的考虑,"大炮射程说"也得到了欧洲国家的普遍认可。

在这一时期,西欧国家的全球扩张是海权实践的主要底色。地理大发现改变了人们对世界各大陆和各大洋处于分割孤立状态的认识,全球意识、贸易国际化、殖民地活动、垄断航线为各国带来丰厚利益,使后起国家拥有

---

① 参见鞠海龙主编:《海权与国际海洋秩序》,时事出版社2018年版,第39页。
② 参见马得懿:《海洋航行自由的体系化解析》,载《世界经济与政治》2015年第7期。

了一种强烈的海权意识。① 由于科技水平的限制,人类对于海洋开发和利用程度较低,除渔业资源之外,海洋最重要的功能就在于通航。西欧国家的全球贸易和殖民扩张主要通过海洋完成。公海航行自由满足了它们对外扩张的需要,而领海制度则着眼于实现沿海国安全。海权实践的目的主要是满足海洋大国的殖民扩张和商业贸易,实现对殖民地、原料产地和海洋通道的控制,从而争夺地区和全球霸权。在这样的背景下,美国历史学家马汉的海权理论便应运而生。

二、海权的发展阶段

(一) 马汉的海权理论

马汉的理论对美、英、德、日等国的海洋作用价值认识、海上战争方式形态以至于国家未来战略走向都产生了不可磨灭的影响。1890年,他提出,以海上贸易立国的国家,必须控制海洋。夺取并保持制海权,特别是与国家利益和海外贸易有关的主要交通线上的制海权,是国家强盛和繁荣的主要因素。他通过重新分析欧洲17－18世纪的霸权争夺过程,试图证明制海权是战争胜利之本,与国家命运息息相关。他认为英国的强盛源自它强大的海上优势力量,而法国的衰落则归因于它对海权重要性的低估。② 马汉从战略角度分析了一国的地理位置、自然环境、领土范围、人口数量、民族品性和政府政策等因素对海权的影响,提出海权战略就是在平时和战时建立并加强海上实力,以实现国家的战略目标。具体来说,海权的最终目的就是制海,而其必要的条件就是强大的海军。一个国家的富有关键在于贸易,贸易的关键在于海洋航线,海洋航线的关键在于海军的强大。虽然利用海洋贸易汲取财富的能力也是海权的内容,但控制海洋的能力是指夺取和保持制海

---

① 参见牟文富:《海洋元叙事:海权对海洋法律秩序的塑造》,载《世界经济与政治》2014年第7期。
② 参见[美]A. T. 马汉:《海权对历史的影响:1660—1783》,安常容、成忠勤译,张志云、卜允德校,解放军出版社2006年版,第96页。

权的能力,即一般意义上的制海权,这也是海权的基本样态和功能,而夺取和保持制海权的方式主要是通过海洋战争的形式来完成的。因此,海上武装力量建设的评价标准只有一个,那就是打得赢海战,否则就不具备控制海洋的能力。在马汉那个年代,海军是用来进行殖民和攻占领土的重要武器,也是构成海权的基本要素。同时,马汉还强调一国国土面积的大小并不重要,重要的是该国海岸线的长度和港口的位置,这才是最重要的海权内容。

在马汉之后,美国海军战争学院延续了马汉的思想,出版了一系列研究马汉海权思想的著作,形成了海权研究的"美国学派"。这一学派的基本研究范式延续了政治科学的路径。从冷战时期莱曼(Jr. John Leman)的制海权理论,再到"冷战"结束后美国海军出台的一系列战略报告,都带有马汉的影子,只不过更加强调制海权、海军作战方式等,更加具有竞争性、进攻性和扩张性。

马汉的理论明显侧重于探讨海权在战略与军事层面的意义,发掘海军和海战提高国家实力的能力,带有很强的争夺霸权的色彩。马汉的主要贡献在于他首次全面探讨了海权作为一种国家战略工具的价值和意义,将此前有关海权的各种分散的论述综合成一整套逻辑严密的体系,并在此基础上系统阐述了有关海权的若干具有根本性的战略思考和战略原则。[①] 马汉和拉策尔(Friedrich Ratzel)曾表明,"海权提供了夺取世界霸权的最便捷的途径"。海权是那些渴望世界权力的人们的根本需求,只有海洋才能产生真正的世界大国。还有一些学者也指出,陆权国家的影响在其边境终结,但是海权国家的影响可能遍及全球。[②] 这一分析的假设是,海权国家是全球政治行动不可或缺的,因为它是操纵全球的必要条件。总之,海权与争夺全球霸权是紧密联系在一起的。

不过,必须承认的是,马汉对制海权或海洋控制的论断过于绝对,与历

[①] 参见吴征宇:《海权的影响及其限度——阿尔弗雷德·塞耶·马汉的海权思想》,载《国际政治研究》2008年第2期。
[②] 参见[英]杰弗里·帕克:《地缘政治学:过去、现在和未来》,刘从德译,新华出版社2003年版,第38、149页。

史事实也存在偏差。国际关系史上,从来就没有绝对的制海权,即便在大英帝国的鼎盛时期,皇家海军在地中海、美洲、亚洲等地区的制海权也时时刻刻面临着对手或大或小的挑战。

所以,马汉的海权理论并非没有反对的声音。几乎在同时,基于同样的历史,英国的科贝特等人却总结出另一套海权理论。该理论强调海军与陆上行动之间存在不可分割的联系,海上行动是更广阔的陆上行动的组成部分,并认为制海权不是绝对的东西,而是相对的,制海权通常都是处在一种争夺中的状态。[1] 该理论还强调对于制海权的综合运用,而且将海权视为实现外交目标的途径。

近代典型的西方海洋国家如荷兰、英国的生存依赖海洋贸易,形成了这一时期海权发展的政治、经济、军事条件。海洋国家的生存依赖本土与本土之外某地区构成稳定的、特殊的经济结构,一旦这种经济结构遭到破坏,国家生存便会受到严重威胁。

因此,海洋国家的国防任务就是保卫本土与本土之外某地区之间的经济运行体系,即海上运输通道。海军是构成国防力量的主要组成部分,也是推行对外政策的核心力量,虽然耗资巨大,却是国家生存、发展所需的必备投入。这种国防任务决定了海洋国家的国防范围必然延伸到本土之外,军事力量必须足以保障自己的"海上生命线",并保证能将军事力量投送到关系本土生存的海外区域,海洋国家这种超越本土的"远距离防御"在别国看来就是为经济、文化利益扩张而采取的军事侵略。

(二) 马汉海权理论的特点

马汉海权理论最突出的特点是竞争性、对抗性。第一,海权是海外贸易发展到一定程度的必然产物。海上生产和运输的范围越大,海外贸易的范围越广,人类对海洋利用的程度就越高,对控制海洋的要求就越强。因而,

---

[1] See Michael I. Handel, *Corbett、Clausewitz. and Sun Tze—Julan Corbett*, Naval War College Review,2000,p. 87.

就整个人类来讲,海权的产生和发展是人类海上生产与海外贸易发展到一定程度的必然产物,而且,随着国家的产生以及国家对暴力手段的垄断化,海权越来越具有国家层面的意义。

第二,海权的国家属性主要反映资本主义商业竞争的阶段性。海权不是空洞抽象的概念,而是具体实在的权力。海权主要由国家意志来推动,也由国家力量来实现。资本主义商业竞争使当时世界主要资本主义国家对海权的追逐达到了白热化程度,资本主义商业竞争摆脱了封建土地制度带来的束缚,以世界范围内的市场和资源为争夺目标,从而把陆上能量极大地向海洋释放,且不可调和的国家之间的矛盾导致商业竞争和军事战争。

第三,对海外殖民地和海外市场的排他性占有企图是导致对抗性海权竞争的最主要因素。资本主义对利益的无限追求而产生的竞争对手间的相互排斥是海权对抗性产生的根本原因。

第四,海洋控制的相对性为对抗性提供了可能。针对全部海面和海岸线的人为控制与封锁很难实现。对于某一国家而言,没有绝对的海洋控制,只有相对的海洋控制。表面上弱小的海权竞争对手总是有机会挑战表面强大的对手,原来的弱小者可能战胜强大者,因而强海权和弱海权在不同的国家之间轮流转换,海权的交替变换成为海权发展的常态。

第五,生产方式和生产工具的发展是对抗性海权更替的决定性因素。生产方式和生产工具对社会经济发展起到决定性作用,对人类开发海洋、利用海洋、控制海洋的能力产生决定性影响。具体到海上军事力量来说,海上军事力量运用的目的、船舶生产能力、航海技术、导航技术、船载火炮等都对海权实现产生了重大影响。生产方式和生产工具的每一次进步都会作用于海洋强国对海权的争夺上,拥有先进生产方式和先进技术的国家自然会战胜相对落后的国家。

第六,对抗性海权竞争胜负的主要标志是海上战争的结果。海权对抗性竞争的结果,往往以海上军事力量胜负为定论。然而,对抗性海权竞争的过程却不一定表现为海上军事力量的对抗性,影响海上军事力量胜负的也不仅仅只有海军力量的强弱因素。对抗性海权军事上的失败,往往伴随着其海上贸易的衰溃。所以,对抗性海权竞争是海上综合实力的竞争。

第七,对抗性海权不仅表现为海上对抗,还表现为海陆之间的对抗。海权竞争不完全是海上对抗,以海制陆和以陆制海亦成为对抗性海权竞争的一般形式,海陆之间的对抗也发挥着相当大的作用。①

三、现代海权

(一)海权实践在"二战"后的转变

随着"二战"后世界出现的长期和平以及海洋科技进步、经济全球化、国际海洋法体系的逐步建立,世界各国对海洋的认识及海权观念也有新的变化和拓展。一是海权的主要内容从海洋控制向海洋开发利用、保护转变。马汉及以前的时期,海权控制的核心是海上航线和港口,因此使用军事力量是控制航线及港口的最优方式。当前,由于海洋的多种要素均具有重大的战略价值,因而对海洋的控制具体表现为抢先开发利用海洋。谁能占得利用、开发海洋的先机,谁就拥有控制海洋的优势实力和发言权。二是实现海权的基本方式从军事力量竞争向以军事力量为基本支撑的国际海洋规则竞争转变。《联合国海洋法公约》为世界各国寻求利用开放海洋提供了一个基本规则,遵从《联合国海洋法公约》建立一个海洋规则体系已经成为绝大多数国家的共识。规范海上秩序的海上行为规则是以军事实力为基本支撑的。在一定程度上可以说,海上军事力量弱小的国家寻求规则保护,海上军事力量强大的国家依靠实力塑造、转变规则。三是海权的范围从海面向多领域拓展。当前,海权的范围已经得到了极大拓展,不再局限在海面上,因为海面之下的大陆架和海床上存有过去人们未认识到的资源、能源。以往被视为禁区的南北两极,现在随着科技能力的增强以及全球变暖,在人类社

---

① 参见朱荣杰、傅岩松:《论中国在非对抗目标下的海权实现》,载朱锋主编:《21世纪的海权:历史经验与中国课题》,世界知识出版社2015年版,第212~218页。

第一章 海权概述

会中也被赋予了新的意义。①

在经济全球化的时代背景下,国际法和国家内政外交政策深入互动,国家主权的双重属性相互转化,现代海权的理论与实践所处的社会基础发生变化,随着政治与法律、权力与权利的相互博弈而演进。当全球和平与安全主要依靠世界大国的保障时,当国际法的实际效力不时遭受大国政治的削弱时,现代海权的权力和权利博弈及其相互转化就会凭借利益驱动而形成大国海权的强化。一般而言,海权的权力向度包括传统的海军实力、经济实力以及软实力,而海权的权利向度则包括国家在现存海洋法秩序中所享有的权利及其实力所创设和维护的权利。从海军实力、经济实力再到软实力,海洋大国持续地在国际海洋关系的实践中通过大国政治有效地将海权的权力变现为权利。相应地,小国因海权所含权力因素过于单薄,其应有的权利也随之遭受大国政治的蚕食。就像国家主权之间此消彼长的博弈规律一样,小国海权权利的弱化意味着大国海权权力的强化。

大国海权的权力强化主要体现在海军实力、经济实力和软实力三个维度,而权利强化则直接取决于软实力。② 就海军实力而言,只要国际社会在一定程度上还存在适者生存、弱肉强食的空间,大国就会习惯性地发展海军,但是海军实力的表现进行了二元演化,其首要目的在于战略上的威慑,其次才是在战术上应对各种规模的武装斗争。在全球化时代,经济实力在很大程度上决定了国家的综合国力,也直接影响国家主权和海权所包含的国家权力。在经济全球化的过程中,国家的对外贸易成为国家经济运行的关键要素。现代海权的主要目的在于保障国家相关战略的实现,特别是为其海外贸易和投资以及日益重要的海洋开发和利用提供安全保障。大国政治对国际法施加影响的手段除了传统的军事战略威慑外,还包括国家的软实力。软实力主要表现为国家、民族文化的对内凝聚力和对外影响力、国际

---

① 参见朱荣杰、傅岩松:《论中国在非对抗目标下的海权实现》,载朱锋主编:《21世纪的海权:历史经验与中国课题》,世界知识出版社2015年版,第223~224页。
② 参见[美]约瑟夫·S.奈:《美国注定领导世界?——美国权力性质的变迁》,刘华译,中国人民大学出版社2012年版,第27~28页。

话语权以及国际秩序和制度规则的塑造能力,决定了大国创设海洋权利和维护海洋权益的能力。[1]

(二)各国行使海权的挑战与应对

抛开国家间海权的此消彼长,对各国海权行使机制进行分析可以发现,各国各自行使其海权,已经在现实中出现了无以自解的困难,亟需将海权理论与实践进行改造。第一,海洋区域性视角到整体性视角的转变。从最初领海和公海的划分到《联合国海洋法公约》中的九大区域,区域性分割管理处于传统的优势地位,而随着海洋污染、生态环境破坏等问题的越发凸显,人们认为有必要将海洋视为一个集成系统并运作全球海洋治理。第二,单一国家利益到国际社会整体利益的转变。个体国家基于其本国利益在权利维度上对海洋进行分配,但目前海洋问题明显突破了单个国家的管辖区域,对整个国际社会具有深远影响,事关国际社会全局甚至全人类共同利益。第三,海洋权利到海洋责任的转变。权利维度的海洋分配从人类基本需求着眼,无论是空间、通道还是资源,聚焦于人类从海洋的索取,而海洋治理从人类活动对海洋各方面的影响入手,包括防治海洋污染、保护海洋生态,立足于人类充分保护和合理利用海洋的责任。

解决方法为凭借全球海洋治理规范、推动各国海权的实施。全球海洋治理属于全球治理在海洋领域的具体实践。[2] 首先,全球海洋治理是应对海洋领域全球性威胁的必由之路。渔业资源的过度捕捞、全球气候变化及海洋污染等,特别是一些跨越国界或发生在公海上的海洋问题,传统国家分别管理的方式不能有效应对,需要通过合作、沟通的方式处置。其次,全球海洋问题超越了传统国家利益的范畴,涉及多方面利益主体,最终落脚点在于全人类共同利益的维护。国际社会中共同利益的意识不断增强,海洋法上"人类共同继承财产"概念的出现,就是对全人类共同利益的回应。再次,在

---

[1] 参见张小明:《约瑟夫·奈的"软权力"思想分析》,载《美国研究》2005年第1期。
[2] 参见王琪、崔野:《将全球治理引入海洋领域——论全球海洋治理的基本问题与我国的应对策略》,载《太平洋学报》2015年第6期。

全球海洋治理中,全球规制发挥着不可或缺的作用。全球规制这一概念在很大程度上与国际法相对应,《联合国海洋法公约》是全球海洋治理中最为重要的规制,此外还包括以宣言、决议、指南为代表的软法性文件和各种区域性制度和安排,它们共同塑造了全球海洋治理的规制体系,为全球海洋治理构建了具有约束力和权威性的法律保障。最后,全球海洋治理也是一个动态的过程,《联合国海洋法公约》是历史的产物,与其诞生的时代深度融合并体现了当时各国各种利益的博弈。海洋法动态发展是一个不断发现问题、化解分歧、调和不同利益冲突的过程。

全球海洋治理规范、协调下的海权,其实质就在于将人类整体和公共利益作为核心价值。[①] 海洋本身具有的流动性、连通性以及空间上超越国家管辖范围等特点,衍生出海洋的开发与管理天然的主体多元、范围开放的性质。各沿海国家在利用海洋资源时,必然要承担各自的国际义务,而经济全球化和科技进步也导致了人类对海洋资源的依赖。相应地,多领域的安全威胁也因为海洋的一体性而延伸至其他国家或公海,逐步成为全球性难题。即使一个国家或地区的能力再强,也在应对海盗与跨国有组织犯罪、保护海洋生态、维护海上安全等任务中感到捉襟见肘。在利益主体日益多元化和多样化的全球治理中,国家利益不再是全球治理关注的唯一对象,其他利益主体如国际组织、非政府组织、跨国公司甚至个人也进入了全球治理的视野,而全人类共同利益成为全球治理追求的价值目标。

(三)海权价值多元化

海权价值追求出现多元化趋势。海洋治理主体的多元带来了利益和诉求的多元,各相关治理主体之间的价值倾向千差万别,价值和理念的冲突也实属常见。例如,对于北极治理而言,北冰洋沿岸国家强调主权和管辖权的维护,域外国家则主张国际法赋予的航行和资源权利,非政府组织关注北极生态环境保护,原住民则聚焦经济和社会权利。国家海权与不同价值和理

---

① 参见蔡拓:《全球治理与国家治理:当代中国两大战略考量》,载《中国社会科学》2016 年第 6 期。

念的冲突需要调和不同主体的利益和诉求,最大限度地在不同利益攸关方之间达成共识,这就要求国家在制定海洋政策时,保证其他相关主体的参与,实现决策的公开透明。在这一过程中,维护国家海权不再是海洋治理的唯一价值。全球化的发展,使海洋法的主要议题由自由和管辖权逐渐转变为资源分享、物种养护和环境保护。海洋环境保护、海洋资源养护中体现出来的人类共同利益的维护成为全球海洋治理的重要价值之一。[①]

(四)海权行使手段复杂化

全球海洋治理的出现凸显了传统国家海权之下海洋管理模式的缺点,行政命令式的管理方法不能够适应多元的治理主体。因此,除了行政命令之外,还需要协商合作的方式,特别是海洋问题的跨国界和跨区域使国家之间也不能恪守传统的主权与自由的界限,而要采取协商合作的方式应对。此外,《联合国海洋法公约》中的区域化管理方法忽视了海洋的整体性,而全球性的海洋问题的出现带来了海洋综合管理的需要,海洋综合管理突破了《联合国海洋法公约》中的区域化管理方法,着眼于海洋的整体性和海洋问题的相互交织。[②]

第三节　中　国　海　权

中国位于亚洲东部,太平洋西岸,地理覆盖面积大,既是一个陆域大国,又是一个海洋大国。陆地总面积约 960 万平方千米,海域总面积约 473 万平方千米。中国陆地边界长度约 2.2 万千米,大陆海岸线长度约 1.8 万千米。海域分布着大小岛屿 7600 个,面积最大的是台湾岛,面积 35,759

[①] 参见王阳:《全球海洋治理:历史演进、理论基础与中国的应对》,载《河北法学》2019 年第 7 期。
[②] See A. G. Oude Elferink, *Governance Principles for Area beyond National Jurisdiction*, 2 International Journal of Marine and Coastal Law 230 – 233(2012).

平方千米。① 中国濒临渤海(内海)、黄海、东海、南海及台湾以东的太平洋等辽阔的海域。渤海、黄海、东海、南海连成一片,呈东北—西南向弧形排列,环绕在我国大陆的东面和东南面。中国的管辖海域北起鸭绿江口,东接日本九州岛和琉球群岛,南接大巽他群岛中的加里曼丹岛。跨越热带、亚热带和温带,海洋资源种类繁多,海洋自然条件优越。我国由北向南分别与朝鲜、韩国、日本、菲律宾、马来西亚、文莱、印度尼西亚和越南等国家为海上邻国,具有较为复杂的海洋政治环境。② 中国海权就是在这种自然环境和政治环境中实践、发展起来的,并具有与其他国家截然不同的实践特色与理论品格。

一、古代中国海权

(一) 古代中国海权实践

中华民族是最早利用海洋的民族之一。但是,受农耕文明影响,历史上中国人海洋意识薄弱,长期重陆轻海。从史前时期起,中华民族的祖先就已经开始在与大自然斗争的过程中学习利用、控制海洋的知识和技术。这一过程是从探索河流开始的。新石器时期,我们的祖先已经掌握了制造和使用独木船筏的能力。春秋时期,船已经能够航行到朝鲜和日本。秦朝有徐福和卢生渡海求不老药的记载。西汉时,汉朝的官员和商人乘船从番禺等地出发,可达越南、泰国、缅甸、斯里兰卡等国。东汉时,中国的海上交通扩大到印度尼西亚、波斯湾等,并通过安息、天竺(印度半岛)等国到达过罗马帝国境内,开辟了从红海、阿拉伯海、孟加拉湾、安达曼海、马六甲海峡到达南中国海的海路。

---

① 参见《中国概况》,载中央人民政府网,https://www.gov.cn/guoqing/?eqid=c5001f3f00009c3a000000066486d8e9。
② 参见《中国的管辖海域》,载中国海洋发展研究中心网,http://aoc.ouc.edu.cn/2024/0820/c15171a481477/pagem.htm。

(二) 古代中国海权的发展局限

虽然中国海权实践开始得较早,但发展过程充满曲折,这是由中国的地理特征决定的。中华文明从黄河流域发源,向南拓展到长江和珠江流域,向北延伸到辽河和黑龙江流域,同时在东西方向也有宽阔的活动空间。而相比之下,其他几个古文明发源地发展空间要小得多。其中,"两河"流域地幅狭小,发展农业潜力不大。古埃及所在的尼罗河下游与"两河"流域相近似。古印度的生存空间比上述两地要大一些,但周边范围仍然要比中华文明区小得多。中华文明有着相对独立和封闭的地理特征。东部和东南部与西太平洋相接,大洋形成了天然疆界;西部分别由喜马拉雅山脉等阻隔,形成了难以逾越的屏障;东北部为高寒极地,地广人稀;南部由南岭山脉阻隔。这一特殊的自然环境,为中华民族提供了自我发展、自我完善、相对独立的生存空间。而其他几个文明古国,在地缘上则比较接近,外部交流比较频繁,而且还处在人类迁徙和争雄的交通要道上,经常处在此起彼伏的动荡状态。

中国濒海而未发展成海洋强国,还因为缺乏来自海洋竞争的外部环境压力。当古代中国处于强盛时期,周边的岛国及濒海国并未对中国形成外部挑战,海洋成了中国的安全屏障。尤其是到了明代,朝廷为了防范来自日本列岛的倭寇而实行禁海政策,"片板不准入海",失去发展强大海军的历史机遇。

明朝初期,中国的航海事业早于西方,也比西方发达。最受瞩目的是郑和七下西洋,在1405年至1433年的28年间,中国的船队曾经航行15,000英里,其船队的规模、人数、吨位和里程,都远远超出了后来大航海时代欧洲的航海家和船队。明朝时期也曾有不少思想家对中国的海权问题提出过许多重要的观点,如明朝的郑若曾所著《筹海图编》提出了"御海洋,固海岸,严城守"的思想,认为海防应当"必须防于海,哨贼于远洋,击贼于近洋"。[①] 清地理学家顾祖禹所著《读史方舆纪要》,提出了"拒之于海外,毋使入港为上

---

① 参见沈伟烈主编:《地缘政治学概论》,国防大学出版社2005年版,第49页。

策;却之于沿海,毋使登陆为中策;迨至登陆而围歼之为下策"①的思想,这些都是非常精彩的发展海权的战略思想。但中国并没有因此成为一个海权国家。正如当年梁启超所说:"哥伦布之后,有无量数之哥伦布,达·伽马之后,有无量数之达·伽马,而我则郑和以后,竟无第二之郑和。"②

中国的海洋发展受到了许多限制,因而海权未能进一步发展,其原因包括以下三方面:第一,动力原因。历代商人在社会中的地位都处于末流,中国社会有强烈的重农抑商思想,统治者都提倡发展和奖励农耕,认为农业是国家之本,商业只不过是一种补充。而在欧洲,占主流的是商业文明。哥伦布和欧洲航海家的船队有强烈的商业动机,他们航海就是为了财富。所以,欧洲的船队用各种方式掠夺当地人的财富,带回欧洲。利润是驱使欧洲船队进行远航的强大动力。而郑和的船队虽然宣示了我国造船技术、航海技术的强大,却为此付出巨大代价,"收货所出常数十万,而所取曾不及一二",所以国家财政吃紧后实行了禁海政策。第二,经济基础原因。中国的发展主要以大河流域为主,黄河和长江流域丰富的水资源和肥沃的土地,使中国能够发展出一种高度发达的大陆文明。中国的农业以精耕细作闻名,长期保持世界领先的水平,使之成为一种能够自给自足的经济。因此,中国经济上对海外的产品没有太强烈的需求,中国的统治者也认为中国是一个物产丰富无所不有的天朝大国。中国的农业、手工业产品对外国人是生活的必需品,而外国的物产对中国来说多是奇巧之物,可有可无。中国农业文明保守性强,自给自足性强,易满足,也不需要进行大量的商品交换。所以,中国经济支撑的是大陆文明,欧洲的经济却产生海洋文明。第三,文化观念原因。中国文明本质上是一种以土地为基础的农业文明,具有较强的自体性。在中国长期占主流地位的儒学推崇的是农业文明基础上产生的社会、国家组织,知识分子产生了一种强烈的文化优越感,开始有意识地把自己与周边区分开来,因此没有向海外扩张以及发展海洋文明的冲动。

---

① 沈伟烈主编:《地缘政治学概论》,国防大学出版社 2005 年版,第 53 页。
② 梁启超:《梁启超评历史人物(合集)·明清卷》,华中科技大学出版社 2018 年版,第 161 页。

从古代中国海权的发展历程看,在经济上,对外商业贸易可有可无。而且,为了避免商业思维和经营对农业社会生产秩序产生影响,历朝历代的中央政府均对商业在时间、空间上施加严格管理,将其规模限制在可控范围。古代海军(水师)在战时以外兼有稽查海上走私的功能,虽然表面上是国家对外的海上军事力量,实质上具有控制社会内部的职能。在军事上,特殊的地缘政治条件决定了中国海权具有有限海权的特点。与法国的情形相似,中国是一个陆海兼容型的国家,三面陆上的安全压力使中国在长期的历史中发展出了强大的陆军,而非海军力量。

二、近代中国海权

(一)近代中国海权实践

在近代,资本主义国家敲开中国国门,中国的海权战略被迫以"海防"的形式出现,其核心内容始终是防止其他国家从东部海上入侵。因为中国当时仍然是农耕社会,人民仅依赖耕地而生存,自给自足的自然经济无须依赖海外贸易。清朝水师只需要把守海上关卡、缉私捕盗的水上警察功能,中国再次成为完全保守的内陆农耕国家。

太平天国运动结束后,中国开始了洋务运动,组建了北洋水师,试图重新回到海上。在1895年中日甲午战争中,北洋水师全军覆没。[1]

1912年中华民国临时政府成立,设海军部。临时大总统孙中山以其宏大的战略视野第一次从全球视野和地缘政治的角度概述了海洋与中国的关系。他指出,"所谓太平洋问题,即世界海权问题","太平洋之重心,即中国也。争太平洋之海权,即争中国之门户权。谁握此门户,既有此堂奥,有此宝藏",倘海洋不保,"则中国危矣"。[2]

---

[1] 参见王家俭:《李鸿章与北洋舰队》,生活·读书·新知三联书店2008年版,第435页。
[2] 参见中国社会科学院近代史研究所中华民国史研究室等合编:《孙中山全集》,中华书局1981年版,第556页。

陈绍宽在新的海军部成立后不久便提出了多层次海域作战的海军战略。该战略把海军作战区域拟定为敌海、近海和海岸三个由远及近的部分，提出了作战区域的选择以敌海为主，积极争夺制海权等海军作战任务。①

"九一八"事变后，中国海军界终于认识到海军作战的主要敌人是日本，并将关于中国海军建设和作战计划的研究与应对日本的海上入侵直接联系起来。1934年，随着日本帝国主义侵华意图的暴露和中国关于海军战略研究的深入，国民政府以现有实力为基础，参照马汉的海权理论着手制定《国防计划》。该计划专辟"海军"章提出海军实战战略，将海军作为中国防御日本侵略的第一道防线。《国防计划》将海军的作战目标确定为，"以夺得中国海上交通为第一，保持沿海交通为第二"，力争在"中国海上与日军对抗"，实现"以能制胜海上作战为主"的战略任务。

当时中国海军与日本海军的力量对比是极其悬殊的，中国海军最终无法在战略上获得制海权。随着日本全面侵华战争的爆发，中国海军主要在沿长江一线阻击日军。由于现实的制约，中国关于海权问题的探索再度销声匿迹。②

(二) 近代中国海权的发展局限

从外部看，近代以来，欧洲列强如英、法、俄等国纷纷侵入亚太地区，中国、日本等国家被叩开大门。日本自明治维新开始积极向西方海洋强国学习，国力快速增强，并走向了对外扩张的道路。中国自主的海权发展被彻底中断，被动卷入现代化进程之中，成为各国海权争霸的战场，中国本身的海权发展受到极大压制与摧残。

从内部看，19世纪60年代以来，中国陷入了连绵不绝的内战，太平天国运动、辛亥革命、军阀混战、解放战争都是中国面临的巨大挑战。内战对中国社会造成了深远的影响，社会动荡不安、民众流离失所、经济遭到严重破

---

① 参见史滇生：《中国近代海军战略战术思想的演进》，载《军事历史研究》2000年第1期。
② 参见鞠海龙主编：《海权与国际海洋秩序》，时事出版社2018年版，第24页。

坏、陆军军队人数和军费开支增加、国家法治被破坏，中国没有发展海权的动力和能力。发展海权在一次次萌芽、发展、中断、覆灭中轮回。

三、当代中国海权

（一）当代中国海权实践

新中国成立之初，不仅面临着继续肃清国民党残余势力的任务，而且面临着应对美国遏制和封锁的双重压力，因此，最大的战略任务在于维护国家的领土安全与主权独立。从新中国成立到20世纪70年代初，也就是党的第一代中央领导集体执政的主要时期，美国在太平洋的海洋霸权使中国的海洋战略空间受到严重挤压，使中国在海洋方向的外部环境阴霾密布。在此背景下，中国海洋安全战略的主要任务就是在险恶的国际环境下，如何维护中国的海洋权益，反对世界海洋霸权，如何通过有限的海上力量建设积极防御的海防战略，维护国家的独立与安全。在海洋管理方面，成立国家海洋局，加强对全国海洋工作的领导，成为我国海洋调查和科学研究的主体力量。在军事方面设立目标，即建设强大、独立、防御性的海上安全保障力量。

伴随《联合国海洋法公约》的生效，国际海洋秩序及其斗争方式和手段发生深刻变革。国际海权斗争日趋复杂化、海权价值构成日趋多元化、海权实现手段综合化与多样化、海洋权益保护与分配法制化、海军力量发展高质量化和高科技化，构成了全球化背景下国际海洋斗争的新特点。在此背景下，中国的海洋权益也日益面临许多新的挑战。邓小平作为党的第二代中央领导集体的核心，他所提出的"近海防御"的海防战略思想，以"精干""顶用"为目标的海军建设思想，以"搁置主权，共同开发"为内容的处理海洋争端的思想，构成了党的第二代中央领导集体海洋政治战略思想的主要内容。[①]

以江泽民同志为核心的党的第三代中央领导集体，基于新的历史条件，

---

① 参见刘永路、徐绿山：《从"零和对抗"到"合作共赢"——中国特色海洋安全观的历史演进》，载《军事历史研究》2011年第12期。

在继承和发展党的前两代中央领导集体海洋战略思想的基础上,不断强调从战略的高度深入认识海洋的战略地位,创设了许多带有全局指导性的理论、观点和思想,提出了新时期中国海洋事业发展的新要求、新目标、新任务。它们集中体现在:形成了"一定要从战略的高度认识海洋,增强全民族的海洋观念"的战略认识,强调从战略的高度认识海洋在国家权益和发展中的重要地位;全面推进中国海洋事业的发展,确立了中国海洋事业发展的总体目标、战略原则和基本对策;面对日益激烈的海洋权益的冲突,提出了加快海上力量现代化建设步伐的方针。

1980年以来,随着中国经济步入快车道,海洋对中国发展的重要性进一步提升,中国也开始了由一个传统的陆权大国向现代海权强国转变的进程。海上通道、海洋国土和资源对中国经济发展和国家安全的重要性与日俱增。在与世界相互依存程度日益加深的进程中,中国东部沿海地区在对外开放中已发展为中国经济产值增长最快的黄金地带。在与我国台湾地区分裂势力的斗争中和对日益严重的东部海上安全的关注中,提高海上安全保障能力、保护海洋权益、捍卫国家海洋主权更加重要。

同时,随着对海洋依存度的提升,中国既要在不断强化海洋运输、贸易、科技等海上力量,又要承受来自海洋方向上的各类挑战与威胁,因此,中国开始承担日益增长的维护海上和平、促进海洋事业合作等国际义务。

2012年"海洋强国"上升到中国的国家战略层面,中国国家发展的方向规划出现了巨大转变,由以往一味依赖陆地资源发展转向注重提升海洋经济在国家发展中的贡献。

(二)当代中国海权的发展成果

经过几十年的发展,当代中国海权在以习近平同志为核心的党中央的引领下,进入了新的发展时期。

在政治方面,始终以维护国家安全、海洋权益、发展利益为核心,以新时代海洋观为引领,立足于国际海洋现状和未来布局,积极参与国际海洋治理,构建国际海洋新格局。例如,积极参与联合国框架下的全球海洋治理机制,在深海采矿、海洋生物多样性保护等规则制定中发挥建设性作用;加强常态化维权巡航执法应对海上侵权,通过发布白皮书和系列声明宣示立场,国家领土主权和海洋权益得到有效维护。

在经济方面,坚持走"依海富国、以海强国、人海和谐"[①]的发展之路,海洋经济进入快速发展期。经过多年不懈努力,海洋经济产值连创新高,在产业结构、生产总值均保持总体向好的趋势。新时代我国在海洋生物医药、深海资源开发、海洋工程装备研制等高新科技领域取得历史性突破。海洋开发从近海向深远海挺进。积极推动海洋科技创新,取得了一系列成果,海洋科技实力稳步提升,在若干领域实现从"跟跑"向"并跑""领跑"转变。

在法治方面,深入参与联合国及其专属机构、区域组织关于海洋生物多样性养护与可持续利用国际协定、深海采矿规章、公海保护区、北极公海渔业、南极环境管理等重大国际磋商进程,为国际海洋规则制定提出建设性意见。参与国际海洋规则制定能力显著增强,我国连选连任国际海事组织A类理事国、国际海底管理局理事会A组成员、联合国政府间海洋学委员会执行理事国,并成为北极理事会正式观察员国。

在生态方面,全面强化陆海综合治理、科学合理开发海洋资源,通过坚持人海和谐、生态养海之路,加快打造绿色可持续海洋生态环境。积极推进绿色、可持续的海洋资源开发模式,探寻出海洋资源开发与保护之间的最优解。加大对受损海洋生态系统的修复力度,取得一系列显著成果,生态养海理念逐渐深入人心。

在文化方面,通过民间风俗、海洋科普基地等方式,主动继承海洋文化遗产。稳步推进与世界各国海洋文化领域的交流与合作,传播中国海洋文化,阐释中国海洋价值观。树立全民现代海洋文化观,重视海洋教育,加大同涉海国家文化和高等教育领域的交流合作,培育战略性海洋文化人才队伍。[②]

---

① 《习近平:进一步关心海洋认识海洋经略海洋 推动海洋强国建设不断取得新成就》,载《人民日报》2013年8月1日,第1版。
② 参见廖民生、刘洋:《新时代我国海洋观的演化——走向"海洋强国"和构建"海洋命运共同体"的路径探索》,载《太平洋学报》2022年第10期。

（三）以和平、发展、共赢为基调的当代中国海权

中国海权并非海洋霸权。中国海权是有限海权，海上安全保障力量发展限于自卫范围，永远不称霸是发展中国海权的基本原则。具体来说，中国海权在军事方面具有以下特征：第一，国家统一进程与国家海权的实现进程相一致；第二，特殊的地缘政治条件决定了中国海权属于有限海权；第三，中国海上军事力量的发展是远期战略的上述有限性与近期策略的无限性的统一。在发展海权的原则方面，从维护领土主权和海洋权益的历史使命来看，即在主权范围内中国的海权扩展是无限的，但在维护海外政治经济权利方面，中国海权及其实现力量，即中国海上安全保障力量的扩展又是有限的，中国海上安全保障力量的建设仅限于自卫范围。[1]

中国经济实力的强大与和平共处的外交政策要求我们要有效地解决与周边国家之间的海洋争端，要求我们积极通过国际软实力来维护海权。在经济全球化背景下，国家权益在何种程度上能够实现并不取决于它是否成为特定国际条约的当事国，而在于它能否通过国际软实力来构建符合其利益的国际法律制度。作为负责任的大国，中国坚决反对霸权主义和强权政治，但是中国可以通过国际软实力来重构国际海洋法律秩序，推动国际海洋秩序朝着更加公正合理的方向发展。中国应维护以国际法为基础的国际秩序、以联合国宪章宗旨和原则为基础的国际关系基本准则，在此基础上通过《联合国海洋法公约》缔约国大会或立法大会来发展和完善公约的相关规则。[2]

为了有效地推动国际海洋法律制度的完善，中国必须构建同我国综合国力和国际地位相匹配的国际话语权，增强国际社会重大问题对外发声的能力、海洋议题设置能力，只有这样才能提高海洋权利的设置能力。无论是常规的外交谈判，还是专门的缔约大会，条约的谈判和协商能力在很大程度

---

[1] 参见张文木：《论中国海权》，载《世界经济与政治》2003年第10期。
[2] 参见江河：《国家主权的双重属性和大国海权的强化》，载《政法论坛》2017年第1期。

上取决于国家外交平台和高层次学术专家的研究实力。国际海洋法具有较强的学科交叉性,地理、物理和法律等学科交叉创新研究对于海权强化至关重要。必须将国际话语权的控制与类似海洋法案例的实证研究相结合,有关历史记载、历史证据、法庭证据的界定及其有效性的对比研究,对于海洋法公约的解释和外交诉求的法律论证也至关重要。

四、中国特色海权理论

(一) 中国特色海权理论产生的背景

从理论上说,海权的概念及围绕海权形成的一整套完整的思想脉络和理论体系是当代国际关系研究的核心内容之一。纵观西方海洋大国的兴衰,海权理论是其拓展海上利益、维护海洋权益、维持大国地位的内在根基,没有完善的海权思想和海权理论就很难成为真正的海洋大国、海洋强国。21世纪,海洋在国际政治、经济、军事、科技竞争中的战略地位明显上升,围绕着海权的理论争论和战略竞争不断发展。一大批新兴海洋国家的迅速崛起,打破了原有的海洋权力结构,也力图创造新的海权叙事。

很长一段时间里,海权都是中国地缘战略研究的"舶来品"。改革开放之后的第一代地缘战略学者主要还是从宏观的地缘战略理论入手,研究中国的地缘特性与战略选择,海权是其中的一种分析视角。21世纪初,随着西方海权著作的陆续翻译和海权思想的引入,专门的海权研究成果如《中国海权战略参照体系》《论海权与中美关系》等代表性专著和一大批学术论文相继发表。这些研究成果注重借用西方的海权理论分析中国的战略现实,并对中国的海权发展提供思考。

需要注意的是,仅对西方海权著作进行介绍与分析,远不能满足中国海权事业发展的需要。例如,马汉的海权理论尽管很好地总结和反映了19世纪到20世纪上半叶世界政治中权力、财富竞争的事实,但如果我们不能把它置于21世纪的时代和世界环境下来考虑和考察,马汉的海权理论则很可能是一个陷阱。中国的海权战略,必须要有明确的自我约束力及可操作性。应当明确中国的战略威胁主要来自海上,将海权战略纳入国家战略之中,同时积极推行"海上丝绸之路",借助海上安全保障力量的发展保障通道安全,进而把发展海上安全保障力量和海运、海洋监测等海上力量相结合,积极向国际社会提供与国力相应的公共产品,同时注意管控战略危机,防止战略猜疑。① 一言以蔽之,中国的海权战略应当符合中国新时代整体战略的要求。

近年来,随着中国海洋强国战略的提出和共建"一带一路"倡议的实施,我国又掀起了新一轮海权研究热潮。这一轮研究紧密结合国际环境的演进和中国的具体国情,力图跳出西方传统海权理论体系的桎梏,构建新的符合中国特点的海权理论,学术研究独立性和自觉性大大增强。

从实践中说,中国海洋强国建设的实践已经远远走在了对海权理论进行创新的前面。党的十八大以来,以习近平同志为核心的党中央高度重视海洋问题,强调实施海洋战略,加快建设海洋强国,运用马克思主义的世界观和方法论,科学分析和系统阐述了中国海洋事业发展的基本理论、基本实践和基本经验,聚焦我国海洋领域的现实问题,立足中国海洋事业的实际,有针对性地回应涉海人员、组织关切,提出了一系列关于建设海洋强国的新思想、新观点、新论断,强调了建设海洋强国是中国特色社会主义事业的重要组成部分,阐明了注重全民海洋意识培养、推动全面贯彻实施海洋强国战略。习近平总书记强调,我们要着眼于中国特色社会主义事业发展全局,统筹国内国际两个大局,坚持陆海统筹,坚持走依海富国、以海强国、人海和谐、合作共赢的发展道路,通过和平、发展、合作、共赢方式,扎实推进海洋强国建设。② 在这种思想的指导下,党的十八大以来,中国在海洋经济发展、海洋安全维护、海洋科技创新等方面取得了一系列举世瞩目的成绩,并提出了要建设"海洋经济发达、海洋科技先进、海洋生态健康、海洋安全稳定、海洋

---

① 参见朱锋主编:《21世纪的海权:历史经验与中国课题》,世界知识出版社2015年版,第2~8页。
② 参见《习近平:进一步关心海洋认识海洋经略海洋 推动海洋强国建设不断取得新成就》,载《人民日报》2013年8月1日,第1版。

管控有力的新型海洋强国"的宏伟目标。① 这就要求我们跳出传统西方海权观念的束缚,建立起大战略层面的包容性的海权理念,中国特色海权应运而生。

2012年党的十八大报告明确提出:"提高海洋资源开发能力,发展海洋经济,保护海洋生态环境,坚决维护国家海洋权益,建设海洋强国。"这是中国政府首次将海洋强国提升至国家宏观战略层面。正如2013年习近平总书记在中共中央政治局第八次集体学习时强调,建设海洋强国是中国特色社会主义事业的重要组成部分。党的十八大作出了建设海洋强国的重大部署。实施这一重大部署,对推动经济持续健康发展,对维护国家主权、安全、发展利益,对实现全面建成小康社会目标、进而实现中华民族伟大复兴都具有重大而深远的意义。②

(二) 中国特色海权的内涵、目标、特点

中国特色海权的内涵逐步丰富,在海洋本身的经济、生态环境等子系统的基础上,叠加了政治、法治、文化等子系统。第一,重点关注海洋资源开发利用。开发和利用海洋物质、空间、能量的水平提升是全球发展的大趋势。我们应当提高海洋资源开发能力,着力推动海洋经济向质量效益型转变。高度重视海洋资源开发工作,提升海洋经济效益与社会效益,是当今世界海洋发展的大势所趋。第二,着重保护海洋生态环境。中国特色海权一直突出强调要把保护海洋生态环境真正落到实处。习近平总书记指出,要保护海洋生态环境,着力推动海洋开发方式向循环利用型转变。③ 只有把海洋生态文明真正落实到具体的建设过程和项目中,才能为实现海洋

---

① 参见中共国家海洋局党组:《实现中华民族海洋强国梦的科学指南——深入学习习近平总书记关于海洋强国战略的重要论述》,载《求是》2017年第17期。
② 参见《习近平:进一步关心海洋认识海洋经略海洋 推动海洋强国建设不断取得新成就》,载《人民日报》2013年8月1日,第1版。
③ 参见《习近平:进一步关心海洋认识海洋经略海洋 推动海洋强国建设不断取得新成就》,载《人民日报》2013年8月1日,第1版。

强国的战略目标奠定坚实基础。第三，重视维护国家海洋权益。维护国家主权、安全、发展利益的理念，要始终贯穿党和国家的整个发展战略之中。国家海洋权益的保护进一步增强了我国经略海洋、蓝色国土意识，昭示了党中央维护国家海洋权益的决心，与实现中华民族伟大复兴的中国梦是一脉相承的。[①]

中国特色海权发展的目标，首先是强化维护海洋利益的控制能力、制定国际海洋秩序的主导能力、形成海洋经济和海洋科技发展的引领能力。其次是建设包容开放的国际海洋政治大国，即以雄厚的海上力量为基础，通过经济、外交等手段获得足够的政治影响力和话语权，以使周边大多数国家乃至世界能认可中国海洋事业发展的成就，接受我国海权发展的目标和崛起的形式，推动国际海洋秩序向着公平、公正、合理的方向发展。最后是建设世界海洋经济强国，即以海洋经济发展为战略核心和战略驱动力，成为我国开拓国际海域和南北两极等全球海洋战略利益的基础和基本动力。[②]

中国特色海权具有以下特点。首先，中国特色海权需要有强大的国家实力为支撑。西方传统海权理论对于海权的分析，都强调了海权对于确立世界大国地位的重要性。中国在世界海洋权力格局中的地位不断上升与近年来经济实力的不断增强密不可分。如今对于海洋强国的衡量标准更加立体化。一个海权强大的国家，不仅需要有足够强大的海上安全保障力量，而且还必须是世界科技的创新型国家，必须主导世界经济的领先产业。现代意义上的海洋强国需要包括军事、海洋科技、法律、强大的商业等多个要素。从大战略角度看，无论海权的地位曾经多么显赫，充其量不过是实现大战略目标的手段，海权应该服务于国家战略，而不是战略服务于海权。中国的海洋强国建设要建立起海权与国家战略间科学、创新性的关系，要从自己国家的实际情况出发，体现自身特点。

---

① 参见崔旺来：《论习近平海洋思想》，载《浙江海洋学院学报（人文科学版）》2015 年第 1 期。
② 参见曹立主编：《建设海洋强国》，中国青年出版社 2022 年版，第 185 页。

其次，中国特色海权实现了战略目标与手段之间的匹配。在各国实践中，目标与手段匹配一直是战略难题。海洋战略手段多种多样，选择何种手段也在一定程度上决定了国家海权的属性和可持续性。从马汉开始的海洋军事战略学派的传统影响极其深远，导致一直以来各国海洋战略手段的选择带有很强的竞争性和对抗性。海上军备竞赛、海上军事演习、海上战略主导成为海洋强国展示自己海洋能力和海洋意愿的首要方式。而"冷战"结束之后，全球性海洋安全问题的出现为海洋战略手段提供了新的选项。中国发展海权一定要同发展外交结合起来，海洋外交及海洋经济等手段越来越重要。从大战略的角度来看，各个方面需要力争达到平衡，避免战略上偏废。例如，一直作为竞争性海权主体的海上安全保障力量，也可以通过更多地参加海上非传统安全合作，进行舰艇互访等方式实现功能的转换。

再次，中国特色海权需要培育符合自身战略传统的文化海权。随着中国的崛起，东西方地缘政治板块正在重新走向平衡，新的海上权力格局将会出现。中国受农耕文明影响，历史上海洋意识长期薄弱，重陆轻海，使中华民族错失海洋大发展的机遇。如今面临新一轮海洋发展契机，中国需要有自身的海洋战略文化为支撑，进一步实施海洋强国战略。这一文化应该汲取中国传统文化中的精髓，符合中国的国家特性，并源于长期的海洋领域实践。其中的核心要素应该包括和平发展、陆海统筹、合作共赢等内容。同时，海洋问题的多样性、复杂性和长期性决定了各国是一个命运、责任、利益紧密相连不可分割的整体，这正是命运共同体理念的现实写照，也应是中国海洋战略文化中的核心要义。不断推动共建"一带一路"倡议的落实和发展，正是对中国新时期海洋战略文化的有力彰显。

最后，中国特色海权与西方传统海权思想有着根本的区别。中国爱好和平，坚持走和平发展道路，坚持通过和平、发展、合作、共赢方式，扎实推进海洋强国建设。中国的海权发展思想既根植于中华民族的海上兴衰历史，又着眼于当前的海洋强国建设实践，与西方以"争霸"为本质的传统海权思想之间有着根本的区别。历史上，中华民族从未由海上向外扩张，可以说，扩张性的海权发展在我国没有历史上的借鉴和思想上的根基。[①] 因此,必须在吸收借鉴国外海权理论研究成果基础上,推动中华优秀海洋传统海洋文化创造性转化、创新性发展,建构中国自主的海权研究知识体系。

第四节 其他国家的海权实践及其对中国的影响

海权不是孤立于历史而存在的抽象物,而是与濒海国家间利用和控制海洋的竞争或斗争相联系的。观察不同海洋国家间博弈的阶段、历程及形式,可以发现其中的规律性。世界上各大海洋强国的海权发展历史经验对于今天中国的海权建设及海洋强国战略的实施具有重要的借鉴意义。

一、英国

(一) 英国的地理特点与海权实践

英国主要由大不列颠岛和爱尔兰岛的东北部以及一些小岛组成。英国北濒挪威海,西濒大西洋,南隔英吉利海峡、多佛尔海峡(加来海峡),与欧洲大陆上的法国相望,东临北海与斯堪的纳维亚半岛的挪威、日德兰半岛的丹麦、欧洲大陆上的德国、荷兰、比利时相望。英国的海权思想根植于英国的地缘环境,英国属海洋包围中的国家,这种海上安全的特点迫使英国必须将实现海权和扩张海洋利益放在第一位,以致最终异化为世界性的海上霸权国家。对于英国来说,必须成为海洋强国,"失去对海洋的控制,大英帝国将会失去一切"[②]。

英国的岛国位置和特征,决定了英国的历史与海洋、海上贸易、海上力量和海洋霸权存在天然的联系。在近代早期,英国的欧洲大国地位尚未确

[①] 参见曹立主编:《建设海洋强国》,中国青年出版社2022年版,第184页。
[②] J. S. Corbett, *Some Principles of Maritime Strategy*, Longman, 1911, p. 39.

立,其海权思想强调防御和对于敌国交通线的破坏,如保卫英吉利海峡的安全,以及支持针对敌国的海盗行为等。在伊丽莎白女王时代,英国海盗式的劫掠成为对外扩张的重要表征。伊丽莎白一世重用著名的海盗霍金斯和德雷克,指挥英国私掠船不断袭击西班牙的海上航线,捕获西班牙运载贵重金属的船只,打击西班牙的海外殖民地,从而引发了英西战争。西班牙"无敌舰队"覆灭后,英国通过三次战争,沉重打击了荷兰海上贸易的垄断地位。英国在争夺法国海外殖民地的"七年战争"中,占领了法属加拿大,夺取了法国在北美和西印度群岛的殖民地。1805年,在特拉法加海战中,法国联合舰队遭受决定性打击,而英国海上霸主的地位得以巩固。

英国确立了海上霸权后,又经历了美国独立战争、法国革命和拿破仑战争以及英美1812年战争的考验,英国在北美的殖民统治受到重创,于是主要集中力量营造以印度为中心位置的在亚洲的殖民体系。在中亚,英国通过1856年至1857年对伊朗的战争和1878年对阿富汗的战争,站住了脚跟。至此,英国基本上掌握了从东亚至东南亚、南亚、中东、小亚细亚和地中海一线的战略要地,实现了对亚洲大陆边缘的控制。

19世纪晚期,英国凭借岛国位置、殖民帝国和强大海军的战略优势地位,奉行"光荣孤立"政策,只要不损害英国的核心利益,就不参与欧洲大陆事务,不卷入欧洲冲突,一门心思在海外争夺殖民地,成为名副其实的"日不落海上帝国"。

自"二战"结束以来,虽然英国已经不再是全球主导大国,但借助海权,英国在国际政治与经济领域依然发挥着可观的影响力。此时英国海权的重点是和平时期通过军备竞赛、外交同盟和军控谈判等多种手段维护其摇摇欲坠的海权地位,战争时期如何让自身的海权在前所未有的"总体战"中发挥作用。作为岛国和海洋国家,一方面,英国在对于海权的作用与局限进行更多的反思的同时,坚持海权对于自身安全的重要性;另一方面,英国也进一步强调海洋对于经济社会发展的影响,以及海上力量的后现代使命。[1] 英

---

[1] 参见朱锋主编:《21世纪的海权:历史经验与中国课题》,世界知识出版社2015年版,第85~86页。

国在海洋战略方面所取得的成功,不仅奠定了其自身的大国地位,而且从政治、经济、文化等多个方面塑造了近现代世界。

(二)英国海权实践的特点及其对中国的影响

作为历史最悠久的近现代海权国家,英国在不同时期应对不同海洋挑战积累了丰富的历史经验。首先,因为海权和海洋战略问题的复杂性和多样性,一个国家所面临的战略环境必然会随时间而变化,其海洋战略也应该随之调整,海权的作用才能发挥。其次,不同的海洋实践会产生不同的海洋战略和海权观念。理解一种海权观念,不能脱离其产生的环境。最后,尽管海洋问题对于中国而言越发重要,但海洋战略的成功取决于其与国家战略的整合。既要避免以传统的陆上战略思维处理海洋问题,也要避免过于强调海洋问题,将其凌驾于国家战略之上。[①] 在变化的环境中,确保海权与国家战略的良性对接将是海洋国家面临的长期性战略挑战。作为新兴的海洋大国,中国需要吸收传统海洋国家在海权思想体系、海军战略规划,以及海上力量在危机管理、高技术局部战争中的运用等方面的历史经验,加深对海上力量的建设与运用的探索。

二、法国

(一)法国的地理特点与海权实践

法国是一个典型的濒海大陆国家,东北和东部背靠欧洲大陆,南临地中海,西濒大西洋,北隔英吉利海峡、多佛尔海峡(加来海峡)与英国相望。由于法国本土东西两个海洋方向被伊比利亚半岛阻隔,只能通过直布罗陀海峡联系起来。历史上的法兰西,既面临欧洲大陆强权的威胁,又要受到世界大洋霸权的挑战。这种地理位置,使法国长期以来一直面临着究竟把战略

---

① 参见朱锋主编:《21 世纪的海权:历史经验与中国课题》,世界知识出版社 2015 年版,第 110~112 页。

重点放在发展"陆权"还是发展"海权"的两难选择上面。由于面临两个方向的战略压力和吸引,因此资源、力量配置分散,法国一直处在与海陆两大势力的不断较量中,在陆上介入欧陆的权势纷争,在海上致力于发展贸易和殖民利益。①

17世纪,法国在西欧海上贸易浪潮的推动下,加入美洲殖民竞争的行列。18世纪中叶,法国人从北美洲大西洋海岸中部的圣劳伦斯河深入北美大陆,建立了庞大的"新法兰西"殖民地。在亚洲、非洲也建立了殖民地。

17世纪末,法国不仅建立起欧洲最强大的陆军,并拥有数量规模上远强于英国的海军。但由于长期受到俄罗斯、德意志、奥地利等国家的陆上牵制,在海洋扩张方面一直受到英国的逼迫。因而,法国不得不在维持欧陆霸权或者与英国争夺海洋霸权中进行选择。在与英国进行海上较量的长期斗争中,法国海军不乏辉煌战绩,但由于从路易十四到拿破仑的法国统治者,都基本上遵循了欧陆霸权的总政策,从而使英国在基本上消除了重大海上威胁的情况下,繁荣了海上贸易,增强了海上力量,成为继葡萄牙、西班牙、荷兰之后的"海上霸主"。

(二)法国海权实践的特点及其对中国的影响

陆海复合国家地缘政治存在以下普遍的、难以克服的劣势。第一,陆海复合国家通常面临安全战略方向上的两难选择。法国作为名震一时的强国曾有过海陆两个方向的发展机遇,面临来自海洋和陆地的双重诱惑。同时获得海陆两线的战略优势才能够最大限度确保国家的政治安全与影响力,所以法国曾试图采取二者兼顾的路线,但最终陷入"威廉困境"而以失败告终。归根结底是因为任何国家的资源都难以同时、长期支持两个方向的战略设定,战略选择集中是国家竞争中生存和取胜的前提。第二,陆海复合国家易陷入遭受双重遏制的泥沼。陆海复合国家的地缘政治特点决定了它们

---

① 参见邵永灵、时殷弘:《近代欧洲陆海复合国家的命运与当代中国的选择》,载《世界经济与政治》2000年第10期。

在海上和陆上都容易受到攻击。法国这样的强国在霸权战争中也会在海陆两个方向疲于应付,经常陷入被动局面。要克服这一弱点,需要极高的外交技巧和谋略。第三,陆海复合国家服务于战略目标的国家资源分配容易分散化。陆海复合国家无论是面临战略选择的两难,还是受到双重遏制的困扰,归根结底反映了资源陆海双向配置的分散性。出于国家防御的基本需要,海陆两个方面的发展必须努力保持脆弱的平衡,有限的资源因此被分散使用。总的来看,陆海复合国家在成为两栖强国方面只取得了局部的和暂时的成功,资源的不集中妨碍了它们在任何一个发展方向上取得成绩。陆海复合国家在选择陆或海作为发展重点的过程中必然要主动或被动作出取舍。无论是海权国家还是陆权国家,地缘政治特征的单一性带来了决策的简易性和政策的稳定性。而陆海复合国家由于存在海陆两种选择,两种选择也并非"非此即彼"的关系,故维护国家利益可能需要极为繁复、精巧的战略规划设计。①

我国与法国一样都属于陆海复合国家,在战略安排上可以遵循陆海兼顾与平衡、陆海兼顾中有重点等原则。此外,还应当注意到,盲目地走称霸和扩张之路足以让一个国家和民族陷入万劫不复的深渊,所以必须超越零和博弈的狭隘视角,探索一条与其他国家携手共赢以实现自身和平崛起的新道路。②

三、美国

(一)美国的地理特点与海权实践

18世纪后半叶,美国刚刚独立时只是北美大陆东部沿海地区若干个殖民地组成的一隅,但其领土迅速向西、向南扩张,最终形成一个横跨两大洋

---

① 参见刘中民:《世界海洋政治与中国海洋发展战略》,时事出版社2009年版,第135~137页。
② 参见郭文韬:《中国崛起为"陆海双料强国"的前景判断——以"一带一路"战略视角分析》,载《南方论刊》2017年第11期。

的超级大国,也是美洲大陆唯一一个海权强国。现代美国领土由三部分组成,包括北美本土和两块"飞地"(阿拉斯加半岛和夏威夷群岛)。另外,波多黎各、维尔京群岛、关岛、东萨摩亚及一系列太平洋中的小岛为美国领地,加罗林群岛、马里亚纳群岛和马绍尔群岛等太平洋岛屿为美国管辖下的托管地。美国本土北部与加拿大接壤,东部濒大西洋,东南濒墨西哥湾,西南与墨西哥毗连,西部临太平洋。美属阿拉斯加,东部与加拿大接壤,北濒北冰洋,西北隔白令海峡与俄罗斯楚科奇半岛相望,西临白令海,南濒太平洋。夏威夷群岛位于太平洋中部,距美国太平洋沿岸约 4000 千米。相比北部的加拿大和其他中南美国家,美国纬度适中,拥有众多天然不冻的深水港湾。

美国首任总统华盛顿也是美国历史上首位认识到海权重要性的人,他将海权提升到关系独立战争结果的战略全局上来考量。独立战争初期,海上力量占有优势的英国在北美海域横行,轻松封锁美国东西海岸的港口,随意攻击美国海岸和要塞,并持续、充足地供应英国陆军的作战和生活物资。美军面对袭扰不知所措。身为大陆军总司令的华盛顿认识到,没有一支起决定作用的海军,就不能取得关键性的战果,所以力排众议把殖民地的海上力量编入现役统一指挥,组成所谓的"华盛顿海军"序列,并执行捕捉英军后勤船只和袭击英国海上运输线的任务。

美国受益于法美同盟关系以及西班牙与荷兰的援助,击败英国获得独立。19 世纪 60 年代南北战争时期,北部联邦建造大量蒸汽铁甲战舰,沉重地打击了南部分裂势力,有效维护了国家的统一。1898 年的美西战争是美国第一次以海军为主的战争。这次战争中,美国海军基本全歼了西班牙的舰队。后美西两国签订《巴黎和约》,美国据此占领了古巴、菲律宾、波多黎各、关岛等西班牙殖民地。

第二次世界大战前期,出于对国家利益与战场态势的考虑,美国采取了"大西洋优先"战略,把海权保障重心放在欧洲,派舰队进行跨大西洋航道护航。同时,美国在太平洋战场采取灵活战略,对日本实行石油禁运政策,压缩日本海权空间。美国还顺应海上作战形式的变化,大力推进航空母舰建设,这成为美国海军夺取制海权的重要保障,最终彻底击败德、日法西斯。

"冷战"开始后,美国的海权以强大的、执行攻势战略的海空力量为先导,以遍及世界各海洋战略要地的军事基地为支撑,稳固地建立起覆盖全球的海洋霸权,以便为美国及其盟友的船只提供海军保护,也能够应对各地区的军事挑战。多年来,美国通过联合演习、签订协议、安全和人道主义援助、港口访问、军方对军方的接触以及定期轮流部署等保持足够的能力来投射力量应对危机。具体来说,通过它在关岛、冲绳等地的驻军与日本结成的军事同盟关系,与菲律宾、越南、马来西亚、新加坡等国开展的军事交流与合作项目,与印度和澳大利亚达成的相关海洋战略合作意向,建立起了一个足以掌控西太平洋地区的地缘战略架构,同时履行对相关国家的安全保护承诺。随着中国经济、军事实力的发展,美国在制定策略时越发以中国为主要假想敌来拓展印太海上战略。中国海上运输线的安全、海空力量的发展、近海安全战略的实现均受到美国西太平洋海洋霸权的威胁。如何面对美国及其盟友既成的地缘战略框架,成为中国海洋强国战略面临的首要挑战。

(二)美国海权实践的特点及其对中国的影响

美国海权实践主要有以下特点。首先,对海权同盟极为重视。美国和其他海洋国家(地区)为了获得海洋权力与利益、制衡海洋威胁、维护海洋安全、强化海权、塑造海洋秩序,结成两个或者多个国家之间的同盟,在海洋经济、海洋安全、海洋法制、海洋文化、海洋环境、海洋科技、海上交通、海洋秩序等领域开展使用、开发、研究、管控、治理等全方位合作。美国独立战争时期的美法同盟,"一战"时期的英、美、法等国的协约国同盟,"二战"时期的中、苏、美、英等同盟国,"二战"后的日本、韩国和北约等都是充分例证。在东亚,美国及其盟国共设有三条岛链围堵亚洲大陆,对亚洲大陆各国尤其是中国形成威慑之势。随着国际格局的演进,美国及其盟国更为主动地介入地区安全事务,以地区内的海洋争端为契机,强化外部介入要素,在各类海洋争端中发挥影响力,以提升各盟国在地区安全中的地位和作用,进而继续主导地区安全秩序。面对中国海上力量增长所带来的域内安全结构变革,美国及其盟国充满担忧,因而采取海权同盟的方式对冲中国实力上升引发的地区格局变化。

其次,美国始终秉持着零和博弈思维,展现出强烈的地缘竞争倾向,以提升在本地区的实际控制力。结合世界历史上海权大国的兴衰经历,西方学者普遍认为中国的海洋强国建设将会加剧同美国之间的竞争。中国市场和政府的支持将会决定其造船业和海洋科技的发展速度,而对海洋权益的维护推动着海上安全保障力量、海上民用执法力量等方面的能力提升。美国不甘心其全球海洋主导地位被削弱,而中国谋求海洋力量的全面发展,在海洋规则上提升话语权,并坚决维护主权权益,西方学者认为这是亚太地区海洋热点问题频发、大国竞争加剧的根本性原因。

中美双方作为太平洋两岸的国家,没有直接的海洋领土争端,那么,海权问题是何以产生并影响中美关系的呢?从美国方面看,美国的太平洋海权战略在近代以来的历史演进中不断侵蚀和威胁了中国的海洋权益。在冷战时期主要表现为以"岛链战略"尤其是环绕西太平洋"边缘地带"的军事同盟体系对中国进行抑制;在当今主要表现为美国将中国视为其太平洋战略的潜在或直接的敌手,不断加强其在西太平洋的海权存在。从中国方面说,近代海权的极度缺失,使海洋权益受到包括美国在内的西方列强的蚕食鲸吞,中国在此过程中不断为收回海洋权益而抗争。新中国成立后,中国因长期面对美国的海洋封锁和遏制而承受沉重的海洋安全压力,在当今则尤其表现为在海洋战略空间以及台湾问题、南海问题上受到美国的严重制约。因此,中美关系中的海权问题本质上是中国海洋主权追求与美国海洋霸权诉求的矛盾。

美国意欲在亚太地区构筑封锁中国的海上包围圈,这必然会加剧美国同中国对抗的风险,继而危及中国的海洋权益。因此,中国应围绕以下几个方面展开应对。第一,面对严峻的海洋安全威胁,中国应当增强捍卫国家主权和领土安全的实力,有效回应威胁;同时,应通过发展海洋经济,为海上力量现代化建设提供长期性保障。第二,应当看到,美国与其盟国之间也具有利益冲突。中国应当同其盟国在经济、政治、文教、科技等方面保持着较为密切的往来与合作，实现与共建"一带一路"倡议的对接，与其分享中国经济增长红利，通过有关项目的稳步推进增进中国与其他国家的共同利益，实现与中国关系健康稳定发展，以此弱化其同盟关系，为破除美国封锁提供新契机、创造新思路。第三，要持续表达和平发展信号。崇尚和平是中国战略文化传统的重要体现，这一思想植根于中华五千年文明的土壤之中，并造就了中华民族反抗侵略、热爱和平的高贵品格。第四，积极建设海上丝绸之路。主张建设相互尊重、公平正义、合作共赢的新型国际关系，打造对话不对抗、结伴不结盟的伙伴关系，与美国所在的同盟所展现出的针对性与军事化特征形成鲜明对比。海上丝绸之路建设强调各国充分发挥自身优势，实现互联互通，确保蓝色经济繁荣发展。①

四、日本

（一）日本的地理特点与海权实践

日本位于太平洋西岸，是一个由东北向西南延伸的弧形岛国。陆地面积约37.8万平方千米，包括北海道、本州、四国、九州四个大岛和其他6800多个小岛屿。西隔东海、黄海、朝鲜海峡、日本海与中国、朝鲜、韩国、俄罗斯相望，东部面向太平洋。日本列岛扼宗谷海峡、津轻海峡、对马海峡、朝鲜海峡、大隅海峡，控制着鄂霍次克海、日本海、黄海、东海等东亚大陆边缘海通往太平洋的海上咽喉要道。②

因受技术和经济发展水平的影响，日本海洋观念存在阶段性的变化和发展，其海权战略的形成和发展经历了一个很长的过程。日本近代海权战略初步形成于明治维新之际，发展于中日甲午战争和日俄战争之时，鼎盛于

---

① 参见肖晞、樊丛维：《美日海权同盟的背景、特征及中国的战略应对》，载《东北亚论坛》2020年第4期。
② 参见《日本国家概况》，载外交部网，https://www.mfa.gov.cn/web/gjhdq_676201/gj_676203/yz_676205/1206_676836/1206x0_676838/。

两次世界大战期间,衰败于第二次世界大战之中,并再次复苏于冷战时期,蠢蠢欲动于当下。①

日本虽然是个岛国,却并非天生的海权国家,长期处于中华文明"华夷秩序"的体系下,具有强烈的大陆情结,海洋属性为大陆属性所掩盖。德川幕府施行200多年闭关锁国政策,直至1853年被美国舰队轰开国门才开始发生转变。西方列强与清朝政府在数次战争中摧枯拉朽般的力量,让日本幕府逐步认识到了锁国海防的局限性,进而意识到海洋已经不再是牢固的天堑,反而是海权强国称霸海洋的途径。美国迫使日本幕府签订《日美亲善条约》,随后日本又相继被迫与英国、荷兰、法国缔结条约,日本的锁国海防战略彻底失败。

被列强敲开国门后,日本在思想上开始"西化",出现了海权战略萌芽。1849年佐久间象山的《海防八策》、横井小楠的《国是三论》以及1853年胜海舟的《海防意见书》是日本的海防战略思想的启蒙。1868年7月,明治政府一成立就提出"富国强兵"的政策,并将海军建设为第一急务,以期扭转国运。此后日本大力发展海军,军费逐年增加,短短几年日本海军就有了突飞猛进的发展。经过20多年的努力,截至1894年,日本建成拥有军舰31艘、鱼雷艇24艘,总排水量达6万多吨的近代海军。② 同时日本兴办了许多与海军建设相关的学校,用以培养海军人才。随着中日海军实力对比出现反转,日本的海权战略逐渐具有鲜明的对外扩张的倾向。在1894年中日甲午战争和1904年日俄战争中,日本获得了大胜,海军迅速发展壮大,雄霸了整个东亚的制海权,成为近代史上亚洲唯一的帝国主义国家。这一时期的日本海权战略从防御型逐渐转向进攻型、对外扩张型。

1941年日本偷袭珍珠港,美国对日本宣战。1942年日本中途岛海战失败后,日本海军不断失利,直至战败,对外扩张型的海权衰落。1950年朝鲜战争爆发,日本逐步恢复了武装力量,成立了海上自卫队。直到20世纪80

---

① 参见倪乐雄主编:《周边国家海权战略态势研究》,上海交通大学出版社2015年版,第18页。
② 参见[日]外山三郎:《日本海军史》,龚建国、方希和译,解放军出版社1988年版,第28~31页。

年代,日本一直奉行"专守防卫"的战略。20世纪90年代,日本积极谋划海洋拓展,通过海权的发展谋求本国海洋资源的拓展,战略指导思想从原先的消极防御向积极防御转变。进入21世纪以后,日本海上自卫队建设更加迅速,海上自卫队朝着大型化和远洋化方向快速发展,其进攻性与威慑性的锋芒也越来越外露。日本把中国作为主要对手,在美国"重返亚太"与"亚太再平衡"战略下,以美日同盟为基础,压缩中国海洋战略发展空间。

(二)日本海权实践的特点及其对中国的影响

日本海权实践具有鲜明的特点。作为一个国土狭小、资源不足的国家,近代以来,日本明确了其海洋国家的定位,一直高度重视海洋问题。日本的地理位置独特,四面环海,其宣称有447万平方千米管辖海域,而其现有的陆地面积只有约38万平方千米。日本只能致力于从海洋方向进行发展,海洋对其重要性无可替代,海洋资源、海域环境与安全等直接关系日本国家利益与发展前景。日本一直将海洋国家作为国家身份的定位,注重制定海洋战略,近乎偏执地寻求海洋空间资源、海洋矿产资源、海上通道。日本的海权战略一直在随着自身需要和国际形势而调整,在新形势下日本需要适应新时代的海权战略。日本并不满足于经济大国的现实,而是要成为军事、政治大国。日本的国家战略总体上是希望采取各种措施而作为西太平洋的海上强国再次崛起。日本推行"海主陆从论",强烈要求把海洋扩张政策置于国家战略的中心地位。

日本海权战略对中国有重大影响。近代以来至"二战",日本长期将中国视为对手。新中国成立后,中日两国不仅在东海划界、钓鱼岛主权等问题上存在矛盾,而且在亚太海权战略方面也有潜在冲突的可能。自19世纪末以来,日本外向型、进攻型的海权战略对中国国家安全构成严重侵害。"二战"后,日本成为美国在亚洲最重要的盟友,这也对未来中国海洋强国战略构成重大挑战。

日本海权战略虽然经历了不同的阶段,但其战略本身富于进攻性的特点从未改变,这是由其国家、民族的特点和国际局势共同决定的。日本进攻型和扩张型的海权战略对中国国家安全的威胁是有历史前科的。日本每一次的海权发展都伴随着对亚洲国家尤其是对中国的侵略。日本素来将中国视为假想敌，其海上力量的增长，必然导致中国海域力量的相对萎缩，挤压中国的海上发展空间。在军事以外的方面，日本热衷于商业捕鲸，不顾反对将核废水排海，表明日本政策的制定只从本国政治、经济利益出发，置本国居民和全世界人民的安全、全球生态环境于不顾，极其不负责任。

　　针对日本咄咄逼人的海权战略，我们必须采取相应措施，以捍卫国家主权、领土完整，保护国家安全，维护中国合法的海洋权益，打破日本海权战略对中国的包围态势，为中国走向真正的海洋强国创造良好的战略环境。第一，改变观念，树立"蓝色国土"海权意识。海洋在各国发展中扮演着越来越重要的角色，一国能充分经略海洋，就能更好地保障本国的安全稳定、促进经济发展和提高综合国力。第二，中国近年经济发展迅猛，在海外的利益上有了更多的安全诉求，"近海防御"的海权战略已经不能适应时代的发展，要以崭新姿态加速向全面建成世界一流海上安全保障力量迈进，坚定维护海洋和平安宁。第三，加强中日合作，共建"海洋命运共同体"。为增进涉海领域的相互理解和信任，可以在渔业执法、航道安全、海上搜救、反海上恐怖主义、反海盗、打击海上跨国有组织犯罪等方面通过对话平台进行交流合作，增强行动互信。在经济方面，中日经济联系越来越紧密，发生冲突的可能性就越小。

第二章　政治海权

海洋政治与海权关系密切,习近平总书记关于海洋政治及海权的重要论述,为中国特色政治海权理论建设明确了方向,也为中国特色政治海权理论建设提供了基本遵循。本章坚持以马克思主义为指导,从海洋政治与海权的关系,世界其他国家的海权模式及其对中国政治海权建设的启示,中国特色政治海权建设的理论基础,中国特色政治海权理论建设的基本遵循、挑战与应对之策等方面,建构符合中国国情的中国自主的海权研究知识体系。

第一节　海洋政治与海权的关系

在海权的发展中,国家权力往往起到主导的作用,海权发展是国家的战略行为。[1] 作为国家意志在海洋领域的表达,海洋政治在海权建设过程中意义重大。人类历史早已表明:能够最大限度地将权力集中起来使用的

---

[1] 参见刘一健、吕贤臣:《试论海权的历史发展规律》,载《中国海洋大学学报(社会科学版)》2007年第2期。

国家,将具备更大的海权发展潜力。

一、海洋政治及海权

中国是一个拥有约960万平方千米陆地疆域的国家,又是一个拥有长达1.8万千米大陆海岸线和广阔海洋国土的濒海国家。海洋为滋养、推动中华民族发展和孕育、延续中华文明做出过独特的贡献。在中华民族历史发展的进程中,不乏意识到海洋对民族生存发展重要性的富有远见的统治者和有识之士。他们鼓励人们向海图强,开辟海上丝绸之路,发展海运工具和技术,为推动人类的海洋文明贡献了中华民族的智慧和力量,明朝航海家郑和就是中华民族古代蹈海者的杰出代表。但也毋庸讳言,自明代中期以后,统治者逆历史潮流而动,关闭国门,实施海禁。禁海锁国政策的实行隔断了通过海洋进行中外经济、文化、技术的交流,阻碍了自身社会的发展进步,也为后来西方列强用坚船利炮打破国门,使中国陷入"有国无门,有海无防"的境地埋下了祸根。从1840年第一次鸦片战争开始,海上国门洞开,中国的海权荡然无存,近代海军屡屡战败,使中华民族蒙受前所未有的屈辱。历史的教训深刻说明了一个道理:对于一个国家、一个民族来说,忽视海洋作用、放弃海权,必然损害国家、民族的利益。不能制海者,必为海所制。

1949年10月1日,中华人民共和国成立,这标志着饱受苦难屈辱的中国人民从此站起来了,标志着近代以来"有国无门,有海无防"的历史结束了,为中华民族走向伟大复兴创造了根本前提,奠定了坚实基础。1953年,毛泽东主席为新生的人民海军写下了字字千钧的题词"为了反对帝国主义的侵略,我们一定要建立强大的海军"。自此,由毛泽东等无产阶级革命先驱创建的人民海军,经历了从无至有的历程,从小规模到发展壮大,历经艰辛,克服重重困难,在海洋中开辟道路,逐渐演变为一个具备现代化综合战斗能力的强大海上防御力量。该力量主要由水面舰艇、潜艇、航空部队、海岸防御单位及海军陆战队组成。改革开放以来,中国的综合国力大大提升,海上安全保障力量的建设拥有了更重要的物质技术支撑。以航空母舰和新型核潜艇为代表的主战装备建成入列,成为一支维护中国海权的强大力量。时至今日,海上安全保障力量战舰频频犁开万顷波涛,走向深蓝,挺进大洋,成为捍卫国家主权统一、维护国家海洋权益、支撑海洋强国建设的海上钢铁长城。①

海上安全保障力量是政治的延续,强大的海上安全保障力量是中国海权强有力的保障。党的十八大以来,在推进海上安全保障力量建设实现"四个重塑"(政治生态重塑、组织形态重塑、力量体系重塑、作风形象重塑),加快现代化建设的实践中,形成了习近平强军思想。习近平总书记提出了"全面建成世界一流军队"的目标,为新时代海上安全保障力量建设发展指明了方向、提供了强大动力。同时,习近平总书记又着眼于实现中华民族伟大复兴,提出了建设海洋强国的战略目标和战略任务。海上安全保障力量作为建设海洋强国的战略支撑,在维护中国海洋主权和权益方面,将面临更加艰巨而繁重的任务。当今世界正经历百年未有之大变局,而维护海洋主权和海洋权益的斗争正是这个大变局中十分重要的方面。随着海洋经济价值、资源价值、战略价值的进一步显现,海洋已成为濒海国家谋求发展的新的战略空间,成为霸权主义争夺、获取利益的新的聚焦点,也成为各种国际政治势力支配的海上力量集结的敏感区。海洋热点问题呈现出越来越多的趋势。在这种情况下,中国经略海洋、维护海权,必然会面临长期、复杂、严峻的挑战,必须有清醒的认识和足够的准备。

二、海洋政治与海权的历史发展

(一)海权、海洋政治及海洋权益的概念辨析

进入 21 世纪以来,中日东海海洋权益争端日益升温,海权战略和海洋政

---

① 参见杨德昌:《海权!中华海权!》,生活·读书·新知三联书店 2022 年版,第 3 页。

治问题日益成为人们广泛关注的热门话题。然而,在海洋意识依旧薄弱的中国,多数国人对海权以及海洋政治背后所蕴含的海洋权益的内涵认识不足,甚至存在偏见。西方海权理论的诞生与资本主义的产生同步,初始服务于帝国主义,继而服务于霸权主义,至今没有在中国的理论界落户。其实,马克思主义从来都注重对前人的理论进行扬弃,取其精华,去其糟粕。马汉的海权理论揭示了利用海洋与控制海洋的辩证关系及海上力量在其中的重要作用。这一点,已成为我们今天的共识。利用海洋就必须控制海洋。这种控制与霸权并非一个概念。我们不需要别国的一寸海洋,但对属于自己管辖的海洋理所当然地需要控制和利用,禁止别国染指我们的主权。[①]

近年来的新闻宣传甚至学术研究中存在对海权以及海洋政治背后所蕴含的海洋权益不加区分概念混乱的现象。例如,有的媒体简单地把当前中日海洋权益争端约化为"海权争端",有的媒体简单地使用"中国海权的觉醒""中国海权的复兴"等字眼,这在理论上和实践中都是有害的。在理论上,将对海洋权益的正当维护理解为谋求海权的发展,不免会给世人以"中国海权扩张"的印象,"中国海权威胁论"已经成为国外"中国威胁论"的重要论调之一。在实践中,把海洋政治下的海洋权益约化为海权,也无助于确立依据法理维护国家海洋权益的正当性和合法性。"海权"所反映的是国际海洋政治斗争的权力政治层面,反映的是以国家力量为基础围绕海洋的争夺与控制而发生的国际政治;海洋权利和海洋利益结合产生的"海洋权益"反映的是国际海洋政治斗争的权利政治层面,突出反映的是海洋权益的法律正当性问题。[②]

尽管国际法的产生和运作本身就是一个政治过程,海洋权益的分配及其维持本身也与"海权"有着密切的关系,但二者无论在学理层面还是在现实层面,都有着相当明显的区别。一方面,作为权力与权利交织的复杂领域,海洋政治深刻体现了历史变迁与国际秩序的演进。昔日,在殖民主义与

---

① 参见杨德昌:《海权!中华海权!》,生活·读书·新知三联书店2022年版,第577页。
② 参见刘中民:《世界海洋政治与中国海洋发展战略》,时事出版社2009年版,第3页。

帝国主义阴影笼罩下的国际无政府状态中,海洋大国与强国的崛起与扩张,往往依托于"坚船利炮"这一具象化的海权象征。时至今日,海权已经构筑了一个综合体系,其以海军实力为主导,辅之以经济、科技、国家治理效能及民族整体素养等多元软硬实力,这些要素共同构成了衡量国家海洋力量的多维标尺。这一体系下,海权涵盖自卫型、区域型、全球型等不同的海权形态,展现出不同国家基于自身国情与利益考量的战略选择。另一方面,国际海洋法作为国际法体系中不可或缺的组成部分,其发展历程是各国间海洋权益博弈与合作的生动写照。从早期葡萄牙与西班牙通过条约划定海洋利益的初尝试,到海洋占有论与海洋自由论交锋下领海与公海概念的萌芽及其国际惯例的逐渐形成,再到联合国国际法委员会对海洋法的系统编纂,1958年至1982年联合国海洋法会议历经多次磋商,最终诞生了《联合国海洋法公约》。这一里程碑式的法律文件以"一揽子协议"的形式,确立了涵盖领海和毗连区、专属经济区、大陆架、公海、国际海底区域以及海洋环境保护等在内的全面海洋法律框架。它不仅是对既往海洋秩序的探索与总结,更是国际社会共同努力,通过制度设计寻求海洋权益合理分配与保护的重要成果。综上所述,海洋政治既是一场权力与权利的较量,也是国际法律制度建设不断前行的缩影,共同塑造着当代海洋秩序的轮廓。

(二)海权与海洋政治的历史演进

海洋政治与海权的全球性崛起,其历史契机根植于中世纪晚期的地理大发现时代。这一时期,各国对于海洋的迥异态度与策略抉择,尤其是东西方国家对于历史机遇的敏锐度与把握能力的差异,深刻塑造了各自的国运轨迹。欧洲诸国敏锐地捕捉到了这一变革的浪潮,成功驾驭了海洋的力量,实现了国家的飞跃与崛起。相比之下,东方世界,尤其是曾以郑和下西洋的壮举辉映史册的中国,却未能充分把握住随后而来的近代世界权势格局变迁的关键机遇。这不仅是地理探索与海上贸易扩张的错失,更是新兴海洋秩序构建参与度不足的体现,导致中国在全球化浪潮中相对滞后,错失了与世界同步发展的宝贵时机。因此,海洋政治与海权的崛起,不仅是对海洋资源的开发与利用,更是国家战略眼光、创新能力与国际竞争力的综合体现。历史的车轮滚滚向前,每一次地理大发现都伴随着权力与财富的重新分配,而能否把握住这些历史性的机遇,则成为决定国家兴衰的关键因素。

在过去的 5 个多世纪里,国家的繁荣昌盛往往与海权的崛起呈现出显著的正相关趋势。追溯至 15 世纪,远离欧洲核心的葡萄牙与西班牙,凭借坐拥大西洋与地中海两大天然良港的优越地理位置,成为"海上霸主"。紧随其后,荷兰以其独特的海洋战略视野,将"商船"作为开拓世界的利器,在海上贸易与航运中确立了自己的大国地位。然而,当荷兰正沉浸在海上霸权的光辉之中时,一场深刻的变革悄然酝酿。英国,这个率先进行工业革命的国家,以其强大的工业实力和创新精神,对荷兰的海上霸权发起了强有力的挑战。英国不仅巩固了自身作为海上强国的地位,更开启了全球贸易与殖民扩张的新篇章,将海权的力量推向了新的高度,展现了海权与国家强盛之间不可分割的紧密联系。英国的"工业比任何其他工业更依赖于世界市场,从而也更依赖于航海业"[1]。经过几十年的角逐,英国在英荷海上争霸战中取胜,最终确立了其海上霸主的地位,成为所谓的"日不落帝国",这一辉煌成就让英国得以在随后的两个世纪里傲视全球。与此同时,美国在建国之初便敏锐地洞察到海上力量的战略价值,其诞生本身便蕴含着与当时海上霸主英国进行抗争与合作的复杂背景,可以说,美国是在与海洋强国的较量与互动中逐渐成长起来的。这段历史不仅见证了英国通过海军建设巩固其海洋霸权的战略谋划,也揭示了美国作为新兴国家,如何深刻认识到海洋对于国家发展、安全乃至国际地位的重要性。两国之间的这种历史纠葛与合作,不仅塑造了现代国际关系的格局,更为后世国家提供了关于海上力量建设、海洋战略制定以及国际秩序构建的宝贵经验与深刻启示。华盛顿曾指出:"在当前的战争中,陆军所做的努力再大,海军仍有决定性作用,因为美军和英军在战场上都必须依赖海上补给。"[2]美国依托其日益强大的海上军事实

---

[1] 中共中央马克思恩格斯列宁斯大林著作编译局编译:《马克思恩格斯文集》(第 5 卷),人民出版社 2009 年版,第 551 页。
[2] [美]内森·米勒:《美国海军史》,卢如春译,海洋出版社 1985 年版,第 3 页。

第二章 政治海权

力与经济实力的双重支撑,特别是在马汉的海权论的深远影响下,逐步确立了海洋扩张战略的核心地位,从而踏上了通往海洋强国的征途,至今仍是全球海上力量的称霸者。相似地,日本亦通过海洋战略的巧妙运用,完成了国家命运的"惊险一跳"。1894年的中日甲午海战,日本舰队挫败了中国北洋水师;继而1904年日俄海战中,日本舰队再次摧毁俄国舰队,这一系列海上胜利为日本迅速崛起并攫取海洋利益奠定了坚实基础。由此观之,近现代史的篇章中,西方国家凭借海洋力量的不断扩张与巩固,书写了一部以海权为基石,称霸世界的霸权"史诗"。海洋不仅成为国家力量的"比武场",更是推动历史进程、塑造国际格局的重要力量。

中国的海上丝绸之路,可追溯至2000年前的秦汉之交,"这条海道自中国东南沿海,穿过南中国海,进入印度洋、波斯湾,远及东非、欧洲,构成四通八达的交通网络,'舶交海中,不知其数',蔚成中国与外国商业贸易的大动脉。隋唐时期运送的大宗货物多是丝绸,人们把这条连接东西方的水道称作'海上丝绸之路'"[①]。自此,这条蔚蓝的商贸与文化纽带应运而生,绵延不绝两千余载,横跨亚洲、欧洲与非洲的广袤大地。这条航道,成为连接不同文明的桥梁。与此同时,中国的文化之光也借此航道深远地影响着沿途各国。儒家思想的仁爱之道、汉字这一古老而神奇的文字符号、刚柔并济的武术精神,以及巧夺天工的建筑艺术,无一不深深烙印在日本、朝鲜半岛等地的社会肌理之中,对其伦理观念、文学艺术乃至风俗习惯产生了持久而深远的影响,直至今日仍可见其痕迹。"海上丝绸之路",不仅是中国古代经济贸易的辉煌见证,更是东西方文化深度交流与融合的璀璨篇章。它书写了中国历史上世界经济贸易的繁荣景象,同时也促进了不同文明间的相互理解和尊重,共同绘制了一幅幅人类文明交流互鉴的壮丽画卷。

简言之,海洋强国的地位与海权的强盛之间存在深刻的因果关系,二者相互促进。纵观历史长河,凡是到达世界巅峰的国家,皆是依托海洋力量崛

[①] 段华明:《21世纪海上丝绸之路:实现中国梦的海上大通道》,载《光明日报》2014年6月16日,第11版。

起,验证了"海权兴则国家盛,海权衰则国家弱"的铁律。例如,葡萄牙与西班牙的昔日辉煌,部分归因于其强大的海权,而其后来的衰落,则显然是受到放弃海权优势、转向陆地扩张决策的影响。荷兰的衰落与英国向美国的权力转移,同样折射出海权实力变迁对国家命运的深远影响。中国以龙自称,其文化中本就蕴含着海洋文明的因子,理论上应是一个海洋国家。然而,近代以来,中国受到大陆性思维的束缚,偏离了海洋之路。尤其是明清时期的"海禁"政策,严重阻碍了海上丝绸之路的繁荣,使中国错失了海洋贸易带来的发展机遇,海洋这一曾经的天然防线,也逐渐沦为软肋。随着西方列强凭借强大的海权力量,将海洋转变为通往中国的便捷通道,中国国门在鸦片战争的炮火中轰然洞开,标志着中国"海上丝绸之路"的彻底中断。这一过程深刻揭示出对于一个曾视海洋为安全屏障的农耕民族而言,一旦失去海权的庇护,海洋非但不能再保国家安宁,反而成为外敌入侵的门户。西方列强的先进舰船,在海上构建起一条通往中国的"高速路",使中国不得不直面来自海洋的严峻挑战。"中国近代的耻辱史就是从海洋开始的,中国的国门也是从海洋方向被西方列强打开的。"[1]审视历史长河,近代中国所经历的贫弱与滞后,深刻植根于长期奉行的重陆轻海战略之中。诚然,历史上不乏如郑和"七下西洋"的辉煌航海壮举,却未能引领中华民族全面迈向海洋,深度探索与利用海洋的无限潜力。相反,中国陷入了"片帆不得下海"的封闭困境,主动切断了与世界文明进步潮流的紧密联系,最终导致海权式微,国家陷入被动挨打的境地。如今,在实现中华民族伟大复兴的中国梦征途中,中国不仅要深刻反思历史上海洋兴衰的沉痛教训,汲取中外海洋文明发展的智慧与经验,更需以前瞻性的视野对构建未来海洋强国的道路进行周密而理性的规划。这意味着,我们要积极拥抱海洋,以建设具有中国特色的海洋强国为目标,通过科技创新、资源优化、生态保护等多维度努力,让海洋成为推动国家发展、支撑民族复兴的强大引擎。唯有如此,方能托举起中华民族伟大复兴的壮丽中国梦,让中国在世界海洋舞台上绽放出更加璀璨的光芒。

---

[1] 林宏宇:《中国海洋战略困境:历史、现实与未来》,载《人民论坛·学术前沿》2012年第6期。

三、海洋政治之于海权的重要性

一个国家的海洋影响力与话语权,深植于其海洋政治策略之中。国家所选择的发展路径,直接塑造着其在全球舞台上的地位与角色。坐拥广袤海域的国家若对海洋政治缺乏兴趣与投入,便难以激发建设海洋强国的动力,进而难以在国际海洋事务中占据一席之地,更难以掌握话语权。这不仅意味着无法超越自身合理范围的海上权益,更可能连基本的海洋权益都无法稳固保障,陷入被动与边缘化的境地。因此,海洋政治不仅是国家发展战略的重要组成部分,更是维护国家海洋权益、提升国际影响力的关键所在。一个明智的国家会深刻认识到这一点,从而积极构建和完善自身的海洋政治体系,增强海洋管理、保护与开发能力,以海洋为纽带,促进经济社会的全面发展,同时在全球海洋治理中发挥积极作用,赢得国际社会的尊重与认可。

考量海洋政治对于海权的重要性要明确一个基本道理,即作为某一时期的生产关系的集合,政治与思想上层建筑是对经济基础的反映,同时对经济基础有着重要的反作用。这一点置于海洋政治语境之中可以理解为,先进的海洋政治是对海洋利益及其实质的海洋权益的集中反映,同时对其有着重要的反作用,在此基础上,海洋政治对于海权的巩固与保护有着重要意义。

(一)21 世纪海洋的重要地位和战略作用

随着冷战的帷幕缓缓落下,海洋开发技术的飞跃式进步赋予了人类前所未有的能力。深入探索海底与远海的丰富资源,激发的全球范围内的激烈竞争被形象地称为"蓝色圈地运动"。步入 21 世纪,全球化浪潮汹涌澎湃,与之并行的人口激增、资源枯竭及环境危机的全球性挑战,使陆地资源、能源及发展空间承受前所未有的压力。在此背景下,世界沿海国家和地区纷纷将战略目光投向浩瀚无垠、资源富饶的海洋,加速调整海洋战略布局,精心绘制海洋发展蓝图,以期在这片蓝色疆域中开辟新的增长极。

历经 20 余载的蓬勃发展,世界海洋经济以超乎传统陆地经济的迅猛速度持续增长,展现出其强大的生命力和广阔的前景。2017年统计数据显示,全球海洋经济的总产值已突破10万亿元人民币大关,且预测至2030年,这一数字还将实现翻两番的壮举。对于部分国家而言,海洋产业已然成为支撑国家经济命脉的支柱产业。海洋经济作为一个独立的经济体系,正引领着全球经济的新一轮变革与飞跃,标志着人类正式迈入大规模开发利用海洋的新纪元。

在这一波澜壮阔的历史进程中,海洋的地缘环境与格局亦发生了深刻的变化。随着科技力量的不断注入,人类的探索足迹已从近海浅滩迈向深邃大洋,从太平洋、大西洋、印度洋的广阔海域延伸至南极、北极的极端环境,海洋事业的边界被极大地拓宽。同时,海洋作为连接世界的桥梁的作用日益凸显,海上贸易航线的安全与畅通成为驱动全球经济增长的关键引擎,而海底电缆等现代信息技术则构建起全球通信的神经网络,确保信息的即时传递与无缝对接。

在此背景下,海洋政治领域的国际海洋法律制度,如领海、专属经济区、大陆架、公海等概念,不仅是对海洋权益进行合理划分的法律框架,更是各国在21世纪海洋新秩序中展现智慧与实力的舞台。海洋政治的先进程度直接关乎一个国家海权的稳固与拓展,成为衡量其综合国力与国际影响力的重要标尺。因此,各国纷纷加强海洋法制建设,提升海洋管理能力,以期在波涛汹涌的蓝色竞技场中占据有利位置,共同绘制人类海洋文明的新篇章。

(二)海洋在国家发展中的作用更加突出

历经岁月的洗礼与不懈的奋斗,中国海洋经济已从涓涓细流汇聚成国民经济中一股不可或缺的磅礴力量,成为推动经济增长的新引擎。回溯往昔,1978年以前,中国海洋经济的规模仅为80亿元左右。改革开放后,海洋事业有了前所未有的发展机遇。1980年,海洋经济产值历史性地跨越百亿元大关;至1990年,已激增至438亿元,展现出蓬勃的发展态势。步入21世纪,海洋经济更是迎来了井喷式增长:2001年,全国主要海洋产业总产值飙升至7234亿元;而2019年这一数字已飞跃至89,415亿元,占全国国内生产总值的 9.0%,沿海地区的占比更是高达 17.1%,海洋经济在国民经济体系中的地位日益凸显,对经济增长的贡献率持续攀升。按照国际衡量标准,当海洋经济占比达到国内生产总值的 10% ～15% 时,即标志着海洋经济强国的诞生,中国正稳步迈向这一目标。海洋作为对外开放的前沿阵地,不仅为国际贸易开辟了畅通的航道,还极大地拓宽了中国的市场边界与利益空间。特别是在"一带一路"倡议的引领下,《粤港澳大湾区发展规划纲要》的深入实施及海南自由贸易港建设的全面启动,更是将沿海地区的海洋资源与环境优势转化为推动改革开放深入发展的新动力、新支撑。

面对新时期的全球海洋竞争态势,各国围绕海洋安全、权益保护及资源开发的博弈日益激烈。部分海上邻国通过多种手段企图侵蚀中国的海洋领土主权与权益,使我国海洋安全形势趋于复杂严峻。海洋安全问题上升至国家安全战略的高度。同时,海洋资源的合理开发、海洋经济的可持续发展以及海洋生态环境保护等议题的重要性也越发凸显。沿海地区经济的迅猛发展及其对国际市场的深度依赖(外贸依存度近 50%),加上海洋对于国家科技进步、资源供给及国际贸易的关键作用,中国的发展命运已与海洋紧密相连、不可分割。

因此,强化海洋政治意识,加快构建海洋强国战略,不仅是维护国家海洋权益、拓展发展空间的需要,更是确保国家整体发展与安全的必然选择。通过坚定不移地维护海洋权益、加速推进海洋事业全面发展,中国将为自身乃至全球的和平与繁荣贡献更大的力量。

(三)海洋在国际竞争中的地位已经明显上升

世界各国、各地区对于海洋发展的政治敏锐度与竞争态势显著增强,众多海洋国家和地区纷纷启动了新一轮的海洋政策革新与战略规划调整。步入 21 世纪,世界各国、各地区深入探索并制定了旨在保障国家海洋安全、促进海洋可持续发展的系列战略、规划、计划及政策措施,同时构建了高层级的海洋事务协调机制,以加速海洋事业的蓬勃发展,力求在全球海洋竞争中占据有利位置。

美国于2004年连续发布了《国家海上安全战略》《21世纪海洋蓝图》《美国海洋行动计划》等重量级政策文件，为其海洋战略奠定了坚实基础。随后，美国海军在2007年与2010年分别提出了《21世纪海权合作战略》及《2010年海军行动概念：执行海上战略》，并于2015年推出了《21世纪海权合作战略》的修订版本——《21世纪海权合作战略：前沿、参与、准备》，进一步明确了其海洋战略的方向与重点。欧盟亦不甘落后，自2006年起，相继颁布了《欧盟综合海洋政策绿皮书》、《欧盟海洋综合政策蓝皮书》及《欧盟综合海洋政策实施指南》等关键性文件，旨在通过综合性海洋政策推动区域海洋经济的协调发展。俄罗斯则通过《俄罗斯联邦海洋规划》及《俄联邦至2020年及更长时期的海洋战略发展》等政策文件，强化了其海洋战略资源的开发与海洋主导权的争夺，并成立了俄联邦政府海洋委员会，正逐步实现海洋管理体制的集中化转型，重振海权之志跃然纸上。日本方面，自2007年起，连续出台了《海洋基本法》《推动新的海洋立国相关决议》《海洋政策基本方略》《海洋基本计划》等法律与规划，成立了综合海洋政策本部，将海洋视为国家发展的重要基石，致力于通过海洋拓展国家疆域，提升国际影响力。印度则明确将印度洋视为海洋战略核心，通过划分绝对控制区、中等控制区及软控制区，制定了详尽的海军战略，并推行"西进"与"东向"政策，力图在印度洋地区确立其主导地位。韩国亦不甘示弱，通过《21世纪国家海洋政策》《海洋韩国21世纪》《2016年未来国家海洋战略》等规划，确立了成为世界第五大海洋强国的宏伟目标，并计划自2006年起，用10年时间实现这一目标。越南则早在1993年便在《至2020年海洋战略规划》中提出了建设具有强大海洋能力的海洋强国的战略目标，随后出台了《越南海洋法》。

综上所述，各国、各地区围绕海洋资源的开发与利用，展开了激烈的战略竞争，海洋已成为21世纪国家发展与安全的重要领域。

世界各国、各地区海洋竞争的内涵发生重大变化，竞争标的及其内容更加多样。昔日，海洋领域的国际较量多聚焦于控制海上航路、战略据点及通过海洋对陆地的战略制衡。步入21世纪，各国、各地区在继续捍卫传统海权的同时,更基于国家存续与发展的根本战略需求,以海洋空间与资源为目的对海洋本身进行争夺。

当前,全球范围内海洋划界争议频发。据统计,涉及近400处海域的界限划定纠纷悬而未决,数以千计岛屿的归属问题悬置,使海洋版图充满变数。其中,亚太地区尤为突出,几乎每一个沿海国家都与其邻国在海域划分上存在不同程度的争议,形成了"海不容丝,岛不遗寸"的紧张态势。此外,极地与深海区域亦成为新兴的竞争热点,北冰洋沿岸国家如美国、俄罗斯、加拿大、挪威、丹麦等,综合运用外交斡旋、政治博弈及科技手段,在北极主权的争夺中展开了激烈的角逐。南极地区同样吸引着美国、俄罗斯、英国、阿根廷、智利、澳大利亚、新西兰、法国、挪威等国,呈现出多元化竞争的态势。

在海洋安全领域,超级大国与地区强国对发展中国家及弱小国家的控制与影响手段越发隐蔽且高效,体现为战略前沿的推进、优势地位的构建、技术威慑的强化以及行动隐蔽性的提升。美国依托其强大的卫星监测网、频繁的船舶活动及广泛的浮标部署,构建起覆盖全球战略通道及周边国家(含中国)海域的海洋环境综合监视体系。日本亦不甘落后,建立了全球及区域性海洋环境业务化预报系统。美日等国还通过构建地区性信息共享平台,实现对海面及水下军事目标的严密监控。

此外,国际海洋竞争的议题广泛而深远,涵盖了国际海底资源开发、海上运输与航行安全、海上犯罪打击、海洋资源可持续利用、海洋生态保护、海洋科技创新以及海洋公益服务等多个领域。在这些专业领域内,国际机制建设与国际合作的深化成为各国竞相争夺的焦点,各国力求在相关国际事务中发挥主导作用,以维护自身利益并推动全球海洋治理体系的完善。

世界各国、各地区海洋竞争的形式更加丰富,手段更加有力。当今世界,海洋领域的竞争态势越发复杂多元。各国、各地区不再局限于传统的海上军事武装力量建设,而是纷纷转向构建集政治外交、海洋经济、资源勘探开发、海洋科技以及军事能力于一体的综合海上力量发展。这一转变,标志着全球海洋竞争已迈入一个全新的时代。在军事方面,美国以其《21世纪海权合作战略:前沿、参与、准备》为蓝本,明确了要通过五项功能来完成保卫本土、构筑全球安全网、灵活部署兵力并力求决定性胜利的战略目标。其中,"全境进入"能力被置于核心位置,指在全球海域无所不入。在经济方面,美国积极推动海洋经济的创新发展,加大对海洋观测技术、深海资源开发(包括深潜技术与海洋生物科技的突破),以及海洋空间高效利用的扶持力度,力求在海洋战略性新兴产业中占据领先地位。在科技领域,美国于2007年发布的《绘制美国未来十年海洋科学发展路线图海洋研究优先领域和实施战略》,不仅明确了未来海洋科研的六大主题与二十项优先方向,还锁定了四个短期内需重点突破的研究领域。这一举措不仅彰显了美国在海洋科技领域的深远谋划,也激发了全球范围内对海洋科技研发的重视与竞争。世界各国纷纷效仿,将海洋科技视为国家发展的重要引擎,竞相出台海洋科技发展规划与战略蓝图,力求在这场科技竞赛中占据一席之地。

因此,对于各国而言,结合本国国情,精心构建海洋政治战略,对于应对日益激烈的国际海洋竞争意义重大且十分紧迫。

总之,世界各国海洋政治层面的激烈竞争,进一步拉大了超级大国、地区强国与发展中国家、弱小国家之间的实力差距,并对未来的海权发展具有重大意义。[1]

四、海权的海洋政治功能

海权的政治功能在于提供海上公共安全产品。这些至关重要的海上公共安全产品,不仅构筑了海洋安全的坚实防线,还确保了海上秩序的井然有序,以及海上交通动脉的顺畅无阻。具体而言,这些海上公共安全产品涵盖了从直接的海洋安全保障、海上秩序维护,到间接的支持海上航道高效运行的全方位服务,如精准的海洋天气预报、可靠的海上导航辅助系统,以及详尽的海洋航道测量数据等。海权的政治功能远不止于单纯的军事威慑或领

---

[1] 参见刘德喜主编:《建设中国特色的海洋强国》,广东经济出版社2022年版,第27~33页。

土控制,它更是一种通过提供高质量的公共安全产品,促进国家间合作与信任,共同维护海洋和平与繁荣的战略选择。在这个意义上,海权成为连接国家内外政策、促进全球海洋治理体系完善的重要桥梁。以海洋安全保障为例进行深入剖析,我们可以更加清晰地认识到海权海洋政治功能。

"海洋安全保障"指的是运用一定的手段来捍卫海洋主权、规制海上活动,从而确保海洋秩序稳定发展的持续性行为。宏观层面上,可从动态、静态两个方面理解这一概念:从动态上来看,"海洋安全保障"即通过采取相关措施对海洋安全进行维护,从而确保国家海域不受挑战,保证可以自由开发和利用海洋及其资源的一种过程;[1]从静态上来看,"海洋安全保障"则指海洋环境以及各项事业不受外界传统、非传统安全威胁影响,海洋持续安全稳定的一种运作状态。此外,从微观具体层面看,通过词性解读可以看出,海洋安全保障是"海洋安全"与"保障"两者的结合,那么也可以理解为保障海洋安全,包括两个方面:一是保障在海上航行的船舶及船载货物的安全;二是避免、减轻和消除船舶对海洋造成的环境损害。[2] 海洋安全保障手段主要是通过建立和发展海上军事力量,改善海上作战装备性能,展开海上军备竞赛,进行海上作战、封锁和威慑。相应地,海洋安全保障在不同方面具有不同目标:海洋政治安全保障的核心在于捍卫国家海洋主权与领土的完整,确保其免受外部势力的侵犯;海洋军事安全保障则聚焦于防御与防范来自海洋方向的军事威胁及潜在的武装冲突,构建坚不可摧的海上防线;海洋经济安全保障旨在促进海洋资源的合理高效开发与利用,同时保障海洋经济的稳健与可持续发展,为国家的经济繁荣贡献力量;海洋社会安全保障重点在于维护海洋秩序的和谐稳定,坚决打击任何危害海上安全、扰乱公共秩序的行为与因素,为海洋活动提供安定的外部环境;海洋生态安全保障则是保障海洋生态系统维持其固有的平衡与协调状态,通过减少生态灾害的发生与有效应对,守护蓝色家园的生机与活力。

---

[1] 参见金永明:《中国海洋安全战略研究》,载《国际展望》2012年第4期。
[2] 参见陈敬根:《海洋经济发展与海事安全保障》,载《上海法学研究》2019年第21卷。

自改革开放以来，中国对海洋运输业的重视达到了前所未有的高度。当前，中国拥有全球最大的海运船队，沿海港口货物吞吐量傲居世界榜首，已构建起覆盖全球100多个国家和地区的1200多个港口的海上交通网络。然而，不容忽视的是，众多关键海上战略通道并未完全掌握在中国手中，这在无形中增加了海上运输的脆弱性。尤其是诸如马六甲海峡等咽喉地带，作为中国海上石油海上运输的必经之地，频繁遭受海盗及海上恐怖主义的侵扰，这些威胁展现出高度的组织性、工具的高科技性以及袭击的突发性，增加了中国海上通道的安全风险，对中国海洋安全保障体系构成了严峻挑战。鉴于此，构建并强化中国的海权体系，充分发挥其作为国家战略工具的政治功能，显得尤为重要且迫切。这不仅是维护国家海洋利益、保障海洋安全稳定的现实需要，更是推动中国海洋强国战略深入实施、实现中华民族伟大复兴的必由之路。

大航海时代以来，海洋公共产品的供给成为时代之需。19世纪，英国以海上强国的姿态，率先承担起这一重任；而到20世纪，美国则接过接力棒，继续在全球海域供给公共产品，这一历程深刻揭示了海上霸权与海洋公共安全保障之间的紧密共生关系——海上霸权是终极愿景，而海洋公共产品的供给则是通往此目标的坚实桥梁。然而，随着"冷战"的结束，国际格局发生了翻天覆地的变化。作为曾经唯一超级大国的美国，其外交政策逐渐倾向于单边主义，这直接导致了在提供全球公共产品方面意愿的减弱与能力的衰退。同时，美国经济增速的相对放缓与全球海洋安全挑战的日益严峻且多元化，让美国独自承担"领导世界"角色的成本变得越发沉重，难以持续。尽管美国的衰落不大可能会使其海军力量严格受限，走下坡路的美国可能也没有能力或者干脆不愿意阻止太平洋或者印度洋这两个区域的海上纠纷升级。[①]

在此背景下，中国正积极强化其海上公共产品的供给能力，此举无疑将重塑海上公共产品供应的版图。鉴于政治的本质在于资源的有效配置

---

① 参见[美]兹比格涅夫·布热津斯基：《战略远见：美国与全球权力危机》，洪漫、于卉芹、何卫宁译，新华出版社2012年版，第216页。

与再分配,且海上公共产品的供给往往根植于强大的海权实力,因此,后冷战时代的中国海权具有较强的政治功能。中国正利用提供海上公共安全产品的契机,致力于改造当今世界的不公正、不合理的国际海洋秩序。面对美国等西方国家在海上安全维护、海洋航道测绘、海上通信保障等公共产品供应上力不从心导致的海上公共产品供给出现缺口的状况,中国作为"海洋命运共同体"理念的积极倡导者与实践者,责无旁贷地需在此框架下加大海洋公共产品的供给力度,以期促进国际海洋秩序向更加公正、合理的方向发展,而这种海上公共产品供给力度的加强,恰恰是海权政治功能的成功运用。

第二节　世界其他国家的海权模式及其对中国政治海权建设的启示

在历史上,作为力量体的象征,海洋国家是成为大国的基础条件。从文艺复兴时期的意大利,到后来的葡萄牙、西班牙、荷兰,再到近代的英国、法国和美国,无不是依托强大的海洋力量实现自身的跨越式发展。中国自古便是一个海陆兼备的国家,中国式现代化,绝不仅仅是在陆地意义上实现自身的高质量发展,更应包括在海洋领域中影响力的提升。海洋,对于中国而言,既是连接世界的桥梁,也是展示国家形象的舞台。在全球的海权发展历程中,有两种模式尤为引人关注。一种是像英国和美国这样的"世界性海洋霸权大国",它们不仅控制了广阔的海洋资源,更在军事、经济、文化等多个领域均有较大影响力。另一种则是像日本和俄罗斯这样的"挑战世界海权的传统型海洋强国",它们曾经拥有强大的海权力量,其海权发展历程独具特色,引人深思。[①] 这两种海权发展模式对中国的政治海权及海权发展模式的建构具有重要启示:那就是要建构中国的海洋话语权,维护中国的海权权

---

① 参见高兰:《海权发展模式研究与中国海权理论构建》,载《亚太安全与海洋研究》2019 年第 5 期。

益,发展中国的海权力量。从党的十八大报告提出"建设海洋强国"①,党的十九大报告提出"加快建设海洋强国"②,到习近平主席在集体会见应邀出席中国人民解放军海军成立70周年多国海军活动的外方代表团团长时提出的"海洋命运共同体"的重要理念,中国对于海洋的重视程度不断提高。需要明确的是,中国作为一个大国,必须拥有与其地位相匹配的海洋实力。这不仅关系到国家的安全和稳定,更是国家在全球舞台上的地位和影响力的体现。因此,中国正在积极探索符合自己国情的海洋发展模式,加快海洋强国建设的步伐。在这个过程中,中国需注重汲取其他国家的先进经验。我们知道,真正的海洋强国不仅仅是拥有强大的海军,更需要在科技、教育、文化、经济等多个领域全面发展。随着"海洋命运共同体"理念的深入人心,中国正努力与世界各国共同维护海洋的和平与稳定,推动全球海洋治理体系的完善。只有和平、合作、共赢,才是海洋发展的长久之计,海洋正成为大国崛起的新舞台。

一、世界其他国家海权模式的特征

(一)英美海权模式的特征

英国与美国,作为世界海洋霸主,其发展轨迹深深烙印在世界历史的进程中。两者都拥有共同的海洋发展目标——维护国际贸易秩序,以谋取更大的商业利益。为此,它们构建了开放性的海上势力范围,只要不损害到它们的核心利益,这些国家都愿意保持这种开放体系。英美在维护海上秩序时,也积极推广本国制度,成为引领国际潮流的重要力量。更为引人注目的是,它们的海洋霸权交接过程并未伴随战争与硝烟,而是通过和平的方式实现的。这得益于两者均为海洋型贸易国家,经济主导成为它们的主要战略。

---

① 颜昊、李宣良、刘劼:《中共十八大代表强烈支持中国建设海洋强国》,载人民网,http://world.people.com.cn/n/2012/1227/c353629-20037565.html。
② 王宏:《海洋强国建设助推实现中国梦》,载《人民日报》2017年11月20日,第7版。

第二章 政治海权

英国虽曾拥有强大的海上主宰权,但美国在崛起的过程中并未选择武力与之对抗,而是遵循英国的贸易自由原则,以航海自由和国际联盟等政策,逐步瓦解了英国的"日不落"帝国辉煌,最终建立了自己的海上霸权。

英美海权模式具有以下特征。

1. 自然地理优势

自然地理环境对海权的影响深远,早在美国海权论的奠基人马汉的著作中就已得到深入阐述。他明确指出,国家的海洋实力受多种因素影响,其中地理位置、形态结构和领土范围等要素,均与海权发展紧密相连。这意味着一个国家的海洋政治,很大程度上取决于其地理环境的特质。[1]

英国,是一个四面环海的岛国,与欧洲大陆隔海相望,有着天然的地理优势。作为欧洲和世界贸易的关键枢纽,英国位于多条海洋航线的交汇点,自然成为全球贸易的重要节点。英吉利海峡和多佛尔海峡作为其天然屏障,为英国提供了防御上的便利,使它在历史上多次战争中得以保持独立与自主。这两个海峡不仅为英国提供了安全保障,还进一步强调了其作为岛国的独特地位。随着15世纪"大航海时代"的到来,英国敏锐地抓住了这一历史机遇,迅速发展其海权。到16世纪中期,英国已经凭借着雄厚的资本和强大的海上力量,发动了一系列殖民侵略战争,并逐步确立了对海洋的全面控制。这一战略位置的优越性使英国能够有效地拦截荷兰的贸易商船,遏制北欧和北海的海上交通线,甚至切断了地中海通往东方的航线,进一步巩固了其海上霸主地位。最终,在18世纪,英国成功取代了西班牙和荷兰,成为新的世界海洋霸主。英国的崛起,不仅是因为其强大的军事实力,更是因为它充分发挥了自身的地理优势和战略位置,巧妙地在全球贸易和海洋霸权中占据了有利地位。

美国,三面环海,坐拥大西洋与太平洋的辽阔水域,更有墨西哥湾与加勒比海的拱卫。广阔的海洋不仅是美国的天然护盾,更是其海洋发展的助

---

[1] 参见[美]艾尔弗雷德·塞耶·马汉:《海权对历史的影响(1660—1783年)(全译本)》,李少彦、董绍峰、徐朵等译,海洋出版社2013年版,第20~65页。

力。南北陆上邻国力量相对薄弱,为美国提供了难得的地理优势。美国利用这些优势,精心布局,维护国家安全与海洋权益。海外基地的建立、海上通道的控制,以及在夏威夷群岛、中美洲地峡和加勒比海等地的扩张,都标志着美国崛起为世界性的海洋霸权国家。

2. 综合国力的增长

英国是工业革命最完善的国家,它建立起以己为核心的全球秩序,成为那个年代里最为强大的国家。正是其强大的综合国力,才为英国海军的崛起提供了坚实的支撑,为其实现海洋大国的梦想奠定了基础,更为其海洋霸权的稳固提供了有力保障。

历经南北战争,美国工业迎来了飞速发展的黄金时期。在19世纪末至20世纪初的转型中,美国由农业大国演变为工业强国,其中重工业占据主导。"一战"爆发前,美国的工业产值已遥遥领先,超过当时工业四巨头——英国、德国、法国和日本——的总产值,占全球工业产值的38%。"一战"期间,美国远离战火,经济实力得到进一步增强。与交战国的军火贸易为其带来了高达380亿美元的利润。而"二战"的爆发则为美国带来了更为广阔的发展机遇。战后的欧洲满目疮痍,美国却借助这一契机迅速崛起。美国跨越海洋,开始推行以全球海洋霸权为基础的经济和安全政策,巩固其在国际舞台上的领导地位。这标志着美国不仅在工业领域取得了显著成就,在国际事务中也逐渐占据了核心位置。

3. 强大的海上力量

英美两国凭借其强大的海上力量,构建了坚实的战略支撑,通过强大的海上执法与运输力量,构建了完备的战略保障体系,从而稳固了海洋霸权的地位与发展。这一海权发展模式的启示是,强大的海上力量是实现从海洋强国向海洋霸权跃升的关键,而坚强的海上安全保障力量则是确保海上通道畅通无阻的重要基石。

在海洋发展的历史长河中,海权的重要性不言而喻。英国前首相丘吉尔曾言:"海军实力直接关系到英国本身的生死存亡,是我们生存的保证。"这深刻揭示了海权对于国家命运的决定性作用。回顾维多利亚时代,英国用了长达 3 个世纪的时间,努力争夺海上霸权。凭借其独特的海权优势,尤其是强大的海上力量,英国成功建立了由其主导的海上霸权,并保持了长达 100 多年的霸主地位。为了防范外国力量的威胁,英国海军坚守"两强标准",确保其实力远超世界第二、第三位国家海军的总和。荷兰,作为历史上的"海上马车夫",其命运却与英国截然不同。尽管荷兰长期以来在海外贸易上占有重要地位,却忽视了海军的建设。曾经拥有强大海军的荷兰,在 1741 年时,只剩下了一艘严重超期服役的战舰。失去了强大海军的保障,荷兰被迫放弃了海洋霸权地位。这两个国家的历史对比,凸显了海权在国家发展中的重要作用。强大的海军力量,不仅是国家安全的有力保障,更是国家在国际舞台上取得优势地位的关键。因此,对海权的重视和巩固,是每一个追求成为海洋大国的国家所必须考虑的重要因素。

1901 年,时任美国总统西奥多·罗斯福提出了"大海军事业"的战略构想。自此,美国投身于巴拿马运河的修建之中,牢牢掌控了这一战略要地,不仅发展了海运事业,也极大地增强了海军实力。美国海权的崛起,并非偶然。它遵循了一条清晰的路径:从工业基础到市场扩张,再到掌控关键地区,加强海军建设,最终建立起强大的海外基地。这一系列的战略举措正体现了马汉海权学说的精髓,揭示了一个新兴的海上霸主如何诞生并不断发展壮大的过程。[①]

英美两国将强大的海上力量作为战略支撑,以强大的海上执法力量和海上运输力量建立超强的战略保障,确保了海洋霸权国家的建立与发展。英美两国的海权发展模式表明,坚强的海上安全保障力量确保了海上通道的安全通航,强大的海上力量是海洋强国的重要保障。

4. 和平转移确保了英美作为"世界性海洋霸权国家"体系的延续与发展

第二次世界大战结束后,英国的海洋霸主地位由美国取而代之。尽管英国依旧拥有一支庞大的海军,掌控着直布罗陀、苏伊士运河、新加坡和马

---

① 参见史春林:《九十年代以来关于国外海权问题研究述评》,载《中国海洋大学学报(社会科学版)》2008 年第 5 期。

六甲海峡、多佛尔海峡以及好望角等关键战略要地,但昔日辉煌的殖民体系逐步瓦解,其全球影响力亦随之大幅减弱。1956年,苏伊士运河战争的失利为英国敲响了警钟,决策者开始深刻反思并寻求美国的庇护。为了维护其海洋大国的地位,英国主动与美国接触,共同探索和平转移海洋霸权的道路。

英美两国在海洋霸权的和平转移中,展现出了鲜明的共同特征。在文化历史层面,二者的海洋文化有着深厚的历史渊源。在战略利益取向上,英美都坚信海洋与国家的生存与发展紧密相连,它们致力于确保海上贸易通道的畅通无阻,坚定捍卫全球自由贸易秩序。在政治领域,美国继承并发扬了英国创立的大西洋联盟模式。随后,英美携手打造了强大的海洋联盟,不仅延续了"世界性海洋霸权国家"的体系,更在英国力量渐衰之际,借助美国之力,使英国的海洋大国地位得以持续。

英美两国作为全球性海权的海洋大国,其崛起过程、海洋战略和发展模式对正在崛起的中国海权具有启示意义。美国在海洋崛起的历程中,敏锐地抓住了历史机遇,实现了飞速发展。其秉持的自由开放理念促使其与传统的海洋霸权国家——英国寻求共同利益,实现了海洋霸权的和平过渡。这对于中国来说,意味着在追求海权的过程中,不仅要善于把握时机,还需秉持开放包容的心态,寻求与其他海洋大国的合作共赢。

(二)日俄海权模式的特征

日本自近代开始探索海洋立国战略,经历了各时期的调整与挫败,但在21世纪迎来新的机遇。日本通过制定新的海洋战略,以普通国家战略为目标,以日美海权同盟为核心,[1]充分利用自身作为地区海洋强国的实力,成为美国主导的世界海洋霸权体系的主要成员。这一模式不仅推动了日本海权发展,也对全球海洋秩序产生了深远影响。日本海权的崛起,既是其国力的体现,也是其对外战略的延伸。日本的海洋战略重点在于维护安全、推动合

---

[1] 参见高兰:《亚太地区海洋合作的博弈互动分析——兼论日美海权同盟及其对中国的影响》,载《日本学刊》2013年第4期。

作,以及增强自身在地区海洋事务中的话语权和影响力。日本海权模式的挑战性在于其试图在地区及全球舞台上建立起自身的地位和权威,对海洋力量和规则进行重构。日本作为地区重要海洋国家,其海权行动不仅塑造了地区海洋秩序,也对其他海洋国家产生了借鉴意义。

俄罗斯作为一个传统大陆强国,却也十分重视海洋发展。经过长达300余年的积极探索和扩张,其逐渐发展成为一个海洋大国,甚至可以说是世界级的海洋强国。然而,苏联的解体宣告了其挑战世界海洋霸权的终结。从冷战结束至今,苏联/俄罗斯经历了海权衰落、重新崛起以及全面发展的阶段,在北极、太平洋、波罗的海和黑海等多个战略方向积极拓展海权,力求再次成为一个世界级的海洋强国。

总体而言,日俄两国在海权发展上的兴衰、再起的历史经验对中国的海权发展有着重要的启示和借鉴意义。日俄的海权模式有着共同的特征,这些特征包括对海洋的持续探索和扩张以及在海权发展过程中所面临的挑战和困难等。

1. 日俄海权同为挑战型海权且在历史上均遭遇了重大失败

从日俄两国的海权发展历史可以看出,它们的海军实力虽然强大,却未能实现海洋霸权的战略目标。这种挑战型海权模式带来了两国在扩张与争霸过程中的重大失败。苏联时期,日本与苏联都在海军建设上投入大量资源,却未能取得预期效果。因此,我们可以认识到,海权发展不仅仅依赖于军事力量的强大,还需要考虑到国家的整体实力和战略规划。挑战型海权模式的失败,提醒着我们要谨慎对待海洋权益的争夺,只有综合实力的提升和科学规划才能确保海权的稳固与发展。

日本是一个四面环海的岛国,类似于英国。在历史上,日本在14世纪至16世纪开始了海上扩张,最初进攻朝鲜,接着侵袭明朝沿海地区。随后,日本进入了长达数百年的闭关锁国时期,除了少量与中国和荷兰的贸易外,与外界的交流几乎中断。1853年,美国佩里舰队强行打开了日本的大门,1863年的萨英战争让日本感受到了现代化海军的力量。面对来自西方的挑战,明治政府确立了海军建设为首要任务的国家建设方针。它们开始模仿西方国家,实施大规模的造舰和购舰计划,建立现代化海军舰队。马汉的著作《海权对历史的影响(1660—1783)》迅速被翻译成日文,激发了全国上下发展强大海军的共识。通过学习西方的经验和技术,日本成功实现了海军建设的现代化转型。它们不再满足于孤立自保,而是积极寻求海洋霸权,努力提高海军实力,维护国家利益。这一转变不仅推动了日本的现代化进程,也为奠定日本在亚太地区的地位打下了坚实基础。

明治维新后,日本国力大增,开始着手海洋扩张。1874年进攻台湾,拉开了近代以来对中国侵略的序幕。1876年,日本强迫朝鲜签署《江华条约》,标志着其对外扩张的开端。随后中日甲午战争中,日本意外地击败清政府,海上扩张之志更盛。日俄战争中,在对马海战中几近完美的胜利,使日军更加沉迷于海洋扩张,最终导致其失败。

日本向邻国扩张的过程中秉持马汉海权论,逐渐形成了自己的海权思想,并逐步建立起海权观念。对于岛国来说,海洋的重要性不言而喻,因此日本坚信掌握制海权是海洋发展的关键。他们认为,强大的海军力量是必不可少的,要通过舰队之间的决战来确保海洋的控制权。经过中日甲午战争和日俄战争的洗礼,再加上英日同盟的形成,日本最终确立了自己在东亚地区的海军霸权地位。随着海权观念的深入人心,日本海军力量逐渐增强,为维护自身利益提供了有力支持,这也使日本在地区事务中处于更有利的位置。

在近代日本历史上,"陆主海从"与"海主陆从"的政策争论一直存在。由于陆军的强硬立场,日本选择了"陆主海从"的政治道路,将海洋战略从属于"大陆扩张"政策。然而,20世纪20年代,"海洋国家论"崛起,币原喜重郎倡导海洋国家的立国方针,主张"小日本主义",强调与英美等国的协调外交,反对武力干涉中国内政,强调经济利益。尽管这些主张没有成为主流,却引发了对海洋战略的重新思考。第一次世界大战结束后,日本海军实施了"八八舰队计划",并签署了伦敦海军公约,其作战能力达到世界领先水平,开始尝试挑战亚太地区的霸权。随着第二次世界大战的爆发,日本进一步推行海洋扩张政策,最终引发了太平洋战争。通过偷袭珍珠港和在东南亚地区的闪击,日本海军占领了大片海域和领土,在中途岛海战前的日本海军达到了巅峰。然而,随着"二战"进入后期,美国通过海上封锁对日本实施了压制,强大的海上力量导致了日本海军的全面溃败,同时也导致了日本的国民经济崩溃和最终失败。这一系列事件彻底改变了亚太地区的格局。

综上所述,"二战"之前日本在"陆主海从"的大陆扩张政策指导下,海权政策旨在支持大陆政策,致力于领土扩张和重塑东亚国际秩序。"二战"中特别是在太平洋战争中,日本不仅试图巩固亚洲霸权,还挑战当时全球最强大的美国,企图与德国和意大利一道瓜分世界。然而,它们最终以失败告终。日本企图在战争中实现自己的霸权目标,最终导致彻底覆灭。

俄罗斯的海权发展经历了起伏,但始终是国家崛起和衰落的关键因素。从17世纪末至18世纪,俄国西进波罗的海并夺取黑海制海权,这一举措直接推动了俄国的崛起。然而,由于海洋地理环境的限制,俄国在19世纪海权争夺中遭遇惨败,国家走向衰落。在20世纪,苏联在工业化和强大的海军力量的支持下再次崛起,海权成为苏联挑战世界霸权的重要工具。然而,苏联后期由于军事海权与经济海权脱节,领土扩张与国家安全发生冲突,国家再次陷入衰落。自苏联解体以来,俄罗斯一直在寻找新的海权发展路径。进入21世纪以来,俄罗斯调整并改革了过去的海权战略,实行更加务实的海权复兴战略。俄罗斯谨慎发展海上力量,旨在重新崛起为世界海洋强权。俄罗斯始终在努力为领土扩张寻求出海口,坚定地走向海洋。[①] 总之,在过去的海权发展历程中,俄罗斯在崛起和衰落中持续探索着适合自身国家利益的海权发展道路,不断调整战略以应对国内外挑战,俄罗斯海权的走向将继续对世界格局产生深远影响。

2. 日俄两国当下均为区域性海权,正以海上力量为基础发展综合性海权

"冷战"结束后,日本的海洋战略发生了重大转变。日本将海洋战略纳入整体国家战略,并将日美海权同盟视为核心组成部分。为了确保海洋综

---

① 参见江新国:《海权对俄罗斯兴衰的历史影响》,载《当代世界社会主义问题》2012年第4期。

合安全保障体系,日本积极扩展传统的日美同盟,提倡拥有共同价值观的民主国家加入全球性海洋伙伴联盟。如今,日本已经成为区域性海权力量。借助美国的海权同盟体系,日本努力成为国际海洋秩序中的主导势力之一,希望实现日本海洋大国的梦想。日本致力于加强海洋安全合作,促进区域和平与稳定,推动构建更加开放、合作和共赢的国际海洋秩序。

苏联解体后,俄罗斯面临战略收缩的挑战,从远洋战略收缩为更加注重陆上发展。"冷战"结束后,俄罗斯逐渐成为一个区域性海权国家,但随着欧亚主义思潮的回归,俄罗斯开始重新规划海洋战略,以加强海军力量为基础,通过发展综合性海权来提升国家综合实力。普京上台后,俄罗斯海洋战略得到了更进一步的发展。为了确保俄罗斯在海洋上的强国地位,寻求国家发展的新增长空间,俄罗斯明确了海洋强国的战略目标。俄罗斯将军事力量视为基础性实力要素,着重发展海军力量,关注海上通道的安全,大力开发海洋资源。除注重军事安全外,俄罗斯还更加重视经济安全,全面提高综合国力。俄罗斯海洋战略的发展不仅是为了提升国家综合实力,也是为了应对不断变化的国际局势和地缘政治格局。通过发展海军力量和加强海洋资源开发,俄罗斯试图在国际舞台上扮演更加重要的角色。

俄罗斯和日本作为传统海洋强国,曾致力于获取世界海权,如今已成为区域性海权的重要国家。它们以海洋力量为支撑,积极发展综合性海权,成为世界上强大的国家。这两个国家在海洋事务上的地位日益重要,展现出它们在全球舞台上的影响力。俄罗斯和日本均展示了对海洋资源和地缘政治的重视,为世界海洋秩序的塑造发挥了关键作用。它们的海洋战略不仅维护了自身利益,也对世界海洋格局有着深远的影响。

3. 扩张与排他的帝国思维是其海权崛起与崩溃的重要原因

近代日本的海权发展史实质上是一部战争史。从1874年日本进攻中国台湾到1941年太平洋战争的爆发,一系列军事胜利驱使日本不断扩大其国家利益的范围,导致其陷入过度扩张的泥沼。[1] 在过去的100多年里,日本

---

[1] 参见秦立志:《体系变革、战略塑造与近代日本的海权兴衰》,载《日本研究》2020年第1期。

的海权崛起始终伴随着侵略行为。例如，在中日甲午战争中，日本夺取了中国的台湾，而在日俄战争中，日本取得了重大的海上胜利，进一步加强了其在亚洲的影响力。然而，所有这些战争和胜利都在诱发日本不断拓展国家利益的同时，也使其沉溺于战争和扩张的旋涡中。从1914年日本对德国宣战到1937年全面侵华战争，日本的侵略行为愈演愈烈，最终导致了太平洋战争的爆发。纵观日本的海权发展史，可以看到每一次的海权跃进背后都隐藏着日本对亚洲邻国的进攻企图。这种以战争为手段的海权发展路径不仅加剧了地区的紧张局势，也在一定程度上影响了日本自身的发展。

在俄罗斯海权发展史上，征服与扩张成为19世纪下半叶的主旋律。自沙俄从波斯手中掠夺里海东南岸和中亚南部开始，到铁路的建成加强了对中亚的控制，沙俄一直在寻求扩张和控制海上通道。然而，沙俄一直未能取得对黑海和地中海之间的出口博斯普鲁斯海峡和达达尼尔海峡的控制。克里米亚战争标志着西方国家与沙俄的对抗，它终结了俄罗斯冲破封锁包围的企图。直到1871年，亚历山大二世才解除了1856年在克里米亚战争中战败的条约限制。尽管在接下来的1878年至1895年，沙俄奉行了防御性海军政策，以突破强敌对其海岸的封锁，沙俄海军的规模在1893年超过了意大利和德国，仅次于英法。苏联时期海权从近岸和近海防御转向远洋进攻的海洋战略，建立了强大的海上威力体系，与美国进行抗衡。苏联成为世界性强国，领导社会主义阵营对抗西方阵营。然而，苏联重蹈了法国和德国过度扩张的覆辙，最终在与美国争夺世界霸权的过程中崩溃解体。总的来说，俄罗斯的海权发展历程充满了征服与扩张、防御与对抗的要素，虽然在历史上取得了一定成就，但也遭遇了失败。

日本和俄罗斯在海权发展与战略进程中存在不同历史发展阶段，其战略特点更趋向于重视防御而非进攻。过度扩张和排他性的帝国思维是两国海权崛起与衰落的主要原因。它们的海权发展经历了不同的挑战与教训，使得它们在海洋利益的争夺中采取更加谨慎的态度。通过认真总结历史经验，中国可以更好地理解和平衡海军力量，避免陷入过度扩张的困境，确保海洋利益在规范和稳定的基础上发展。

4. 在海权崛起过程中均经历过海权与陆权的权力斗争

值得注意的是,日本在海权崛起过程中曾出现"陆主海从"与"海主陆从"两种战略优先次序之争。① 这种争论始终贯穿日本对外扩张的历程中。受限于国力,近代以来日本最终选择了以大陆政策为主、海洋扩张政策为辅的扩张道路。也就是说,日本主导者追求陆权和大陆志向,陆军在国防和军备上占主导地位,而海军则处于次要位置。"追求海权的目的并非在于追求海权本身",而是为了服务于追求陆权的目标。这一策略在日本的扩张历程中十分明显。

在俄罗斯的历史进程中,海权发展始终面临着来自陆地的挑战。在沙俄时代,俄国以陆权国家的身份追求海权扩张,通过陆地优势来控制海洋。尽管沙俄以海权战略为主导,却依赖强大的陆权支持来实现海权扩张,导致海权与陆权力量之间的摩擦和竞争。在苏联时期,苏联基于世界革命的意识形态,以陆权战略为基础确立了海军的地位和作用。苏联强调海军与陆军的协作,认为海军在国家海权体系中起着主导作用。海军在现代战争中扮演着至关重要的角色,特别是海基战略核武器的出现,使海军能够通过海上突击来改变军事行动的进程和结局。戈尔什科夫认为,如果帝国主义者对苏联发动战争,将不再是传统的陆地战争,而是海洋战争。② 这意味着海军的作用将变得更加突出,苏联需要在海权发展中解决海陆之争和海陆协调的问题。总的来说,俄罗斯的海权发展始终受到陆地影响。从沙俄时代到苏联时期,海权与陆权的关系都存在紧张和争执。然而,随着现代战争手段和技术的发展,海军在国家安全和国防中的地位变得越来越重要,海权与陆权需要更加紧密协作,才能应对日益复杂的国际安全挑战。俄罗斯尝试在海权发展中保持平衡,并建立起海陆合作的新机制,以确保国家的安全和利益。

日俄两国作为挑战型海权模式的典型代表,其崛起与失败的根本问题

---

① 参见高兰:《日本海洋战略的发展及其国际影响》,载《外交评论》2012 年第 6 期。
② 参见高兰:《日本海洋战略的发展及其国际影响》,载《外交评论》2012 年第 6 期。

在于错误的安全观。他们曾试图通过绝对的力量优势,尤其是军事力量优势,追求绝对的安全。然而,历史表明海权战略是关乎国家安全与发展的大战略,必须合理放置于国家整体战略的轨道上。在国家实力与国际环境综合评估的基础上,通过顶层设计集中资源,合理配置战略力量,避免盲目危险的战略扩张与过度的战略消耗。唯有如此,才能有效管控国家崛起与国际体系之间的矛盾冲突。中国在海权崛起进程中,需吸取日俄等海洋大国的教训。海权战略应当为国家大战略服务,避免过度发展海权导致重大战略消耗,影响国家整体和平发展。因此,中国需要谨慎思考海权发展的战略路径,将海洋战略融入国家整体发展战略,稳健地推进,确保国家安全与发展相协调、相促进,最终才能在国际社会中维护国家利益,实现经济繁荣与和平发展的目标。①

二、世界其他国家海权模式对中国的启示与展望

英美海权模式主张航海自由、自由贸易,旨在追求全球性海洋霸权,而日俄海权模式则专注于海军建设和快速扩张海权。然而,日俄两国自身能力有限,又过度透支其战略资源,最终未能实现海洋扩张的目标,遭遇失败或受到阻碍。这表明,成功的海洋扩张需要更加谨慎和持久的策略,而不仅仅是简单地依赖于军事力量或快速扩张。国家需要全面考虑自身实力、国际形势以及长远利益,以确保海洋扩张战略的成功和可持续性。

两种海权模式及四个海洋国家的兴衰经验对中国有着深刻启示,集中表现为以下三点:

第一,历史告诉我们,大国崛起始于地方性的守成,而走向没落则是因为过度扩张。② 日本和俄罗斯的海权模式就是一个鲜明的例证。海权的建

---

① 参见高兰:《世界主要海洋国家四种海权模式的特征及其对中国的启示》,载《中国海洋大学学报(社会科学版)》2021年第2期。
② 参见张文木:《"麦金德悖论"与英美霸权的衰落——基于中国视角的经验总结》,载《国际关系学院学报》2012年第5期。

立需要长期的积累和不断的创新,不能急功近利。为了可持续发展,守成国家必须保持国家目标与国家力量之间的综合平衡。中国在发展海权的过程中应当谨记这些经验教训,坚持稳扎稳打,不急于一时,注重技术创新和国际合作,以实现海洋资源的可持续利用和国际地位的提升。

第二,在国际关系中,一个国家若要避免陷入政治困境,就必须避免与两个或两个以上的强大势力同时对抗。这是因为当一个国家试图进行全球扩张时,将不可避免地面临与整个世界为敌的局面,而这种情况将导致国家力量逐渐耗尽并最终导致国家的衰落。[1] 历史上许多事例都证明了这一点。例如,拿破仑时期的法国同时与英国和俄罗斯帝国作战,希特勒时代的德国同时对抗英国和俄国,"二战"期间日本同时与中美两国开战,朝鲜战争时美国同时与中苏两国对抗,勃列日涅夫时代的苏联也同时与中美作对等,最终都以失败告终。[2] 这些历史事件警示着,过度自信和过分扩张将使一个国家在国际政治舞台上孤立无援,最终透支国家自身力量。因此,中国在制定外交政策时,必须审慎谨慎,通过审慎的外交政策和战略布局,才能有效避免国家在国际政治角力中陷入死胡同,确保国家的长久发展和稳定

第三,中国要实现持续增长和可持续发展,必须加强海权和海军建设。历史经验表明,强大的海军和制海权是市场经济和民主政治发展的重要推动力量。只有掌握制海权,中国才能确保海外市场和资源的稳定和安全。因此,中国的经济发展和海权建设必须紧密结合。[3] 为了保障国家的持续增长,中国必须重视海权建设,以确保自身利益和稳定发展。通过加强海军建设和海洋资源开发,中国可以提升国家实力,促进经济繁荣和国家安全。只有坚持海权战略,中国才能在国际舞台上取得更大的影响力和话语权。因此,海权建设是中国实现高质量发展的必然选择,也是实现国家长治久安的关键举措。

---

[1] 参见张文木:《论中国海权》,载《世界经济与政治》2003 年第 10 期。
[2] 参见张文木:《从整体上把握中国海洋安全——"海上丝绸之路"西太平洋航线的安全保障、关键环节与力量配置》,载《当代亚太》2015 年第 5 期。
[3] 参见张文木:《制海权与大国兴衰的启示》,载《学习月刊》2005 年第 3 期。

第二章　政治海权

借鉴上述海洋国家的海权发展模式,结合中国实际,当前中国海权模式正在呈现出以下特征：

第一,稳步推进。中国海洋发展方向是海洋强国,在确保经济平稳增长的基础上,中国正采取稳健发展措施,以法治为基石,全面推进海洋经济、科技、安全和外交。通过阶段性措施,中国致力于实现海洋战略目标,维护海洋权益,为构建和谐海洋作出努力。

第二,安全发展。中国作为一个世界海洋大国,在制定海洋战略时,必须平衡安全与发展的关系。传统海权发展过于强调竞争和进攻性,而中国应该量力而行,兼顾国家的海洋领土安全和发展海军力量。除此之外,中国还需要建设新型海洋管理体制,致力于发展海洋经济和资源,保障海上通道安全,以确保国家利益不断增长。这样才能在海洋事务中取得更加稳固的地位,发挥出中国海洋强国的作用。

第三,开放包容。中国正在积极推动开放包容的海洋发展,这一发展路径在全球范围内得到了重视。随着世界各国海上力量的崛起和变革,海洋发展已不再是单一的霸权统治,而是向竞争和合作并存的新模式转变。中国正在努力提高海上贸易总量,建设相应的海上力量,维护海上通道的安全和贸易秩序,这正是当前世界海权发展的趋势。中国倡导的开放包容海洋发展理念在国际舞台上获得了认可,成为世界各国共同追求的目标。这种理念强调国家间的协作和共赢,强调通过合作实现海洋资源的共享和合理利用。相比于历史上的殖民掠夺式海洋霸权,今天的海洋发展更加注重国际协调和合作,更加关注海上贸易的平稳发展和安全。中国正在积极参与这一新型海权发展模式,不断加强与其他国家的合作,共同维护全球海洋秩序。通过开放包容的海洋发展路径,中国将与世界各国共同致力于推动海洋贸易的发展,保障海上通道的安全和畅通,推动海洋资源的可持续开发利用。这种开放包容的海洋发展理念将为世界各国带来更多的机遇和发展空间,促进全球海洋事务的合作与共赢,为实现可持续长远的海洋发展打下坚实基础。

第四,渐进发展。中国海洋发展战略必须符合国情,脚踏实地,渐进发展。我们不能过分夸大海上力量,需注意避免不必要的国际摩擦,确保国家利益不受损害。习近平总书记提出的 2050 年总体战略目标,即"全面建成富强、民主、文明、和谐、美丽的社会主义现代化国家,并实现国防现代化"[①],需要构建符合国情的海洋战略。这一战略将有助于拓展国家利益,维护海上安全。在海洋领域,我们应当谨慎行事,稳扎稳打,努力实现国防现代化和经济发展的双赢局面。

综上所述,作为崛起中的新兴海洋大国,中国在构建自身政治海权模式时需要兼顾海上安全与海洋发展两大主题。英美等海权大国在崛起过程中,建立了较为完备的海洋战略和海权理论体系,从而确立了强大的海军和海洋权益保护体系,为其成为海权大国奠定了基础。因此,作为正在崛起中的新兴海洋大国,中国应当汲取这些海权大国的发展经验,取其精华,去其糟粕。中国应当通过加强国际海洋合作,推进"开放包容"的海洋发展路径,以"一带一路"为框架,进行互联互通建设。在发展海权理论体系时,应当倡导"信誉、信用、信心"[②]的中国海权理论语境体系,以推动海洋经济发展,保障海上通道安全,促进海洋生态文明建设,提升海洋公共产品供给水平。如此一来,中国将能够实现作为地区海洋大国的"有限海权"目标,为在全球实现"海洋命运共同体"目标作出贡献。

第三节　中国特色政治海权建设的理论基础

中国特色政治海权是中国海洋强国战略的前提与基础,它是中国海洋外交的总原则,体现了中国对海洋主权的坚定捍卫。同时,作为中国特色社会主义政治建设的重要组成部分,中国特色政治海权坚持党的领导、人民当家作主、依法治国等基本原则。海洋被视为国家领土的延伸,在党的

[①] 习近平:《高举中国特色社会主义伟大旗帜　为全面建设社会主义现代化国家而团结奋斗——在中国共产党第二十次全国代表大会上的报告》,人民出版社 2022 年版,第 17 页。
[②] 高兰:《海权发展模式研究与中国海权理论构建》,载《亚太安全与海洋研究》2019 年第 5 期。

领导下建设强大的政治海权是中国特色社会主义事业的本来要求和战略方向。它不仅是国家维护海洋权益的政策基础,更是捍卫国家主权的有力支撑。[1]

新中国成立以来,中国不断完善海洋法律体系,特别是在维护海洋主权与安全方面制定了一系列法律,为保护海洋权益发挥了重要作用。1958年中国政府颁布的《关于领海的声明》标志着中国海洋政治体系的建立,1992年通过的《中华人民共和国领海及毗连区法》有效维护了海洋领土主权和海洋权益,具有重大战略意义。此外,1998年颁布的《中华人民共和国专属经济区和大陆架法》则保障了中国在专属经济区和大陆架的主权权利和管辖权,有力维护了国家海洋权益。这些法律的实施在一定程度上确保了中国海洋的主权与国土安全,有效地处理了国际海洋争端问题。然而,中国面临的海洋权益争端依然突出,在东海、南海、黄海与周边国家存在海权争端。面对不断升级的争夺海洋权益和外部势力介入的挑战,中国需要采取高度的海洋政治智慧和灵活的政治策略来解决和缓解矛盾。[2] 在当前复杂多变的国际环境下,中国海洋政治的成功对于维护国家利益、提升国际地位至关重要。中国应积极倡导和遵守国际法,与有关国家就海洋事务进行对话和合作,共同维护地区和平与稳定。同时,中国还应加强海洋科研、资源开发利用、环境保护和安全管理,不断提升自身在海洋领域的综合实力,为建设海洋强国作出积极贡献。总之,中国在完善海洋法律体系的同时,需要灵活运用海洋政治智慧,以促进海洋资源的合理开发利用,保护海洋生态环境,维护海洋安全,维护自身的海洋权益。通过在国际海洋事务中展现负责任的态度和建设性的合作精神,中国将能够为世界和平与繁荣作出更大的贡献,实现海洋强国的崛起和发展。

---

[1] 参见张俏、吴长春:《论建设海洋强国在中国特色社会主义事业中的地位》,载《理论探讨》2014年第6期。

[2] 参见张俏、吴长春:《论建设海洋强国在中国特色社会主义事业中的地位》,载《理论探讨》2014年第6期。

一、坚持"坚守底线、倡导和为贵"的海洋权益思想

习近平总书记在十八届中共中央政治局第八次集体学习时强调,我们要坚持走和平发展的道路,但决不能放弃我们的正当权益,更不能牺牲国家核心利益。在处理国际事务中,我们要统筹维稳和维权两个大局,坚定地捍卫国家的主权、安全和发展利益,同时也要努力维护我国的海洋权益,提升我们的综合国力。习近平总书记强调,解决争端应当以和平方式、以谈判为主,努力维护和平稳定。要随时准备应对各种复杂情况,提高在海洋维权方面的能力,坚决捍卫我国的海洋权益。要坚持"主权属我、搁置争议、共同开发"的原则,推进互利友好的合作,寻求并扩大共同利益的汇合点。[1] 这些观点体现了中国作为一个负责任的大国的立场和态度。中国将继续致力于通过和平手段解决争端,并通过合作实现共同发展。同时,中国也将坚决捍卫国家海洋权益,确保国家的长期稳定和繁荣。

(一)坚定维护主权和相关权利

中国在处理海洋事务中一直坚持以国家主权和安全为首要考虑的原则。中国始终坚定地捍卫涉及国家主权、安全、领土完整等核心利益,始终坚守寸土不让、寸海不丢的原则。同时,中国也始终坚持国际法和国际关系的基本准则,坚决捍卫自己的领土主权和正当合法的海洋权益。[2] 海洋领域同样受到独立平等的国家主权观念的影响。具体来说,海洋领土主权、海洋行政和司法管辖权、海洋资源开发权都不容侵犯。海洋权益是国家主权及其衍生权益的延伸,[3]包括沿海国在管辖海域内享有的领土主权、主权权利、

---

[1] 参见《习近平:进一步关心海洋认识海洋经略海洋 推动海洋强国建设不断取得新成就》,载《人民日报》2013年8月1日,第1版。
[2] 参见尤永斌:《建设海洋强国的战略统筹与布局》,载《前线》2020年第6期。
[3] 参见娄成武、王刚:《海权、海洋权利与海洋权益概念辨析》,载《中国海洋大学学报(社会科学版)》2012年第5期。

管辖权、开发权,以及在国家管辖海域外享有的公海自由等权利。① 在应对侵犯中国海洋权益的行为时,中国始终秉持相互尊重主权原则,奉行独立平等的海洋主权观。在这个过程中,中国遵循历史事实,尊重国际海洋法的基本原则,拒绝歪曲捏造历史事实,反对滥用相关规则。对于海洋争端,中国倡导尊重历史、尊重国际规则,避免外部干涉。"独立"体现为当事国独立自主、互不侵犯,本国人民应管理相关事务,避免外部国家干涉海洋争端。"尊重"意味着当事国相互尊重核心利益。"平等"意味着不论国家的贫富、强弱、大小,都应平等对待,平等地参与国际法律规则的适用。② 未来,中国将继续坚持这一原则,维护自己的海洋权益,与国际社会共同努力,构建一个和平、稳定、合作和共赢的海洋秩序。同时,中国也愿与其他有关国家一道,尊重彼此的主权,加强合作,共同维护国际海洋法的权威,推动建设一个更加和谐、繁荣的海洋环境。

"坚决维护中国领土主权和海洋权益,坚定不移地走和平发展道路"是习近平总书记关于中国海洋权益的核心观点。③ 党的十九大报告提出了坚持总体国家安全观的要求,强调"坚决维护国家主权、安全、发展利益"。这鲜明地体现了维护海洋权益和海洋安全的意义所在,明确了其对于建设中国特色社会主义,实现中华民族伟大复兴的价值所在。中国的发展绝不应以牺牲主权为代价,习近平总书记指出:"中国决不会以牺牲别国利益为代价来发展自己,也决不放弃自己的正当权益,任何人不要幻想让中国吞下损害自身利益的苦果。"④在处理涉中国领土主权和海洋权益争端时,中国必须始终坚守"主权属我"的原则,并将之视为一切工作的前提和底线。通过坚持底线思维、严守立场,我们可以统筹兼顾各方面因素,从而为中国在复杂

---

① 参见薛桂芳:《〈联合国海洋法公约〉体制下维护我国海洋权益的对策建议》,载《中国海洋大学学报(社会科学版)》2005年第6期。
② 参见白佳玉、李晓玉:《习近平法治思想中的海洋法治要义》,载《河北法学》2024年第2期。
③ 参见王印红、郭晶:《新时代习近平关于海洋强国重要论述研究》,载《山东行政学院学报》2021年第1期。
④ 习近平:《决胜全面建成小康社会 夺取新时代中国特色社会主义伟大胜利——在中国共产党第十九次全国代表大会上的报告》,载《人民日报》2017年10月28日,第1版。

局势下有效维护海洋权益提供指导和保障。[1] 习近平总书记在2013年考察海南时明确强调搞好三沙市的政权建设、基础设施建设、生态环保、民生工作,履行好中央赋予的南海维权、维稳、保护、开发的重要使命。[2] 并且,习近平总书记在2014年的中央外事工作会议上再次强调坚决维护领土主权和海洋权益,维护国家统一,妥善处理好领土岛屿争端问题。[3] 当2016年南海仲裁案裁决出炉时,习近平总书记在会见欧洲理事会主席时明确表示,南海诸岛自古以来就是中国的领土,中国在南海的领土主权和海洋权益在任何情况下都不受裁决的影响。习近平总书记的坚定回应展现了中国在南海问题上的坚定立场和坚定决心。[4] 在当前国际形势下,维护中国的海洋权益至关重要,这不仅是维护国家统一和安全的需要,更是中国实现中华民族伟大复兴道路上不可或缺的一环。只有保持底线思维,坚定维护中国在海洋事务中的合法权益,才能确保中国的长期繁荣与稳定。

(二) 坚定致力于维护地区和平稳定与航行自由

海洋是人类共同的财富,和平稳定的海洋环境才能为人类带来更多福祉。中国一直致力于维护海洋和平、促进海洋作为人类发展的重要空间发挥更大的作用。以南海为例,中国坚持以"维护南海地区和平稳定为南海政策的出发点和落脚点"[5]。中国尊重并致力于维护各国依据国际法享有的航行和飞越自由,同时坚决反对任何以航行自由为名损害中国国家主权和安全利益的行为。在中国与南海沿岸国共同努力下,南海局势保持总体和平,航行和飞越自由从未成为问题,未来也将如此。海上通道是中国对外贸易

---

[1] 参见曹立主编:《建设海洋强国》,中国青年出版社2022年版,第206页。
[2] 参见黄晓华:《美丽篇章籍春风——习近平总书记考察海南纪实》,载《海南日报》2013年4月13日,第1版。
[3] 参见习近平:《在中央外事工作会议上的讲话》,载《人民日报》2014年11月30日,第1版。
[4] 参见薛桂芳:《〈联合国海洋法公约〉体制下维护我国海洋权益的对策建议》,载《中国海洋大学学报(社会科学版)》2005年第6期。
[5] 杜尚泽、俞懿春:《习近平:深化合作伙伴关系 共建亚洲美好家园——在新加坡国立大学的演讲》,载《人民日报》2015年11月8日,第1版。

和进口能源的重要通道,保障海上航行自由安全对于中国至关重要。中国政府一直致力于与有关国家加强沟通和合作,共同维护海上航行自由和通道安全,建设和平安宁、合作共赢的海洋秩序。自 2008 年以来,中国持续派遣海军舰艇编队赴亚丁湾执行护航任务,展现出负责任大国的态度,得到世界各国的认可和支持。① 这不仅是中国对国际海洋秩序的维护,也体现了中国作为负责任大国的担当和奉献精神。在全球化时代,海洋安全与稳定不仅关乎中国自身利益,更是全人类的福祉所在。作为海洋大国,中国将继续奉行和平共处五项原则,致力于推动构建开放包容、合作共赢的海洋秩序。中国希望能与各国一道紧密合作,共同维护全球海洋环境的和平与安宁,让海洋成为连接各国互通共赢的桥梁。

(三) 坚持用和平协商方式、谈判方式解决争端,维护和平稳定

习近平总书记指出:"海纳百川、有容乃大。国家间要有事多商量、有事好商量,不能动辄诉诸武力或以武力相威胁。"②党的十九大报告也提出了"坚持以对话解决争端、以协商化解分歧"的原则,强调推动对话磋商机制和争端解决机制的建立与完善。在当前国际局势复杂多变的情况下,中国应当保持战略定力,不受外部干扰,以维护自身利益的基础为前提,积极推进区域内各项有助于稳定的对话和磋商。中国在南海等领域存在争议,但始终主张和平谈判解决问题,坚持通过谈判和协商解决有关争端。在南海问题上,中国将主权岛礁和相关海域争议置于"搁置争议、共同开发"的原则之下,③倡导同有关国家通过尊重历史事实和国际法进行谈判和协商解决争端。这一立场旨在通过建立稳定的对话机制,推动各方共同努力,寻求争端

---

① 参见张俏、吴长春:《论建设海洋强国在中国特色社会主义事业中的地位》,载《理论探讨》2014 年第 6 期。
② 李学勇、李宣良、梅世雄:《习近平集体会见出席海军成立 70 周年多国海军活动外方代表团团长》,载《人民日报》2019 年 4 月 24 日,第 1 版。
③ 参见白佳玉、李晓玉:《习近平法治思想中的海洋法治要义》,载《河北法学》2024 年第 2 期。

解决的和平路径。① 同时，中国也积极参与制定"南海行为准则"等机制，为区域内稳定和发展贡献力量。中国作为一个拥有主权自主权益的国家，重视通过和平手段解决争端，尊重国际法和国际规则，致力于建设和平稳定的周边环境。在国际关系中，中国始终奉行互利共赢的原则，通过对话和磋商寻求各方共同发展的路径。维护和平稳定的国际秩序，是中国一贯秉持的原则和立场。因此，在处理国际关系中，中国将继续秉持对话协商、和平解决争端的理念，坚守国际法和规则，致力于推动地区和平稳定及合作发展的进程。通过稳定的外交政策和务实的行动，中国将继续发挥建设性作用，为构建和谐世界、维护地区和平与发展作出贡献。

（四）在处理与海上邻国关系、维护周边局势稳定方面把握维权与合作关系

近年来，中国在周边地区积极展开对话与协商，推动"共同开发"合作稳步向前发展。2013年4月5日，文莱苏丹哈桑纳尔对中国进行国事访问，双方发表了《中华人民共和国与文莱达鲁萨兰国联合声明》，就海上油气资源开发合作达成共识。同年10月，中国国务院总理李克强访问越南，双方就成立海上共同开发磋商工作组达成共识，为北部湾湾口外海域共同开发奠定基础，为未来更广泛的合作积累经验。2024年1月马尔代夫总统穆伊兹抵达北京，系2024年首位应邀访华的外国元首。1月10日，两国领导人宣布提升双边关系为全面战略合作伙伴关系，并就"一带一路"、蓝色经济等领域达成合作协议。这一系列合作举措表明，中国在周边国家间积极推动共同开发合作，以促进地区持久稳定与繁荣。中国致力于通过合作共赢的方式，加强与周边国家间的经济联系与合作，在共同开发领域取得积极成果。未来，中国将进一步深化与周边国家的合作关系，推动"共同开发"合作不断向前发展，为地区和平与发展作出更大贡献。

---

① 参见张俏、吴长春：《论建设海洋强国在中国特色社会主义事业中的地位》，载《理论探讨》2014年第6期。

二、坚持统筹维权与维稳的国家海洋安全观

近年来,以习近平同志为核心的党中央高度重视海洋权益的维护工作,并采取了一系列全面而系统的措施。这些措施涵盖了能力建设、外交谈判以及海上执法等多个方面,旨在有效保护国家的领土主权和海洋权益。中国政府在处理海洋事务时积极部署,稳妥处理,以确保周边海域争端不会对中国的总体发展战略造成负面影响。同时,这些举措也在一定程度上成功地遏制了外部势力试图利用中国与邻国之间的海洋争议谋取私利的企图。随着我国岛屿主权与海洋权益争端的不断发生,未来中国维权斗争将呈现长期化、复杂化、国际化的趋势。面对这一复杂局面,海洋维权工作变得更加迫切,也更具挑战。为了实现维权与维稳相统一,需要进行整体设计、综合考量以及统筹兼顾。在坚决维护国家主权和海洋权益的前提下,必须切实实现维权与维稳的有机结合。① 为此,中国既要加强海洋维权工作力量,提升维权能力和水平,也要不断加强国际合作,积极开展外交斡旋,维护国家在国际舞台上的声誉和地位。此外,在处理海洋争端时,还需要遵循国际法和相关国际规则,坚决维护国家的法律权益,通过加强双边谈判与协商,共同探讨解决海洋争端的有效途径,促进地区和平稳定。同时,中国也应加强宣传教育,增强民众维护海洋权益的意识和自觉性,凝聚国内维权共识。唯有如此,我们才能在维护国家利益的道路上走得更加稳健,赢得更多合作伙伴的尊重和支持。

(一)海洋维权的复杂性和长期性

习近平总书记指出,"要维护国家海洋权益,着力推动海洋维权向统筹

---

① 参见张俏、吴长春:《论建设海洋强国在中国特色社会主义事业中的地位》,载《理论探讨》2014年第6期。

兼顾型转变"。① 当前,世界正经历百年未有之大变局,人类对疆域的认知已经不再局限于传统的领土和近海范围,而是延伸至深海、太空、极地和网络等新的疆域空间。② 中国面临的安全形势也发生了巨大变化,除了传统安全威胁外,非传统安全威胁也日益凸显。传统安全威胁主要指那些来自国家行为体的军事威胁,其表现形式更多的是军事方面的挑衅和威胁,而非传统安全威胁则主要针对非国家行为体,如海盗、海上疫情等,其表现形式更加多样化。③ 现代国家地理疆域的拓展以及国内外安全形势的变化,迫使国家必须构筑起安全可行的战略纵深,以便在实践层面全方位深化安全保障体系,从而保障国家安全稳定。在这样的背景下,中国必须积极应对海洋领域的挑战,不仅是为了捍卫自身的海洋权益,更是为了维护全球海洋的和平与安宁。推动海洋维权向统筹兼顾型转变,意味着要在维护国家利益的同时,兼顾各方的共同利益,实现利益共享和合作发展。只有通过这种方式,才能够在新的疆域空间中建立起秩序与和平的稳定格局。因此,中国需要加强国家安全战略的研究和构建,不断优化安全保障体系,从而更好地适应当前国际局势的变化与挑战。只有这样,才能为构建一个更加安全、和平、繁荣的世界贡献中国力量。

党的二十大报告强调了"坚决维护国家安全"的重要内容。在报告中,"安全"一词被提及高达91次,进一步突出了"总体国家安全观"和"新安全格局"的重要性,强调了树立战略思维和法治思维来推动党和国家各项工作。总体国家安全观的特点在于其包容性、开放性,能够应对国内外风险挑战的变化,覆盖政治、军事、网络、生态、深海、太空、极地等多个领域,符合新时代国家安全治理的需要。④ 在总体国家安全观中,维权和维稳被视为不可

---

① 《习近平:进一步关心海洋认识海洋经略海洋 推动海洋强国建设不断取得新成就》,载《人民日报》2013年8月1日,第1版。
② 参见陈宇:《人类命运共同体视域中的国家传统疆域与新疆域》,载《世界地理研究》2021年第5期。
③ 参见朱锋:《"非传统安全"解析》,载《中国社会科学》2004年第4期。
④ 参见吴思远:《习近平关于国家安全的重要思想的理论贡献与实践品格》,载《学术界》2022年第1期。

分割的要求,统筹二者关系将形成"维权是维稳的基础,维稳的实质是维权"的战略思维。特别是在海洋安全领域,海上军事安全和海上通道安全等问题更加凸显。全面统筹维权与维稳的关系,对于新时代中国周边外交关系至关重要,也是中国海洋维权工作的长期任务和要求。[①] 统筹国家海洋安全的维权与维稳,意味着坚决维护中国的海洋权益和国家海洋利益,构建强大的国家海洋安全防线,促进和平稳定的海洋新秩序的形成。这不仅是国家的责任和担当,也是保障国家安全的基本要求。习近平总书记关于国家安全的重要思想为海洋权益的维护提供了重要的理论指导和实践指引,引领中国政治海权建设在海洋维权与维稳的道路上稳步前行。

(二)统筹兼顾、切实维护中国主权和发展利益[②]

为有效维护海洋权益,需谨慎平衡维稳和维权,保障国家主权、安全和发展利益的一致性,同时确保海洋权益维护与国家实力提升相协调。面对多领域的海洋维权工作,必须全面统筹和协调,以确保各方利益得到妥善处理。只有在不断强化国家综合实力的基础上,才能更好地维护我国在海洋事务中的权益和地位。在全球化的背景下,海洋维权不仅是一项重要任务,更是国家战略发展的必然要求。需通过提升海洋维权能力,不断巩固和扩大中国在国际海洋事务中的话语权和影响力。

在平衡安全和发展利益时,需要有效调和各方面的利益。中国海洋权益不仅仅包括在自己管辖海域内的权利和利益,还包括根据国际法在他国海域、国际海底区域和公海享有的合法权利。因此,除了解决周边海域问题外,也需要积极捍卫中国在极地和深海等领域的权益。在实现国家海洋战略的过程中,应当通过协商与合作的方式解决分歧和争端,推动共同维护海洋安全与可持续发展,实现互利共赢。中国将继续坚定不移地捍卫自身海洋权益,努力为构建人类命运共同体作出更大贡献。

---

① 参见白佳玉、李晓玉:《习近平法治思想中的海洋法治要义》,载《河北法学》2024 年第 2 期。
② 参见曹立主编:《建设海洋强国》,中国青年出版社 2022 年版,第 206~207 页。

作为一个海洋大国,中国在国际事务中扮演着重要的角色。为实现中华民族伟大复兴,需要深刻认识到维护周边地区稳定的重要性。因此,在争端管理规则的制定中,中国应当主动出击,争取主导权。同时,需要统筹考虑并积极行动,坚持维护国家主权和拓展发展利益的有机结合,确保国家利益得到最大化。只有这样,中国才能顺利推进"现代化建设、完成祖国统一、维护世界和平与促进共同发展"这三大历史任务。因此,中国在国际舞台上不能袖手旁观,应主动参与,发挥自己的影响力,为世界和平与发展贡献力量。

(三)提升海洋维权综合保障能力[①]

维护国家海洋权益对于确保国家长治久安与可持续发展至关重要。建立现代海上安全保障力量体系,真正与国家安全和发展利益相匹配,以确保国家主权、海洋权益、战略通道及海外利益安全。同时,积极参与海洋国际合作是建设海洋强国不可或缺的一部分,这也为海洋开发与管理提供了前提和保障。为了有效应对复杂的海洋权益维护任务,需要采取坚定的行动和多种策略,提高海洋综合维权能力。首先,加强海上维权的物质基础至关重要。必须增加投入,提升装备和技术水平,建设强大的海军,形成坚实的国防力量。同时,加强海警等海上执法力量的建设,确保有足够的资源满足海洋维权的实际需求。其次,重视制度建设和软实力的提升。鉴于维护海洋权益的复杂性和多样性,各涉海管理部门需要密切合作。最后,为提升国际影响力和话语权,需要加大对外宣传力度,积极向国际社会展示中国维权主张的合理性和合法性,并及时准确发布相关信息,防止相关国家操控舆论或误导公众,对周边国家侵犯中国主权、破坏地区稳定的行为,应及时公布相关证据,如图像和视频资料,澄清事实真相,并通过加强国际学术交流和公共外交,增强国际话语权。

---

① 参见白佳玉、李晓玉:《习近平法治思想中的海洋法治要义》,载《河北法学》2024年第2期。

三、坚持"陆海统筹、协作共赢"的系统论思想

自改革开放以来,中国东部沿海地区凭借其得天独厚的地理优势,率先迈入了高度开放的行列,相比之下,中西部地区则展现出较为迟缓的发展步伐。面对这一现状,我们亟需深入挖掘中西部地区的内在潜力,激活其开放动能,同时,积极探索海洋经济的新增长点,致力于构建一个东西联动、陆海互补、协同并进的发展新格局。中国社会作为一个复杂而庞大的系统,其城乡、东中西部以及海陆之间的均衡发展是实现整体繁荣的关键所在,任何一部分的滞后都将制约整体的前进步伐。海洋发展作为实现中华民族伟大复兴中国梦的重要领域,长期以来在经济发展与战略地位上未能充分展现其应有价值,处于相对边缘化的位置。为扭转这一局面,习近平总书记高瞻远瞩地提出了海洋强国战略。习近平总书记关于海洋强国战略的重要论述不仅是对提升国家海洋意识、强化海洋战略地位的直接回应,更是基于系统思维,对陆海平衡与统筹之于国家整体发展的至关重要性的深刻洞察。海洋强国战略的提出,不仅为海洋经济的崛起指明了方向,也为实现陆海之间的深度融合与协调发展提供了行动指南。它要求我们站在新的历史起点上,重新审视海洋对于国家发展的战略意义,以更加开放的姿态、更加创新的思维、更加务实的举措,推动海洋经济与陆地经济相互支撑、相互促进,共同开创中国全面发展的新篇章。为实现中西部地区开放潜力和海洋增长点的发掘,我们需要加强中西部地区的互联互通,推动该地区与东部地区的合作与交流,实现资源、技术和市场的互补共赢。同时,加大对海洋经济的投入和支持,培育海洋科技人才,推动海洋科技创新,提升中国海洋产业在全球的地位。在构建东西互济、陆海统筹的新格局过程中,需要不断强化中央和地方政府的扶持政策,鼓励地方政府在引导产业升级、推动"一带一路"建设等方面发挥更大作用。同时,激发企业家精神,鼓励企业开拓新市场,创新产品,增强国内市场竞争力,拓展海外市场。总的来说,树立海洋意识,提升海洋经济的发展和重要性,加强海洋的治理和保护,实现海洋强国梦想。

(一)依托中国独有的地缘政治环境,统筹陆海发展

陆海统筹是中国特色海洋强国发展道路的重要战略。基于地缘战略视角,中国将陆地发展与海洋开发利用相结合,充分发挥陆海复合型国家的地缘优势,规避风险,确保国家安全。在国际社会中,中国以和平、合作、和谐的姿态定位自己,通过陆海统筹推动国家全面协调均衡可持续发展。中国的陆海发展战略不仅包括陆海权力、陆海经济、陆海文化和陆海法律,更是一个宏观战略布局,旨在营造和平稳定的周边环境。在中国特色海洋强国发展过程中,陆海统筹发挥了重要作用。这一战略不仅有利于中国实现经济的可持续增长,也有助于维护国家安全和促进国际合作。通过陆海统筹,中国不仅在地缘具备了巨大优势,也在引领全球发展中扮演了重要角色。这一战略不仅是中国梦的实现路径,也是中华民族伟大复兴的重要支撑。[1]

在推进特色海洋强国建设的过程中,我们必须充分认识到中国作为一个典型的陆海复合型国家所面临的地缘政治环境。从历史上看,中国一直面临着"海陆分裂的二重国家性格",这就需要我们灵活而正确地制定战略指导,平衡陆地和海洋之间的关系,发挥海陆兼备的正面效应。在这个过程中,我们不能偏向于重视陆地或者海洋,而是要坚持陆海统筹、陆海并重的原则。一方面,陆地始终是我们国家海洋发展的基础,我们需要深化对周边陆疆的经略,以陆地为基本立足点和依托,确保陆地强国地位的基础上建设海洋强国。另一方面,随着中国海洋战略地位的提升、经济模式的变化,海外利益的拓展以及陆地安全形势的相对缓和,海洋空间变得越来越重要。海洋成为我们弘扬和谐海洋理念,拓展战略空间,推动海外发展,提升战略影响的重要舞台。中国必须抓住这一历史契机,通过制定国家海洋战略,充实海洋事务内容,扎实推进海洋强国建设。[2] 在实践中,中国要不断加强对

---

[1] 参见刘德喜主编:《建设中国特色的海洋强国》,广东经济出版社2022年版,第238页。
[2] 参见刘应本、冯梁:《中国特色海洋强国理论与实践研究》,南京大学出版社2017年版,第283页。

海洋领域的研究并加强国家海洋力量的建设,充分发挥我们的陆海双重优势,探索陆海协同发展之路,推动海洋强国建设迈上新的台阶。同时,中国也要加强与周边国家和国际组织的合作,共同维护海洋安全和稳定。

国家在《国民经济和社会发展第十二个五年规划纲要》中首次明确了"坚持陆海统筹,制定和实施海洋发展战略"的重要性。这一战略性转变意味着国家经济社会发展正从以陆地为主向陆海统筹发展迈出重要一步。在全球发展经验和未来中国发展需求的背景下,这一战略选择显得尤为重要。"坚持陆海统筹,发展海洋经济,科学开发海洋资源,保护海洋生态环境,维护海洋权益,建设海洋强国"的目标在《国民经济和社会发展第十三个五年规划纲要》中被明确提出。作为一个拥有海洋资源丰富国家,构建海洋强国是中国发展的重要方向之一。在当前世界发展趋势的大背景下,中国坚持陆海统筹,在加强海洋经济的同时,也需要积极保护海洋环境,维护自身海洋权益。这不仅是对历史经验教训的总结,更是未来中国发展所需的一项重要战略选择。[1] 因此,陆海统筹的战略已经成为我国发展的迫切需要。这一战略的提出和实施将极大推动我国海洋事业的发展,为构建海洋强国打下坚实基础。

(二)落实共建"一带一路"倡议,促进更高水平的协作共赢

共建"一带一路"倡议承载着古代丝绸之路的历史与文化底蕴,同时承担着中国走向世界舞台的时代责任。这一倡议不仅是历史的延续,更是现实目标与人类梦想的结合体。通过共建"一带一路",中国将深入扩展对外合作,促进区域和全球的经济繁荣与交流。

习近平总书记提出的共建"一带一路"倡议是在"西部大开发"战略的基础上,着眼于国内东西并进、陆海统筹的理念,将中国与世界的陆海统筹推向更大范围。这一倡议坚持了陆上"西挺"和海上"东出"的路径,通过依托

---

[1] 参见刘应本、冯梁:《中国特色海洋强国理论与实践研究》,南京大学出版社2017年版,第283～284页。

国际大通道和重点港口,以沿线中心城市和经贸产业园区为支撑,构建全新的亚欧大陆桥和海洋运输大通道。共建"一带一路"倡议跳出了传统的重陆轻海思维,致力于实现亚、欧、非大陆及附近海洋的互联互通。通过以点带面、从线到片的方式,构建了全方位、多层次、复合型的互联互通网络。这一进程不仅推动了沿线各国发展战略的对接与耦合,也促进了各国多元、自主、平衡、可持续的发展。共建"一带一路"倡议的实施,将为中国新一轮对外开放的"一体两翼"构建奠定基础,形成了陆海统筹、东西互济、面向全球的开放新格局。① 通过打造畅通安全高效的运输通道,该倡议将为沿线各国带来更广阔的发展机遇,推动经济合作和文化交流的深入,促进各国共同繁荣与发展。因此,中国的共建"一带一路"倡议不仅是对"西部大开发"战略的延伸与拓展,更是一个具有全球影响力的战略举措,将为全球经济格局的变迁注入新的动力。

四、坚持海洋命运共同体理念下的全球海洋治理观

21世纪是"海洋的世纪",在全球化的背景下,海洋已经成为各国生存和发展的重要战略空间,也是国家间争夺权益的重要领域。然而,随之而来的海洋生态破坏、环境污染、过度捕捞、海上恐怖主义和海盗活动等问题愈加严重,国家间海洋权益争端也日益尖锐。与此同时,海洋新挑战也相继浮现,如国家管辖范围外海域生物多样性的保护与可持续利用、国际海底资源开发、北极航道通行权等问题。这些问题的出现,迫使国际社会提出更高要求,需要通过国际合作与协调来寻求解决方案,促生全球海洋治理的形成。② 在全球化背景下,各国面对海洋问题的共同挑战,需要共同应对。传统与非传统海洋安全问题尚未完全解决,新挑战不断涌现,如何保护海洋生态环

---

① 参见刘应本、冯梁:《中国特色海洋强国理论与实践研究》,南京大学出版社2017年版,第283~284页。
② 参见张俏、吴长春:《论建设海洋强国在中国特色社会主义事业中的地位》,载《理论探讨》2014年第6期。

境、实现可持续利用海洋资源、维护国际海洋秩序等成为国际社会的共同责任。因此,国际社会需要积极加强合作与协调,共同探讨合适解决方案,推动全球海洋治理进程。这不仅需要各国认识到海洋问题的重要性,更需要各国在海洋治理机制、政策协调等方面进行深入合作。只有这样,才能更好地应对当前海洋问题的挑战,实现全球海洋治理的目标。

(一)弘扬海洋共同体理念,增强理念认同

全球海洋治理是全人类面临的共同挑战,需要各国共同参与,更需要传播中国智慧。在这个过程中,中国会面临多方面的矛盾,如发达国家和发展中国家之间的矛盾、海洋强国和其他沿海国家之间的矛盾、沿海国家和非沿海国家之间的矛盾等。为了改善旧秩序,建立新秩序,我们需要引入全新的治理理念。[1] "人类命运共同体"与"海洋命运共同体"的提出就是这种新理念的体现。在全球海洋治理中,"人类命运共同体"理念强调了国家管辖范围以外区域海洋生物多样性保护和可持续利用的重要性,[2] 而"海洋命运共同体"理念则提出了解决国家管辖外海域遗传资源分配问题的新思路。[3] 这两种理念都是为了实现人类整体利益而提出的,融合了新的利益观、价值观和责任观。[4] 此外,中国提出的"构建蓝色伙伴关系"倡议也是参与全球海洋治理的基本路径,这一倡议符合全球海洋治理主体多元化的要求。[5] 在这一倡议的指导下,中国应当与更多国家和组织建立起蓝色伙伴关系,在更多领

---

[1] 参见胡斌:《国家管辖范围以外区域海洋遗传资源开发的国际争议与消解——兼谈"南北对峙"中的中国角色》,载《太平洋学报》2020年第6期。

[2] 参见姜秀敏、陈坚:《论海洋伙伴关系视野下三条蓝色经济通道建设》,载《中国海洋大学学报(社会科学版)》2019年第3期。

[3] 参见姚莹:《"海洋命运共同体"的国际法意涵:理念创新与制度构建》,载《当代法学》2019年第5期。

[4] 参见胡斌:《国家管辖范围以外区域海洋遗传资源开发的国际争议与消解——兼谈"南北对峙"中的中国角色》,载《太平洋学报》2020年第6期。

[5] 参见崔野、王琪:《关于中国参与全球海洋治理若干问题的思考》,载《中国海洋大学学报(社会科学版)》2018年第1期。

域展开深入合作。这不仅有助于增强中国在全球海洋治理中的话语权和影响力,也有助于推动全球海洋治理取得更深入的发展,早日实现全球海洋的保护和可持续利用的目标。通过传播中国智慧,加强"人类命运共同体"和"海洋命运共同体"理念的输出,中国可以更好地参与全球海洋治理,解决诸多矛盾,建立新的合作关系,推动全球海洋的保护和可持续利用。这不仅符合中国的国家利益,也符合全人类的共同利益。

"海洋命运共同体"理念倡导的是一种包容性、综合性、合作导向及可持续性的海洋安全观,它致力于强化海上互联互通与务实合作的纽带,携手守护海洋生态文明的繁荣与可持续发展之路,同时,坚持平等协商的争议解决理念。"海洋命运共同体"理念,不仅是全球价值观念的深刻革新,更是对"共商、共建、共享"全球海洋治理理念的生动诠释。该理念的推广与实践,不仅能够为国际海洋法治体系的完善注入强劲动力,还将成为塑造新型国际海洋关系、构建更加和谐海洋秩序的重要推手。通过这一理念的引领,各国将能更加紧密地合作,共同应对海洋保护、资源利用及安全挑战,开启全球海洋治理的新篇章。

(二)坚持"共商、共建、共享",树立全球海洋治理观

当前,全球海洋治理领域正经历一场深刻而重大的理念革新。面对极地环境保护、国家管辖范围外海洋生物多样性的保育、公海渔业资源的可持续管理、国际海底区域矿产资源的合理开发,以及日益严峻的海洋塑料污染等新兴全球性挑战,国际社会迫切呼唤着海洋治理观念的全面升级。在此背景下,"共商、共建、共享"的全球海洋治理新理念脱颖而出,成为引领未来海洋治理发展的新旗帜。这一理念根植于共同利益的土壤,坚决摒弃了传统的零和博弈思维,深刻体现了人类命运共同体理念,反映出全人类在海洋保护与发展上的共同愿景与价值追求。"共商、共建、共享"的海洋治理观,为国际社会破解海洋治理中的集体行动难题提供了全新的视角与路径。它鼓励各国及国际社会成员以开放包容的态度,共同参与海洋治理规则的制定与执行,携手推进海洋资源的可持续利用与环境保护,确保海洋福祉惠及

全人类,共同守护这片蓝色家园的繁荣与安宁。在这一新观念下,各国应重视发展中国家在全球海洋治理规则制定中的话语权,推动形成公平合理的国际海洋新秩序。此外,各国还应协同搭建多层次、多渠道的海洋合作交流机制与平台,打造开放合作、互利共赢的伙伴关系,积极加强海洋科技创新与资源开发、海洋互联互通、海洋安全、生态环境等领域的合作。最终目标是共同治理全球海洋事务,积极参与海洋治理新议题,共享海洋发展成果。全球海洋治理观的升级要求各国共同努力,摒弃传统的零和竞争思维,以合作共赢为基础,促进全球海洋治理的更好发展。[1] 面对全新问题,只有通过"共商、共建、共享"的理念,全球才能实现海洋治理普遍意义上的持续发展,进一步实现人类命运共同体的梦想。

在当今世界,海洋已成为全球治理的重要领域。作为一个海洋大国,中国坚定地秉持着"海洋命运共同体"的理念,积极参与全球海洋治理变革,致力于推动全球海洋的善治。近年来,中国在国际海洋法治建设方面发挥着越来越重要的作用,通过参与联合国、国际海事组织等国际组织,提出各种提案并广泛贡献海洋治理经验与方案,取得了不俗的成绩。中国不仅参与了联合国气候、生物多样性缔约国大会、国际海事组织环境保护大会等重要会议,并通过提交相关提案表明了自己的立场,也积极参加国际海底管理局、大陆架界限委员会等组织的工作,[2]对国际海洋事务发挥了重要的作用。特别是在处理全球海洋新兴问题时,中国为《沙姆沙伊赫实施计划》和《昆明—蒙特利尔全球生物多样性框架》的通过作出了重要贡献。[3] 此外,中国还向联合国海洋大会提交了关于8个互动对话议题的概念文件材料,提出了

---

[1] 参见娄成武、王刚:《海权、海洋权利与海洋权益概念辨析》,载《中国海洋大学学报(社会科学版)》2012年第5期。

[2] 参见娄成武、王刚:《海权、海洋权利与海洋权益概念辨析》,载《中国海洋大学学报(社会科学版)》2012年第5期。

[3] 2022年11月,第27届联合国气候变化大会宣布了《沙姆沙伊赫实施计划》,设置30项全球适应目标,并为每项目标的实现分别制定了相关措施,包括沿海与海洋生态系统领域的措施,以增强气候韧性。2022年12月,《生物多样性公约》第十五次缔约方大会第二阶段会议通过了"昆明—蒙特利尔全球生物多样性框架"。

解决海洋污染、管理、保护和恢复海洋和沿海生态系统、减少和解决海洋酸化、脱氧、海洋变暖、渔业可持续发展等议题的对策建议。这些举措展示了中国在全球海洋治理中的积极态度和责任担当。[1] 中国的参与和贡献不仅为全球海洋治理注入了新的活力,也体现了中国作为一个负责任大国的担当。未来,中国将继续坚定地奉行"海洋命运共同体"理念,加强与各国的合作与交流,共同推动全球海洋事务向更加和平、合作、繁荣的方向发展。随着中国在国际海洋事务中的角色和影响力的不断增强,相信中国将继续为全球海洋治理事业作出更大的贡献,为构建美好的海洋未来而努力奋斗。

五、坚持中国特色海上力量建设运用理念[2]

中国特色海洋强国理论在海上力量建设与运用中注重非扩张性,与西方海洋强国理论有着根本区别。西方海洋强国理论一直以扩张性为核心,强调海上力量的扩张建设与运用。中国特色海洋强国理论却不遵循这一传统,其战略选择更多地倾向于非扩张性。因此,中国特色海洋强国的发展不会引发新的冷战对抗,也不会通过扩张和战争手段来争夺资源或称霸世界。这种不扩张的特色是中国特色海洋强国理论的显著标志。我国发展海上力量的目标既不是对世界任何国家构成威胁,也不会因为外界对我国的威胁论而放弃海上力量的建设与运用。我国正在有计划、有步骤地建设与运用海上力量,以确保满足海上危机的综合管控需求并在战争时期坚决打赢战争。保持适度规模、卓越能力的海上力量,不仅可以有效维护国家的海洋权益,也能为争取更好的国际和平环境以及承担大国国际责任作出贡献。[3] 中

---

[1] See China, *Materials for the Concept Paper on Eight Interactive Dialogue Topics from China*, Sustainable Development, https://segs.un.org/sites/default/files/2022 - 03/China_comments_interactive_dialogues_UN_Ocean_conference2022.pdf,last visited 5 September 2023.
[2] 参见李雪威主编:《新时代海洋命运共同体构建》,世界知识出版社2020年版,第262~266页。
[3] 参见刘应本、冯梁:《中国特色海洋强国理论与实践研究》,南京大学出版社2017年版,第135~136页。

国特色海洋强国理论的核心思想在于以非扩张为导向,以构建强大而和平的海上力量为目标。这不仅符合中国的国际形象和国家利益,也与现代国际社会的发展趋势相契合。中国将继续秉承这一理念,努力在维护国家海洋权益的同时,促进国际和平与合作。

(一)坚持和平原则,建设适应国家发展战略和安全战略新要求的海上安全保障力量

尽管国际海洋政治正在向着公平合理的方向发展,但权力政治仍是其本质,海上安全保障仍然是核心手段。中国海洋强国建设强调自身特色,但也不能忽视海上力量的重要性,在国家和平发展战略要求下,坚持走和平发展道路,将海上力量建设控制在国家利益范围之内,不谋求霸权,慎用武力,渐进拓展,有序推进。本着和平发展的文化内涵,中国海上力量建设是有限的,以和平外交政策和积极防御战略为指导。尽管国家利益不断拓展,中国需要相应的保护力量,但其目的和规模有限,海上力量建设始终坚持和平原则。面对海军发展的拓展性和外向性现实,中国应做好政策说明和宣示,避免外界将海上安全保障力量发展视为国家扩张和攻击性增强。

(二)坚持系统原则,推进国家海上安全保障力量建设全面协调发展

在当今全球化的时代背景下,国际海洋政治格局的复杂性日益凸显,多重因素交织缠绕,对我国而言,深化对海上力量建设与运用的战略谋划显得尤为迫切。因此,我们应当精心布局,整合军事、经济、外交及科技等多维度资源,形成协同效应,聚焦关键领域,稳步推进海上力量发展的全面升级。

首先,海上力量与经济发展相互协调,相辅相成。海上力量如同坚实的盾牌,为蓝色经济发展保驾护航;而经济的稳健增长,则为海上力量的现代化提供了坚实的物质基础与不竭的动力源泉。随着全球化的深入发展,海外利益已日益成为国家整体利益版图中不可或缺的重要组成部分。因此,加强海上力量的运用,有效维护中国在海外的合法权益,确保海上力量的及时部署与高效响应,维护国家安全、促进发展利益、彰显大国担当。中国将

以更加坚定的决心、更加灵活的策略、更加有力的行动,确保国家海上利益的安全与稳定,为国家的长远发展筑起坚实的海上长城。

其次,海上力量结构要均衡发展。随着科技的飞速跃进,人类探索与利用海洋的方式越发多元且复杂,对海上综合控制权的争夺已成为现代海战胜利的关键。因此,中国制定了构建结构均衡、能力全面的海上力量体系的战略目标。同时,需要敏锐洞察海上战争形态的最新演变,积极应对日益多样化且复杂化的海上安全挑战,建设一支既擅长攻势防御又具备高效反应能力的海上安全保障力量。既可有效对抗传统海上安全威胁,捍卫国家领海主权和合法海洋权益,又具备灵活应对非传统海上安全挑战的能力,如海盗袭击、海洋污染、海难救援等,以确保海上战略通道的安全畅通,促进国家海洋开发战略的顺利实施,维护我国在海洋领域的合法权益。此外,中国积极展现负责任大国的形象,勇于承担国际责任,深化与国际社会的海上安全合作。通过参与和推动多边海上安全机制建设,加强信息共享、联合演练、能力建设等合作,共同应对全球性海上安全挑战,为维护地区乃至世界的和平稳定与繁荣发展贡献中国智慧与力量。

最后,我们确立并深化军民融合与联合运用的战略思维与核心理念,加速推进军事与民用领域的对接,促进资源的高效共享与深层次合作。以军带民、以民促军,促进军民互动,激发军民之间的良性互动与协同发展,构建涵盖全要素、跨越多领域、追求高效益的新型军民融合与联合运用发展模式。这一模式的实施,不仅极大提升国家的综合国力与国防实力,还在维护国家安全、推动经济社会繁荣发展以及促进世界和平与稳定方面发挥更加突出的作用。

鉴于当前复杂多变的国际海洋政治格局,中国将坚定不移地强化海上力量的建设与应用,确保海上力量与经济发展相辅相成、相互支撑,优化海上力量结构布局,并注重均衡性发展,牢牢把握军民融合、联合运用的战略导向,以此作为增强国家海洋权益维护能力、促进地区及全球和平稳定的关键举措。

(三)坚持与时俱进,适时转变海上安全保障力量战略运用模式,拓展运用范围和领域

近年来,随着综合实力的显著增强与国际舞台地位的日益提升,中国海上力量的影响力已不再局限于近岸与近海区域。在坚决捍卫国家主权安全与海洋权益的同时,海外利益正以前所未有的速度向全球各地延伸。这一趋势促使中国海上力量必须实现战略转型,增强行动的前瞻性与主动性,致力于构建一个和平、稳定的海洋秩序,从而为国家安全与发展利益的全面维护筑起坚实的战略屏障。中国海上力量的这种转变,不仅是对外部环境变化的积极应对,更是对国家发展需求的深刻把握。

一方面,中国海上力量正积极从近海向远海拓展,旨在不仅要加强对近海的有效控制,还要向远海国家利益攸关的海域拓展。国防白皮书《中国的军事战略》中,清晰阐明了"按照近海防御、远海护卫的战略要求",逐步实现近海防御型向近海防御与远海护卫型结合的转变。此转型旨在构建一个集成化、多元化、高效能的海上作战力量架构,以显著提升战略威慑力、海上快速响应能力、联合作战效能、综合防御体系及综合保障能力,从而更有效地捍卫国家的主权、安全与发展利益,塑造有利于我国的战略环境。相较于过往的防御姿态,中国海上力量现在展现出更加积极主动的作为,当国家主权、安全与发展的利益面临挑战时,能够迅速且坚定地捍卫国家海洋权益,确保国家安全目标的实现。同时,这一转型还意味着从传统的危机应对模式向主动塑造安全格局的深刻转变,通过增强前瞻性与主动性,灵活运用非战争手段,实现危机的早期预警、有效管控与热点降温,为海洋环境的和平稳定贡献力量,并逐步扭转和优化中国海洋战略态势。

另一方面,中国海上力量积极深化与世界各国海上力量的安全合作,致力于完善多层次对话与沟通机制,共同构建一种基于不冲突、不对抗、合作共赢原则的新型国际海上力量关系。通过主动推进海上安全领域的合作,增进战略互信、管控风险分歧,力求实现各方间的良性互动与和谐共存,确保中国与各国海上关系稳定发展。

总体而言,中国海上力量的建设紧密契合国家发展战略的宏观要求及海上力量持续壮大的现实态势,通过积极转变并拓展其运用模式,提升行动的进取性与主动性,塑造和平、稳定的海洋环境,为国家的安全与发展利益筑起坚实的战略屏障。

(四)坚持全球性原则,积极参与国际海洋治理,推动海洋规则秩序发展完善

随着高新技术在海洋领域的深入渗透与广泛应用,海上军事力量的综合行动效能实现了质的飞跃,行动范围逐渐扩大至全球各个维度,职能范畴也不断拓展,涵盖了海上合作、海洋资源开发利用、海洋生态治理等多个领域。在目标精准探测与快速识别、信息高效获取与深度融合、数据即时传输与广泛共享等关键技术领域,海上力量展现出显著的技术优越性。这不仅极大地促进了海上互联互通基础设施的完善与升级,还构建了更为全面、敏锐的海上态势感知网络,为海上执法行动、灾难应急响应等提供了坚实的信息支撑与决策依据。海上力量以其卓越的持续存在能力,深潜大洋、探索深海,与民用力量携手并进,共同推进海洋科学考察与资源开发事业。在海洋环境数据的广域精确采集、海底地质的详尽勘测、复杂水下工程的顺利实施,乃至极地资源的合理开发等前沿领域,海上力量均发挥着不可或缺的作用,为这些活动提供了强大的技术后盾与安全保障。通过这一系列努力,不仅加深了人类对海洋的认知与利用,也推动了海洋经济的繁荣发展,还有利于维护海洋生态的平衡与和谐。

海上力量的装备设计具有军民融合的特性,不仅能够为民用船舶提供精准的水文气象信息及先进的导航助航服务,还积极为海洋平台、海上风电场及海底管线等关键海洋基础设施构筑起坚实的安全防护网。海上力量有责任也有能力参与国际海洋治理,将承担国际责任与义务视为提升自身国际影响力、深化国际海洋合作、参与国际海洋治理、营造和平稳定海洋环境的重要路径。它高效且务实地投身于国际护航任务、联合反海盗行动、海上维和努力、国际人道主义救援以及海难紧急救助等多元化领域,以开放包容

的姿态,与世界各国及国际组织展开广泛而深入的海上安全合作。通过这一系列积极作为,海上力量不仅为国际社会提供了宝贵的公共安全产品,更在促进全球海洋治理体系的完善、构建人类命运共同体方面发挥着不可替代的作用。

中国在全球海洋事务中的地位正日益凸显,特别是在海洋规则的塑造与国际海洋秩序演进的关键环节中,扮演着不可或缺的角色。随着综合国力的持续增强与国际参与度的深化,中国在21世纪的国际海洋事务中发挥着越来越重要的作用。为积极应对全球海洋治理的新趋势与新挑战,中国海上安全保障力量不断深化对国际海洋法的学习应用,通过强化学习培训与实战演练,不仅深化了对国际海洋法律体系的认知,还显著增强了运用国际法规则维护国家海洋权益与促进国际合作的能力。这一举措不仅体现了我国作为负责任大国的担当,也为推动构建更加公正合理、和平稳定的国际海洋秩序贡献了重要力量。中国秉持着循序渐进的稳健策略,从构建具体的行动协调机制与原则框架出发,稳步向地区乃至全球的海上规则与秩序体系延伸。依托南海岛礁建设的积极成果,中国积极倡议并推动海上救援与减灾、海难事故应急响应等领域的机制创新,致力于制定详尽的行动指南,并不断完善相关协调机制,以强化国际合作与应对能力。面对海上装备日益无人化、智能化的新趋势,中国更是主动作为,深入研讨并着手制定海上无人平台的使用规范与准则,旨在为全球海洋治理贡献中国智慧与力量,推动构建一个更加公正、合理且适应时代需求的国际海洋法律秩序。这一系列举措不仅显著提升了中国在国际海上规则制定与秩序维护中的话语权和影响力,还在促进全球海洋事务的发展和合作方面发挥着重要作用。总体而言,中国在国际海洋事务中的地位和作用不断提升。

第四节 中国特色政治海权理论建设的基本遵循、挑战与应对之策

中国特色政治海权理论的建设任重道远,需从战略与策略上共同发力。战略上,坚持中国特色政治海权理论建设的基本遵循不动摇;策略上,根据中国特色政治海权理论建设过程中的诸多问题挑战做有针对性的布置,保持灵活性。

一、中国特色政治海权理论建设的基本遵循

中国特色社会主义海洋强国建设是中国式现代化的重要组成部分。根据党的十八大、十九大、二十大精神,以及习近平总书记关于海洋事业的重要论述,构建中国特色的政治海权,其根本方向是坚持走中国特色海洋强国道路,立足国情、高举旗帜、开拓进取;其行动指南是要推动党的海洋强国理论政策创新发展,解放思想、实事求是、与时俱进;其基本方法是妥善处理海洋工作领域的重大关系,统筹兼顾、突出重点、把握关键。走中国特色的海洋强国之路,必须将海洋强国理念融入社会主义现代化建设进程中,坚持依海富国、以海强国、人海和谐、合作共赢的发展道路。

(一)坚持走中国特色海洋强国的道路

海洋被誉为地球生命的摇篮,拥有广阔的发展空间,为人类社会的可持续发展提供了重要支撑。习近平总书记强调,建设海洋强国是中国特色社会主义事业的重要组成部分,对于推动经济持续健康发展、维护国家主权、安全、发展利益,以及实现全面建成小康社会目标、最终实现中华民族伟大

第二章 政治海权

复兴都具有重要意义。① 这一重要论断强调了海洋强国对于提高国家核心竞争力和综合国力具有重要意义,其应摆在社会主义现代化建设全局的重要位置。深入贯彻习近平总书记的战略思想,应深刻认识建设海洋强国的重要意义,明确中国特色政治海权构建的关键性,聚焦重点、攻克难点,开展攻坚战,进一步加强对海洋的关注、认识和开发,坚定不移走中国特色海洋强国发展之路。建设海洋强国不仅是经济建设的需要,更是国家安全及长远发展的战略选择。海洋资源丰富,蕴藏着巨大的经济价值,通过开发利用海洋,可以有效解决人口膨胀、资源短缺和环境恶化等难题,推动经济发展全面提升。此外,建设海洋强国也需要提升海洋科技创新能力,加强海洋环境保护,推动海洋法治建设,促进海洋经济结构优化调整。只有全面推进海洋事业,不断夯实海洋强国发展的基础,才能实现国家的长远发展目标。在建设海洋强国的过程中,必须深入贯彻习近平总书记的重要讲话精神,不断加强核心技术攻关,加大科研投入,培养更多的海洋科技人才,推动海洋科技实力提升。总之,建设海洋强国是一项长期而艰巨的任务,需要全社会的共同努力和支持。只有坚定不移地走中国特色海洋强国的发展之路,不断加强海洋事业建设,才能实现国家繁荣富强的伟大梦想。

中国共产党结合中国海洋事业的实际情况,不断制定和实施海洋发展战略,建设海洋强国。党的十八大明确了建设"海洋强国"的战略布局,并强调要走出一条中国特色的海洋强国之路。在党的领导下,我们始终高举中国特色社会主义伟大旗帜,统筹国内国际两个大局,坚持陆海统筹原则,致力于依海富国、以海强国、人海和谐、合作共赢的发展道路。这条道路凸显了中国在维护国家主权、安全、发展利益中的坚定决心,展现了海洋在国家生态文明建设中的重要角色,是实现国家富强、民族振兴、人民幸福的海洋强国发展之道。在中国共产党的领导下,中国将继续加大海洋事业的投入,不断完善海洋法治体系,提高海洋资源的开发利用效率,推动海洋科技创

---

① 参见《习近平:进一步关心海洋认识海洋经略海洋 推动海洋强国建设不断取得新成就》,载《人民日报》2013 年 8 月 1 日,第 1 版。

新,保护海洋生态环境,促进海洋经济的可持续发展,努力实现海洋强国的宏伟目标。

建设中国特色海洋强国是中国海洋事业发展的正确道路,同时也是我们必须坚定不移地前行的目标。改革开放以来,中国已经取得了举世瞩目的巨大成就。在推动海洋经济迈向质量效益并重的新阶段,中国致力于依托海洋科技创新突破发展瓶颈,并坚决捍卫国家海洋主权与权益,海洋事业成就斐然。然而,要实现海洋强国的目标,仍需攻克两大核心难题。首先,明确海洋强国的建设方向。这包括确定中国海洋发展道路的选择以及树立的旗帜。这不仅是制定和实施海洋发展战略的根本目的和最终目标,也是中国前进道路上的灯塔。其次,维护海洋权益,坚定不移地保卫我国海洋主权与利益,寻求南海等海域争端和平解决的智慧方案,是构建海洋强国不可或缺的一环。唯有如此,方能确保中国特色海洋强国之路稳健前行,不负国家和人民的厚望。

实现海洋强国的目标,要求我们必须深刻洞察我国海洋事业发展的阶段性特征与趋势,立足国情,精准研判南海及周边海域的复杂态势,科学制定海洋强国战略政策,精心部署海洋事业发展工作。在此过程中,一是需要凝聚全民共识,激发各族人民走中国特色海洋强国道路的信心和决心。二是把人才资源开发放在海洋科技创新的最优先位置,将人才视为海洋科技创新的重要驱动力,通过优化海洋人才培养体系,培育出一批具有国际竞争力的海洋科技领军人才与创新团队,为海洋科技发展注入不竭活力。三是积极整合和利用全球海洋科技创新资源,参与国际海洋科研合作,促进资源共享与互利共赢。四是把握海洋事业发展的战略契机,优化资源配置,强化海洋科技联合攻关,构建起高效、强大的海洋科技支撑体系。五是需要围绕海洋产业链精心布局,完善产业链条,攻克关键技术难题,不断深化对中国特色海洋强国道路的理解与实践,让这条道路越走越宽广,越走越坚实。综上所述,实现中国特色海洋强国的梦想,需要我们保持定力,勇于探索,以坚定的信心和不懈的努力,开辟出一条符合中国国情、具有鲜明时代特色的海洋强国之路。

(二)坚持推动党的海洋理论政策创新发展

党的海洋强国战略理论是海洋事业发展理论和中国实际情况相结合的产物。以习近平同志为核心的党中央确定了以关心海洋、认识海洋、经略海洋为核心的中国特色海洋强国理论和政策。海洋事业的发展和海洋问题的解决,直接关系到国家和民族的生存与发展,以及国家的兴亡和安危。建设海洋强国是中国特色社会主义的重要组成部分。这一战略理论强调了海洋的重要性,以及海洋强国建设对于中国发展的重要意义。

中国海洋事业的发展离不开党的海洋强国战略理论的指导和政策的支持。在新时代的征程上,秉持解放思想、实事求是的精神,紧跟时代步伐,持续深化对海洋强国战略理论政策的探索与创新,是推动我国海洋事业繁荣兴盛的必由之路。党中央致力于深化对海洋工作实践的研究,旨在不断丰富和完善中国特色社会主义海洋强国理论政策体系,确保这一宏伟蓝图既根植于本土实践,又引领未来航向。我们需勇于打破陈规,以开放包容的心态在实践中探寻中国特色社会主义海洋强国建设的新思路、新模式,形成对中国特色社会主义海洋强国事业发展的深刻认识,总结中国特色社会主义海洋强国事业发展的宝贵经验,保持理论创新的生命力。同时,中国应积极加强海洋科技领域的国际交流与合作,拓宽海洋科技创新视野,走向世界,借鉴国际先进经验,不断推动海洋科技自主创新,实现在世界海洋科技领域的引领地位,实现由跟跑到并跑乃至领跑的跨越。中国海洋强国战略政策的制定必须坚持实事求是原则,紧跟时代发展,紧密贴合国家发展实际与国际海洋局势的深刻变化,特别是针对南海等关键海域的复杂态势,制定出符合中国国情战略举措。唯有如此,我们才能在风云变幻的海洋世界中稳舵前行,不断开创中国特色海洋强国建设的新局面。

当前,中国正面临着多维度、复杂化的海洋挑战与争议,东海的微妙局势、南海的诸多争端,以及其他一系列海洋问题,对中国的国家安全、核心利益及和平发展道路构成了不容忽视的严重影响。鉴于此,中国已明确将构建海洋强国作为国家战略,这一决策不仅彰显了国家对海洋资源、权益及安全的高度重视,也向全体海洋工作者发出了紧迫而重大的使命召唤。首先,加速推进与海洋强国战略紧密相关的政策文件及规划的编制工作,形成一套全面而系统的海洋事业发展蓝图与设计框架,激发海洋事业的繁荣活力,为构建海洋强国奠定坚实的政策依据与制度规范,确保每一步发展都有章可循、有据可依。与此同时,制定配套建设意见,为海洋强国的建设提供必要的支持与保障,营造出有利于海洋事业蓬勃发展的良好环境。其次,积极探索建设海洋强国的有效途径和方式。积极响应中共中央《关于制定国民经济和社会发展第十三个五年规划的建议》的号召,拓展蓝色经济空间,实现陆地与海洋发展的深度融合与相互促进;要致力于壮大海洋经济体系,通过科技创新引领海洋资源的科学开发与可持续利用;强化海洋生态环境保护,守护好这片蓝色家园;不遗余力地维护国家海洋权益,彰显我国作为海洋大国的责任与担当,稳步迈向海洋强国的宏伟目标。在推进海洋事业发展的过程中,应优先聚焦于那些易于实现突破的关键领域与环节,并以此为先行先试的着力点。核心策略在于精准识别并加速那些能够引领海洋经济向质量效益型飞跃、海洋科技向创新驱动型迈进,以及海洋开发方式向循环可持续模式转型的领域与环节。相较于政治、国防及战略层面的深远考量,中国还需进一步强化海洋意识、海疆意识及前沿探索意识,更加关注海洋、认识海洋,并积极开拓其无限可能。这一过程中,不仅要求全社会提升对海洋重要性的认识,更需各级地方政府及相关部门协同推进海洋事业的总体发展规划与重点突破领域,确保中国建设海洋强国的战略部署取得实质性进展。最后,加速推进海洋与海岛生态环境保护事业的步伐。积极实施海洋生态修复项目,强化海洋自然保护区建设,深化海洋海岛的分类管理体系,进一步拓宽海洋蓝色经济的可持续发展空间。在此基础上,坚定不移地执行科教兴海战略,将其作为推动海洋事业高质量发展的强大引擎。海洋强国的建设征途上布满了挑战与难题,只要我们能够凝聚共识,统一思想,以坚定的信念和信心为舵,保持积极进取的精神状态,勇于开拓未知的领域,这一宏伟的战略蓝图定能在我们的共同努力下稳步前行,不断取得新的突破与成就。深入实施海洋强国战略,不仅意味着要调整和优化对海洋的认知与管理方式,更是一场涉及海洋科技、资源开发、环境保护、安全维护等多领域的深刻变革。它要求我们以更加开放包容的姿态拥抱海洋,以更加科学严谨的态度探索海洋,以更加坚定有力的步伐保护海洋,确保中国在全球海洋治理体系中发挥更加积极、建设性的作用。

(三)坚持妥善处理海洋工作领域的重大关系

在中国特色社会主义事业中,海洋事业的发展至关重要。作为建设海洋强国的一部分,海洋工作不仅涉及国家的生存发展和安全问题,也与中国特色社会主义现代化建设息息相关。因此,必须在统筹兼顾的原则下,妥善处理陆海统筹工作领域的重大关系。首先,海洋事业与中国特色社会主义现代化建设密不可分。我们应将海洋事业作为服务中国特色社会主义事业发展大局的重要组成部分,确保海洋强国建设与中国特色社会主义事业的全局工作紧密结合。必须坚定不移地将中国特色社会主义现代化建设这一中心目标作为海洋事业发展的重要原则,这一战略原则不仅为海洋事业的发展指明了方向,也为其深度融入国家发展大局奠定了坚实基础。其次,海洋资源开发与海洋经济发展之间的关系需要统筹协调。这意味着要科学制定海洋资源开发策略,并辅以强有力的海洋产业规划,优化产业布局,提升海洋经济增长的质量,培育壮大海洋战略性新兴产业,驱动海洋经济向高效益、高质量模式转型,加速构建现代化海洋产业基地,全力保障国家海洋资源安全及海洋权益不受侵犯,以坚实步伐迈向海洋强国之路。再次,海洋高新技术的发展与海洋科技创新的转型需同步推进,形成相互促进的良性循环。我们应聚焦于海洋科技的自主创新与突破,推动其向创新引领型转变,精准破解海洋经济可持续发展与海洋生态保护的关键技术"瓶颈"。在此过程中,必须坚持科技兴海战略,强化海洋科技创新与人才培养的深度融合,为海洋强国建设提供不竭的动力源泉。另外,海洋开发方式转变与海洋生态环境保护之间的关系也是需要重点关注的问题。应将海洋生态文明建设视为海洋开发利用的重要基石,将其深度融入海洋经济发展的总体战略规划之中,使之成为引领海洋经济转型升级的绿色引擎。实施内涵式发展模式,不仅要追求海洋资源的科学、合理开发,更要致力于海洋生态环境的持续改善,确保人民群众能够共享绿色、健康、安全的海洋产品和清澈、洁净的海洋环境,让海洋成为人类永续发展的蓝色家园。最后,和平发展与维护海洋权益的关系也需要全面统筹。在中国特色海洋强国之路上,中国要坚持和平发展的总体国家战略,通过和平方式解决海洋争端问题,同时坚决维护国家核心利益和海洋权益。[①] 中国有信心通过和平手段维护和实现海洋利益,让海洋事业成为维护国家安全和发展的重要力量。[②] 总之,统筹兼顾是处理陆海统筹工作领域的关键。在推进中国特色社会主义事业和建设海洋强国的过程中,我们必须全面考虑各方面利益,坚持以人民为中心,促进经济、社会和环境的协调发展,努力实现海洋事业的良性循环和可持续发展。

二、中国特色政治海权理论建设面临的挑战

建设海洋强国需要安定的国内环境,也需要和平的外部环境及与之相适应的具有中国特色的政治海权。海洋强国的权益维护是国家海洋战略的重要组成部分,也是中国特色政治海权建设的题中应有之义。自共建"一带一路"倡议提出以来,我国海外利益的触角显著延伸,其深度和广度均实现了历史性跨越,与共建国家的交流合作日益紧密,利益融合达到了前所未有的高度,展现出向更深层次、更广泛领域拓展的强劲势头。这一过程中,我们不仅促进了贸易畅通、设施联通、资金融通,更在民心相通上取得了显著成效,为构建人类命运共同体奠定了坚实基础。然而,面对近年来世界格局的深刻调整与复杂变化,不确定性因素增多,动荡局势时有显现,无论是南海局势、台海局势、东北亚局势,还是与中国发展休戚相关的印度洋沿线、中东地区的安全局势,都面临着复杂的挑战。新时代背景下,妥善处理海洋权

[①] 参见[德]乔尔根·舒尔茨、维尔弗雷德·A.赫尔曼、汉斯-弗兰克·塞勒编:《亚洲海洋战略》,鞠海龙、吴艳译,人民出版社2014年版,第14~22页。
[②] 参见林昆勇:《坚持走中国特色的海洋强国道路》,第八届海洋强国战略论坛2016年会议论文。

益争端亦是中国和平发展进程中必须迈过去的一道坎。①

(一)中国与周边国家海上划界任务艰巨复杂

1982年通过并于1994年正式生效的《联合国海洋法公约》,不仅为领海宽度设立了清晰的法律界限,还深刻构建了沿海国对其专属经济区和大陆架行使管辖权的法律框架。这一公约的实施,极大地扩展了沿海国家的海上主权范围,将传统的12海里领海边界向外延伸至最远可达200海里至350海里的专属经济区和大陆架外缘,此举直接引发了全球范围内尤其是相邻或相向国家间关于海域界限划分的复杂问题。在海洋资源的开发利用过程中,国家间因利益诉求的不同,或是对国际法条款理解与应用上的差异,往往冲突频发。特别是大陆架下蕴藏的自然资源所带来的巨大经济利益诱惑,更是加剧了海域划界问题的复杂性与敏感性,使之成为各国关注的焦点与难点。因此,自《联合国海洋法公约》海域划界工作生效以来,便成为沿海国家执行该公约时面临的一项既突出又极具挑战性的任务。其特殊性在于这一过程往往伴随着潜在矛盾的显化。

(二)中国海洋国土易被侵害

根据1958年中国政府颁布的《关于领海的声明》的有关规定,我国领海的面积大约是38万平方千米。而现在按照《联合国海洋法公约》的规定和《中华人民共和国专属经济区和大陆架法》的规定,可划归我国管辖的海域面积大约是300万平方千米。这300万平方千米的海洋国土,依托在我国约1.8万千米的大陆海岸线和约1.4万千米的岛屿海岸线上。它包括内海、领海、毗连区、专属经济区、大陆架,相当于我国陆地面积的1/3或相当于20个山东省或30个江苏省的面积。国家海防的范围由过去的38万平方千米一下扩大到300万平方千米,防御面积增大了8倍,防卫纵深从过去的12海里延伸至200~350海里,一下子增大了近17倍,这是中国疆域史上前所未有

---

① 参见时永明:《海洋权益争端是对中国和平发展的考验》,载《和平与发展》2012年第5期。

的重大变化,而且海防要比陆防复杂得多:"陆地国界是'硬'边界,界碑分明,容易做到'封疆卫土';而海上国界是'软'边界,远而开放,维护海洋权益不易"①。因此,任何一国"要想对广大海域作每天24小时的监控,并维持良好秩序,确保国家安全,包括阻止他国的侵权行为,以及制止走私、恐怖、海盗、盗采、污染等违法行为在内,那实在是一种相当沉重的负荷"②。目前,中国行政管辖和国防力量配置方面虽已有较大进步,但仍无法杜绝外国势力侵入中国海域、侵蚀中国海洋权益的行为。

(三) 中国海上通道的安全易受到各种因素干扰

海上通道面临着复杂多样的安全隐患与潜在威胁,这些挑战既有外力所为,也有内部因素所致;既有传统性质的安全威胁,也有非传统性质的安全威胁。从外部视角审视,海上通道的安全威胁主要包括由海盗活动和海上武装力量发动的侵扰,以及因军事封锁、关键航道封锁、相关沿海国国内政治动荡乃至国家间冲突与战争向海洋延伸所引发的危机。这些外部因素直接威胁到海上贸易的畅通与国际关系的稳定。从内部层面看,安全隐患则深刻根植于海洋环境的固有特性、航运基础设施的完备程度以及航运主体的行为操守之中。首先,自然界的极端天气现象,如台风、飓风、海啸、恶劣海况等,构成了对海上通道安全的直接挑战。其次,港口、航道、船队等作为海洋运输不可或缺的支撑体系,其建设与维护状况同样关乎安全大局。航运业内部的管理水平、船员的专业素质及职业道德,亦是影响海上通道安全的重要因素,诸如船舶事故频发、环境污染事件以及管理不善等问题,均可能引发连锁反应,加剧安全风险。按威胁性质划分,海上通道的安全挑战可区分为传统与非传统两大类别。传统安全威胁主要是国家间或区域内的军事对抗、武装冲突乃至战争的直接或间接对海上通道的安全威胁,以及国内政治动荡向海洋领域的蔓延所形成的安全威胁。非传统安全威胁则涵盖

---

① 陆儒德编著:《爱我蓝色国土》,大连海事大学出版社2005年版,第137页。
② 中国现代国际关系研究院海上通道安全课题组编:《海上通道安全与国际合作》,时事出版社2005年版,第8页。

了更加广泛且多变的领域,包括但不限于现代海盗活动的猖獗、恐怖主义的海上袭击、海上走私、非法移民、毒品与人口贩卖、跨国有组织犯罪、大规模杀伤性武器及小武器的非法流通,以及沿海经济设施遭受的破坏等。这些非传统安全威胁往往具有跨国性、隐蔽性和高破坏性,对海上通道的安全构成了更为复杂多变的挑战。

由此可知,中国特色政治海权的构建面临诸多挑战,中国海洋权益的维护是一个长期而复杂的过程,不能一蹴而就。中国需要决心、耐心与智慧解决海洋权益争端。

三、中国特色政治海权理论建设的应对之策

21 世纪是海洋世纪,习近平总书记强调,"实现中华民族伟大复兴的中国梦,就是要实现国家富强、民族振兴和人民幸福"。① 要实现中国梦,必先实现海洋梦。当前和今后一个时期,贯彻落实海洋强国战略,繁荣发展我国海洋事业,处理好海洋工作领域的重大关系,必须在重点工作和关键环节上取得突破。既要谋划涵盖我国海洋事业发展全局和海洋强国战略部署的重大政策举措,又要根据南海、东海和其他海洋问题的实际,重点推进海洋科技创新发展以及捍卫海洋领土主权和海洋权益保护。既要大力倡导和平发展的中国海洋强国道路,深入推进友好协商、谈判解决海洋争端问题,又要有针对性地在一些关系海洋领土主权和海洋权益方面进行切实维护国家的海洋主权和海洋权益。② 既要积极开展多领域多层次的国际海洋合作,又要参与构建一个公平合理的国际海洋秩序。既要做好积极促进南海问题的妥善解决工作,也要加强维护海洋主权和海洋权益特别是海洋资源保护工作,切实维护国家海洋主权安全和海洋权益。要准确把握国家海洋主权安全形势变化新特点新趋势,坚持总体国家海洋权益安全观,走出一条中国特色国

---

① 邓江年:《用"海洋梦"托起中国梦》,载中国共产党新闻网,http:theory.people.com.cn/n/2013/0603/c40531-21717945.html。

② 参见刘锋:《南海,祖宗海与太平梦》,外文出版社 2015 年版,第 137~143 页。

家海洋权益安全道路,大力开展我国走和平发展海洋强国之路的宣传工作和通过对话与谈判等和平方式解决海洋争端的行动,让中国特色海洋强国观念在全社会蔚然成风,同时增进国际社会对我国走和平发展的中国特色海洋强国道路的认同。要及时化解南海争端国际化和复杂化的倾向性、苗头性问题,切实维护国家海洋主权和海洋权益,关键要着眼于中国特色社会主义事业发展全局,重点在于统筹国际、国内两个大局,立足于海陆统筹,坚持走一条依海富国、以海强国、人海和谐、合作共赢的发展道路,主要通过和平、发展、合作和共赢方式,扎实稳步推进我国海洋强国建设。

在海洋强国战略及和平发展理念指导下的海洋实践是中国解决海洋权益争端的根本途径。中国的海洋实践活动使中国与海上邻国相互作用,不断建构出解决海洋争端的某些共识,以和平的方式解决海洋权益争端,把海洋争端控制在一定的范围内,不会根本影响国家间关系健康发展的大局。中国海洋实践的"示范效应"有两个基本结果:一是验证中国和平发展的不可逆性;二是深化人们对海洋权益对国家发展的理性认识。只有不断实践、认识、再实践和再认识,中国才能根本解决海洋权益争端,使海洋权益更好地作用于国家的发展。

当前,中国政治海权构建及应对海洋权益争端的基本路径主要有以下几个方面。

(一)遵循和平发展的实践理性,改善中国处理海洋权益争端的环境[①]

历史证明,任何一个大国崛起必须依靠良好的地缘环境:或与周边国家结为利益共同体;或建成战略缓冲区,避免与现有大国直接碰撞;或将周边国家建成自家后院。中国的近海海域是 21 世纪战略重点区域,它关系到中国的基本安全,近海海洋资源是中国和平发展的重要支柱,同时也关系到中国的民族尊严。[②] 中国的近海区域是中国和平发展的重要空间。新的历史

---

① 参见李国选:《南海问题与中国南部地缘安全》,载《中国石油大学学报(社会科学版)》2014 年第 4 期。
② 参见胡波:《中国海权策:外交、海洋经济及海上力量》,新华出版社 2012 年版,第 100~101 页。

时期,解决海洋权益争端的根本之道在于中国与海上邻国关系的发展程度。具体而言,中国与周边国家密切经济合作的同时,应注重政治与安全的关系,甚至是价值观层面的建构,从而释放出因中国崛起而对周边国家的积极张力。[①]

中国要秉承和平发展的理念,改变过分重视与周边国家发展经贸关系的做法,超越利益共同体,构建命运共同体和责任共同体,为解决海洋权益争端提供良好的氛围,使中国的近海成为"合作之海""友谊之海""和平之海"。

(二)提高中国处理海洋权益争端的实力

一国的国力包括硬实力和软实力。硬实力的基本指标包括资源因素(如国土面积、人口数量、自然资源)、经济力量、军事力量和科技力量等;软实力的基本指标则包括国家的凝聚力、参与国际制度的程度和文化国际影响力等。

就硬实力而言,中国的经济实力、军事实力和政治实力有了长足的进步,但三者之间的比例关系还不协调,还不能形成综合硬实力。这主要表现为中国的海上力量规模庞大,日益精进,但还需进一步提升。[②] 中国硬实力特别是海上安全保障能力是中国维护邻海主权完整的物质基础,对中国的周边安全起到至关重要的保障作用。因此,中国有了足够的硬实力就能有效地应对国内与国际的种种挑战,也具备了走和平发展道路的坚实基础。中国拥有强大的海上力量与中国的和平发展是并行不悖的。拥有强大海上力量的中国办事公道,秉承和平发展的宗旨,按照国际法和公认的国际准则,小心谨慎地处理与海上邻国的海洋权益争端。中国既能有效地维护应有的海洋权益,又能对潜在的麻烦制造者起到有效的威慑作用,同时还能给

---

① 参见胡波:《中国海权策:外交、海洋经济及海上力量》,新华出版社 2012 年版,第 100~101 页。
② [美]傅立民:《论实力:治国方略与外交艺术》,刘晓红译,清华大学出版社 2004 年版,第 42 页。

国际社会展现出维护和平、睦邻友好及促进共同发展的良好形象。[1] 因此,为了能够作出更大的贡献,中国发展硬实力来消除海洋权益争端对促进周边区域合作的负面效应就显得尤为重要。

值得重视的是,"冷战"后,经济全球化的迅猛发展、国际政治经济化趋势的加强和国际相互依赖关系的日益密切,促使国家特别重视经济手段,强大的经济实力可以在国家战略层面上直接发挥战略效能的作用,甚至最终成为战略目标实现的重要手段,特别是在当今和平、发展与合作成为时代潮流的条件下,这种效果更加明显。强迫性的武力手段所产生的作用不能替代经济因素在国际关系中的效能。[2] 当然,硬实力由于受到时代变迁的制约不再是实现国家利益最优和首选的手段,但受到国家有限理性的限制而倾向于使用硬实力追逐国家利益,这就是硬实力的困境。[3] 因此,中国在增强硬实力的同时,必须重视软实力的培育与发展。

就软实力而言,中国应对海洋权益争端关键在于提高中国的海洋战略意识。当前,中国的海洋意识得到进一步提升,但中国的海洋战略意识还比较薄弱。海洋意识与海洋战略意识都属于观念范畴,海洋意识的外延包括海洋战略。海洋意识一般由海洋政治意识、海洋经济意识、海洋通道意识与海洋科研意识组成。这些意识经过海洋实践会升华为海洋战略,海洋战略就成为最高层次的海洋意识。海洋战略就会在海洋政治意识、经济意识、通道意识和科研意识的指导下,认识、开发和利用一切资源,去把握海洋的价值、地位和作用。海洋意识与海洋战略是本质相同而层次不同的两个概念。坚定地维护海洋权益是海洋战略的出发点和归宿,也是海洋意识转变成海洋战略的基本标志。维护海洋权益是海洋战略的基本目标。面对现实世界意味着由海洋意识转变成的海洋战略要符合时代的特征,紧紧地把握海洋的现实本质,着眼于海洋意识的海洋战略的高度预见性与创造性。海洋的

---

[1] 参见王逸舟:《全球政治和中国外交:探寻新的视角与解释》,世界知识出版社2003年版,第240页。
[2] 参见洪兵:《剖析"美国利益"》,世界知识出版社2000年版,第101页。
[3] 参见蔡拓、杨昊:《试析"硬实力"困境》,载《现代国际关系》2011年第2期。

政治、经济、军事与科研价值已经得到高度重视,而以坚定维护海洋权益为基本目标,面对现实和着眼于未来的海洋战略尚处于形成之中,摆在我们面前的任务还很重,路还很长。

国家影响力的大小,不仅取决于战略力量和经济力量,还在于国家的价值观和思想方面的软实力。[1] 世界上只有剑与精神两种基本力量,从长远来看,精神总能降服剑。[2] 国家应更加重视全民性与前瞻性的海洋战略之"精神"。

---

[1] 参见[美]安德鲁·内森、罗伯特·罗斯:《长城与空城计——中国对安全的寻求》,柯雄等译,新华出版社1997年版,第22页。
[2] 参见[美]尼克松:《真正的战争》,萧啸等译,世界知识出版社2000年版,第386页。

第三章 经济海权

第一节 海洋经济与海权

一、海洋经济与海权的关系

从 15 世纪的大航海时代开始,经略海洋、发展海洋事业逐渐在全球范围内达成共识。其中,海洋经济是指开发、利用和保护海洋的各类产业活动,以及与之相关联活动的综合。[①] 随着时代的发展和科技的进步,海洋经济已经成为全球范围内重要的海权争夺领域。推动海洋经济发展,关键在于运用好、发挥好我国几千年来在海洋生产实践中形成的内生性思想,准确把握海洋经济与海权的关系,找准中国特色经济海权的重点领域,明确中国特色经济海权建设路径与措施,建构中国自主的经济海权研究知识体系。

(一)海洋经济与海权相伴而生

纵观世界经济发展史,一个基本经验就是产业发展

---

① 参见《海洋及相关产业分类》(GB/T 20794—2021)。

从内陆逐步走向沿海,通过海洋逐步走向世界,经济强国必然是海洋强国。习近平总书记指出:"海洋对人类社会生存和发展具有重要意义,海洋孕育了生命、联通了世界、促进了发展。"①海洋为资本主义的产生和发展提供了十分重要的物质基础,传统资本主义强国均是通过海洋到达了全球的各个角落,并利用了殖民掠夺的手段实现了资本原始积累。马克思曾在他的著作中强调,以地理大发现为源头,殖民国家依靠海洋所带来的便利实现了商业、工业、航海业的跨越式发展,在这一过程中,资产阶级的经济实力与政治实力得到了极大的加强,资产阶级本身也得到了极大的发展。在这一基础之上,一国的海洋经济实力与一国的国际地位达到了前所未有的统一。② 如今,沿海各国无不把开发、利用、保护和管理海洋作为本国的核心战略任务。美国作为世界头号海洋强国,50%以上的国内生产总值来自海岸经济和海洋经济,吸纳的总就业人口约占75%。与此同时,许多国家也在加紧制定新的海洋战略规划,不断强化本国在新一轮海洋竞争中的优先地位。我国是海洋大国,不断推动海洋经济高质量发展、全面参与全球海洋竞争是建设海洋强国的必由之路。③

(二)海洋经济与海洋权益相辅相成

如今,经济一体化已经成为全球共识,海洋则是大宗商品运输、战略能源物资运输的重要载体。经济发展必然带动海洋的发展,同样,稳定的海洋环境也是经济发展的必然要求,要想维持经济的长期、健康发展,就必然要确保对海权的有效控制。④ 习近平总书记指出:"海洋在国家经济发展格局

---

① 《习近平致 2019 中国海洋经济博览会的贺信》,载中国政府网,https://www.gov.cn/xinwen/2019-10/15/content_5440000.htm。
② 参见林欣:《马克思主义维度下的中国海洋强国战略》,载《宁德师范学院学报(哲学社会科学版)》2020 年第 4 期。
③ 参见中国船舶工业集团公司海洋工程部:《大力发展海洋工程装备推动我国成为海洋强国》,载《海洋经济》2011 年第 1 期。
④ 参见《海洋权益与我国海洋发展战略》,载微信公众号"北海市海洋局"2021 年 5 月 13 日,https://mp.weixin.qq.com/s/XlY26-ZWix762Qx8VJY2Zw。

和对外开放中的作用更加重要,在维护国家主权、安全、发展利益中的地位更加突出"。① 目前,海洋资源、海洋空间、海洋科技的争夺越发激烈,各国都在积极推进海洋渔业资源、海洋油气资源以及深海矿产资源等重要战略资源和民生资源的勘探开发。将发展海洋经济摆到更加突出的位置,保持对海洋经济的高度重视并持续推进,从而推动我国总体经济实力不断增强,是推进海洋强国战略,实现中华民族伟大复兴的重要基础。②

(三)海洋经济助推海洋强国建设

习近平总书记指出:"发达的海洋经济是建设海洋强国的重要支撑。"③ 随着世界范围内资本、技术、市场的结构性调整,全球经济重心正在逐步由陆地向海洋转移,围绕海洋经济形成的产业结构、科技体系、贸易网络以及文化样态都正在经历巨大变革,更大范围、更广领域、更高层次的国际竞争与合作已经成为历史的必然。与此同时,海洋经济发展也在经历由量的增长向质的提升这一重要转变,从全球来看,向海洋要资源、要速度、要效益已经成为推动经济高质量发展的普遍共识。《中国海洋事业发展》显示,中国海域内分布着面积约 70 万平方千米、石油资源量约 250 亿吨、天然气资源量约 8.4 万亿立方米的 30 多个沉积盆地。④ 但就人均海洋面积而言,世界沿海国家平均 0.026 平方千米,而中国仅为 0.0029 平方千米,约为世界平均水平的 1/10。因此,持续推进海洋经济发展,对于促进中国沿海地区协同发展和产业转型升级,对于推动国家海洋权益保护、维护国家能源安全和海洋环境保护都具有突出意义,对于拓展国家经济发展空间,提升人民群众获得感、幸

---

① 参见《习近平:要进一步关心海洋、认识海洋、经略海洋》,载中国政府网,https://www.gov.cn/ldhd/2013-07/31/content_2459009.htm。
② 参见郭军、郭冠超:《对加快发展海洋经济的战略思考》,载《海洋信息》2011 年第 2 期。
③ 《习近平:要进一步关心海洋、认识海洋、经略海洋》,载中国政府网,https://www.gov.cn/ldhd/2013-07/31/content_2459009.htm。
④ 参见《中国海洋事业的发展》,载中国政府网,https://www.gov.cn/zhengce/2005-05/26/content_2615749.htm。

福感具有现实且直接的推动、保障作用。①

二、海洋经济与海权的历史发展

海洋经济与海权相伴而生,随着科技水平的不断提升,人们开发利用海洋的能力也得到了进一步增强,海洋经济逐渐成为沿海各国实现发展的重要领域,海权作为维护海洋经济的重要手段,也自然在海洋国家中得到了迅速发展。针对这一历史进程,许多人进行了详细的研究和分析,形成了多种海权观。

(一) 马汉的"海权论"

马汉的"海权"是一个综合性概念,具有政治、经济、军事等多种含义,包括马汉在内的众多学者都曾对"海权"进行了或广义或狭义的解释。在马汉的理论中,经济海权主要是指利用海洋的权益。人类利用海洋的形式主要有四种:一是人类本能地利用自然状态下的海洋。例如,"变乘桴以造舟楫,水物为之翔踊,沧海为之恬波",就是对中国先民走向海洋和征服海洋的伟大实践进行的生动描述。二是在习惯法的状态下,由于生产力的提高和航海技术的发展,人类得以将海洋视为最广阔的交通运输手段。海洋为公共财富,所有国家对这一财富的所有方面都拥有共同权益。三是在国际法规范下,人类合法地利用海洋。例如,《联合国海洋法公约》规定了人类开发利用海洋的国际法依据,包括领海、毗连区、专属经济区、大陆架、群岛水域、国际航行海峡、国际海底、公海等。四是在一定的特殊历史时期,某些国家依靠其强大的海军实力实行海洋霸权,对海上资源开发以及海上航运实行专营,对他国的航运贸易采取控制措施。例如,1651年英国《航海条例》就是为了限制荷兰的航海业而制定的。

---

① 参见中国船舶工业集团公司海洋工程部:《大力发展海洋工程装备推动我国成为海洋强国》,载《海洋经济》2011年第1期。

按照马汉的说法,"经济海权"与"军事海权"是密不可分的。"尽管我们通常将制海权与海军联系在一起,但英国的制海权不仅在于其强大的海军。1688年,法国曾有过这样一支海军,但是,它像被火烤过的树叶一样枯萎了。海权也不只是单独存在于兴旺的贸易之中。之后几年,法国的贸易已相当可观,但是,最初的战争风暴,像克伦威尔时代的英国海军曾一度横扫荷兰贸易一样,摧毁了法国的海上贸易。海权在于强大的海军和海上贸易二者的结合,经过精心培育,英国超过其他各国获得了海权。"① 关于海权的认识起源于商业。依靠便捷的海上航线,商业首先实现了快速的发展,继而各国希望通过军事力量控制并保护本国的贸易线路,从而实际上推动了本国海权的发展。在西欧,葡萄牙、西班牙、荷兰、法国都曾是海上强国,但都没有使"经济海权"与"军事海权"协调发展。它们或片面强调发展海上运输事业和海外贸易,或片面强调发展海军规模,而英国则一直将发展庞大的海上运输事业和建立强大的海军有机地结合在一起,从而达到最有效的用海、制海,进而成为无人能及的海上力量。

(二)戈尔什科夫的"国家海权"理论

戈尔什科夫,苏联海军总司令、海军元帅,提出了丰富马汉海权思想的新概念"国家海权"。戈尔什科夫在其代表作《国家海权》中认为,开发利用海洋与保护国家海洋权益,二者的有机结合便是海权。国家海权是由一个国家通过军事手段、经济手段实现前述两种目的的能力决定的。现代科技条件下的"海洋开发",已不仅限于"舟楫之便"和"渔盐之利",更重要的意义在于利用现代海洋技术,开发"世界海洋"这一巨大的资源宝库。迄今为止,人类已经调查和探测到的海洋资源包括海洋生物资源、海洋矿产资源、海水化学资源、海洋空间资源和海洋能源五大类。从某种意义上说,"国家海权"这一概念是国家经济实力和综合国力的综合体现,"国家海权"在对国

---

① [美]A. T. 马汉:《海权对历史的影响(1660—1783)》,安常容、成忠勤译,张志云、卜允德校,解放军出版社2000年版,第289页。

家经济产生影响的同时,又建立在国家经济的基础上。

戈尔什科夫在对国家海权定义的范围进行阐述时说,国家海权主要是包括一个国家开发利用海洋资源、合理运用海洋财富,并依靠航运、捕捞等手段满足国家需要的综合能力,以及与此相匹配的军事力量。然而,这些能力或力量的实现,最核心的仍是一个国家的生产力发展水平特别是海洋经济发展水平,以及与生产力相适应的政府政策。从这个角度来看,决不能单纯地将"国家海权"视为国家开发海洋的能力。同样,将"国家海权"视为国家控制海洋、保障自身海洋利益的能力也失之偏颇。事实上,"国家海权"应当至少包括国家的海洋科技研发能力、海洋资源勘探开采能力、海上货物运输能力以及海上军事保障能力等一系列综合能力。在和平时期,一国的海洋开发能力常被视为海权的重要领域;而国际局势紧张时,各国又纷纷将海洋军事建设、海上航运能力建设作为"国家海权"的关键部分,事实上,无论是和平时期还是特殊时期,都应当按照统一、明确的方向,推动"国家海权"的各个领域综合协调发展,从而推动现代"国家海上力量"制度化建设。[①]

(三)马克思、恩格斯的海洋经济思想

马克思、恩格斯海洋经济思想就资本主义与海洋经济之间的内在联系进行了详尽的阐述,通过对海洋运输、海洋资源、海洋贸易等关键要素的考察,马克思、恩格斯指出了资本主义国家依靠海外殖民、世界市场、国际分工等形式,一方面发展海洋经济,一方面强化资本主义制度的历史过程。

马克思、恩格斯深刻指出,原始资本积累是资本主义产生的基础。通过将生产者与生产资料相分离,使大量的货币资本集中于少部分人手中,这便实现了资本主义的原始资本积累。西方资本主义国家通过地理大发现,发现并建立了广阔的海外殖民地,在这个海外殖民地上建立起来的工厂、作坊成为资本主义积累财富的核心支柱。同时,资本主义出于扩张海外市场、建设海外殖民地的需要,也在积极推动海上航运、海上贸易的发展,而资本主

---

① 参见石国亮主编:《形势与政策·2011·春》,研究出版社2011年版,第119~120页。

义在殖民时期所积累起来的海量财富,间接为海洋经济的发展提供了充足的动力。从这个角度出发,我们可以清晰地梳理出资本主义依靠殖民扩张获取资本,再以资本推动海洋经济、海洋科技发展,再依靠发达的航运、军事力量,进一步扩大殖民掠夺的循环结构。在这一过程中,如西班牙、荷兰、英国等海洋强国逐渐崛起,资本主义也在这些国家得到了迅猛的发展。

马克思恩格斯同时对海洋经济与世界市场之间的逻辑关系进行了深入的剖析。随着海运业发展,海洋把世界各地联系在一起,形成了世界历史。"大工业首次开创了世界历史,因为它使每个文明国家以及这些国家中的每一个人的需要的满足都依赖于整个世界,因为它消灭了各国以往自然形成的闭关自守的状态。"[1]资本主义生产方式的产生,使资本主义国家生产力水平大幅提升。生产力发展水平越高,生产出来的商品就越多,相应地,生产所需原料、商品销售市场也就越大,于是在国内市场逐渐难以满足资本家的需求后,就需要开辟更远、更广阔的国际市场。正因如此,寻求开辟世界市场是资本主义发展的内在诉求,资本主义发展史也是一部世界市场形成史。[2]

马克思主义政治经济学明确提出,生产力决定生产关系。同样,工业建设能力作为生产力的集中体现,也直接决定了海洋经济发展的进程。工业革命早期,由于生产力尚未得到充分发展,资本主义国家可以依靠国内市场来满足生产需要,从而实现社会再生产的整个经济循环。但是随着这个过程的不断重复、发展,资本主义国家的整体生产力有了大幅提升,本国市场已经难以满足本国生产力发展的需求,这时,依靠海洋、航运所开拓的海外殖民地、海外市场对于资本主义就具有了极为特殊的意义。在《德国的革命和反革命》中,恩格斯曾就德国的状况作出分析,他指出,德国作为一个工业国,由于其地理条件相对劣势,具体而言就是距离关键的航运要道过远,严

---

[1] 张峰:《马克思恩格斯海洋观的理论逻辑》,载《集美大学学报(哲社版)》2022年第2期。
[2] 参见周良武:《马克思关于海洋对资本主义兴起的影响探析》,载《淮海工学院学报(人文社会科学版)》2019年第5期。

重迟滞了德国工业的发展。① 发达的海洋贸易和航运体系是工业发展的坚实基础,同样地,快速发展的工业化将实现一国生产力的快速发展,从而对市场、资源形成更大的需求,并对海外殖民地、海外市场、航运线路形成更为强烈的需求。因此,我们可以作出判断,即工业化程度越高、生产力水平越高的国家,就越有动力推动海洋经济、海洋科技发展。②

三、海洋经济之于海权的重要性

在历史发展的长河中,海洋经济为海权意识、海权建设奠定了最直接的物质、精神基础。正是随着海洋经济的快速发展,各国才逐步萌发海权意识,并构建了符合本国发展需求的海洋政策。

(一)海洋经济带来了海洋意识的转变

近代以来,海洋活动经历了从探险、海盗活动向海洋贸易活动的重大转变,海权的内涵及范围也发生了重大转变。海权更加强调对海洋贸易安全的保护,更加注重构建一个稳定的海洋安全框架。正如马克思、恩格斯指出的,海洋意识是随着历史不断发展而逐渐演化的,海权意识并非凭空从人的脑海中抽象出来的,而是在经济、社会的不断实践中逐渐形成的。人们在不断开发、利用海洋的生产实践中逐渐形成了海洋意识,在工业化的快速发展中,海权意识逐渐完善、成熟。海权意识的这种发展脉络是与一个国家的海洋实践紧密相关的,在原始资本积累、世界市场以及工业化与海洋经济的相互作用中,海洋意识随着人们的实践不断发展。到19世纪,海洋权益已经成为全球大多数国家的核心利益,在这种历史背景下,人们自然而然地逐渐形成了以海军、航运等为核心的海洋意识,并依靠这种海洋意识,极大地推动

---

① 参见李映红、张婷:《马克思恩格斯的海洋观及其当代价值》,载《江西社会科学》2020年第11期。
② 参见毕长新、史春林:《马克思恩格斯海洋经济思想及其当代价值》,载《大连理工大学学报(社会科学版)》2020年第3期。

了一国的海洋经济实现历史性跨越。

(二)海洋经济扩展了国家海权的边界

近现代以来,许多国家依靠海外市场、海外贸易等形成了完全不同于陆域经济的海洋经济循环体系。有人或许会认为海洋经济的发展源于国家政权的推动,但马克思指出,不能将海洋经济、海权意识的产生视为国家发展的必然;相反,正是由于海洋经济对资本主义发展的特殊意义,使许多国家需要调整制度结构以适应海洋经济发展的需要。换言之,经过海洋经济改造的国家,海权意识本身就是国家政权力量之一。而海权意识在推动一国拓展实力边界、实现快速发展的同时,也在将自身的政治力量投射到全球的各个角落。

海权意识的发展过程最终引发了海洋霸权体系的形成。19世纪的海洋强国仅仅将海权视为一种物质性力量,片面地强调海权就是对海洋的规范、对海洋的控制,因此海洋强国的发展过程实际上就是在争夺对海洋社会、海洋政治等领域的控制权,其中资本主义天然对资本的追求也起到了相当大程度的推动作用。同时,当时的社会现实也难以保障更为公正、合理的海洋秩序的产生。海洋时代发端于殖民掠夺,全球海洋国家在这个时代中都争先恐后攫取海洋中的利益,相互之间的争斗使国际海洋局势长期处于动荡之中,难以形成稳定的海洋秩序。在这种现实条件下,海洋强国不得不寄希望于最后的手段——强权以确保本国海洋权益不受侵害,从而逐步造就了近乎无限海洋权力的海洋霸权。客观上,这种海洋霸权在一个较短的历史时期促进了航运、工业的发展,但从长期来看,海洋霸权导致了各国海洋权力边界的严重畸形,为各殖民地的人民带来了深重苦难,实际上阻碍了海洋经济的更进一步发展。

(三)海洋经济促进了国家海权互动模式的变革

从19世纪开始,欧美的海洋强国就有计划地将一些具有经济价值的海洋问题政治化,围绕海洋经济发展中的各类问题不断提出具有鲜明政治色彩的理论观念,从而将海洋国家之间主权争端转化为权力互动或更为复杂的系统性问题。由于此时国际海洋局势仍处于相对不稳定的状态,因此国家间的海洋互动也呈现出了不平衡、不合理等种种问题,特别是部分海洋强国以海洋主权问题政治化为契机,大肆扩张其海洋主权范围。

这些国际海洋规制的缺失以及海上霸权的无序扩展进一步推动了海洋经济的快速发展。与此同时,与海洋经济相关的各类政治势力、经济组织也开始迅速膨胀,逐渐形成了跨地区、跨国家、跨大陆的庞大海洋权力网络。这些庞大的社会力量跨越国界开始重塑世界格局,推动了海洋社会关系的深刻变革。在这个过程中,海军、海洋又被赋予了远超以往的政治属性,它们除了维护本国的海洋权益外,在海洋治理、海洋政治等方面也发挥着越来越大的作用,虽然这个过程可能以一种非线性、非匀速的方式逐渐进行,但显见的是,由于海洋权益在全球各个国家中发挥的重要作用,以及各国对于海洋权益的争夺,海权问题正在由一国内部的政策问题转变为全球性的政治问题,海权问题研究在当今时代变得越发重要。[1]

四、海权的经济功能

海洋为人类发展提供了重要的物质基础。从渔业捕捞、航运交通、海外贸易直到如今的深海开发、海洋能源利用等,人类通过实践与海洋建立起了越发紧密的联系。从历史上看,世界上的经济大国无不是海洋大国。西班牙、荷兰、英国凭借海洋优势称雄一时,后起之秀美国、日本、韩国、新加坡等的经济繁荣也都在很大程度上得益于海洋及其相关产业的发展。

(一)从地理要素来看,海洋是全球通道

海洋是地球上最大的水体地理单元,面积约为3.6亿平方千米,占地球

---

[1] 参见刘学坤:《马克思恩格斯的海洋政治观研究》,载《河海大学学报(哲学社会科学版)》2022年第3期。

表面积的71%。海水作为一种天然的交通介质,将世界上大多数国家和地区联结到一起。在经济全球化的今天,海洋是各国经济联系的关键桥梁和纽带,是全球商品货物往来的天然通道,对各国的经济、社会发展都具有不可替代的作用。据统计,全球至少70%的货运量由海洋运输完成。其中,大宗战略物资运输是海上货物运输的重要组成部分,通过海上运输的石油占了世界石油消费总量的50%左右。作为工业国家,能源安全对于国家经济稳定具有十分重要的意义,而能源安全的命脉就在于海上运输,因此,如何维护本国海上能源通道安全,保障航运线路畅通就成为目前全球海洋国家最为关注的命题之一。

(二)从资源要素来看,海洋是地球上最大的资源宝库

面积占地球表面3/4的海洋蕴藏了比陆地更为丰富的资源,包括海洋生物资源、海洋矿产资源、海水化学资源、海洋空间资源和滨海旅游资源等。地球上80%的物种在海洋,90%的动物蛋白质在海洋,这些天然资源同时兼具生物利用的有效性和化学成分的多样性,在食物、医药、能源等方面都具有极大的研究价值。海洋生物每年的初级生产力就可达到6000亿吨,目前已知可为人类利用的鱼类、贝类、虾类等就多达6亿吨。世界海底蕴藏着约30,000亿吨锰结核以及丰饶的钴、镍等资源;海底的石油、天然气储量约为3000亿吨以及140万亿立方米,约占全球总储量的40%以上;目前已探得的"可燃冰"矿址约56处,总量相当于18,000万亿～21,000万亿立方米的甲烷量;海洋潮汐能、温差能、波浪能等也都是储量极大的可再生能源。据估计,可供开发的潮汐能、海浪能等能源总量在1500亿千瓦以上。在人类已知的100多种化学元素中,海水中就能找到90多种。如果将海水中的氢能全部提取出来,可供人类使用5亿～10亿年。依托浩瀚的海洋,"蓝色经济"已显现出广阔的发展前景。

(三)从发展要素来看,海洋为人类生存发展提供新的空间

当今世界人口膨胀、粮食不足、资源枯竭、能源危机和环境恶化等问题

比以往任何时刻都要突出,这些问题已经成为人类社会生存发展所无法回避的严峻事实。科技进步使粮食产量大幅度提高,但因耕地面积不断减少,粮食总产量不可能无限度提高;人类大肆排放生产、生活污染物,污染了原本已经匮乏的淡水资源,使水资源供需矛盾日益突出;陆地能源的开采虽然预计还可支持几百年,但终究会有所剩无几的一天;城市在不断增加,城市规模在不断扩大,地球上生存环境较好的沿海、沿江、沿湖地区人口密度激增,"城市拥挤综合征"成为困扰人类的突出问题。随着人口不断膨胀,开拓新的发展空间已势在必行。

现代科学技术的发展把人类对海洋的认识和开发利用带进了一个崭新的历史时期。海洋空间也是一种潜力巨大的资源,海洋作为未来人类实现可持续发展的"第二疆土",其重要性也逐渐为人类所认同。目前人类对于海洋的利用已不仅是渔业或海上运输,而是逐渐探索在海洋空间建设各类生产、生活、娱乐设施,如在海上建机场、桥梁,在海底开凿隧道、铺设电缆和建造仓库等。全球海洋中,仅太平洋就有海岛3万多个,其中90%以上都是无人居住的空岛。随着科技的发展,将这些闲置的海岛开发成人类新的居住地,就可以极大地拓展人类的生活空间。海洋还可成为当代人劳动和工作的新场所,如美国、日本等国家已经有了利用海洋空间建立钢铁基地、海上飞机场、海底仓库和海底隧道的探索。[①]

五、国际经济海权的演变与发展

(一)美国经济海权的演变与发展

美国作为世界上为数不多的两洋国家,超过3/4的人口居住在大西洋、太平洋、墨西哥湾和五大湖地区的沿海地带。实践中,广袤的海洋为美国提供了丰富的海洋生物、矿产、旅游和空间等资源,由此发展起来的美国海洋

---

① 参见周达军、崔旺来、李百齐:《政府海洋产业管理研究》,中国书籍出版社2013年版,第85~87页。

产业更是在美国国民经济乃至世界海洋经济中占据着重要地位。美国历届政府都极其重视海洋经济战略的制定。

1. 美国的海洋经济战略

美国主要的海洋经济战略发端于第二次世界大战后。彼时世界迎来了较长时期的和平发展,作为世界第一经济大国,美国具备了大力发展海洋事业的条件。美国积极着手制定与其海洋经济发展相匹配的战略。

(1)杜鲁门、约翰逊政府阶段

杜鲁门政府将美国战略从重视海军和海权转向重视海洋资源开发。其中,最值得注意的是,1945年9月28日,美国在《大陆架公告》中宣称:"处于公海下但毗邻美国海岸的大陆架底土和海床的自然资源属于美国,受美国的管辖和控制。"在国际上,该公告引起了一场蓝色"圈地运动",许多海洋国家相继开始延伸本国的领海海域。

对于海洋资源和海洋环境的管理,约翰逊政府主张依法进行。1966年10月,约翰逊总统签署国家海洋补助金大学和计划立法的修正案,对从事海洋特别是与沿海海域开发利用有关的科学研究项目提供资金援助。多年来,海洋补助金计划主要致力于资助沿海各州和各地区的海洋资源开发最重要的学术问题研究。1969年,又制定发布了《我们的国家与海洋:国家行动计划》,并于次年10月成立了美国国家海洋和大气管理局(National Oceanic and Atmospheric Administration,NOAA),主要任务是了解和预测地球环境的变化,维护和管理海洋和沿海资源,以适应国家的经济、社会和环境需要。

(2)里根、克林顿政府阶段

20世纪80年代,里根政府的经济政策从"大政府"转变为"小政府",从"稳定增长投资"转变为"削减投资",从"侧重环境保护"转变为"限制私营产业",从而直接影响了国家海洋政策的方向。在此期间,里根政府实施了包括航行自由与飞越计划等在内的一系列重要海洋政策,并在审查美国关于海洋问题的政策后,消极参加1981年海洋法会议,并最终拒绝签署《联合国海洋法公约》。1982年、1983年,里根总统又分别发布《美国的南极政策与规划》和《美国北极政策指令》,以强化本国对于南极和北极地区的控制。1983年,里根总统宣布建立200海里的专属经济区并同时发表宣言表示美国政府愿承认对海洋科研的管辖,为进一步提高国民的海洋意识,又将次年即1984年定为"海洋年"。

克林顿政府时期,对海洋生态环境保护较为重视,尝试建立可持续的海洋经济运行机制。1998年6月,美国政府在加利福尼亚州蒙特利召开了全国海洋工作会议,克林顿总统出席会议并签署了海洋宣言。该宣言称:"我们必须共同努力,在地方层次、国家层次和国际层次上,合理管理海洋……实现海洋资源的可持续发展。"该宣言堪称美国海洋21世纪议程。2000年6月,时任美国总统克林顿在白宫千年政务会上,又就海洋问题提出了要扩大海洋勘探的国家战略。

(3)布什、奥巴马政府阶段

2004年7月,布什政府在对美国海洋管理政策进行全面评估的基础上出台了《21世纪海洋蓝图》。这份文件对海洋资源、海洋教育以及海洋生态环境治理等方面内容进行了规划。同年12月,布什总统又向国会提交了《美国海洋行动计划》,并签署了13366号行政令,宣布在总统行政办公厅下正式成立内阁级海洋政策委员会,具体落实和实施该行动计划。

奥巴马执政期间,于2010年7月颁布了《美国国家海洋政策:关于海洋、海岸带和五大湖管理的总统行政令》,其中关于海洋经济的政策内容包括支持可持续、安全和高生产力开发利用海洋、海岸带和五大湖,提高公众对海洋、海岸带和五大湖价值的认识等。2013年4月,奥巴马政府出台了《国家海洋政策执行计划》,就促进海洋经济发展、保障海洋安全、提高海洋和海岸带恢复力、支持地方参与、强化科学和信息支撑等方面内容进行了规定。[①]

(4)特朗普第一任政府阶段

特朗普就任总统后,发布了题为《关于促进美国经济、安全与环境利益的海洋政策》的第13840号行政令。该行政令主要包括以下内容:一是海洋

[①] 参见刘明:《中国海洋经济高质量发展研究》,浙江教育出版社2023年版,第31~32页。

管理部门要协调海洋事务,以保证有效管理海洋、海岸带和五大湖水域;二是推动美国武装力量等相关机构利用海洋;三是对海洋行使管辖权,并履行义务;四是推动海洋产业和海洋科技发展,增强美国的能源安全;五是确保联邦的管理不影响海洋、海岸带和五大湖水域的资源可持续利用;六是海洋利益相关各方协调合作,增加创业机会;七是依法开展海洋事务领域的国际合作。特朗普政府的新海洋政策重点是发展海洋经济。该政策删除了奥巴马第13547号行政令中有关"海洋环境""应对气候变化和海洋酸化的能力""生态系统健康"等的表述,着重强调经济发展和国家安全。[1]

(5)拜登政府阶段

拜登总统上任伊始,2021年1月19日,美国国家海洋和大气管理局即发布了《蓝色经济战略计划(2021—2025年)》。该计划旨在实现三个方面的目标:一是加强并改进美国国家海洋和大气管理局的数据、服务和技术资源,以更好地推动美国蓝色经济发展;二是加强合作,支持涉海的商业和创业活动,以推动美国蓝色经济发展和可持续增长;三是发现并支持能够推动美国经济复苏的蓝色经济领域的发展。

《蓝色经济战略计划(2021—2025年)》作为支撑美国蓝色经济增长的一项综合性计划,归纳起来具有以下几个方面特征:一是高度重视海洋经济中传统支柱产业的发展;二是高度重视海洋监测预报对海洋经济的支撑作用;三是高度重视海洋生态修复、海洋环境保护和海洋防灾减灾;四是强调通过国内各部门充分的沟通与合作及加强国际合作来推进蓝色经济发展。[2]

2. 美国海洋经济状况分析

2021年6月8日,美国国家海洋和大气管理局与美国商务部经济分析局(Bureau of Economic Analysis,BEA)共同发布了首个海洋经济卫星账户官方统计数据。海洋经济卫星账户的地理范围包括专属经济区内的大西

---

[1] 参见刘磊、王晓彤:《论特朗普政府的新海洋政策——基于特朗普与奥巴马两份行政命令的比较研究》,载《世界与海洋研究》2020年第1期。
[2] 参见深圳市规划和自然资源局编著:《2021年度深圳市海洋事业发展报告》,中国经济出版社2023年版,第12~13页。

洋、太平洋和北冰洋海域,以及墨西哥湾、切萨皮克湾、普吉特湾、长岛湾、旧金山湾等边缘海、海岸及五大湖区域,同时根据海洋经济活动属性将海洋经济划分为10个类别,即海洋生物资源、海洋与海岸建筑、海洋科研与教育、海洋采矿、海洋运输与仓储、海洋专业与技术服务、海岸公共设施、海洋船舶制造、海洋旅游与娱乐及国防和公共管理,以下简述几个主要类别。

(1) 海洋生物资源

与美国的高产农业相似,海洋生物资源业虽然在国内生产总值中占比相对较小,却提供了美国所需海产品的全部国内供给。美国海洋渔业生产结构主要以捕捞为主,2010~2019年海洋捕捞占渔业总产量的96.2%。随着对海洋渔业资源保护力度的加大以及海水养殖的逐步兴起,海洋捕捞比重略有下降。2019年,海洋渔业总产量502万吨,其中,海洋捕捞产量478万吨,相比2014年减少3.7%,占全球海洋捕捞产量的6.0%;海水养殖产量23.6万吨,相比2014年增长28.2%,占全球海水养殖产量的0.7%。

(2) 海洋运输与仓储

联合国贸易和发展会议数据库统计显示,2020年美国港口集装箱吞吐量为5496万标箱,占全球的6.7%。2010~2019年,美国港口集装箱吞吐量年均增速为2.7%,相较全球集装箱增速的4.0%来讲速度趋缓,直接导致美国港口集装箱吞吐量全球占比有所下滑,从2010年的7.6%降至2020年的6.7%,回落了0.9个百分点。其中,仓储增加值22.5亿美元,2014~2019年年均增速8.4%,显著高于海洋运输与仓储的平均增速,占海洋运输与仓储比重快速增长,由2014年的6.0%上升至2019年的8.6%。

(3) 海洋船舶制造

美国是造船业发展较早的国家。20世纪初,为海军建造舰船的主要船厂已达21家。20世纪90年代,随着海军舰船订货量的削减,许多船厂处境非常艰难。1993年,克林顿总统向国会正式提出《振兴美国造船工业、进军国际船舶市场报告》,船舶工业再次受到美国政府的高度重视和支持。2018年,在特朗普政府支持下,美国提出了《振兴美国造船业法案》,即"到2040年在美国建造50艘以上的船舶,要求美国30%的液化天然气出口必须由挂美国旗的船舶运输"。

由于民用造船特别是货船建造利润相对较低,美国海洋船舶建造主要方向是舰艇、航母等军用船舶,美国军用造船业处于世界第一,而美国的民用造船业仅占有0.3%的国际市场。美国军用船舶建造在海洋船舶制造业中占据重要地位:2019年军用船舶建造增加值为107.8亿美元,比2018年增长30.7%,2014~2019年年均增速19.5%,在海洋船舶制造业中占绝对优势,并不断增长,从2014年的74.1%增长至2019年的88.0%,提高了近14个百分点。

(4)海洋采矿

美国海域石油储量丰富。海洋采矿的核心产业是油气勘探开采与加工产业,2019年相关产业增加值占总海洋采矿产业增加值的97%。墨西哥湾地区集中了美国大部分石油和天然气海上钻井平台,石油产量约占全国总产量的1/4。2020年美国原油产量164.4万桶/天,为2017年以来首次下降,但仍名列全球前茅,2020年美国原油产量占北美洲50%,占全球6.7%。

(5)海洋旅游与娱乐

美国海洋旅游业主要集中于太平洋沿岸、大西洋沿岸以及夏威夷群岛海域。其中,纽约州、加利福尼亚州、佛罗里达州、夏威夷州和华盛顿州五个州贡献最大,合计占海洋旅游与娱乐增加值的一半以上。2019年,海洋旅游与娱乐增加值为1494亿美元,比2018年增长1.7%;2014~2019年,海洋旅游与娱乐年均增速1.9%,占海洋经济比重从2014年的32.7%上升至2019年的37.7%。海洋旅游与娱乐是带动美国海洋经济稳步增长的重要产业。

(6)海洋信息服务

随着全球蓝色经济预期全面增长面临的重大机遇,近5年来提供海洋观测和测量手段的企业或为海洋数据增值的中介机构成长迅速,2020年海洋信息服务相关企业数量达814家,覆盖45个州、哥伦比亚特区和两个海外领土,雇佣就业人数24.5万人,年收入71亿美元,出口创汇14亿美元。美国国家海洋和大气管理局、综合海洋观测系统(Integrated Ocean Observing System,IOOS)及美国商务部经济分析局积极提供信息与指导,为参与新蓝色经济的美国公司提供创新和商业成功的举措。[1]

3. 中美经济海权之比较

（1）中美在西太平洋上的地缘经济问题

自2013年起，中国积极倡导共建"21世纪海上丝绸之路"，与西太平洋国家共同推动建设海洋基础设施及港口。针对中国的"21世纪海上丝绸之路"倡议，美国采取了经济与安全两方面措施予以应对。在经济领域，美国不断推出一系列替代性方案。例如，2018年7月，美国国务卿蓬佩奥（Mike Pompeo）提出"印太投资计划"，他提出美国将在印度—太平洋地区就数字经济、能源、基础设施等投资1.13亿美元，以提高美国的影响力。同时，美国还积极推动美国、日本、印度、澳大利亚四国共同探讨制定"地区基础设施计划"，该计划同样被美国视为"海上丝绸之路"的替代性方案。从安全领域，美国持续在海上丝绸之路沿线部署军事基地，如美国在关岛、日本的横须贺、佐世保、澳大利亚的达尔文等地都部署了军事基地，试图通过军事手段对中国"海上丝绸之路"实施围堵，类似这种的海上军事基地美国有250余个。[2]

（2）中美就航行自由问题的不同主张

海权优势是美国实现全球霸权的重要支柱。为了维护其海上霸权，美国始终鼓吹绝对的航行自由，目的是维护其随意进出海洋的权力。中国则始终奉行近海防卫战略，认为军事船只不应在一国的专属经济区内实施军事活动，针对他国在专属经济区内实施的军事探测等活动，沿岸国有权予以制止。目前，国际上包括伊朗、印度在内的多个国家都采用了此类方案，并专门制定法律对他国在本国专属经济区内的军事活动予以限制。全球海洋面积的1/3都被各国划为了专属经济区，很多交通咽喉要道、重要交通航线也在专属经济区范围之内。包括中国在内的许多国家所奉行的近海防卫战略，已经事实上对美国的海权体系形成了挑战。

---

[1] 参见段晓峰、林香红主编：《世界海洋经济发展报告》，世界知识出版社2023年版，第272~284页。

[2] 参见祁怀高：《中美在西太平洋的海权博弈及影响》，载《武汉大学学报（哲学社会科学版）》2019年第3期。

（二）日本经济海权的演变与发展

日本国民经济发展高度依赖海洋产业，其国民经济发展所需要的资源99.9%来源于海洋，90%的进出口货物依靠海洋交通运输。自21世纪以来，日本高度重视海洋资源的开发利用、海洋科技的创新及海洋产业振兴。

1. 日本海洋经济战略

日本2005年提出"海洋立国"战略，于2007年4月正式通过了《海洋基本法》，这是日本综合性规范海洋问题的基本法律。日本《海洋基本法》主要提出了确保对国家所属海域的管理、加强专属经济水域和大陆架的开发和利用、推动对海洋资源的合理利用、确保国家海洋安全、加强对海洋科学和技术研究的支持力度、促进国际海洋合作等12项措施。[①]

此后，日本政府分别于2008年、2013年、2018年、2023年公布并实施了第二、三、四版《海洋基本计划》。其中，第三版《海洋基本计划》从四个方面进行了规划：明确涉及海洋资源开发的具体计划，修订《海洋能源矿物资源开发计划》，制定有关促进海上风力发电的海域使用方面的制度以增加海上风力发电量，继续开展有助于提高潮汐能、潮流能和海流能发电经济效益的技术研发、实证试验；振兴海洋产业与加强国际竞争力，推进港口建设及海外港口的经营，扩大海洋旅游产业的市场；确保海洋运输产业的发展，推动国际集装箱战略港湾的软硬件建设，推进国际散装战略港湾码头的建设；制定水产业发展的具体方针，实施渔业资源管理及稳定渔业收入的政策，按计划推进渔业老龄船更新换代等。[②]

为了建设海洋循环型社会，日本曾提出实现"环之国"的国家目标，并陆续制定了《立足于长远发展的海洋开发基本构想及推进方案》《第九次港口建设七年计划》《21世纪港口构想》等政策，以期推动海洋产业长期、稳定发展。同时，日本就海洋经济发展制定了一系列金融政策，并积极发挥金融在

---

① 参见姜旭朝、王静：《美日欧最新海洋经济政策动向及其对中国的启示》，载《中国渔业经济》2009年第2期。

② 参见刘明：《中国海洋经济高质量发展研究》，浙江教育出版社2023年版，第37~38页。

海洋经济区开发、区域海洋产业发展、海洋主体功能区建设等多领域的支持作用。日本还利用财政补贴政策,持续在海洋经济保险等领域给予资金支持,用以维护其海洋经济的可持续发展。[①]

2. 日本海洋经济状况分析

(1) 海洋渔业

海洋渔业是日本的支柱型产业,海洋渔业产量占全国渔业产量的98%。联合国粮食及农业组织发布的《2020年世界渔业和水产养殖状况》显示,日本海洋捕捞量从20世纪80年代的年均1059万吨下降至2018年的310万吨,在全球前十国家中从当年的第一位下降至当前的第八位。目前,日本海洋捕捞量虽然下降至高峰期的30%,但海洋捕捞量仍占日本海洋渔业总量的绝对多数,约为82%。

(2) 海洋交通运输业

海洋交通运输业是日本重要的经济命脉,日本九成以上的对外贸易和近四成的国内贸易都是依靠海洋运输完成。同时,日本几乎全部的能源进口都依靠海洋通道。因此,日本将稳定的海洋秩序和海上航道安全视为国家的重大战略利益。日本三大航运公司:日本邮船株式会社、商船三井株式会社和日本川崎汽船株式会社综合实力在全世界名列前茅。日本东京、横滨、名古屋、大阪和神户五大主要港口的集装箱吞吐量合计约占日本全部集装箱吞吐量的75%。

(3) 海洋船舶工业

受韩国、中国造船业迅速崛起、日元大幅升值以及国际市场变化等因素的影响,维持了40余年世界霸主地位的日本造船业在2002年被韩国超越后,步入低迷期,日本造船业的订单量大不如前。目前,日本造船量居全球第三。2020年日本造船完工量为2258万载重吨,占全球的25.57%;新承接船舶订单量416万载重吨,占全球的7.53%;手持船舶订单量2744万载重

---

① 参见何广顺、丁黎黎、宋维玲编著:《海洋经济分析评估理论、方法与实践》,海洋出版社2014年版,第393~395页。

吨,占全球的 17.16%。[1]

(4)滨海旅游业

20世纪90年代初,日本经济泡沫破灭,为了找到新的经济增长点,日本政府提出"观光立国"战略,把旅游业的发展与日本经济复苏相结合。[2] 日本出台政策积极推动滨海旅游区域规划,加强重点滨海旅游景点建设。例如,日本的海中公园制度通过划定海中公园的范围,成立相应管理机构,采取放宽签证限制、便利入境审查、升级旅游基础设施等多种手段,提升日本滨海旅游的国际吸引力。

(5)新兴海洋产业

受到国际分工变化及国际产业转移的影响,目前日本传统海洋产业受到较大挑战,因此日本政府通过不断加大对新兴海洋产业的投资和扶持,努力谋求转型。[3] 日本在《海洋基本计划》中就相关产业发展进行了规划,在第二版《海洋基本计划》中,日本政府提出要将海洋资源能源开发产业、海洋信息开发产业、海洋生物资源开发产业、海洋观光产业等列为重点发展项目,并以此支撑日本未来海洋产业协同发展。[4]

3. 中日经济海权合作与互补

日本作为岛国,对于海外资源进口和贸易进出口的需求巨大,在众多海洋经济领域与我国有着密切的互补关系,双方均具有推进海洋经济合作的内在需求。日本扼东北亚通往太平洋的门户,是我国推动东北振兴、开辟共建"一带一路"东北亚合作新路径的重要基点,加强与日本的海洋经济合作对于推动我国海洋经济高质量发展,构建稳定的海洋经济、社会环境具有突出意义。同时,我们也应当清晰地看到,随着俄乌冲突爆发以及美国重返亚

---

[1] 参见《2020年1~12月份世界造船三大指标》,载中国船舶集团物资有限公司网2021年1月15日,http://www.cansi.org.cn/cms/document/15572.html。

[2] 参见顾鸿雁:《人地共生:日本乡村振兴的转型与启示》,上海社会科学院出版社2021年版,第116页。

[3] 参见王双:《日本海洋新兴产业发展的主要经验及启示》,载《天府新论》2015年第2期。

[4] 参见段晓峰、林香红主编:《世界海洋经济发展报告》,世界知识出版社2023年版,第135~142页。

太等战略的不断实施,日本正在尝试倒向美国以谋求更多的国际资源、攫取更广泛的经济利益,中日在海洋渔业资源、矿产资源开发利用等方面也都存在一定的历史性问题,这些都为中日之间开展海洋经济合作造成了一定的障碍。

在这一现实背景下,中日之间开展多层次的海洋经济合作有助于双方加强沟通交流、避免局势恶化,对中日两国都具有十分重要的意义。中日双方应以共建"海洋命运共同体"为契机,积极推动建设双方乃至多方的海洋经济合作框架,共同维护东北亚地区海洋经济运行秩序和地区和平稳定,为海权分歧开创公平、开放的对话平台,采用柔性手段妥善解决中、日、韩、朝、俄等国的海权纠纷。双方应积极探索推进"冰上丝绸之路"建设。日本位于"冰上丝绸之路"的关键节点,而"冰上丝绸之路"又是未来航运发展的关键领域,发展"冰上丝绸之路"对中、日、俄三国海洋经济发展都具有重要意义。日本虽然最初受美国影响对"冰上丝绸之路"采取抵制态度,但随着日本自身经济下行,日本企业界对"冰上丝绸之路"的态度已逐渐由抵制转向合作。因此,积极推动"冰上丝绸之路"建设将为中日两国推进海洋经济合作搭建起重要桥梁。①

(三)欧盟经济海权的演变与发展

欧盟拥有7万千米的海岸线,沿海地区海洋经济对整个经济的贡献达到40%,因此,欧盟始终高度重视海洋经济发展,自20世纪90年代以来,欧盟及其成员国陆续制定了一系列政策推进海洋经济发展。

1.欧盟海洋经济战略

2000年至2001年,欧盟先后发布了《里斯本议程》《哥德堡议程》,明确了海洋经济可持续发展的政策。在《欧盟2005—2009年战略》中,欧盟各国提出在推动海洋经济可持续发展的过程中,也需要制定相应的综合海洋政

---

① 参见陈明辉、沈倬丞:《中日海洋经济合作的可能性及路径选择》,载《东北亚经济研究》2023年第5期。

策以维护海洋环境。欧盟委员会于2007年10月颁布了《海洋综合政策蓝皮书》,对海洋资源的综合管理作出了规定。① 该蓝皮书提出的重点行动包括:发展先进的造船、维修与海洋装备制造产业;系统整合欧盟海洋产业,提升综合竞争力;支持多种机构参与"优秀海洋中心"合作;持续提升水产养殖产业竞争力;持续提升海洋环境和公共卫生标准;等等。②

欧盟在2012年9月发布的《蓝色增长:海洋及关联领域可持续增长的机遇》中,将蓝色能源、水产养殖、滨海与邮轮旅游、海洋矿产资源与蓝色生物技术确定为海洋经济发展五大重点领域。2014年颁布的《蓝色经济创新:发挥海洋在就业和经济增长方面的潜力》计划就加强海洋资源的可持续开发利用、共享海洋信息资源、加强国际海洋合作、扩大海洋经济增长与就业规模等方面制订了详细的推进计划,目的是持续增强欧盟在国际海洋经济领域的领先地位。随后,欧盟于2017年3月再次制定《蓝色经济战略:在蓝色经济中实现更可持续的经济增长与就业》,再次强调推进海洋经济五大重点领域发展,持续强化全球伙伴关系,努力以海洋经济增长助推欧盟经济全面提升。③

2021年5月,欧盟委员会发布了《从"蓝色增长"向"可持续的蓝色经济"转型——欧盟海洋经济可持续发展计划》,以落实欧洲绿色新政和欧洲经济复苏计划所确立的"实现温室气体净零排放,保护欧盟自然环境"和"促进绿色和数字化转型"的目标。蓝色经济方案从转变蓝色经济价值链、支持可持续的蓝色经济发展、为可持续治理创造条件三个方面,提出了推动实现"蓝色增长"向"可持续蓝色经济"转型的诸多措施。④

---

① 姜旭朝、王静:《美日欧最新海洋经济政策动向及其对中国的启示》,载《中国渔业经济》2009年第2期。
② 参见何广顺、丁黎黎、宋维玲编著:《海洋经济分析评估理论、方法与实践》,海洋出版社2014年版,第393~395页。
③ 参见李学峰、岳奇、吴姗姗:《欧盟蓝色经济发展现状与中欧合作建议》,载《海洋经济》2023年第5期。
④ 参见刘明:《中国海洋经济高质量发展研究》,浙江教育出版社2023年版,第37~38页。

2.欧盟海洋经济状况分析

近一半的欧盟人口居住在沿海地区,近半数的国内生产总值在沿海地区产生,在欧盟成员国中,有23个沿海国家。从产业构成看。2020年欧盟蓝色经济三大支柱产业分别为滨海旅游业、海洋运输业和港口仓储业,占蓝色经济比重依次为43.5%、18.6%和15.2%。

(1)滨海旅游业

2020年,滨海旅游业增加值和就业人数均排名第一,分别占欧盟蓝色经济增加值的43.5%(801.1亿欧元)和总就业人员的62.9%(280.5万人)。27个成员国中,西班牙滨海旅游业在就业岗位和增加值中占比最高,分别为26.8%和23.2%。

(2)海洋运输业

2020年,海洋运输业增加值排名第二,增加值占比18.6%,共为近40.3万人提供了直接就业岗位(占比为9.0%,排名第三)。27个成员国中,德国是海运行业的领军者,提供了30.6%的工作岗位和31.7%的增加值。

(3)港口仓储业

2020年,港口仓储业增加值排名第三,仅次于滨海旅游业和海洋运输业,占欧盟蓝色经济增加值的15.2%。27个成员国中,德国港口仓储业在增加值(17.2%)和就业岗位(17.6%)中占比最高。2021年,欧盟发布的《大西洋行动计划2.0》,提出将大西洋港口作为蓝色经济的门户和枢纽,将港口作为大西洋行动中的贸易门户,利用港口促进商业发展。

(4)海洋生物资源开发产业

2020年,海洋生物资源开发产业增加值排名第四,占欧盟蓝色经济增加值比重为10.6%。27个成员国中,西班牙海洋生物资源开发业所提供就业岗位(占比为20.0%)和增加值(占比为18.7%)最高。新冠疫情对欧盟的渔业和水产养殖业产生了严重负面影响,欧盟于2021年批准建立了欧洲海洋、渔业和水产养殖基金,总预算61亿欧元。

(5)海洋可再生能源业

截至2021年6月,欧洲海上风电总装机容量为25吉瓦,相当于12个国家或地区的 5402 台并网风力涡轮机,是世界上海上风电的领导者,其发机容量占业界总容量的 90% 以上。2020 年,欧盟委员会发布《海上可再生能源战略》。在该份文件中,欧盟提出到 2030 年海上风电装机容量由 12 吉瓦提高到 60 吉瓦,到 2050 年提高到 300 吉瓦的规划目标,同时提出应当部署约 40 吉瓦海洋新兴能源的建设目标。①

(6)海洋生物技术业

自 2014 年以来,通过欧洲区域发展基金(European Regional Development Fund,ERDF)和"地平线 2020"(Horizon 2020)计划,已在支持海洋生物技术的项目中投入了约 2.62 亿欧元。欧洲生产藻类的公司数量在过去 10 年显著增加(150%),法国、西班牙和葡萄牙的总营业额为 1070 万欧元。2022 年,欧盟委员会将采用藻类战略来促进该行业的发展。②

3. 中欧经济海权合作与互补

中国和欧盟签署的《关于为促进海洋治理、渔业可持续发展和海洋经济繁荣在海洋领域建立蓝色伙伴关系的宣言》是全球海洋治理的一个重大实践成果,海洋经济、渔业管理、气候变化、南北极事务在内的一系列合作意向在该文件中得到充分展现。③

(1)港口经济及相关海洋产业合作

在港口合作方面,中国与希腊等欧盟成员国之间已经形成了一系列的重大合作成果。例如,中国与希腊共建的"一带一路"旗舰项目——比雷埃夫斯港,在 2016 年中国远洋海运集团有限公司收购 67% 股份后,几年中比雷埃夫斯港得到了极大的发展,到 2018 年时该港集装箱吞吐量已达到 490 万标箱,全球排名跃升 61 位至全球第 32 位,已成为全球发展最快的集装箱

---

① 参见《欧盟发布〈海上可再生能源战略〉明确中长期发展目标》,载中国润滑油网 2021 年 3 月 19 日,http://www.chinalubricant.com/news/show-104139.html。
② 参见段晓峰、林香红主编:《世界海洋经济发展报告》,世界知识出版社 2023 年版,第 212~226 页。
③ 参见朱璇、贾宇:《全球海洋治理背景下对蓝色伙伴关系的思考》,载《太平洋学报》2019 年第 1 期。

港口之一。2019年,比雷埃夫斯港超越西班牙瓦伦西亚港,成为地中海第一大港。

(2)国家管辖范围外生物多样性养护与南极海洋保护区

自2011年起,欧盟、七十七国集团及中国将公海保护区和深海遗传资源等相关问题纳入"一揽子事项",协同推动。在2019年中国、欧盟领导人会晤时,双方共同发表联合声明,提出将设立南极海洋保护区。2019年11月,在北京发布的《中法生物多样性保护和气候变化北京倡议》是中法两国合作的重要成果,其中明确就"养护和可持续利用国家管辖海域外生物多样性""促进南极海洋生物资源的养护"等内容提出倡议。

(3)北极治理

中国对北极事务的主张首次见于2018年1月发布的《中国的北极政策》白皮书。针对北极事务,中国始终坚持做北极事务的积极参与者、建设者和共建者,同时中国提出愿共同推动北极航道的开发利用,共建"冰上丝绸之路"。北极航道对于中国有着十分重要的经济价值,东北航道的开通将极大缩减中欧贸易成本,助力东北振兴,为中欧经济合作开辟全新道路。目前,中欧在相关领域已经取得了一系列合作成果,中国与芬兰合作的极地破冰船"雪龙2号"就是一大例证。[1]

(四)英国经济海权的演变与发展

英国是岛国,海洋经济长期以来就是英国的主导产业,在漫长的历史时期内形成了浑厚的海洋经济基础和海洋文化积淀。英国海洋经济发展经历了兴起、衰退、转型、替代的演变过程,虽然目前海洋油气、滨海旅游、港口物流仍是英国最重要的海洋产业,但是基于科技、信息、教育等新兴的海洋产业正在逐步壮大。[2]

---

[1] 参见程保志:《从欧盟海洋战略的演进看中欧蓝色伙伴关系之构建》,载《江南社会学院学报》2019年第4期。

[2] 参见韦有周、杜晓凤、邹青萍:《英国海洋经济及相关产业最新发展状况研究》,载《海洋经济》2020年第2期。

1. 英国海洋经济战略

最早追溯至20世纪70年代,英国苏格兰国际发展局就曾制定了《北海石油与天然气:海岸规划指导方针》,对北海石油和天然气开发作出了规定,要求相关产业只能在指定的区域内进行,并确定了优先开发或保护地带的一系列规范,从而有效保护海洋环境。20世纪90年代,英国政府公布了《海洋科学技术发展战略规划》,对90年代英国的国家海洋战略目标和海洋发展规划予以了明确,明确提出了优先发展具有战略意义的高新技术产业。同时,英国政府制定了一系列相对分散、单一的政策,如1949年《海岸带保护法案》、1981年《渔业法》、1992年《海洋安全法》、1995年《商船运输法》、1998年《石油法》等。

从2001年开始,英国政府开始围绕海洋经济综合发展制定高层次政策:2002年发布了清洁、健康、安全、极具生产力和生物多样性的海洋研究报告《保护我们的海洋》,提出了海洋领域的发展目标。2003年出台了《变化中的海洋》,制定了全方位的海洋方针。2007年英国自然环境研究理事会(Natural Environment Research Council, NERC)批准了7家海洋研究机构的联合申请,启动了名为"2025年海洋"(Ocean 2025)的战略性海洋科学计划。[1] 2010年2月,《2025年海洋科技计划》正式实施,并提出优先支持海洋生态系统运行模式、海洋环境与气候变化之间的关系、海洋生态效益可持续增长等方面的研究。[2] 英国政府科学管理办公室(GO – Science, GOS)于2018年3月21日发布了《预见未来海洋》,提出了以下五个方面建议:一是确定英国海洋发展的关键产业,促使其为在全球海洋发展机遇中获益,积极开展合作,打造长期的英国商务平台。这些行业包括海事商业服务、高附加值的制造业、智能设备、卫星通信、海洋科学和海洋测绘等。二是以海上风电的成就为基础,利用海洋可再生能源领域的巨大潜力,促进行业创新和增长,构建英国的供应链,减少排放以支持英国气候变化目标。三是支持建立

---

[1] 参见宋国明:《英国海洋资源与产业管理》,载《国土资源情报》2010年第4期。
[2] 参见王树文、王琪:《美日英海洋科技政策发展过程及其对中国的启示》,载《海洋经济》2012年第5期。

解决行业部门间合作障碍的机制。四是解决沿海区域的局部问题,这些问题可能限制海洋经济的发展。五是更好地利用英国的科学、技术和工程基础,确保科技能力能够有效转化为创新能力和海洋经济增长。①

2. 英国海洋经济状况分析

英国是世界领先的海洋国家之一,其经济高度依赖海洋。

(1)海洋渔业

英国四面环海,海岸线长,渔港众多,渔业资源丰富,种类繁多,其渔业资源主要来源于由北大西洋暖流与东格陵兰寒流交汇形成的北海渔场。大不列颠群岛周围的海洋都是水深不到200米的大陆架,不仅适于鱼类繁衍生长,而且便于捕捞作业。② 2019年,英国海水养殖产量达到21.05万吨,占欧洲的7.79%。仅次于挪威和西班牙,位居欧洲第三;海洋捕捞产量61.88万吨,占欧洲的4.64%,位居欧洲第七。2019年,英国环境部部长宣布成立价值1000万英镑的研发基金,大力推动人工智能和机器人在渔业的使用。2021年11月,英国政府社区重建基金为苏格兰海洋科学协会提供40.7万英镑的资金支持,用于在苏格兰奥本附近开办一所海藻学院,推动英国海藻养殖业发展,这是英国首个专门的海藻产业服务机构。

(2)海洋能源产业

英国拥有世界上较为成熟的海上风电市场,2018年海上风电发电量已达到2.67吉瓦,占英国全部发电量的8%。③ 截至2021年3月,英国有14吉瓦的海上风电场已完全投产或在建。④ 近些年,英国政府多次采取措施助力海上风电发展,于2020年公布《绿色工业革命十点计划:更好地重建、支持绿色工业并加速实现净零排放》,计划通过海上风力发电为每家每户供

---

① 参见刘明:《中国海洋经济高质量发展研究》,浙江教育出版社2023年版,第43~44页。
② 参见林香红、高健、何广顺等:《英国海洋经济与海洋政策研究》,载《海洋开发与管理》2014年第11期。
③ 参见韦有周、杜晓凤、邹青萍:《英国海洋经济及相关产业最新发展状况研究》,载《海洋经济》2020年第10期。
④ 参见《英国驻华大使馆资本投资主管卢嘉贤:英国海上风电市场、政策及投资机会》,载北极星风力发电网,https://news.bjx.com.cn/html/20211019/1182288.shtml。

电,并在2030年实现风力发电量翻两番,达到40吉瓦。2022年4月,英国政府出台《英国能源安全战略》,力图推动英国掌握本国能源自主权,同时最大限度降低本国能源价格。在该份文件中,英国提出到2050年实现核装机容量增加两倍,并大力推进海上风电场建设等。

(3)海洋交通运输业

英国港口众多,其中重要商业港口为100个,年吞吐量在100万吨以上的港口52个。海运承担了95%的对外贸易运输,从英国多数港口往欧洲主要海港(如阿姆斯特丹、汉堡等)的货物可一天到达。2021年3月,英国政府批准了在8个地区建设自由贸易港,新的自由港将设在东米德兰兹机场、费利克斯托和哈里奇、亨伯、利物浦市区、普利茅斯、索伦特、泰晤士、蒂赛德。这些地区的发展将得益于税收减免、简化的海关程序和更广泛的政府支持。① 2021年5月,英国政府将航运纳入国家碳预算,成为全球第一个将国际航运和航空纳入国家碳预算的国家,此举是英国减排计划的一部分,英国计划到2035年将碳排放量减少78%,到2050年将碳净排放量减少为零。②

(4)海事服务业

伦敦是世界国际海事法律服务中心,在海事法律服务的发展过程中,伦敦海事仲裁员协会成立,专门负责解决全球各类海事纠纷,因其拥有大量专家、价格相对便宜、具有语言优势,在国际上获得了较高的声誉。2015年,超九成的国际海事纠纷都选择在伦敦进行仲裁,仅仲裁每年就给英国带来300亿英镑的收入。③ 2019年,伦敦在全球海事仲裁市场占有率达80%。2021年,伦敦海事仲裁员协会成员共收到2777份任命,公布裁决数量531份。

伦敦金融城不仅是世界著名金融中心,金融业从业人员规模世界第一,

---

① 参见《英国批准在八个地区建设自由贸易港》,载见道网2021年3月9日,https://www.seetao.com/details/68604.html。
② 参见马琳:《英国政府将航运纳入国家碳预算》,载信德海事网2021年5月15日,https://www.xindemarinenews.com/topic/yazaishuiguanli/29407.html。
③ 参见华高莱斯:《海事帝国——英国(五):以伦敦为例,探究英国海事产业的秘密》,载搜狐网2020年9月25日,https://www.sohu.com/a/420734965_120168591。

拥有现代化金融服务体系,也是世界重要船舶市场,船舶经纪占世界的40%。[1] 英国政府长期采用低息贷款、免征关税等一系列政策来激励船舶投资,有着较强的竞争力和影响力。英国海事网显示,英国占有全球海上保险费和船舶经纪交易的最大份额,分别占全球市场的35%和26%。[2]

3. 中英经济海权合作与互补

我国与英国的海洋经济合作主要体现在能源合作领域,如潮汐能、波浪能、风能等相关产业的合作交流与中心建设等。早在2009年,英国苏格兰的可再生能源公司就曾与中国气象局联合就中国沿海近10,000千米海岸线上,建设大型风电场的可行性进行共同研究。2011年,中国海洋大学、青岛市科技委员会与欧洲海洋能源中心共同签署合作协议,推动在山东建立海洋波浪能的测试中心。在2013年,由中国海洋石油集团有限公司、中国海洋大学、哈尔滨工程大学等单位共同推动建设的青岛海洋能源综合试验基地也得到了欧洲海洋能源中心的支持与参与。[3]

近年来,我国通过开展高层外交推动双边海洋能源合作。2015年习近平主席访问英国期间,中英两国联合召开了第四届能源对话会,中英两国多家单位联合签署了《关于中国海洋大学与英国欧洲海洋能中心的合作谅解备忘录》。[4] 同时,中国国家能源局与英国能源和气候变化部,中国国家发展和改革委员会与英国商业、创新和技能部,国家开发银行与英国贸易投资署,国务院发展研究中心与英荷壳牌国际有限公司也分别围绕海洋能源合作签署了一系列合作协议,实现了中英能源合作的再一次跨越。[5]

---

[1] 参见杨钒、关伟、王利、杜鹏:《海洋中心城市研究与建设进展》,载《海洋经济》2020年第6期。
[2] 参见段晓峰、林香红主编:《世界海洋经济发展报告》,世界知识出版社2023年版,第257~265页。
[3] 参见谭毅敏:《青岛打造北方最大海洋能基地》,载新能源网,http://www.newenergy.org.cn/hynxsdtrqshw/201208/t20120829_227494.html。
[4] 参见张同顺:《中英能源对话会海大参与 将在海洋能领域合作》,载半岛网,https://news.bandao.cn/news_html/201510/20151026/news_20151026_2579536.shtml。
[5] 参见刘贺青:《英国海洋能源产业全球布局背景下的中英海洋能源合作评析与对策》,载《太平洋学报》2016年第10期。

第二节　中国特色经济海权的重点领域

一、海洋渔业领域

作为人类最古老的产业之一,海洋渔业为人类的生存发展提供了丰富的食物来源。近年来,随着中国人口的不断增长和人们生活水平的不断提高,海洋渔业对于中国维护粮食安全的重要性与日俱增。

(一)发展海洋渔业的意义

1. 发展海洋渔业能够显著提升食物保障能力,切实维护国家粮食安全

据统计,全球海洋中的海洋生物所能提供的食物单位可满足 300 亿人的日常所需。中国是人口大国,人均耕地面积相对不足,加之 20 世纪 80 年代以来,近海渔业资源逐渐下降,海洋环境保护压力上升,导致我国对粮食、蛋白质的需求不断提升,仅靠陆域资源已很难满足我国日益增强的粮食需求,特别是对优质蛋白质的需求。因此,坚决贯彻落实"大食物观",不断推进远洋渔业发展,向海洋要食物已经成为提高中国食物总产量,持续维护粮食安全的必由之路。

2. 发展海洋渔业是切实维护国家海洋权益、加快实现海洋强国战略的重要举措

根据国际通行规则,国际渔业的管理原则是"占有即权益",即一国所能获取的海洋资源与该国历史上曾具有的捕捞能力、曾开拓的捕捞范围直接相关。换言之,在国际渔业资源分配中,传统渔业强国往往掌握着较大的行业话语权,这些国家起步早,历史捕捞量高,现有捕捞能力强。这为我国渔业发展敲响了警钟。如果不能按照"储近用远"的国家海洋战略加快推进全球海洋资源的开发利用,那么中国将在未来的海洋秩序构建以及海洋资源分配中处于十分被动的局面。

3. 发展海洋渔业有助于巩固和深化外交与合作关系、拓展国家利益、扩大国际影响力

海洋渔业往往是沿海发展中国家的重要经济支柱,因此我国与相关沿海国家开展渔业合作是两国加强联系的最佳方式。通过相互投资、合作研发、资源共享等多种手段,在促进他国经济发展的同时,也可以为我国争取良好的外部环境。同时,根据国际法规定,悬挂船籍国国旗的船舶视为该国浮动的领土,因此远洋渔场不仅仅是开发海洋资源的重要工具,也是延伸主权、传播国际影响的重要载体。一旦发生海上纠纷,远洋渔船常常可以发挥"第二海军"作用,为维护海上利益提供支援和保障。[1]

(二)中国海洋渔业发展历程

1. 海洋渔业恢复期(1949~1957年)

新中国成立后,全国处于战后休整期,沿海地区经济恢复较快,加之战争时期海洋捕捞以私人为主,对渔业资源的开发利用程度很低,于是渔民通过民主改革获得了生产工具后,渔业捕捞逐步恢复,产量不断提高。在此期间,中国海洋渔业的总产量从1950年的55万吨增至1957年的194万吨,增长约253%,年均涨幅17%,其中捕捞量一直占总产量的95%左右,养殖量虽也有所增长,但绝对产量极少。

2. 海洋渔业曲折发展期(1958~1978年)

在此期间,我国海洋渔业生产总量呈波动增长的态势,从1957年的194万吨逐步下降到1961年的143万吨,国民经济调整期后,1967年达到219万吨,此后一直呈稳定增长态势。这一时期人均收入增长缓慢,城镇居民家庭人均生活费用收入由1957年的235.4元上升至1978年的439元,升幅约86%;人口由1957年的6.4653亿人上升至9.6259亿人,升幅约48.9%。大幅增加的人口基本分布在东部沿海一线,极大地推高了海鲜需求。同时,20世纪70年代由于盲目追求渔业产量上升,采用了非可持续的方式开展捕捞

---

[1] 参见王海峰:《我国远洋渔业发展现状、面临问题与对策浅析》,载《水产科技情报》2022年第6期。

作业,虽然在短时间内提升了渔业产量,整体质量却大幅下滑,在捕获的海产品中,幼鱼、贝藻等占一半以上,渔民增产不增收的情况较为突出。①

3. 海洋渔业高速发展期(1979年至今)

中国海洋渔业总产量在1979~2005年稳步提高,而捕捞量从2001年开始出现负增长。养殖量在1996年以前稳步提高,其后开始大幅增长。之所以会出现这样的情况,是因为根据《联合国海洋法公约》的要求,我国需对海洋捕捞计划进行严格控制。为满足全国海产品需求,中国积极推动海洋养殖发展,在此期间,以海带等藻类为主的海产品得到了迅猛发展,而海洋捕捞在1999年基本达到"零增长"目标后已经逐渐趋于稳定,并开始出现了捕捞"负增长"的情况。②

(三)全球海洋渔业基本情况

海洋渔业是全球渔业与水产养殖的主要构成,多年来持续占据主导地位。2020年全球63%的水产品来自海洋,海洋渔业总产量达1.1亿吨,较2010年增长14.1%。总体来看,2010~2020年海洋渔业总产量呈上涨态势,占全球渔业与水产养殖总产量的比重持续保持在60%以上。

1. 海洋捕捞生产情况

全球海洋捕捞量占海洋渔业产量的比重在2010~2020年呈递减趋势,但仍是全球海洋渔业的主要支柱。2020年全球海洋捕捞产量近7900万吨,占海洋渔业的比重为70.4%。其中,海洋捕捞总量排名前5位的国家在世界范围内占比超过了40%。中国占比14.9%,居全球首位;其次是印度尼西亚,所占比例为8.2%;第三位为秘鲁,所占比例为7.1%;第四位和第五位分别是俄罗斯和美国,所占比例分别为6.1%和5.4%。从洲别来看,亚洲是全球海洋捕捞的核心区。在2010~2020年全球海洋捕捞总量中,亚洲海洋捕捞量所占比重基本保持在一半左右。

---

① 参见阎国良:《关于我国水产发展战略问题初探》,载《农业经济丛刊》1983年第4期。
② 参见姜旭朝主编:《中华人民共和国海洋经济史》,经济科学出版社2008年版,第136~154页。

2.海水养殖生产情况

由于海洋渔业资源衰退,海洋资源保护意识的提高,海水养殖逐渐成为海洋捕捞的重要补充。面对新冠疫情,全球水产养殖仍然保持增长态势,2020年全球海水养殖产量超过3300万吨,较2010年增加了51.8%。整体而言,全球海水养殖产量在2010~2020年呈现稳步增长的趋势,占全球海洋渔业的比重亦不断升高。2020年居全球前25位的海水养殖主要生产国总产量近3200万吨,其中,中国海水养殖产量占全球比重超一半,达56.6%;其次是印度尼西亚(占5.5%)、越南(占5.0%)、挪威和智利(均为4.5%)。[①]

二、海上交通运输领域

在人类文明发展史上,海运发挥着重要作用。一方面,海运传播了海洋文化,增强了海权意识;另一方面,海运也为各国经济发展带来了丰富的物质基础。随着中国经济社会的不断发展,海运的作用也更加凸显。

(一)发展海运业的意义

1.海运关系国家经济运行安全

目前,中国近90%的货物贸易进出口通过海运完成,以原油、铁矿、粮食为代表的大宗战略物资基本依靠海运。这些商品与中国经济社会发展息息相关,一旦海运线路受阻将对我国经济造成巨大冲击。因此,面对当前复杂的国际局势,推进中国海运业发展,加强航运保障能力对我国意义重大。

2.海运是拉动经济稳增长的重要力量

海运产业贯穿海洋经济全产业链,直接对接船舶制造、金融贸易等重要经济领域,航运业的快速发展能够有效推动码头建造、船舶建造等相关产业加速迭代升级,实现技术的快速积累与要素的快速集中,能够为相关产业扩大规模、增强国际竞争力起到重要的支持效应,对中国海洋经济的高速、稳

---

① 参见段晓峰、林香红主编:《世界海洋经济发展报告》,世界知识出版社2023年版,第4~9页。

定发展具有极强的现实意义。

3. 海运是维护国家安全和海外权益的重要保障

船舶作为"浮动领土",是我国海外利益保护的重要支撑。1961年印度尼西亚、2000年所罗门、2011年利比亚、2014年越南的撤侨任务,都充分证明海外运输力量的重要价值。

4. 海运是海洋软硬实力的重要组成部分,是沟通世界的重要纽带

经过漫长的历史发展,海运已经成为集资金、技术、人才于一体的庞大产业体系,在全球各国海权建设中都发挥着重要作用,是各国海洋经济、海洋文化等的重要载体,也是各国开发海洋、利用海洋的重要工具,面对我国建设海洋强国的任务目标,更应注重发挥海运的重要作用。[①]

(二)中国海运业发展历程

1. 海运业恢复发展期(1949~1957年)

新中国成立初期,中国的海运业所用船只大多是通过接收国民党政府船只、争取在海外的部分爱国轮船起义和民营私营船只北归得来的。由于国民党的恶意破坏和反动宣传,在新中国成立以后,保留在大陆的船只仅有23艘,为招商局总船只数的20%,并且基本是小型轮船或早已失控的江轮。

在此期间,我国政府通过对外国船只实施相对严格的管理审批,以及彻底废除帝国主义在中国的一切特权,收回海关税政、港口管理、沿海贸易、内陆作业、本国调水等各种权能,使我国的海运业得到了极大的发展。海运货运量由1950年的69万吨增至1957年的1223万吨,年均增幅高达43.2%。但由于西方国家封锁,远洋贸易发展缓慢,其中,沿海货运量占95%左右。

2. 海运业曲折发展期(1958~1978年)

这一时期,沿海货运量由于国家经济政策和方向的失误,经过连年的高速增长后,出现了较大幅度下降,特别是1961年下降幅度达到42.7%,直到

---

① 参见宋德星:《〈国务院关于促进海运业健康发展的若干意见〉解读》,载中国政府网,https://www.gov.cn/xinwen/2014-09/03/content_2744801.htm。

1970年才恢复到1960年的水平,而沿海货运量直到1973年才恢复到原来的水平。同时,由于20世纪70年代中美关系解冻,远洋运输遇到了发展机遇,增长较为迅速,远洋货运量从1970年的499万吨增加到1978年的3695万吨,年均增长幅度为24.8%,远大于沿海运输的12.9%。

3. 海运业高速发展期(1979年至今)

1978年党的十一届三中全会后,工作重心重新转移到社会主义现代化建设上来,对海运业进行了一系列的政策调整,包括鼓励社会各方面兴办水运,全方位向国外开放国际国内海运市场、大力建设新港口,改造现有港口,改革港口管理体制等。这些政策推动了海运业的发展,货运量和货运周转量均大幅提高,分别从1978年的10,530万吨和3266亿吨公里增至2005年的113,900万吨和47,047亿吨公里,增长率分别为982%和1341%。[①]

(三)全球海运业基本情况

近年来,随着全球对商品贸易需求比例增长,2020年海运占全球贸易量比重达到了86%,再创历史新高;亚洲地区在国际海运贸易中的主导地位进一步加强,装货总量占比持续保持41%左右。

1. 船队供给发展情况

近年来,全球海运船队规模持续平稳增长,2015年年初至2021年年初全球船队规模年均增速3.4%。截至2021年年初,全球海运船舶数量接近10万艘,运力规模21.3亿载重吨。此外,全球船舶趋于大型化发展,集装箱船队中大型船舶(万标箱以上)比例从2011年的6%提高到2021年的近40%。全球集装箱航运市场集中度再次提升,截至2020年年底,全球前十大班轮公司运力市场份额合计达83.9%,全球班轮联结最紧密的前十个国家或地区分别为中国、新加坡、韩国、美国、马来西亚、中国香港、英国、荷兰、西班牙、比利时。

---

① 参见姜旭朝主编:《中华人民共和国海洋经济史》,经济科学出版社2008年版,第168~184页。

2. 船员发展情况

全球新冠疫情暴发以来，船员换班、维护权益等面临的困境是空前的。与此同时，船东经营不善等原因造成的船员弃置问题时有发生，全球范围内截至2020年12月17日发生的船员弃置事件达76起，涉及人数超过1000人，创下历史新高。在此背景下船员离职率增加，上船率下降，船员尤其是高级船员短缺问题暴露，2021年全球海员数量比2015年增长14.9%，但高级船员占比比2015年减少1.6%，仅为45.3%。全球船员主要来自亚洲地区的人口大国，菲律宾、俄罗斯、印度尼西亚、中国和印度是海员来源国的前五位。

3. 海运货运代理服务发展情况

综观全球，近些年德国、中国、瑞士、美国的海运货运代理保持强劲发展。2020年世界主要海运集装箱货运代理前50名企业排名（按集装箱处理量排序），德国有6家企业上榜，4家企业进入前10名，牢牢占据世界海运代理最发达国家的位置；中国有16家企业上榜，其中中国外运股份有限公司荣登全球第二，嘉里大通物流公司位居全球第六；瑞士有3家企业上榜，其中德迅集团稳坐世界第一把交椅；美国有7家企业上榜，有2家企业进入前10名。

4. 船舶经纪业发展情况

在市场主体方面，世界船舶经纪公司占据主导地位的有克拉克森（Clarksons）、百力马（Braemar）、辛普森（Simpson, Spence & Young）等。截至2020年，克拉克森船舶经纪公司在全球排名第一，全年收入达到3.6亿美元，拥有53个办事处，1600多名员工。从各国来看，英国仍是全球最主要的船舶经纪市场，207家船舶经纪公司中101家经营势头强劲，英国皇家特许经纪人协会被公认为全球船舶经纪界最权威的培训机构。新加坡同样重视发展船舶经纪行业，2020年新加坡有70家船舶经纪公司，同比增长约19%。中国国际船舶经纪业发展迅速，2020年上海拥有856家船舶经纪企业，著名的船舶经纪公司如克拉克森、百力马、箭亚等都在上海建有分公司或办事处。

5. 船舶登记服务发展

2020年,巴拿马、马绍尔群岛、利比里亚、中国香港、新加坡为全球主要船籍登记地。上述国家或地区登记船舶载重吨占全球载重吨比重达59%,其中,巴拿马注册船队载重吨同比增长4.6%,利比里亚注册船队载重吨同比增长8.9%,马绍尔群岛注册船队载重吨同比增长4.7%。近10年来,中国香港登记船队规模持续增长,2020年注册船队载重吨同比增长1.8%。

6. 海事法律服务发展情况

当前,伦敦仍然在全球海事仲裁市场占据绝对主导地位。2020年,伦敦海事仲裁员协会成员收到的委托创2016年以来新高,成功裁决率达17%。新加坡和中国的海事仲裁与海事审判业务明显提升,新加坡国际仲裁中心受理的新案件数量首次超过了国际商会国际仲裁院。上海海事仲裁受理件数和争议标的总数同比上升约3倍,约占全国海事仲裁委员会业务总量的90%,而香港国际仲裁中心新受理的涉及海事争议仲裁案件数量达483件,约18.6%。[①]

三、海洋化工及生物制药领域

海洋化工及生物制药产业是当前海洋经济中的新兴领域,具有产业链长、附加值高等突出优势,是提升我国海洋经济综合实力,推动新质生产力发展的关键一环。

(一)发展海洋化工及生物制药产业的意义

1. 海洋化工业是具有潜力的资源性产业

据科学家测试,在地球上已发现的118个化学元素中,有80多个是海水中的,其中11个是海水中含量最多的,而在这80多个元素中,有17个是陆地上稀缺的元素,其中一些元素具有战略意义。比如,海水中的原子能发电

[①] 参见段晓峰、林香红主编:《世界海洋经济发展报告》,世界知识出版社2023年版,第15~21页。

用核燃料铀的储备约为42亿吨,是陆地铀储量的2000多倍;锂元素作为热核能源的重要原料,在海水中也有大量储藏;海洋中的碘元素作为工业、农业、医药和人体健康所需,总储存量高达800亿吨。[①]

2. 海洋生物制药具有广阔的市场

从全球来看,2000年全球人口已经达到60亿人,药品市场增长了1/5;医疗水平大幅提升、占世界人口80%的发展中国家,目前医药消费仅占世界医药市场的20%,开拓市场的潜力巨大;所有发达国家和一些发展中国家的人口老龄化趋势加强,到2000年已有5.9亿老年人在医药市场上消耗了约50%的药品,比1987年增加了10倍。随着人口老龄化趋势的加剧,医药市场中老年人对药品的消费比例还会增加。

3. 海洋化工及生物制药产业附加价值较高

据统计,技术创新的平均回报率为20%~30%,而社会回报率为50%,其他类别的制造业难以望其项背。往往技术难度越高、创新程度越高,就能获得更高、更持久的附加价值。海洋生物制药是一种新兴的高科技海洋产业,其附加值相对于其他高科技产业而言更高,如治疗心血管疾病、肿瘤等的海洋药物产品都是新型优质产品或市场极其短缺的产品,对人类的贡献率极大。这些产品一旦开发成功,将会形成高出产品成本数倍的价值,从而为海洋经济发展带来巨大的效益。[②]

(二)中国海洋化工及生物制药产业发展历程

1. 海洋化工产业发展历程

中国的海洋化工产业始于20世纪30年代,那时的海水制盐,是海水化学资源最早而且唯一的产业。新中国成立后在相当长的时期内,我国的海洋化工产业仍然以制盐业为主,海盐的生产促成了近代氯碱工业的建立。这一工业构成了一系列重化工产品的核心,并进一步带动了现代化学工业

---

① 参见蒋以山、谢维杰、高正、陈鲁宁:《发展海洋化工业 振兴蓝色经济》,载《海洋开发与管理》2013年第1期。
② 参见栾维新等:《中国海洋产业高技术化研究》,海洋出版社2003年版,第201~203页。

的发展。20世纪30年代,人们开始研究直接从天然海水中提取有用的化学物质,到20世纪50年代中期,海水提溴、提取镁化物的单项提取技术和技术改造工作,均已基本完成并用于生产阶段。20世纪60年代初期,将海洋中低浓物质和痕量元素进行富集分离和提取的新技术、新方法层出不穷,标志着近代海水化学产品开发的新开端。中国的海藻工业起步于20世纪60年代末,至今已形成了一个较完整的独立的工业部门,其中大型海藻的养殖和应用一直处于世界领先位置。

2. 海洋生物制药产业发展历程

中国有很长的海洋生物药用历史,早在《诗经》《黄帝内经》中就有记载。战国至汉初的《山海经》、东汉的《神农本草经》、唐代的《本草拾遗》、明代李时珍的《本草纲目》、清代的《本草纲目拾遗》等,也都有用海藻治病的记载。

然而,对海洋药物进行系统性和科学性的深入研究是20世纪70年代以后的事情。山东省海洋药物科学研究所作为中国最早从事海洋药物研究的专业科研机构,于1982年成立。随后,中国海洋大学、中山大学、中国科学院海洋研究所、中国科学院植物研究所、北京大学、南京药科大学中药学院、沈阳药科大学动物药化学室和生药室等也纷纷建立了海洋药物研究开发基地。青岛海洋大学(现中国海洋大学)1993年增设了全国唯一的海洋药物专业,重点是研究心脑血管病、肿瘤、艾滋病和一些疑难杂症药物。[①]

(三)全球海洋化工及生物制药产业发展状况

1. 海水淡化发展情况

近年来,由于全球水资源短缺日益加剧,海水淡化产业在国际上得到了快速发展。海水淡化规模在全球范围内迅速攀升,应用领域日益广泛,工程日趋大型化。海水淡化已成为许多沿海国家解决淡水资源短缺、实现可持续发展的重要手段。到2020年年底,世界海水淡化项目规模达到5821万吨/日。沙特阿拉伯是世界上海水淡化应用规模最高的国家,海水淡化项目

---

① 参见姜旭朝主编:《中华人民共和国海洋经济史》,经济科学出版社2008年版,第269~274页。

规模为1094万吨/日,首都利雅得使用的饮用水来自467千米外的海水淡化工厂。阿联酋海水淡化项目规模为899万吨/日,居世界第二位,海水淡化水已成为市政供水的重要组成部分,该国90%以上的饮用水依赖于海水淡化。[①] 新加坡将发展海水淡化作为"国家四大开源战略"之一,截至2020年年底,新加坡海水淡化工程规模约100万吨/日。[②]

2. 海水化学资源利用情况

目前,海水中已发现的化学物质有80多种,其中11种元素(氯、钠、镁、钾、硫、钙、溴、碳、锶、硼、氟)占海水溶解物质总量99.8%以上。

(1)海水提溴

现在的海水提溴技术有水蒸气蒸馏法、空气吹出法、离子交换吸附法、溶剂萃取法、乳状液膜法、气态膜法、超重力法和沉淀法等,其中空气吹出法和水蒸气蒸馏法是工业化的主要方法。[③]

(2)海水提钾

自1940年挪威化学家基兰(J. Kielland)首次获得海水钾提取专利后,全球沿海各国为研究海水中钾的提取技术投入了大量的人力物力,共提出了100多种方法,但都因提取成本过高而未能产业化。

(3)海水提镁

早期从海水中提取镁及镁化合物的主要目标产品为海水镁砂(MgO),中间材料为海水镁砂中的氢氧化镁。随着氢氧化镁应用领域的日益拓宽,各国也逐渐重视从海水中提取氢氧化镁。料浆状氢氧化镁、阻燃剂用氢氧化镁的制备技术已实现产业化。

3. 全球海洋药物产业发展情况

海洋生物制药是目前海洋大国重点的竞争领域,目前全球产业规模已

---

① 参见阮国岭:《用海水淡化保障高质量发展》,载《民主与科学》2020年第1期。
② 参见刘淑静、王静、邢淑颖等:《海水淡化纳入水资源配置现状及发展建议》,载《科技管理研究》2018年第17期。
③ 参见张永梅、于宗然:《简述海水提溴技术的现状及进展》,载《化工管理》2019年第9期。

达数百亿美元,并保持年均 15% ~ 18% 的高速增长趋势。① 在全球海洋生物医药产业规模和市场份额上,美国、欧盟、中国和日本排在前四位。近 5 年来全球生物产业的发明专利申请总量居七大战略性新兴产业的首位,达到126.1 万件,占各产业合计量的 32.26%,其中来自海洋的发明专利发展最快。目前,已有 10 多种海洋药物进入市场,如头孢菌素、利福霉素、阿糖胞苷、阿糖腺苷、齐考诺肽等。②

四、海洋能源领域

中国是能源进口大国,石油、天然气等重要能源大多需要从国外进口,是国家维护能源安全的重要隐患。同时,随着全球环境保护意识的不断增强,加快推进海洋能源产业发展,实现由化石能源向海洋可再生能源转型应是当前能源产业发展的关键路径。

(一)发展海洋能源产业的意义

1. 海洋能源开发是建设海洋强国的重要组成部分

海权包括一个国家控制海洋的能力和开发海洋的能力。在大航海时代,一个国家开发海洋的能级集中表现在一国的航运能力。具备强大航运能力的国家就有资格去更好地控制全球的资源和市场、更好地为本国发展提供支持。以西班牙、葡萄牙、荷兰为代表的老牌海洋强国,均是依靠雄厚的航运实力才由弱到强,发展成为海上霸主的。近年来,随着科学技术的不断发展,以石油为代表的海洋资源已经成为各国经济发展不可或缺的重要资源,甚至有人认为"谁拥有石油,谁就拥有世界"。因此,在当今时代,更好地勘探、开发、利用海洋资源,已成为建设海洋强国的必然要求。

---

① 参见吴黄铭、郑艳、曹晓荣等:《基于海藻产业链分析的海洋药物与生物制品产业发展思路》,载《海洋开发与管理》2021 年第 5 期。
② 参见段晓峰、林香红主编:《世界海洋经济发展报告》,世界知识出版社 2023 年版,第 61 ~ 62、67 ~ 69、87 ~ 97 页。

2. 海洋能源开发有利于维护国家海洋领土主权和海洋资源利益

1969年《埃默里报告》提出南海"有可能是尚未开发的油气富集区",从而引发美国、日本及南海周边各国对我国南沙岛礁及东海大陆架的非法侵占。自1974年起,包括越南、菲律宾在内的多国便开始窃取中国南沙九段线内的油气资源,彼时中国海洋装备较为落后,虽然曾派出一支钻井队在西沙永兴岛钻探了一口"标志井",但仍难以实现对南海诸岛及海域内油气资源的有效控制。这一状况直至2008年才得到扭转。2008年4月,中国首座自主设计、建造的第六代深水半潜式钻井平台"海洋石油981"正式开工,标志着中国已经具备勘探、开发海洋资源的技术实力和工业基础,也意味着从此有能力对南海海域内的油气资源实现有效控制。①

3. 海洋能源开发可以满足中国经济转型升级和高质量发展的要求

2020年9月,中国明确提出2030年"碳达峰"与2060年"碳中和"目标。这些都对推进能源转型提出了更高要求,而以潮汐能、波浪能、海上风能为代表的绿色海上能源正是实现这一目标的重要手段。同时,海上能源的便利性可以有力促进国家对管辖海域的开发和利用,为岛屿建设提供持续稳定的能源供给,直接为海洋生态文明建设和海洋开发利用提供保障。海洋能源产业作为新兴产业,具有产业链条长、产品附加值高等突出优点,成为产业转型升级、迈向高端化的重要路径。②

(二)中国海洋能源产业发展历程

1. 海洋油气业调查勘探期(1959~1978年)

1962年,全世界的原油总产量为12.1亿吨,其中海上石油仅有1.19亿吨,占9.8%。中国此时的石油自给自足基本得到保障,因此对海上石油的需求并不迫切,但石油资源本身具有极高的战略价值,因此中国政府对国家的海上石油资源进行了一系列前瞻性的考察。

---

① 参见周守为、李清平:《开发海洋能源,建设海洋强国》,载《科技导报》2020年第14期。
② 参见赵媛、王海峰:《"双碳"背景下中国海洋可再生能源产业化路径探析》,载《能源与节能》2023年第5期。

2. 海洋油气业发展期(1979 年至今)

20 世纪 80 年代,我国在 42 万平方千米的南海和南黄海地区,与 13 个国家的 48 家石油公司合作完成了地球物理普查工作。1981 年 1 月 30 日,《对外合作开采海洋石油资源条例》对利用外国资金和技术开采我国海上石油的政策作出了明确。1996 年 5 月,经全国人大常委会批准,中国正式加入《联合国海洋法公约》,据此对 300 万平方千米的海域拥有了管辖主权。[1] 中国可供开采海洋石油的海域面积有了较大幅度增长。[2] 对于中国而言,海洋获得了与陆地同等重要的能源地位。[3]

(三)全球海洋能源产业发展状况

1. 海洋油气探明率低,海洋是未来重要资源储备基地

2017 年,全球海洋油气技术可采储量分别约为 10,970 亿桶和 311 万亿立方米,占全球总储量的 32.81% 和 57.06%。根据国际能源署(International Energy Agency,IEA)统计,目前海洋油气仍处于探矿初期,石油和天然气的探明率仅为 23.70% 和 30.55%。同时,针对海洋油气的开发也明显滞后于陆域石油、天然气开发。例如,目前海洋油气产量仅占技术可采储量的 29.8% 和 17.7%,与陆域的 39.4% 和 36.8% 相比差距较大。深水石油、天然气的开采比率下降至 12% 及 5%,超深水石油、天然气的开采比率则仅有 2% 和 0.4%。

2. 国际石油公司加大深水油气布局,海上勘探开发投资日益扩大

由于海洋能源蕴含丰厚的利润,目前国际石油公司已经将其海上投资的近 50% 投入深水领域,特别是深水油气勘探、开采产业。例如,英国石油公司油气产量的 31% 来自深水油气开发,总产量已接近 5000 万吨当量。从目前来看,国际石油公司大多将投资集中于巴西盐下油藏、地中海海域、苏

---

[1] 参见国务院《关于国家海洋事业发展规划纲要的批复》(国函〔2008〕9 号),2008 年 2 月 7 日发布。
[2] 参见姜旭朝主编:《中华人民共和国海洋经济史》,经济科学出版社 2008 年版,第 243~258 页。
[3] 参见武建东:《海洋石油热撑中国——海洋石油开发与当代中国能源政策的转型》,载《海洋世界》2007 年第 1 期。

里南—圭亚那盆地、美国墨西哥湾等地。此外,未来深水油气勘探开发的热点区域还将是西非海域和我国南海。

3.多因素不断降低深水油气成本,深水油气竞争力明显增强

随着深水油气开发技术的不断提升,目前相关领域开发成本已经有了大幅下降,单位成本仅为5年前的50%。例如,挪威石油公司在2017年开发巴伦支海项目的成本比2013年设计时下降了50%,由80美元/桶下降至35美元/桶;巴西国家石油公司和壳牌石油公司开采超级深水盐下油气资源单桶完全成本在35~40美元;参与圭亚那油气深水开发的埃克森美孚公司一桶全桶费用也将低于40美元,深水油气竞争力显著提升。[①]

4.全球海上风电发展规模迅速扩张

近年来,海上风力发电在全球范围内风生水起。截至2020年年底,全球累计海上风电装机规模为35.3吉瓦,较2011年年底的累计装机规模翻了9倍,其中位居前三位的是英国、中国和德国,三者相加的比例高达80%。从区域结构上看,全球海上风电布局较为集中,欧洲和亚洲占据绝大部分份额,北美洲逐步开始规划海上风电项目。欧洲海上风电2020年新增装机2.9吉瓦,全球占比48%。亚洲在2020年的新增装机容量为3.1吉瓦,总装机容量为10.4吉瓦,全球占比分别为51.4%和29.5%。[②]

五、海洋工程装备及船舶制造领域

海洋工程装备及船舶制造产业是一个国家海洋经济的脊柱。随着当前全球开发海洋、利用海洋的意愿和能力不断提升,哪个国家拥有更为先进的海洋工程装备和船舶,就能在海洋开发利用中占得先机,就能够为本国海洋经济发展提供更为广阔的空间。为了满足新时代海洋经济发展的现实需求,就必须持续推进海洋工程装备及船舶建造产业高质量发展。

[①] 参见吴林强、张涛、徐晶晶等:《全球海洋油气勘探开发特征及趋势分析》,载《国际石油经济》2019年第3期。

[②] 参见段晓峰、林香红主编:《世界海洋经济发展报告》,世界知识出版社2023年版,第70~73页。

(一)发展海洋工程装备及船舶制造业的意义

1.海洋工程装备及船舶制造业是开发海洋资源的必备手段

由于自然禀赋差异,中国石油和天然气对外依赖度较高。2020年,中国石油、天然气对外依赖度分别为70%、50%,大部分金属资源也有赖于进口,这在一定程度上对经济发展形成了制约。海洋作为人类发展的全新空间,蕴藏着丰富的矿产资源,是中国维护能源安全的重要支柱。目前,全球海洋资源勘探开发已经逐步由浅海走向深海,对各国海洋装备技术能力也提出了更高的要求,为了在全球海洋资源竞争中占据更为有利的地位,推进海洋工程装备建造产业发展势在必行。

2.海洋工程装备及船舶制造业是发展海洋产业的重要保障

海洋产业包含海洋科技、海洋能源、海水淡化、海洋运输等诸多领域,但这些产业的发展无不需要先进的海洋工程装备、海洋船舶保障,当前,中国已经进入建设海洋强国的重要历史时期,为了更好推动海洋经济高质量发展,就必然需要围绕各个产业发展需求,持续推进相关配套海洋工程装备及船舶的研发和制造,以更高水平的技术装备为海洋经济发展奠定良好基础。

3.海洋工程装备及船舶制造业是维护海洋权益的坚强后盾

受到海洋工程装备技术发展的影响,目前开发海洋资源的能力有了实质性的飞跃,全球海洋国家获取财富的方式已经发生了重大转变。各国通过大陆架划界申请、国际海底区域新资源申请、公海保护区设立等多种手段,都努力在全球海洋划界中占有更多资源。同样,海洋对中国未来高质量发展也具有显著的支持作用,如深海油气资源勘探开发、海上航道畅通安全等,特别是在争议海域、公海大洋以及南北极地区域,强大的海洋工程装备将成为中国争取地区资源开发主导权的重要利器。

(二)中国海洋工程装备及船舶制造业发展历程

1.基础积累期(1949~1957年)

1949年前夕,中国大船厂仅有29家,5000吨级以上船坞6座,年造船能力不足2万载重吨。① 尽管这一时期中国海洋船舶需求量较大,但由于技术不过关、地基不牢等问题一直制约着海洋船舶业的发展。1949年年末,为了恢复遭到战争破坏的航运,上海市军管会首先成立了华东地区船舶建造委员会,组织48家船厂和65家机修厂建造、修造内河拖船、机帆船、木驳等船只。之后,全国修造船厂由各地军管,并按照交通、水产、海军三船只需求分别管理。天津、青岛、黑龙江在1949年年底前抢修各种船舶1200余艘。1950年10月1日,中央重工业部船舶工业局在上海成立,将各个地方分管船厂收归统一,划分为江南、求新、中华、大连、武昌、芜湖六大船厂。

2. 震荡独立期(1958~1978年)

1960年中国与苏联关系趋于紧张,苏联单方面终止"六四协定",致使许多在建舰艇材料、配套设备来源中断。同时,冷战中的西方资本主义国家与中国关系并没有解冻,仍然对中国实行经济封锁,因此这一时期中国造船业只能自力更生、摸索前进。1970年,中国同美国关系逐渐好转,增加了远洋运输对船舶的需求。与此同时,国际海运业蓬勃兴起推动了世界船舶工业的发展,客观上既拉大了中国船舶业同世界船舶业的技术距离,又推动中国船舶业向前发展。

3. 国际市场化时期(1979年至今)

船舶制造工业是最早受惠于开放政策的产业。1977年12月,中国就对船舶出口以及打入国际市场作出了明确要求。在这一政策推动下,中国第六机械工业部(六机部)采用行政改制企业的改革实践,将上海造船局改制为上海船舶工业总公司,同时整个六机部也改制为中国船舶工业集团公司。这次改革在中国工业改革史上意义重大,在体制机制层面为船舶工业市场化铺平了道路,为船舶实现国际化发展奠定了关键基础。②

---

① 参见吴锦元:《中国船舶工业发展回顾与展望》,载《船舶物资与市场》2000年第6期。
② 参见姜旭朝主编:《中华人民共和国海洋经济史》,经济科学出版社2008年版,第211~242页。

(三) 全球海洋工程装备及船舶制造业发展状况

1. 船舶建造工业发展现状

2021年，在全球经济复苏冷热不均、全球新造船市场需求超预期复苏、全球产业链和供应链错配叠加等因素推动下，世界航运市场率先大幅走强，新接船舶订单1.2亿载重吨，较2020年增长110%。船舶分级市场方面：全球集装箱海运贸易实现较快增长，带动集装箱船新造船市场快速回暖，全年集装箱船订单量达到4693万载重吨，比2020年增长4.4倍；世界各国通过基建投资拉动经济增长，带来铁矿石、煤炭等原材料的大量需求，全年散货船订单4233.8万载重吨，同比增长76%；全球能源净需求拉动液化天然气运输船舶订单增长，全年液化天然气运输船舶新增订单85艘1345.6万立方米，同比增长52.2%，创下历史新高。

中韩2021年新接订单占全球市场份额86.4%。随着中国持续扩大高端船型接单规模，以及中韩两国加速布局新一代节能环保船舶，中韩造船业之间的竞争越发激烈。截至2021年年底，韩国的5家中型骨干造船企业中仅剩下大韩造船公社一家，日本也在加快产业重组整合步伐。与日韩相比，中国船企进入产能调整阶段，以适应新产品、新技术、多订单和环境保护的要求，对生产设施进行优化升级，提高产能。

2. 海洋工程装备工业发展现状

全球海洋工程装备行业的发展与国际油价走势存在十分紧密的关联。国际油价在2014年后从每桶110美元急跌至每桶40美元以下，全球海洋工程设备产业随之陷入低谷。2016年全球海洋工程设备交易金额一度跌至62亿美元，较2013年高峰期大幅度减少。2021年以来，在全球能源需求缓慢回升的背景下，叠加石油输出国组织的持续减产，国际油价持续回升，海上风电资源开发火热。全球海洋工程装备市场回暖稳定，全球海洋工程装备2021年成交144亿美元，同比增长67%。

从更长的周期来看，海洋工程装备市场仍位于2013年开始的下行周期的底部，无论是成交金额还是数量都处于历史较低水平。但随着国际油价的持续回升带动海洋油气开发回暖,海上风电资源开发装备蓄势崛起,新兴海洋资源开发装备蓄势待发,全球海洋工程装备行业正在酝酿新一轮复苏。建造施工设备2021年完成交易73艘51亿美元,交易数量最多,交易金额同比增长65%,具体类型主要集中在海上风电安装船或平台、自升式辅助平台、起重船等。[①]

六、滨海旅游领域

滨海旅游作为全球主要的旅游形式,长期以来都在海洋经济中占有重要地位。海岛游、邮轮游等新型滨海旅游形式,也为国家提升沿海岛屿基础建设、加强邮轮等高附加值船舶发展提供了全新动力。因此,我们应充分把握当前滨海旅游产业升级的历史机遇,以第三产业为牵引,推动海洋第一、二产业协同发展。

(一)发展滨海旅游业的意义

1. 海洋旅游肩负着国民海洋意识培育与传承的重要使命

中国是世界上最早对海洋进行开发利用的国家之一,但明清以来的"禁海"政策严重地禁锢了我国国民的海洋意识。增强海洋意识成为我国国家海洋战略的重要内容。教育功能是旅游的重要功能之一,海洋旅游在发展海洋经济的同时,必将推动国民海洋意识的培育与传承。

2. 海洋旅游是国家海洋权益的柔性表达

中国目前面临海权环境的严峻考验。保障国家海洋权益既需要靠国家经济和军事的硬实力,也需要文化的软实力和旅游的巧实力。旅游作为一种生活方式,超越国家意识形态和社会制度,在树立国家和地区形象、促进民间交流与相互了解、巧妙传递国家意志方面具有重要作用。韩国政府在

---

① 参见段晓峰、林香红主编:《世界海洋经济发展报告》,世界知识出版社2023年版,第24~29、41~47页。

处理与日本存在主权争议的独岛(日方称竹岛)问题上,就采取了旅游的柔性表达:包括宣布开发独岛自然资源的5年计划,旨在通过兴建饭店、开展旅游项目等形成对独岛的实际控制。

3. 海洋旅游是海洋产业结构调整的必然趋势

世界各国海洋产业发展的实践表明,海洋产业结构演变符合产业结构演变的一般规律,即由第一、二、三产业的结构次序发展为第三、二、一产业的结构次序。目前,世界海洋经济发展的四大支柱产业是海洋油气、海洋旅游、海洋渔业和海洋运输业。未来,海洋产业发展和动态演变的主要特征将是以包括海洋旅游业在内的海洋第三产业为主导。

4. 海洋旅游是旅游业整合资源、拓展空间、做大客源增量的重要抓手

海洋旅游业的发展将有效地整合海洋与陆地旅游资源,将发展的空间由陆地拓展到海上,在盘活存量的同时,引入增量客源,从而做大旅游业。人们正在努力将太空开拓为旅游业的"最后疆域",然而海洋作为旅游业的"倒数第二疆域"潜力仍巨大。①

(二)中国滨海旅游业发展历程

1. 外交事业阶段(1949～1965年)

新中国成立后,滨海旅游业主要作为宣传国家方针政策和社会主义建设成就的外交渠道,其政治属性明显。当时沿海地区不是国家交融的空间,而是战略要地、海防的前哨阵地。在这种社会环境下,滨海国际旅游没有得到发展。此外,由于国内社会生产力水平较低,国内旅游包括海洋旅游也仅限于小范围的旅游方式,如商务、公务、会议等,民众对国家经济恢复发展的关注主要集中在恢复和发展国民经济方面。

2. 起步发展阶段(1966～1990年)

滨海旅游业在1978年改革开放后进入了一个全新的发展阶段。这一阶

---

① 参见中国旅游研究院:《2011年中国旅游经济运行分析与2012年发展预测》,中国旅游出版社2012年版,第203页。

段,国家重新认识了旅游业的属性,旅游业开始从以外交为主导的行业向以经济为主导的行业转型。在国家积极发展旅游业的大环境下,沿海的辽宁、河北、广东、江苏等省份,继浙江、海南、山东、广西等沿海省份之后,也纷纷将海洋旅游纳入了自己的发展规划,沿海旅游也逐渐成为各地政府和旅游企业竞相追逐的目标。[①]

3. 迅速发展阶段(1991~2008年)

1992年,邓小平发表南方谈话,为滨海旅游市场化改革打开了思路,推动了中国滨海旅游业的迅猛发展。[②] 1992年,国务院批准首批12个国家级旅游度假区,其中包括大连金石滩、青岛石老人、福建湄洲岛、北海银滩、三亚亚龙湾5个海洋类旅游度假区。

4. 融入国家发展战略阶段(2009年至今)

2009年12月,国务院明确提出"把旅游业培养成国民经济的战略性支柱产业"。2013年被定为"中国海洋旅游年",海洋旅游正由滨海观光向滨海度假转变,由近海休闲向远洋度假转变,以"体验海洋,游览中国""海洋旅游,引领未来""海洋旅游,精彩无限"为宣传口号,海洋旅游装备制造业迅速崛起,航运产业集群与旅游产业集群进一步融合发展。[③]

(三)全球滨海旅游业发展状况

滨海旅游是现代旅游最重要构成部分。据统计,2007年全球滨海旅游业收入占全球旅游总收入的50%,相比于1997年,该比例增长了约3倍。该年全球40大旅游目的地中,沿海国家或地区占据了37个席位,并贡献了全球旅游总收入的80%。现代滨海旅游已经发展为包括旅游海岸、滨海旅

[①] 参见李金玲:《我国滨海旅游业的演化的动力机制研究》,中国海洋大学2013年硕士学位论文,第11页。
[②] 参见揭筱纹、尹奇凤:《新中国成立七十年来旅游业发展历程和演变特征》,载《广西财经学院学报》2019年第6期。
[③] 参见石培华、陆明明、穆怀彦等编著:《海洋旅游发展的中国模式》,中国旅游出版社2021年版,第53~57页。

游区、独立海岛、近岸离岛、旅游城市、旅游村镇、邮轮旅游、沿海旅游在内的8大子系统。

目前世界滨海旅游主要分布在西欧、东欧、中美加勒比海、北美和亚太5大区域,相对比较典型的如法国芒通的"蓝色海岸",罗马尼亚、保加利亚的黑海海滨,古巴的巴拉德罗,美国的夏威夷、关岛、迈阿密,印度的巴厘岛以及我国海南省等。[1]

邮轮旅游近年来已成为海洋旅游的热门。《2019中国邮轮发展报告》显示,2018年,全球邮轮运营船队数量由342艘增长到386艘,邮轮客位数量达到56.3万个。截至2018年,嘉年华集团、皇家加勒比集团、诺唯真邮轮集团、地中海邮轮、云顶香港有限公司这五家全球排名前五的邮轮运营集团,占据了全球邮轮86.9%的市场份额,其中占41.8%市场份额的嘉年华集团的客位量达到24万个。其余四家的市场占有率分别为23.3%、9.4%、7.8%和4.6%。[2]

国际邮轮协会资料显示:2019~2027年度计划在全球范围内建造和运营的邮轮数量达到了142艘,总价值约为772亿美元,平均吨位为86,822吨,平均载客量为2105位,总客位数达29.1万个。2018年11月6日,原中国船舶工业集团有限公司与美国嘉年华集团、意大利芬坎蒂尼集团签订2+4艘大型邮轮建造合同。[3] 首艘大型国产邮轮于2019年10月18日在上海外高桥造船有限公司点火开工,"爱达·魔都号"大型邮轮经过8年的科研攻关和5年的设计建造,于2023年11月4日正式交付运营。[4]

---

[1] 参见陈扬乐、陈曼真编著:《海南省潜在滨海旅游区研究》,海洋出版社2013年版,第65~66页。
[2] 参见中国交通运输协会邮轮游艇分会、上海海事大学亚洲邮轮学院、中国港口协会邮轮游艇码头分会编:《2019中国邮轮发展报告》,旅游教育出版社2019年版,第72~73页。
[3] 参见段晓峰、林香红主编:《世界海洋经济发展报告》,世界知识出版社2023年版,第98~105页。
[4] 参见吕龙德、熊莹:《首艘国产大型邮轮交付 中国造船业迎来历史高点》,载《广东造船》2023年第6期。

第三节　中国特色经济海权建设路径与措施

一、立足高水平对外开放,积极发展"蓝色伙伴关系"

2017 年,联合国第一次海洋大会上,中国就正式提出了建设"蓝色伙伴关系"的倡议,并将其作为响应联合国《变革我们的世界:2030 可持续发展议程》的重要举措。2022 年 6 月,中国自然资源部发布《蓝色伙伴关系原则》,推动该倡议进一步理论体系化。在此基础上,在 2023 年 10 月 18 日举行的第三届"一带一路"国际合作高峰论坛上,"一带一路"共建国家加强海洋合作的共识得到凝聚,"蓝色伙伴关系"倡议持续走深走实。[①]

(一)中国—东盟"蓝色伙伴关系"

根据《中国—东盟战略伙伴关系 2030 年愿景》,建立中国—东盟"蓝色经济伙伴关系"是推动双方经济合作的重要路径,2021 年《中国—东盟建立对话伙伴关系 30 周年纪念峰会联合声明——面向和平、安全、繁荣和可持续发展的全面战略伙伴关系》就相关内容再次予以明确。首届"中国—东盟蓝色经济伙伴关系研讨会"举办于 2020 年 7 月,随后分别于 2021 年 9 月、2022 年 10 月举办了第二、第三届"中国—东盟蓝色经济伙伴关系研讨会"。该研讨会是中国与东盟国家各界代表围绕"蓝色经济"合作的重点领域、重点方向、行动方案等内容开展交流对话的重要平台,特别是在当下全球经济形势陷入低迷的背景下,中国与东盟各国都将提振"蓝色经济"作为重要发展方向。因此,推动中国—东盟的"蓝色经济伙伴关系",不仅符合各方的共同利益,更有利于增强本国、本地区的经济活力,中国应更加积极主动与东盟国

---

① 参见王梦雪:《"蓝色伙伴关系"与"蓝色太平洋伙伴"之思辨》,载中国社会科学网,https://www.cssn.cn/skgz/bwyc/202404/t20240426_5748367.shtml。

家开展"蓝色经济"交流互动,秉持亲诚惠容理念,为持续推动海洋经济高质量发展增添动力。

1. 要确立中国与东盟国家共建"蓝色伙伴关系"的基本原则

坚持维权底线与求同存异相结合。建立中国—东盟"蓝色伙伴关系"的良好合作关系有赖于中国与东盟各国的共同努力。东盟各国之间在政治、经济、文化等方面存在较大差异,采用"一碗水端平"的方式难以适应各国的发展需求,应充分考虑各国经济发展的实际需要,采用"因国施策""先易后难"的方式,从与中国关系较好的国家入手,塑造典型性的合作成果,提升东盟各国主动参与"蓝色经济伙伴关系"的积极性,由点及面逐步推广"蓝色经济伙伴关系",最终在合适时机,与东盟共同建立完善"蓝色经济伙伴关系"组织框架与合作机制。

2. 要以"海洋命运共同体"为指引推进南海区域治理

"海洋命运共同体"是中国立足全球海洋发展实际提出的重要公共产品,为全球海洋秩序构建贡献了中国方案,充分体现了中国负责任的大国形象。目前,以海上搜救、渔业管理、科技合作、生态环保等为代表的海洋合作新领域已经越发受到东盟国家的关注,这也为中国综合推动南海区域治理,加强与东盟国家间的非传统安全合作提供了重要基础。中国将秉持"海洋命运共同体理念",积极通过大国外交策略,引领推动开展相关合作,提供更多地区公共产品。

3. 要构建全方位、多层次、多元主体参与的新型"蓝色伙伴关系"

"蓝色伙伴关系"建构的基础是高校、企业、媒体等民间组织的合作,通过建立这一新型合作平台,可为相关组织和机构实现信息共通、资源共享、交流共建提供良好渠道,是实现更高水平合作的必由之路。中国应当灵活运用"二轨"平台加深与东盟国家合作,依靠媒体、高校等民间组织力量,充分发挥意见领袖作用,通过鼓励交流访学、研讨培训等多种方式,加强中国与东盟国家民间的交流互信,改善地区舆论环境,促进新型"蓝色经济伙伴关系"落地生根。①

(二) 中国—非洲"蓝色伙伴关系"

目前,在海洋经济、海洋安全等众多领域,中非之间都建立了良好的合作关系,双方应始终秉持互利共赢、开放包容的合作态度,在更广泛的层次上展开海洋经济合作。具体而言,应当重点把握以下几个重点领域。

1. 促进与埃及的航运合作

埃及地处"一带一路"的关键地理节点,是中非"蓝色伙伴关系"建构的核心组成部分。长期以来,中国和埃及始终维持良好的合作关系,2016 年两国签订的《关于加强两国全面战略伙伴关系的五年实施纲要》完整建构了双方的合作模式。目前,中埃两国在水产养殖、航运交通等方面有着广阔的合作前景,特别是埃及作为印度洋与地中海之间的航运枢纽,通过"蓝色伙伴关系"加强与埃及合作,将为我国远洋航运、港口工程、滨海旅游等诸多产业发展提供充足便利。

2. 促进与尼日利亚的海洋能源合作

尼日利亚作为非洲最重要的石油生产及出口地区,是中国开展能源合作的重要伙伴。近年来,中国与尼日利亚在海洋油气资源勘探开发,特别是在深海油田开发领域的合作有了长足的进步,在石油提炼工业、海洋基础设施建设等方面也取得了一系列的合作成果。同时,由于尼日利亚面临着相对复杂的海洋安全形势,海盗等问题比较猖獗,因此加强与中国合作,提升资源的开发、运输效率,共同推动海上安全建设完全符合尼日利亚发展利益。中国可与尼日利亚在安全、经济等诸多领域建立长久、稳定的合作关系。

3. 促进与南非的海洋渔业合作

南非作为非洲最重要的国家之一,是中国在非洲的第一大贸易伙伴。

---

① 参见曹群、丁天笑:《新形势下中国与东盟国家共建"蓝色伙伴关系":基础、挑战和路径》,载《南海学刊》2024 年第 1 期。

南非地理条件十分优越,拥有绵长的海岸线和丰富的渔业资源,和我国在众多经济领域存在互补关系。我国的共建"一带一路"倡议与南非的"费吉萨"计划是双方进一步加深合作的重要基础,双方应当进一步拓展在海洋渔业等方面的合作领域。[1] 同时,不断完善在港口建设等方面的合作,以我国共建"一带一路"倡议与南非的"费吉萨"计划为抓手,促进两国海洋经济实现更高水平发展。[2]

(三)中国—欧盟"蓝色伙伴关系"

欧盟是第一个与中国缔结"蓝色伙伴关系"的区域性组织。由于欧盟海岸带漫长,沿海成员国数量较多且发展水平、发展需求参差不齐,因此与中国在众多海洋经济领域都有着合作需求,合作形式也更为丰富。针对欧盟内各成员国的特征,中国也应采取灵活多变的合作手段,从各个层面适应欧盟成员国的不同需求,从而在整体上与欧盟构建良好的合作关系,具体包括以下三个方面。

1. 对接欧盟的"蓝色增长"战略和"蓝色经济创新计划"

中国和欧盟都高度重视蓝色经济发展,欧盟提出的"蓝色增长"战略和"蓝色经济创新计划"就是鲜活的例证。这也为中国推进与欧盟之间的蓝色合作提供了明确的思路,即积极推动我国共建"一带一路"倡议与欧盟"蓝色经济创新计划"对接,在海洋科技研发、海洋数据共享等方面加强联系,发挥各自专业优势,实现协同发展。同时,依托中国与欧盟在减少温室气体排放、保护国家能源供应安全、促进国家低碳经济转型等方面达成的广泛共识,加快推动在海洋可再生能源开发利用、绿色低碳产业发展之间的合作。

2. 借助意大利港口联通欧洲南方市场

除希腊比雷埃夫斯港外,意大利的瓦多港、热那亚港、的里雅斯特港等

---

[1] 参见任航、童瑞凤、张振克等:《南非海洋经济发展现状与中国—南非海洋经济合作展望》,载《世界地理研究》2018年第4期。
[2] 参见贺鉴、王雪:《全球海洋治理视野下中非"蓝色伙伴关系"的建构》,载《太平洋学报》2019年第2期。

港口同样可作为中欧经济贸易的重要窗口。事实上,相较于比雷埃夫斯港,意大利的部分港口距离中国更近,更有利于中国开展中欧海运贸易。因此,可以探索将地理位置较为优越的意大利热那亚港、的里雅斯特港等港口纳入"一带一路"整体规划,并以此作为支点推动中国企业、贸易深入欧洲主要腹地国家,畅通与欧盟各国的贸易路线,搭建起中国与欧盟之间多节点、多层次的海上贸易网络。

3. 利用锡尼什港打造中欧海运互联互通网络

作为中欧"蓝色伙伴关系"中的另一重要组成国家,葡萄牙在与中国的合作中也扮演着十分重要的角色。葡萄牙的锡尼什港西临大西洋,号称"欧洲的大西洋门户",是中国与葡萄牙合作的重点领域。应当将锡尼什港建设作为中葡两国合作的抓手,运用港口优越的地理条件,推动中国贸易向地中海延伸,与希腊比雷埃夫斯港、意大利热那亚港等一同建立起横贯整个地中海的海运贸易网络。①

二、立足国家粮食安全,推动建设"蓝色粮仓"

中国作为人口大国,对于优质蛋白质的需求和当前近海渔业资源衰退的矛盾正在逐渐显现。面对海洋环境保护的严峻形势,推动海洋渔业转型升级,向着牧场化、智能化、深海化方向发展已是势在必行。② 习近平总书记指出:"中国是一个有着14亿多人口的大国,解决好吃饭问题、保障粮食安全,要树立大食物观,既向陆地要食物,也向海洋要食物,耕海牧渔,建设海上牧场、'蓝色粮仓'。"③

---

① 参见叶显敏:《中国和欧盟共建蓝色伙伴关系的问题与对策研究》,上海师范大学2021年硕士学位论文,第46~47页。
② 参见杨红生:《我国蓝色粮仓科技创新的发展思路与实施途径》,载《水产学报》2019年第1期。
③ 《习近平在广东考察时强调 坚定不移全面深化改革扩大高水平对外开放 在推进中国式现代化建设中走在前列》,载《人民日报》2023年4月14日,第1版。

（一）建设"蓝色粮仓"必要性

1. "蓝色粮仓"是保障食物安全的重要举措

粮食安全在中国经济社会发展中居于核心位置，是关乎国家安全的重大战略问题。水产品作为优质的"粮食"，是中国食物供应的重要组成部分。[1] 随着中国居民生活水平的不断提高，人们对于优质蛋白质等食物的需求也在不断提升，在人均土地面积相对紧张的状况下，坚持"海陆统筹"，加快推进海洋渔业资源开发利用的重要性更为凸显。[2] 重视并加强"蓝色粮仓"建设，逐步建设完备的渔业产业体系，是进一步提升优质水产品产量、维护中国粮食安全的有力举措，也是广大人民群众的共同期待。

2. "蓝色粮仓"是建设生态文明的重要途径

海洋渔业作为生物固碳的重要手段，水产养殖与人工造林等方式相比，能够节约更多的资金、土地、人力资源。目前，受到陆源污染影响，海洋渔业生态本身也遭受了严重影响。[3] 随着沿海地区经济的快速发展和城市化进程的不断推进，近海海域输出生态资源的能力受到了制约。在这一背景下，加强"蓝色粮仓"建设，通过健康养殖、适度捕捞等多种方式，逐步涵养近海海域生态环境，提升海洋生态稳定性，对于推动沿海地区经济与环境的双重提升，实现可持续发展具有重要意义，这更是建设生态文明的重要途径。[4]

3. "蓝色粮仓"是推进创新跨越的迫切需求

目前，中国渔业已经进入了转型升级的关键历史节点。经过40余年的快速发展，中国渔业目前面临着资源衰退、装备落后、产业模式粗放、创新动力不足等一系列现实困境。因此，必须持续推进供给侧结构性改革，完善各

---

[1] 参见刘阳光、徐麟辉：《渔业对粮食安全的作用及对策》，载《中国渔业经济研究》1998年第3期。

[2] 参见韩立民、李大海：《"蓝色粮仓"：国家粮食安全的战略保障》，载《农业经济问题》2015年第1期。

[3] 参见海洋农业产业科技创新战略研究组环境保护与资源养护专题组：《发展海洋环境保护与资源养护产业刻不容缓》，载《中国农村科技》2013年第11期。

[4] 参见刘翔、付娜：《滨海新区城乡一体化进程中农村产业升级的路径选择》，载《安徽农业科学》2011年第8期。

类资源要素配置手段,充分激发科技活力,构建"产学研"合作通道,抓紧抢占深海养殖、深海捕捞等渔业高端领域制高点,积极参与国际渔业资源合作与竞争,推动国际渔业规则制定和完善,坚持创新为引领,以海洋渔业跨越式发展助推中国式现代化快速发展。①

(二)建设"蓝色粮仓"的主要路径

1.构造多主体协同的"蓝色粮仓"资源保育机制

自20世纪90年代起,中国已经充分认识到过度捕捞对渔业资源造成的严重破坏,因此出台了伏季休渔以及海洋捕捞"零增长"等制度政策。2000年,《渔业法》即明确了海洋水产资源增殖和保育的相关规范。政府作为水产资源保护的主要践行者,在"蓝色粮仓"建设中发挥了主导作用。然而,"蓝色粮仓"建设不仅需要政府的支撑,还需要生产者、消费者、社会公众等利益相关方的共同参与,特别是要引导水产养殖、捕捞企业加强海洋资源保护意识,主动开展海洋水产资源保育工作,通过建设海洋牧场、增殖放流等方式,发展渔业新业态,最大限度实现经济发展与环境保护的有机统一。

2.围绕高效生态与空间拓展构造"蓝色粮仓"生产支持体系

当前,"蓝色粮仓"建设面临近岸水域空间受限和海洋环境污染等多重因素影响,因此,应当创新工作思路,以离岸深水养殖为重点,协同推动近岸生态养殖,拓展海洋渔业经济增长点,形成质量、效益、环境保护协同推动的海水养殖新模式。针对中国近海乃至全球性渔业资源衰退,要有意识地推进传统渔区恢复性利用,重点推进新空间、新资源开发,加大海洋牧场建设实施力度,推动渔业产业牧场化发展,构建高效的渔业产业链,结合增殖放流、人工鱼礁建设等多种手段,实现近海渔业经济效益与环境资源保护的共同提升。

3.围绕满足广域多元消费需求构造"蓝色粮仓"贸易流通模块

目前,海洋渔业产业仍面临流通成本过高、储藏设施老化、关键物流节

---

① 国务院《关于促进海洋渔业持续健康发展的若干意见》(国发〔2013〕11号),2013年3月8日发布。

点缺乏、产品贸易辐射半径较小等一系列问题,因此,应当进一步加强对冷链运输体系建设的支持力度,持续推动公益性冷链物流项目建设,加强冷链技术研发和技术保障服务,完善冷链运输市场化运行机制,统筹规划批发市场、区域物流中心、水产品加工中心等关键基础设施,建立水产品生产、运输、加工、销售各环节协同、高效的产业链条。逐步建设以东部沿海为起点,辐射内地的物流销售渠道,为"蓝色粮仓"建设提供要素支持。

4. 围绕核心环节服务需求提升"蓝色粮仓"产业链辅助能力

渔业产业的快速发展对于金融、技术、装备等各领域都提出了更高的要求。应当紧紧围绕"蓝色粮仓"建设目标需求,加强种业、养殖、加工等各领域的技术研发,持续推动近岸集约化养殖技术、离岸深水养殖技术、海洋渔业工程建造技术、冷链物流技术等关键性技术的研发应用。探索完善渔业管理、保障制度政策,引导更多经济要素向渔业养殖、运输、加工、研发等各环节聚集。加强海洋环境资源的动态监测,监督利益相关企业、个人依法用海、合理用海,推动"蓝色粮仓"建设可持续发展。[1]

三、立足国家能源安全,加快建设新型能源体系

目前,全球能源结构正在发生深刻变化,清洁化、低碳化已成为全球各国推动能源转型的重要方向。党的十八大以来,以习近平同志为核心的党中央强调"能源的饭碗必须端在自己手里"[2]。我国能源安全保障体系已由传统油气资源向包括核能、新能源、可再生能源在内的多元能源保障体系转变。持续构建清洁低碳、安全高效的能源体系已成为保障国家能源安全,助

---

[1] 参见于会娟、牛敏、韩立民:《我国"蓝色粮仓"建设思路与产业链重构》,载《农业经济问题》2019年第11期。

[2] 参见张晓松、朱基钗:《习近平勉励广大石油工人:再创佳绩、再立新功》,载中国政府网,https://www.gov.cn/xinwen/2021-10/22/content_5644256.htm。

力中国式现代化建设的重要路径。[1]

(一) 中国能源安全面临的现实问题

1. 中国能源综合生产能力稳步提升,但能源对外依存度仍然较高

近年来,中国工业煤炭、原油、天然气等主要能源供应能力稳步增长。其中,煤炭产量长期保持在 40 亿吨以上;2019 年原油产量达 2.04 亿吨,已连续 4 年实现正增长;天然气产量也同比增加 6.8%,达到 2226 亿立方米。同时,绿色、低碳能源转型也取得一系列突破,水电、风电、太阳能发电、生物质发电的装机规模均位居全球第一,2022 年新能源发电量超过 1 万亿千瓦时。但同时,能源整体依存度仍达到 20% 以上,2022 年全年煤炭进口额为 2.93 亿吨,石油进口 5.08 亿吨,天然气进口 1512 亿立方米。

2. 中国煤炭产能过剩和油气产能不足并存,产需错配矛盾进一步深化

《2030 年前碳达峰行动方案》中明确提出"十四五"期间严格合理控制煤炭消费增长,"十五五"时期逐步减少。相较于煤炭的产量过剩,中国石油、天然气产量则难以满足经济社会的发展需要。虽然近年来大力推动能源结构调整,能源结构得到一定程度的优化,但煤炭占比仍高达 55.9%,在一定程度上产需偏离、结构性失衡的现象仍然存在。特别是面对当前能源安全的紧张局势,煤炭安全的托底作用更加突出,贸然降低煤炭供应可能影响能源供应稳定,这也是中国进一步实施能源结构转型必然面临的突出问题。

3. 中国人均可开采能源不足,能源贫困成为制约能源安全的重要因素

中国作为人口大国,人均能源的消费量、占有量都远不及西方发达国家。《中国矿产资源报告(2022)》显示,石油、天然气可开采储量约为 36.89 亿吨、6.34 万亿立方米,但人均占有量仅达到全球平均水平的 17% 和 7%,探明可开采的煤炭储量虽然高达 2078 亿吨,但人均占有量也远低于西方发

---

[1] 参见马超林:《新中国成立以来我国能源安全观及能源安全政策的历史演进》,载《湖北社会科学》2023 年第 2 期。

达国家。面对日益增长的能源消费需求,中国人均能源储量不足的问题已成为制约我国经济社会发展的关键因素,加大绿色能源开发力度、推动绿色能源转型升级已成为维护我国能源安全的必由之路。[1]

4."双碳"目标下能源转型迫在眉睫,给中国能源安全带来新挑战

"双碳"目标的提出标志着中国能源转型进入了全新阶段,这既是中国立足环境保护的现实所需,也是中国回应全球气候变化的担当之举,充分体现了中国作为负责任大国的担当。[2] 当前,中国正处于经济高速发展阶段,对能源的需求日益增长,但是由于水电、核能等可再生能源尚未形成规模效应,整体替代化石能源难度较大,且相关领域技术水平仍有待发展,太阳能、风能等新能源成本较高,在短时间内推动能源结构转型将导致我国工业企业成本大幅上升,严重影响生产、贸易等多领域。因此,如何科学把握能源转型步伐,在维持经济稳定的同时实现能源安全仍是中国当前面临的一项重大挑战。[3]

(二)推动海洋能源绿色转型的主要路径

1.实施深水油气勘探开发重大科技创新工程,提高国民经济发展的资源保障能力

按照"以深带浅"的思想,重点推进原创性、颠覆性技术研究,围绕深远海油气勘探开发、海洋大数据、人工智能等核心领域开展技术攻关。研发建设一批深远海勘探开发工程装备,争取实现3000米水深级深水油气勘探开发技术、装备、运维等全套产业自主可控,鼓励深海资源勘探开发产业发展。逐步拓展南海油气资源、天然气资源勘探开发范围,提高南海天然气资源在全球能源供给体系中的比例,为能源转型升级提供支撑。

---

[1] 参见靳玮、王弟海、张林:《碳中和背景下的中国经济低碳转型:特征事实与机制分析》,载《经济研究》2022年第12期。
[2] 参见潘家华、廖茂林、陈素梅:《碳中和:中国能走多快?》,载《改革》2021年第7期。
[3] 参见龙勇、宋敏:《全球能源安全大变局下保障我国能源安全的思路与方略》,载《改革》2023年第10期。

2. 实施海洋风电等多类可再生资源协同开发和海洋碳汇创新工程,统筹推进绿色能源转型

按照国家"双碳"目标以及能源转型总体规划,我们应当集中推进海洋风电、潮汐能、温差能等海洋绿色能源的技术研发和装备设计,实现对传统油气资源的有序接替。持续加强海洋碳封存、大规模碳减排等重点技术的研发力度,将海上风电、海上光伏发电作为未来一个时期中国能源供给的重点支柱产业,加大金融、政策保障力度,为能源结构转型奠定基础。充分发挥海上可再生能源、资源以及"蓝色碳汇"在推动实现"双碳"目标方面发挥的保障作用。

3. 建成完善的立体海洋监测、环境保护和应急救援体系

充分发展海洋信息产业、海洋大数据等新兴高端产业,建立完善海洋监测和救援保障体系。对海洋资源开发利用、海洋生态环境状况、海洋环境污染情况等实施动态监管,为海洋可再生能源开发利用提供信息支撑,最大限度发挥"陆海统筹"的机制性作用,将海洋能源转型升级与沿海产业转型升级有机结合,为实现海洋经济高质量发展提供有利外部条件。

4. 加大"科技兴海"战略实施力度,加强海洋产业高新技术的研究与应用

当前,我们应当牢牢把握海洋传统产业转型升级的历史契机,以更大力度推动绿色、智能、深水技术研发,将推动海洋高新技术产业发展作为重中之重,构建新型产品研发、制造、销售等全产业链发展模式,实施创新链、产业链、价值链融合发展战略,尽快抢占国际海洋高端产业制高点和市场占有率,努力推动海洋科技、海洋经济、海洋环境综合提升。[1]

四、立足海洋强国战略,有序推进"国货国运"

"国货国运"政策是指一国通过立法、法律以及双边协议等方式,保留一定比例进出口贸易货物由本国航运公司优先承运,主要是为了推动本国航

---

[1] 参见周守为、李清平:《构建自立自强的海洋能源资源绿色开发技术体系》,载《人民论坛·学术前沿》2022 年第 17 期。

运业的发展。目前,该制度在全球50多个国家和地区适用。

(一)"国货国运"的实施形式

1. 货载保留

作为保护本国航运业的世界通行做法,货载保留(cargo reservation)主要是依托立法手段,将本国全部或一部分进出口货物规定由本国船队优先承运,该做法可以有效提高本国船队在国内航运市场中占有的份额。例如,美国就采用立法方式,明确政府采购物资的50%,粮食援助物资的75%以及国防军需物资的100%必须由美国籍船舶承运。

2. 货载分配

货载分配(cargo volume allocation)是多个国家通过互相签订双边或多边协议的形式,对各国在海运货物中的承运份额予以分配。例如,《联合国班轮公会行动守则公约》中就确定了4∶4∶2的货物分配份额,即缔约国在签订贸易合同时,本国航运公司可保留40%的货物运载份额,对方国家的航运公司亦可保留40%的货运份额,其余20%的货运份额可由第三国货运公司承载。[1]

3. 沿海运输权

沿海运输权(cabotage)主要是指在一国范围内开展沿海运输作业的权利。沿海运输权主要有两种类型:一是国际货物在本国国内实施的二次运输,如本国港口之间的运输;二是本国货物在本国国内实施的运输。美国对沿海运输权作出了明确规定,其1871年颁布的《沿海运输法》中规定:禁止外国籍船舶从事美国的沿海运输。[2]

(二)"国货国运"的国际政策

1. 美国"国货国运"概况

立法是美国推进"国货国运"的主要手段,相关法律主要包括《军事运输

---

[1] 参见王杰、吕靖:《货载保留政策:中国如何应对》,载《中国水运》1997年第10期。
[2] 参见张宁:《再谈"国货国运"》,载《中国远洋航务》2008年第6期。

法》《公共决议案》《货物优先运输法》三部。在1920年《商船法》中,美国也对沿海运输权进行了明确规定。由此可见,美国围绕"国货国运"已经建立起了严密且明确的法律体系,在货载保留和沿海运输权的规范中都明显体现出了美国优先的原则。有研究指出,美国籍船舶依靠货载保留政策所获得的承载份额占其总货运量的40%以上。

2. 日本"国货国运"概况

日本的航运保护政策主要依靠鼓励、引导各大商社与本国航运公司建立紧密的合作关系。在财政政策方面,当本国商社租用本国船队,或本国公司建造、购买船舶时,日本政府一般会给予一定的财政补贴或税收减免。在金融政策方面,日本运用贷款资金引导造船企业与日本本土企业建立长期合作关系。例如,某航运公司要在日本建造油轮,该航运公司就要先与日本石油公司签订长期的包运合同,随后日本银行才会向该航运公司发放贷款以支持其建造油轮。通过这一系列引导政策,日本有效推动了航运公司、石油公司、银行、造船厂等建立紧密的合作关系,这种合作关系常常能够维持10~20年。这为日本推动"国货国运"政策、提升本国航运企业货物承载份额、限制外国船队抢占市场发挥了积极作用,是日本航运产业得以快速发展的重要原因。

3. 欧盟"国货国运"概况

欧共体于1986年通过的第4055-86号规则提出,成员国关于货载保留的单方面制度,应当在1993年1月1日前分三个阶段逐步废除。成员国通过双边协定与第三国确定的货载保留份额,也应当及时予以调整或废除,最迟也不应晚于1993年1月1日。欧盟于2004年1月1日全面放开了成员国内部的沿海运输权,但对于非成员国则仍保留了这项权利,并允许各成员国根据自身情况作出相应规定。[①]

---

① 参见黄庆波、王孟孟、李焱:《"国货国运"政策探究》,载《大连海事大学学报(社会科学版)》2013年第3期。

（三）推进"国货国运"的主要路径

1. 支持和引导大宗商品"国货国运"

实现粮食、能源、矿产等重要战略物资由本国船队运输是"国货国运"的核心任务。当前，国际局势错综复杂，为进一步维护中国经济发展安全，稳妥、有序推进"国货国运"意义重大。虽然中国之前已经将"货载保留"废除，但是随着国际局势的变化以及中国经济发展对能源、矿产资源需求的不断上升，适度参考美国、日本等国家和地区的经验，合理调整航运政策已经势在必行。应以"货载保留"为重心，就粮食、石油、铁矿石等重要战略物资的货载保留比例作出规定，同时加强对航运企业政策引导，鼓励航运企业与货主企业、造船企业等建立长期的合作关系，确保航运企业对进出口贸易货物的承载份额。

2. 壮大五星红旗船队规模，提升中国航运企业经营水平

一支规模较大、种类齐全、技术先进的五星红旗船队是维护中国海洋权益的重要保障，是维护国家海外权益的浮动领土。应当高度重视船舶登记制度对于国家政治、经济和战略价值，学习借鉴外国的先进经验，建立完善船舶登记制度，优化船舶登记流程，完善政策保障，吸引国外航运公司在中国实施船舶登记，减少国内航运公司方便旗船舶数量。同时，适当放开船级社入级限制，鼓励中外航运公司优先选择中国船级社入社。完善金融政策支持，畅通中小型航运企业的融资渠道，鼓励各类航运企业协同发展。

3. 发展现代航运高端服务业，提高中国海运软实力

持续加强航运服务产业链建设，主动对接国际高标准经贸规则。加强航运金融的要素配置能力，鼓励船舶融资租赁、航运保险、航运基金等航运金融衍生产品发展。不断拓展航运产业融资渠道，强化航运代理、船舶设计、检验检疫、货物通关等多要素保障能力，激发航运产业各市场主体活力，着力推动航运经济、船舶管理、航运保险、海事法律、航运金融等航运服务产

业融通发展,打造优质的高端航运产业生态环境。①

五、立足总体国家安全观,完善我国海外利益保护机制

中国海外利益是指中国政府、企业、社会组织和公民通过全球联系产生的、在中国主权管辖范围以外存在的、主要以国际合约形式表现出来的中国国家利益。在全球化背景下,海外利益被视为国家利益的重要组成部分和国家地位的象征,国家维护海外利益的积极性显著提高。②

2014年,习近平总书记首次提出坚持总体国家安全观的重大战略思想。具体而言,当前国家安全内涵和外延比历史上任何时候都要丰富,时空领域比历史上任何时候都要宽广,内外因素比历史上任何时候都要复杂,必须坚持总体国家安全观,以人民安全为宗旨,以政治安全为根本,以经济安全为基础,以军事、文化、社会安全为保障,以促进国际安全为依托,走出一条中国特色国家安全道路。贯彻落实总体国家安全观,必须既重视外部安全,又重视内部安全,对内求发展、求变革、求稳定、建设平安中国,对外求和平、求合作、求共赢、建设和谐世界;既重视国土安全,又重视国民安全,坚持以民为本、以人为本,坚持国家安全一切为了人民、一切依靠人民,真正夯实国家安全的群众基础;既重视传统安全,又重视非传统安全,构建集政治安全、国土安全、军事安全、经济安全、文化安全、社会安全、科技安全、信息安全、生态安全、资源安全、核安全等于一体的国家安全体系;既重视发展问题,又重视安全问题,发展是安全的基础,安全是发展的条件,富国才能强兵,强兵才能卫国;既重视自身安全,又重视共同安全,打造命运共同体,推动各方朝着互利互惠、共同安全的目标相向而行。③

---

① 参见曹德胜、张厚保、朱博麟:《全面贯彻二十大精神 保障我国粮食运输安全》,载《水上安全》2022年第6期。
② 参见漆彤、范晓宇:《论中国海外利益保护法律体系的构建》,载国合中心网2023年9月1日,https://www.icc.org.cn/specialties/benefit-protection/1920.html。
③ 参见《习近平谈治国理政》,外文出版社2014年版,第200~201页。

推进我国海外利益保护,应坚持系统观念,既要锚定与我国海外利益直接相关的各项重点因素,更要跳出一时、一事的桎梏,在更为广阔的时间、空间和历史背景下研究我国海外利益保护所面临的各种风险和挑战,在全面把握国际国内复杂形势的基础上贯彻落实总体国家安全观。既要时刻关注与海外利益息息相关的外部安全、国土安全、国民安全,更要看到国内安全、自身安全与海外利益保护之间的辩证关系,要时刻将以人民为中心的发展思想融入国家海外利益保护的各领域、各环节,以我国海外利益保护促进人民生活水平提升,以繁荣、稳定的国内局势支撑我国海外利益有效保护。因此,要深入学习贯彻习近平总书记关于我国海外利益保护的重要论述,准确把握总体国家安全观的核心原则、部署要求和方法路径,以创新思维、务实举措协同构建科学、高效的国家海外利益保障体系。[1]

(一)中国海外经济利益风险类型

1. 海外经济利益的当地发展风险

大量中国企业海外投资项目在发展中国家,由于意识形态和社会制度不同,西方国家和一些发展中国家对中国和平崛起充满戒心,在一些场合攻击中国的和平崛起,并认为是"中国威胁"。由于东道国与投资国之间天然存在的观念、认知分歧,以及东道国本身可能存在的政局不稳定、周边或国际势力干预等多重因素,导致投资国利益可能面临一系列风险,具体表现主要包括东道国政府拒绝履行签署的协议或直接撕毁投资协议等直接或间接的违约行为。

2. 海外经济利益的社会安全风险

社会安全风险是指东道国由于恐怖主义、海盗、跨国犯罪、自然灾害等发生的安全事件,对中国在东道国投资的中资企业项目和商业活动造成的不确定性。海外社会安全风险是东道国高犯罪率、基础设施不足、恐怖主义势力扩张及跨境犯罪、警察力量短缺、国际运输通道安全保障力量薄弱等原

---

[1] 参见张灯:《习近平关于我国海外利益保护重要论述研究》,载《东岳论丛》2023 年第 9 期。

因造成的。

3. 海外经济利益的经济制度风险

经济制度风险是指因东道国和第三国的法律制度造成的,以贸易摩擦和贸易争端、投资安全审查、禁运措施、经济制裁等形式,对中国在东道国投资的中资企业项目和商业活动造成的不确定性。经济制度风险主要由两类风险组成:其一,东道国可能采用行政手段直接对外资企业实施没收、征用,一般称为征收风险;其二,东道国可能采用外汇管制手段,限制外资企业将利润乃至本金转移出国,以弥合其在国际收支上的缺口,一般称为汇兑限制风险。[①]

(二)加强海外利益保护的主要路径

1. 创造性地遵守国际法原则

关于不干涉原则绝对排他性的争论目前已成为发达国家与发展中国家之间的一场"价值观战争"。中国始终是不干涉原则的坚定捍卫者,这既符合中国作为发展中国家的政治立场,又是我们作为社会主义国家的基本原则。然而,随着中国越发走向国际舞台的中央,中国的海外利益也在不断增长,世界各国高度关注中国是否会对这一立场作出调整。客观来讲,中国始终坚持的不干涉原则对中国的海外利益保护将形成一定程度的限制,因此,需要更好运用系统思维,统筹使用外交、经济、司法等多种手段,有效平衡海外利益保护与不干涉原则之间的矛盾,在国际法的框架内开辟维护中国海外利益的新路径。

2. 协调国家间价值观

由于世界各国价值观及治理目标的差异,当前国际治理普遍存在分散性较强的特点,如何实现各国价值观之间独立与协调的有机统一,是当前全球化理论研究的重点。[②] 原则上应当尊重各国在法律文化等方面的独立性,

---

① 参见李秀娜:《海外经济利益保护制度研究》,光明日报出版社 2022 年版,第 5~7 页。
② 参见高凛:《论保护责任对国家主权的影响》,载《江南大学学报(人文社会科学版)》2011 年第 2 期。

但也应当在某些重要领域达成最基本的共识。这与中国长期以来主张的求同存异的思想不谋而合。罗伯特·阿迪(Robert B. Ahdieh)在他的协调理论中谈到,两个主体合作时存在的障碍,有时并不完全来源于不同观点之间实质性的矛盾,而更多表现为因不同观点无法交流而产生的沟通性矛盾。[①] 因此,建立合作关系的核心并不在于双方达成妥协,而在于建立一种可以容纳双方意见的方案。

3. 保护行动的正外部性与公共产品供给

世界各国在政治地位上一律平等,这是《联合国宪章》确定的原则。然而,由于经济社会发展的差异,一个国家在国际领域的地位和作用常常与该国的经济实力密切相关。一国的经济实力越强,它在国际市场、国际合作中所掌握的话语权就越大,能够获取的利益就越多。相应地,其他国家就对他的各种行为有着更高的道德期待,一旦该国的行为违反了国际社会的通行准则,那么也将面临国际社会更为尖锐的批评。[②] 这就要求大国不仅要完成对本国海外利益的有效保护,还要积极向国际社会供给有效的公共产品,以推动全球治理体系向着更为公平合理的方向发展。对于中国而言,还应兼顾长期以来坚持的和平外交政策,作为联合国安全理事会常任理事国、世界上最大的发展中国家,要准确把握我们在国际社会中扮演的重要角色,以更为宏阔的视野看待海外利益保护问题,通过向国际社会输出更为公平、高效公共产品的方式实现我国海外利益的更好保护。[③]

[①] Robert B. Ahdieh, *The Visible Hand: Coordination Functions of the Regulatory State*, Minnesota Law Review, Vol. 95, No. 2, 2010, p. 578 – 649.
[②] 参见章前明:《国际合法性与大国责任的变化》,载《浙江大学学报(人文社会科学版)》2014 年第 2 期;周鑫宇:《中国国际责任的层次分析》,载《国际论坛》2011 年第 6 期。
[③] 参见刘莲莲:《国家海外利益保护机制论析》,载《世界经济与政治》2017 年第 10 期。

第四章　法治海权

第一节　海洋法治与海权

海洋法治是以法律手段规范和引导各类海洋活动的总称。虽然从内容上看,其与传统意义上以制海权为主要表现形式的海权存在明显不同,但在海权的整体发展过程中海洋法治却始终扮演着十分重要的角色。尤其是在1982年《联合国海洋法公约》通过后,以法律手段主张和维护自身海洋权益已成为国际社会的趋势,国家间法治海权的竞争也日渐激烈。在此背景下,从海洋法治与海权的基本关系、中国特色法治海权建设的实践基础、中国特色法治海权建设的基本原则与路径措施等多个角度,尝试构建中国自主的法治海权研究知识体系具有重要的理论和实践价值。

一、海洋法治与海权的关系

世界上许多海洋大国崛起的经历都验证了法治的重要性。如果对全球海洋法治与海权演化的历史做一个谱系考察,可以发现各时期的海权国家尤其是近代以来的海权国家的一个根本特性就是它的海洋议题设置能力,以及以国际行为塑造海洋习惯法的能力,这种能力与其海权之间呈正相关关系。① 更进一步讲,海权本身蕴含海洋法治功能,海洋法治又催生出海洋法律秩序。

21世纪,人类开始更加广泛地开发和利用海洋,海洋因其在维护国家主权、安全和发展利益中所能发挥的作用越发凸显,而在国家经济发展和对外开放领域也占据了越发重要的地位。"强于天下者必胜于海,衰于天下者必弱于海",海洋已成为国家间交流互动乃至竞争博弈的重要场域。随着百年未有之大变局加速演进,英美等国依靠军事手段掌控海洋霸权的旧海洋秩序已难以为继,一批新兴海洋大国正在加速崛起,世界正在逐步走向多极化时代。全球海洋的发展路径也因此发生了深刻变化,法治规则正逐渐取代武力建设成为一国海洋政策的核心,海洋法治对于一国海权的重要性也在不断强化。

二、海洋法治与海权的历史发展

历史上海洋法治伴随着海权的争夺而产生,主要表现为四个阶段。

(一) 大航海时代之前的时期

古希腊时期,不存在海洋统治的法律概念,对海洋的支配更多的是一种事实上的存在,而非法律上的权利。

古罗马时代逐渐开始以条约、法律等形式确定海洋的使用和管理等内容。公元前6世纪和公元前4世纪,古罗马和迦太基签订了用以规范两国航行范围的条约。②

公元2世纪,古罗马法学家马尔西安最早提出空气、流水、大海及海滨是

---

① 参见牟文富:《中国建设海洋强国中的国际法问题》,知识产权出版社2021年版,第3页。
② 参见杨华:《海洋法权论》,载《中国社会科学》2017年第9期。

共用物。①

公元 6 世纪,《查士丁尼法典》规定海洋是"大家共有之物",第一次以法律形式规定了海洋的法律地位。更为广泛流传的格言是罗马皇帝安东尼所说的"我确实是世界的主人,但海洋的主人是法律"。

中世纪,地中海的政治状况恢复到罗马帝国征服之前的状态。一些国家重新取得了对其附近海域的控制,但相关海洋统治通常仅限于各国沿海一带的海域。同时期,因人类对海洋的利用更加广泛,产生了大量海商法律规范。13 世纪中期出现的《康梭拉多海法》,包含大量海商法实体规则、海事海商纠纷的程序性规则,被称为"海洋普通法";13 世纪晚期出现的《奥列隆案卷》和 15 世纪下半叶形成的《维斯比海法》则分别对欧洲葡萄酒贸易运输中有关的习惯规则以及各主体的权利义务等内容作出了比较具体的规定。②

(二)西葡两国称霸海洋时期

到 15 世纪末,大航海时代的兴起和地理大发现改变了海洋国家的海洋观。西班牙、葡萄牙纷纷主张它们对新发现之陆地、海洋享有主权,其主张的基础是欧洲中世纪的法律秩序——教皇对所谓的某些无人居住地区及异教徒地区的处置权力。③

1493 年,教皇亚历山大六世颁布教谕,确定大西洋亚速尔群岛和佛得角群岛以西约 100 里格的子午线作为西班牙和葡萄牙两国的分界线,线东和线西的地区分别归属葡萄牙和西班牙管辖。后来两国以条约形式将该线向西移动 270 里格。

1522 年,西班牙和葡萄牙又签订《萨拉戈萨条约》,通过在马鲁古群岛以东 17 度处,以画线的方式确定了两国在太平洋的势力范围,线东的地区归属

---

① 杨华:《海洋法权论》,载《中国社会科学》2017 年第 9 期。朱建庚:《国家管辖范围外的海洋法律制度》,知识产权出版社 2019 年版,第 3 页。
② 参见芙振坤:《中世纪欧洲海商法研究(11 到 15 世纪)》,华东政法大学 2013 年博士学位论文,第 2~3 页。
③ 参见牟文富:《中国建设海洋强国中的国际法问题》,知识产权出版社 2021 年版,第 14 页。

西班牙,线西的地区归属葡萄牙。由此开启了两国称霸海上的时代,但此举遭到同时期的荷兰、英国等海洋国家的强烈反对。

(三)荷英两国海权争夺时期

1603年,荷兰东印度公司捕获了一艘葡萄牙商船"凯瑟琳"号,并将船带回阿姆斯特丹交由捕获法庭审判。其间,格劳秀斯受邀为荷兰东印度公司辩护,并撰写完成《论捕获法》,以反对葡萄牙和西班牙对海洋的垄断行为,但该书当时未能出版。

后来,格劳秀斯将其中第十二章进行了修改,并在1609年以《海洋自由论》为题加以发表。格劳秀斯认为,海洋属于"公有物",应由所有国家平等使用。

与此同时,针对西班牙、葡萄牙对世界海洋的独占性主张,英国也一直奉行"海洋自由"政策,但有所不同的是,针对荷兰在北海的捕鱼权主张,英国则以"闭海论"相抗衡。

1635年,英国学者塞尔登发表《闭海论》,认为海洋并非完全是各国共有的,英国周边海洋应当归属英国君主。而这一论断的提出,实际上成为近、当代海洋叙事的起点。格劳秀斯和塞尔登的观点分别为"公海自由"和"领海主权"原则奠定了基础。[①]

(四)近现代时期

17世纪中叶以来,伴随科技进步和经济社会的发展,国际海洋法律秩序逐步走向稳定。1702年,荷兰法学家宾克舒克发表《论海上主权》,将海洋分为沿海和公海两部分,并提出沿海国控制的海域宽度应以大炮射程为限,成为后世领海概念的起源,该观点又被称为"大炮射程说"。此后,在1756年,瑞典提出了3海里领水的主张。1782年,意大利费迪南多提出3海里领海管辖权的主张,并为英美等国所接受。此后一直到19世纪,绝大多数的涉海

[①] 参见屈广清、曲波主编:《海洋法(第5版)》,中国人民大学出版社2023年版,第23页。

国家都建立了领海,并初步形成了公海和领海的划分。1930 年,国际联盟在海牙召开国际法编纂会议,此次会议将领海范围作为议题之一,但因各国意见对立,会议无果而终。直到 1982 年《联合国海洋法公约》的通过,确立了领海、专属经济区、大陆架等海洋法律制度,才意味着现代意义上的海洋法律秩序的形成。

三、海洋法治之于海权的重要性

历史上各个时期受到当时主导大国独特思想和政治风格的影响,都产生了一种独一无二的、自足的蕴含海洋法治内涵的海洋秩序,并在各个历史时期的海权争夺中都扮演着重要角色。

(一)良好的海洋法治能提升海权的国际认同度

相较于马汉海权论主张国家通过建立强大的海军力量实现排他性海洋控制,并利用这种控制权在贸易、战争、资源攫取中获得巨大利益的海上霸权,海洋法治作为以法律手段来规范和管理海洋活动的一种法治形式,在方式上更为柔和。并且,健全、完善、合理的海洋法治,以国际社会共同利益为导向,能够得到国际社会的广泛认同。具有良好海洋法治基础的一国海权主张也会因其具有的普遍共识性,能最易为国际社会所接受。但也应注意,诸如地理大发现后葡萄牙和西班牙通过条约瓜分海洋并招致各国反对的情形也反映出海洋法治须建立在良法善治的基础上,背离了公平、正义的海洋法律因其违背了法律应有的公正性,所以在提升一国海权国际认同度方面的作用也将大打折扣。

(二)海洋法治能稳定表达海洋秩序、避免海权无序扩张

伴随人类征服海洋能力的提升,海洋领域产生纷繁复杂的情况,海洋秩序也在逐渐发生着变化。而为避免出现各国海权无序扩张、海上邻国间划界纷争不断的情形,国际社会上已逐步形成遵守和维护全球海洋治理普适

性规则的共识,片面追求依靠武力手段争夺海洋权益、解决海洋纠纷的情况已不再是全球海洋秩序的主流。在这一背景下,海洋法治成为稳定表达海洋秩序的关键。良好的海洋法治意味着合理地管理海洋、节制行为。因此,其一方面可以避免一些国家为自身利益侵犯和破坏他国领土主权和海洋权益的情况,维护全球的海洋安全;另一方面则有助于维持和谐稳定的海洋秩序,确保海洋生态环境不被破坏,海洋自然资源有序开发和使用。也正因如此,规范有序的全球海洋治理需要基本的海洋法治。

四、海权的海洋法治功能

海洋法治不仅在海权的确立与形成中发挥着重要作用,而且在二者相伴而生的过程中,业已发展成为海权所蕴含的一项重要功能。

(一) 划分国家管辖海域

世界海域的划分随着海洋法的发展而产生。近现代以来,世界有关国家管辖海域与国家管辖范围以外海域的基本分类就是海洋法治功能最基本的体现。海洋法治下国家管辖海域主要是指一国内水、领海、毗连区、专属经济区和大陆架等,而国家管辖范围以外海域主要是指公海、国际海底区域等。这构成全球海洋秩序的关键,并成为全球海洋治理和海洋开发利用的前提和基础。

(二) 确定国家海洋权利与义务

海洋法治蕴含一国海洋权利与义务的统一。一方面,海洋法治下各国依法享有自己管辖海域内的各项海洋权利和国际公共海域的各项海洋权利。例如,领海是沿海国领土的一部分,属于沿海国的主权范围,而各国在公海中都享有航行自由。另一方面,各国在行使法律规定的海洋权利的同时还应该履行相应的国际法律义务,包括维护公正的国际海洋法律秩序及海洋和平与安全等。此外,海洋法治还包含运用法律手段解决海洋权益争端的内容,这对复杂的海洋实践也具有很强的统领力和解释力。

(三)规范海洋开发和利用活动

海洋法治蕴含环境权和发展权的协调统一。众所周知,陆地资源尤其是不可再生资源随着人类的不断开发已经逐渐枯竭,因此,世界上的许多国家纷纷把目光投向海洋。并且随着海洋科学技术的发展,越来越多的海洋资源被发现和使用,因此,各国纷纷开始了对海洋资源的争夺。在此情况下,海洋法治规范海洋开发和利用方面的功能逐渐凸显。海洋法治以法律规则的形式对各国海洋开发和利用活动加以规范,一方面实现了海洋环境权下人类在安全健康的海洋环境中生活的权利,另一方面又可以满足海洋发展权中各国参与海洋活动并公平享有发展所带来利益的权利,从而实现环境权和发展权的平衡,进而推动全球海洋经济高质量发展。

(四)引领全球海洋治理

全球海洋治理作为当前国际秩序和海洋秩序的重要内容,是世界各国及国际组织、企业、个人等为实现全球海洋的可持续发展,通过制定有约束力的国际条约或达成跨地域的广泛合作及其他制度型安排等方式来共同维护全球海洋秩序和解决全人类所面临的海洋问题的过程。其中,全球海洋生态的连通性、海洋环境问题的跨国家性及治理的多主体性等特点决定了海洋法治是全球海洋治理的必然选择。尤其是在以条约为主要表现形式的制度体系正在快速形成并逐渐主导全球关系的背景下,海洋法治作为法治理念在海洋层面的实施,其加速全球海洋治理体系变革的功能越发突出。良好的海洋法治将引领并促进全球海洋善治的实现。

五、国际法治海权的演变与发展

国际法治海权的形成主要在第二次世界大战后,以《联合国海洋法公约》的通过为标志,并且伴随全球海洋事业的发展而逐渐朝向多个领域发展。其中,"海洋属于谁"始终是首要海洋议题,诸如海上航行安全、海上污染防治等问题则是在此基础上衍生出来的内容。

(一)国际法治海权的演变历程

从已有实践看,国际法治海权的演变主要可以分为联合国海洋法会议下的法治海权实践、国际海事组织的法治海权实践、国际渔业组织的法治海权实践及其他区域性或全球性国际组织的法治海权实践等。

1.联合国海洋法会议下的法治海权实践

三次联合国海洋法会议下的法治实践开启了以全球性法律规则决定海洋秩序的时代。

1958年2月至4月,第一次联合国海洋法会议在瑞士日内瓦召开,共有来自80多个国家的代表参会。此次会议的重点在于讨论领海、毗连区、公海、大陆架等相关问题。会议最终通过了《领海及毗连区公约》《公海公约》《捕鱼及养护公海生物资源公约》《大陆架公约》以及涉公海污染、国际渔业养护、沿海渔业、历史性水域等一系列问题的决议案,标志着全球海洋秩序法典化进程的开始。然而,会议对于领海的范围和领海军舰的无害通过等问题并未达成一致。

1960年3月至4月,第二次联合国海洋法会议在瑞士日内瓦召开,共有80多个国家参加会议。此次会议的目标在于解决前次会议没有解决的问题。但由于会议中不同国家对领海的宽度和沿海国渔业管辖权的范围问题仍存在较大分歧,会议无果而终。当时中国尚未恢复在联合国的合法席位,因此没有参加前两次的联合国海洋法会议。

1973年12月3日,第三次联合国海洋法会议在美国纽约开幕。此次会议旨在从根本上解决前两次会议未能解决的问题。并且随着第三世界国家的日益壮大,会议共有160多个国家和国际组织参加。我国当时恢复了在联合国的合法席位,所以也派出了代表团参加会议。此次会议中,考虑到各种海洋问题彼此密切相关,以及为了制定一个可获得最广泛接受的公约,会议谈判采用了协商一致原则,即"会议应作出各种努力就实质事项用协商一致方式达成协议,且除非已尽最大努力求达协商一致,不应就这种事项进行表决"①。会议共先后举行了 11 期、长达 9 年,最终在 1982 年 12 月通过了《联合国海洋法公约》,并于 1994 年 11 月 16 日生效。

从体系和内容上看,《联合国海洋法公约》共 320 条,除前言外,包括 17 个部分。其中,第一部分主要对"区域""管理局""海洋环境的污染"等用语的概念进行了界定;第二部分到第十一部分规定了领海、专属经济区、大陆架、公海、国际海底区域等具体法律制度;第十二部分到第十五部分规定了海洋环境保护、海洋科学研究、海洋技术、海洋争端解决等专门法律制度;第十六部分和第十七部分则是公约的一般规定和最后条款。此外,《联合国海洋法公约》共有 9 个附件,均为《联合国海洋法公约》的组成部分。在《联合国海洋法公约》项下还分别设立了大陆架界限委员会、国际海底管理局和国际海洋法法庭。总体上看,《联合国海洋法公约》对"海洋属于谁"这个问题做出了整体性解决方法,标志着新的海洋法律秩序的建立。

与此同时,在《联合国海洋法公约》的总体法律框架内还产生了大量全球性文件。比如,1996 年 7 月 28 日生效的《关于执行 1982 年 12 月 10 日〈联合国海洋法公约〉第十一部分的协定》,对国际海底区域勘探和开发等有关事项作出进一步规定;2001 年 12 月 11 日生效的《执行 1982 年 12 月 10 日〈联合国海洋法公约〉有关养护和管理跨界鱼类种群和高度洄游鱼类种群的规定的协定》,明确了各国养护和管理进行海洋洄游并具有广泛地理分布的鱼类种群以及相关和依赖物种的一整套权利和义务;2023 年 6 月 19 日通过、2023 年 9 月 20 日开放签署的《〈联合国海洋法公约〉下国家管辖范围以外区域海洋生物多样性的养护和可持续利用协定》,规定了海洋遗传资源获取及惠益分享、划区管理工具、海洋环境影响评价等诸多方面的内容,预计将于 2~5 年内获批生效。

2. 国际海事组织的法治海权实践

国际海事组织是联合国负责处理海运技术问题的一个专门机构。在实

---

① 高健军:《国际海洋法》,法律出版社 2022 年版,第 6 页。

践中,国际海事组织应根据《联合国海洋法公约》确立的基本原则,制定相关的海事公约。但因为很多海事公约都是国际海事组织在《联合国海洋法公约》通过之前制定的,所以,为了使最终生效的《联合国海洋法公约》能够与之前的海事公约保持一致性,国际海事组织积极参与了联合国海洋法会议的讨论,有力保障和促进了最终通过的《联合国海洋法公约》与国际海事公约条款之间的协调统一。[①]

目前,国际海事组织的法治实践主要涉及航行安全、防治海洋污染、民事责任与赔偿三方面。在航行安全方面,主要包括《1972年国际海上避碰规则公约》、《1974年国际海上人命安全公约》及其1978年议定书、《1978年海员培训、发证和值班标准国际公约》、《1979年国际海上搜寻救助公约》等。在防治海洋污染方面,主要包括《1972年防止倾倒废物及其他物质污染海洋的公约》及其1996年议定书、经1978年议定书修正的《1973年国际防止船舶造成污染公约》及其1997年议定书、《2001年控制船舶有害防污底系统国际公约》等。在民事责任和赔偿方面,主要包括《1969年国际油污损害民事责任公约》及其1976年议定书和1992年议定书、《1971年关于设立国际油污损害赔偿基金国际公约》及其1992年议定书和2003年补充基金议定书、《1974年海上运输旅客及其行李雅典公约》、《2001年国际燃油污染损害民事责任公约》等。

3. 国际渔业组织的法治海权实践

随着世界渔业的发展,特别是《联合国海洋法公约》的实施,国际渔业组织越来越健全,法治海权方面的实践也越来越完善。1902年成立的国际海洋考察理事会,是最早的国际渔业组织之一。而国际渔业组织出现较大发展是在1945年联合国粮农组织成立之后。大量渔业组织依据联合国粮农组织文件或联合国粮农组织之外的国际条约或区域渔业安排等建立,比如印度洋金枪鱼委员会、国际捕鲸委员会、东北大西洋渔业委员会等,它们的主

---

① 参见唐国梅编译:《〈联合国海洋法公约〉与国际海事组织工作的关系》,大连海事大学出版社2004年版,第1页。

要职能是在全球范围内养护和管理渔业资源,范围基本覆盖了世界上的所有海域。[①]

其中,联合国粮农组织作为联合国系统内的专门机构之一,其法治实践主要表现为对捕鱼装备的限制、公海渔业养护措施的遵守与执行、打击"非法、不报告、不管制"捕鱼活动三方面。在1993年,联合国粮农组织通过了《促进公海渔船遵守国际养护及管理措施的协定》;1995年通过了《负责任渔业行为守则》;后为执行《负责任渔业行为守则》又制定了一系列的国际行动计划,其中2009年通过的《预防、制止和消除非法、不报告和不管制捕鱼的港口国措施协定》是第一个专门用来解决非法、不报告和不管制捕鱼的全球性条约,在该协定下非船旗国可协助公海作业渔船船旗国打击非法、不报告和不管制捕鱼活动。除此之外,其他国际渔业组织也为海洋渔业资源的开发与保护等问题制定了诸多国际规则,共同促进了全球渔业的可持续发展。

4. 其他国际法治海权实践

在国际上,南极、北极等地区也存在着大量的法治实践。例如,在南极地区,1959年新西兰、美国、英国等12国签署的《南极条约》及后来的1972年《南极海豹保护公约》、1980年《南极海洋生物资源养护公约》、1991年《关于环境保护的南极条约议定书》和南极条约秘书处颁布的规章,确保了南极的和平利用。在北极地区,北极理事会2011年发布的《北极海空搜救合作协定》、2013年发布的《北极海洋油污预防与反应合作协定》、2017年发布的《加强北极国际科学合作协定》等,亦有力促进了北极地区的治理。此外,国际法院、国际海洋法法庭、常设仲裁法院等也在实践中发挥了重要作用。其中,国际法院作为联合国的组成机构之一,职能便是解决国际争端,其审理的案件使很多海洋法规则逐渐得以确立,比如,1969年北海大陆架案确定了大陆架划界公平原则;1978年爱琴海大陆架案和2001年卡塔尔—巴林案确

[①] 参见王阳:《全球海洋治理法律问题研究》,武汉大学出版社2023年版,第127~128页。

立了"陆地统治海洋的原则"等。① 而国际海洋法法庭在一定程度上作为国际法院的替代和补充,受理的案件种类更为多样,包括海洋环境保护、海洋资源养护、船舶与船员迅速释放、海洋划界等。虽然实践中纠纷主要集中于迅速释放和临时措施领域,但也在国际法治海权实践中发挥着重要作用。

总体上看,国际法治海权实践的演变以公法层面"海洋属于谁"作为首要问题,其他议题均是围绕这个重大问题而展开。

(二)《联合国海洋法公约》项下各海域基本法律制度

海洋主权和管辖权是国家对海洋管控的基础。《联合国海洋法公约》将世界海域划分为国家管辖海域和国家管辖范围以外海域两大类。其中,国家管辖海域又可分为国家享有领土主权的海域和国家享有一定管辖权、管制权或主权权利的海域。

1. 国家主权海域

国家主权海域主要包括内水、领海、群岛水域和历史性水域等,本部分重点探讨内水和领海。

(1)内水

在学界,内水可以分为广义的内水和狭义的内水,其中,前者包括内陆水(一国陆地领土内的水域)和内海水(领海基线向陆地一面的海域),而后者仅指内海水。根据《联合国海洋法公约》第 8 条第 1 款的规定,内水是领海基线向陆地一面的水域(群岛国除外)。因此,《联合国海洋法公约》项下的内水系指狭义的内水,即内海水。对于内水的法律地位,《联合国海洋法公约》没有专门规定,因此其仍受国际习惯法的调整。一般认为,内水同陆地领土一样,是国家领土的组成部分,沿海国对其拥有完全的、排他的主权。沿海国有权制定有关内水的法律和规章,对进入其内水的外国船舶行使属地管辖权。外国船舶在没有经过沿海国许可的情况下不得进入一国内水;如果外国商船获准进入一国内水,那么,其必须遵守该国的法律和规章制度

---

① 杨华:《海洋法权论》,载《中国社会科学》2017 年第 9 期。

驶入该国指定的港口,但遇难船舶或基于条约义务除外。但若使用直线基线使以往并未被认为是内水的区域被包围在基线之内成为内水,根据《联合国海洋法公约》第8条第2款的规定,该海域内外国船舶享有无害通过权。外国军用船舶进入一国内水必须通过外交途径办理。①

(2) 领海

领海,根据《联合国海洋法公约》第2条第1款的规定,是指沿海国的主权及于其陆地领土及其内水以外邻接的一带海域,在群岛国的情形下则及于群岛水域以外邻接的一带海域。此前也曾被称为领水,但因领水一词有时也用来指代一国主权管辖下的全部水域,故为避免歧义,国际社会开始统一采用领海一词。领海的范围以领海基线为内部界限。关于领海宽度,《联合国海洋法公约》中采用了融通式的规定,为从基线量起不超过12海里。而领海的外部界限实际上也构成了领海与毗连区、专属经济区或公海的分界线。

领海属于一国领土的组成部分,针对领海的法律地位,《联合国海洋法公约》第2条第2款规定,沿海国对领海享有主权的及于领海的上空及其海床和底土。但与内水不同的是,沿海国的领海主权受外国船舶在领海内享有"无害通过权"的限制。② 也正因如此,根据属地原则,沿海国虽然对于发生在其领海内的一切刑事、民事案件均有司法管辖权,但对通过其领海的外国船舶行使管辖权时要兼顾国际习惯与国际公约的规定。

针对外国商船和用于商业目的的政府船舶的刑事管辖权,《联合国海洋法公约》第27条第1款规定,沿海国不应对通过领海的外国商船行使刑事管辖权,以逮捕与在该船舶通过期间船上所犯任何罪行有关的任何人或进行与该罪行有关的任何调查,但有罪行的后果及于沿海国、犯罪行为属于扰乱当地安宁或领海的良好秩序的性质,经船长或船旗国外交代表或领事官员请求地方当局予以协助,这些措施是取缔违法贩运麻醉药品或精神调理物

---

① 参见屈广清、曲波主编:《海洋法(第5版)》,中国人民大学出版社2023年版,第49页。
② 参见《联合国海洋法公约》第17、18、19条。

质所必要几类情形之一的除外。

针对外国商船和用于商业目的的政府船舶的民事管辖权,《联合国海洋法公约》第 28 条规定,沿海国不应为对通过领海的外国船舶上某人行使民事管辖权的目的而停止船舶航行或改变其航向;也不得为任何民事诉讼的目的而对船舶执行或加以逮捕,但该船舶在通过沿海国水域的航行中或为该航行的目的而承担的义务或因而负担的责任的(比如船舶碰撞、救助作业等),或在领海内停泊(不处于通过状态)或驶离内水后通过领海的除外。在实践中,军舰和其他用于非商业目的的政府船舶享有主权豁免,但此等豁免并不意味着军舰和此类船舶可以无视沿海国的法律和规章。[①] 如果此类船舶违反沿海国法律法规,沿海国可以限令其离开;对因此而使沿海国遭受的损失,应由船旗国负责。

2. 国家享有一定管辖权、管制权或主权权利的海域

国家享有一定管辖权、管制权或主权权利的海域主要包括毗连区、专属经济区和大陆架。

(1) 毗连区

毗连区又称邻接区或特别区,是指在领海以外、毗连领海的一定范围内,沿海国有权对特定事项行使必要管制的海域,其伴随着领海制度的形成而出现。在《联合国海洋法公约》中,毗连区的外部界限为从领海基线量起不超过 24 海里。内部界限则为领海基线。也正因如此,因各国领海宽度的不同,各国可以主张的毗连区范围也不尽相同。比如,一沿海国若主张 6 海里的领海,那么其最大可以主张 18 海里的毗连区;但若一国主张 12 海里的领海,则其主张的毗连区范围不应超过 12 海里。

在法律地位上,毗连区不同于受沿海国主权管辖和支配的领海,主要作为缓冲区或检查区,是为了保护国家某些利益而使沿海国在领海之外的海域还可以行使一定管制权的区域。其本质上并不属于一国领土范围。沿海

---

① 参见邵津主编:《国际法(第 6 版)》,北京大学出版社、高等教育出版社 2024 年版,第 144~145 页。

国在毗连区内享有管制权,但该管制权来源于沿海国在领土和领海范围的管辖权,而非毗连区本身。[①] 而关于毗连区属于专属经济区还是公海,需要结合各国实践进行具体判断。1958 年《领海及毗连区公约》中,其被认定为公海的一部分;但这在《联合国海洋法公约》中被取消。《联合国海洋法公约》中规定如果一沿海国建立了专属经济区,则毗连区属于该国专属经济区的一部分;反之,则属于公海的一部分。

同时,根据《联合国海洋法公约》第 33 条的规定,沿海国在毗连区内可对下列事项行使必要的管制:防止外国船舶等在其领土或领海内违犯其海关、财政、移民或卫生的法律和规章;惩治外国船舶等在其领土或领海内违犯上述法律和规章的行为。除此之外,实践中有些国家还对毗连区内的安全、污染等事项实行管制。但需要注意的是,《联合国海洋法公约》所赋予的几类管制权仅适用于外国船舶等在沿海国领土或领海内的行为,对于外国船舶在毗连区内发生的行为应在明确该区域为该沿海国专属经济区还是公海的基础上通过对应沿海国在该区域所享有的权利加以判断。

(2)专属经济区

专属经济区是领海以外并邻接领海的一个区域。其源于 1945 年美国总统杜鲁门有关沿海渔业的公告,并伴随拉丁美洲、非洲和亚洲各国对该公告的"发展"和坚持而逐渐形成。《联合国海洋法公约》第一次以条约的形式对其作出规定。在该公约项下,一国专属经济区的范围从测算领海宽度的基线量起,不应超过 200 海里。据统计,在实行该制度后,占全球海洋总面积 36% 的海域,即约 1.05 亿平方海里的海域将处于沿海国的管辖之下。[②]

在法律地位上,专属经济区不是公海,是国家管辖范围内的海域;但又不同于领海,不属于国家领土的组成部分。它是一国享有主权权利和管辖权的海域。在一国设立专属经济区的情况下,毗连区作为该国专属经济区的一部分,在享有公约所赋予的相关管制权的基础上亦享有相关专属经济

---

① 参见袁发强:《国家管辖海域与司法管辖权的行使》,载《国际法研究》2017 年第 3 期。
② 参见朱建庚:《国家管辖范围外的海洋法律制度》,知识产权出版社 2019 年版,第 16 页。

区的主权权利和管辖权。

沿海国在专属经济区享有的主权权利主要表现为:对该区域内海床上覆水域和海床及其底土的自然资源勘探、开发、利用、管理、养护的主权权利,以及在该区域内从事经济性开发和勘探的主权权利。[①] 其中,沿海国有关海洋生物资源的主权权利受到养护和管理义务的限制。总体上看,《联合国海洋法公约》项下沿海国对于专属经济区本身并不享有领土意义上的完整主权,但对于该海域范围内的自然资源(包括生物性和非生物性资源)及其开发利用活动享有主权性权利;而国际法层面的主权权利在国内法中意味着在立法、行政和司法三个方面的体现和落实,因此对于上述享有主权权利的事项,沿海国当然拥有司法管辖权。[②] 此外,沿海国在专属经济区内还享有人工岛屿、设施和结构的建造使用、海洋科学研究以及海洋环境的保护和保全等有关事项的专属管辖权。对于在专属经济区内违反该区域相关法律规章的外国船舶(比如从事非法捕鱼活动),沿海国军舰、军用飞机或其他经授权的政府船舶、飞机享有行使紧追的权利,即紧追权,但该权利在船舶进入其本国领海或第三国领海时终止。[③]

对于海岸相向或相邻国家间专属经济区的界限,应在国际法院规约第三十八条所指国际法的基础上以协议的方式划定。[④] 同时,因专属经济区不属于国家领土的组成部分,所以,其他国家在一国专属经济区内将享有一定自由,根据《联合国海洋法公约》的规定,包括船舶航行、飞机飞越及铺设海底电缆和管道的自由以及与这些自由相关的海洋其他国际合法用途。[⑤]

(3)大陆架

大陆架原是地质地理学上的概念,又称大陆棚、大陆台或大陆礁层,是指从大陆沿岸(海岸线)逐渐地向外自然延伸直到大陆坡的坡度平缓的海底

---

① 参见《联合国海洋法公约》第56条。
② 参见袁发强:《国家管辖海域与司法管辖权的行使》,载《国际法研究》2017年第3期。
③ 参见《联合国海洋法公约》第111条。
④ 参见《联合国海洋法公约》第74条。
⑤ 参见《联合国海洋法公约》第58条。

区域。大陆架作为一个法律概念,源于1945年《杜鲁门公告》,并因许多国家相继提出主权要求而最终作为一项制度被提出。从内容上看,地理学上的大陆架不能完全等同于法律意义上的大陆架。

《联合国海洋法公约》规定,大陆架是指沿海国的领海以外依其陆地领土的全部自然延伸,扩展到大陆边①外缘的海底区域的海床和底土。在范围上,以200海里为最低标准,如果沿海国从领海基线量起到大陆边的外缘的距离不到200海里,则扩展到200海里的距离。但对大陆边外缘距领海基线超过200海里的宽大陆架国家,公约规定所划定的大陆架不应超过领海基线起350海里或不得超过连接2500公尺深度各点的等深线的100海里。② 而实践中,自领海基线量起超过200海里的大陆架又通常被称为"扩展大陆架"或"外大陆架"。

在法律地位上,大陆架同专属经济区一样,不属于沿海国领土的组成部分,沿海国对其享有一定的主权权利和管辖权。但与专属经济区不同的是,沿海国对大陆架的管辖权是依大陆架为沿海国陆地领土自然延伸之事实而固有的权利,不取决于有效或象征性的占领或明文公告。③ 但《联合国海洋法公约》项下沿海国均应公布和交存大陆架和专属经济区的外部界限信息。

沿海国对大陆架的主权权利主要表现为勘探大陆架和开发其自然资源方面的主权权利。这种权利是专属性的,若沿海国不勘探大陆架或开发其自然资源,任何人未经沿海国明示同意,均不得从事这种活动。但对于领海基线起200海里以外的大陆架上非生物资源的开发,沿海国应缴付费用或实物。沿海国对大陆架的其他管辖权和专属权利主要表现为:在大陆架享有建造并授权和管理建造、操作和使用人工岛屿、设施和结构的专属权利,包括海关、财政、卫生、安全、移民的法律和规章方面的管辖权;授权和管理为一切目的在大陆架上进行钻探的专属权利;对大陆架上的海洋科研活动的

---

① 《联合国海洋法公约》第76条第3款规定:"大陆边包括沿海国陆块没入水中的延伸部分,由陆架、陆坡和陆基的海床和底土构成,它不包括深洋洋底及其洋脊,也不包括其底土。"
② 参见《联合国海洋法公约》第76条。
③ 参见宋云霞:《国家海上管辖权研究》,海洋出版社2020年版,第94页。

管辖权;对在大陆架上(包括大陆架上设备周围的安全地带内)违反沿海国按照《联合国海洋法公约》适用于该区域的法律和规章的外国船舶,沿海国军舰、军用飞机或其他经授权的政府船舶、飞机享有行使紧追的权利,但该权利在船舶进入其本国领海或第三国领海时终止。

对于海岸相向或相邻国家间大陆架界限的划定,同专属经济区一样,应在《国际法院规约》第 38 条所指国际法的基础上以协议的方式确定。[①] 同时,因大陆架同样不属于一国领土的组成部分,沿海国对大陆架的权利不影响上覆水域或水域上空的法律地位。所有国家在大陆架上有铺设海底电缆和管道的权利,沿海国除为勘探大陆架,开发自然资源和防止、减少和控制管道造成的污染有权采取合理措施外,对于铺设或维持这种海底电缆或管道不得加以阻碍。[②]

3. 国家管辖范围外海域

国家管辖范围外海域主要包括公海、国际海底区域。

(1) 公海

公海是一个法律概念,其范围随时间的推移有所变化。按照传统国际法,公海指不包括国家领海或内水的全部海域,1958 年《公海公约》即作了上述规定。但后来随着人类开发利用海洋能力的增强,专属经济区等新制度的出现,公海面积开始大幅缩减。《联合国海洋法公约》中的公海即一国内水、领海、毗连区、专属经济区或群岛国的群岛水域之外的全部海域,不包括大陆架和国际海底区域。

在法律地位上,公海属于全人类共同所有,任何国家都不能将公海置于本国主权之下,并对该区域实行属地管辖。而这也是公海不同于其他海域的根本特征。在公海,一国可以享有的权利主要包括:

第一,六项公海自由,包括航行自由、飞越自由、铺设海底电缆和管道的自由、建造国际法所容许的人工岛屿和其他设施的自由、捕鱼自由、科学研

---

① 参见《联合国海洋法公约》第 83 条。
② 参见《联合国海洋法公约》第 78、79、80、111、246 条。

究的自由。① 但一国的自由并非不受限制,比如针对捕鱼自由,所有国家均应受到该国条约义务、沿海国在专属经济区内的权利、义务和利益以及《联合国海洋法公约》第七部分第二节关于养护和管理公海生物资源的专门规定等限制。

第二,对悬挂该国旗帜在公海上航行的船舶的专属管辖权,即船旗国管辖。具体包括对该国船舶上的人和事件所实施的管辖,并涉及对该船行政、技术及社会事项方面的管辖和控制。

第三,为维护公海航行安全和正常秩序,对公海上发生的海盗行为、贩运奴隶行为和公海上的非法广播等违法行为行使普遍性管辖权。

第四,该国军舰、军用飞机或经授权的政府船舶、飞机有权靠近和登上被合理地认为犯有国际罪行或其他违犯国际法行为的商船进行检查,即登临权。

第五,在外国船舶违反该国法律和规章且该国自其内水、群岛水域、领海或毗连区内便开始追逐该船且未曾中断的情况下,该国军舰、军用飞机或其他经授权的政府船舶、飞机可在领海或毗连区外行使紧追的权利,但该权利在船舶进入其本国领土或第三国领海时终止。②

(2)国际海底区域

国际海底区域,是国家管辖范围以外的海床、洋底及底土,包括各国大陆架外部界限以外的整个海底区域。在海洋科学技术尚不成熟的时候并不存在这一概念,其出现主要是在海洋科学技术不断发展,越来越多的海洋资源被发现的大背景下,因发达国家相较于发展中国家等在开发海洋资源的技术和资金等方面均占据明显优势,如果不以制度的形式加以约束,这些区域所蕴含的丰富资源极有可能成为这些国家的私有物。所以,为了约束这些国家的海洋开发活动,国际海底区域的概念逐渐产生并在《联合国海洋法公约》中最终以法律的形式确立下来。

---

① 参见《联合国海洋法公约》第87条。
② 参见《联合国海洋法公约》第92、97、110、111条。

国际海底区域的上覆水域是公海。在法律地位上，这些区域是全人类的共同继承财产，应当开放给专为和平目的利用的所有国家，不论是沿海国还是内陆国，均不加以歧视。区域内活动应为全人类利益而进行，针对区域内资源的一切勘探和开发活动，均应由国际海底管理局予以安排、进行和控制。当然，这些区域法律地位不影响其上覆水域和上空的法律地位。

国际海底区域内资源勘探和开发的形式表现为两种：一是由管理局企业部进行，二是由缔约国或国营企业，或在缔约国担保下的具有缔约国国籍或由这类国家或其国民有效控制的自然人或法人等，与管理局以协作方式进行，这一模式又被称为"平行开发制度"。而对于从"区域"内活动取得的财政及其他经济利益，《联合国海洋法公约》要求管理局应通过适当机制，在无歧视的基础上公平分配。[①]

以上是《联合国海洋法公约》项下各海域的基本法律制度，但须指出的是，尽管《联合国海洋法公约》是国际海洋法最集中的体现，但不是唯一的。《联合国海洋法公约》不可能解决全部海洋问题，包括国际习惯法在内的一般国际法也是国家主张海洋权利不可或缺的法理依据。《联合国海洋法公约》序言也确认，"本公约未予规定的事项，应继续以一般国际法的规则和原则为准据"。因此，条约法和习惯法这两套规则之间是平行共存关系，而非相互排斥、相互取代。它们共同构成了国际海洋法律秩序的重要组成部分。

(三)世界其他国家法治海权的现状

随着《联合国海洋法公约》的通过和生效，世界各国的海权意识不断增强，越来越多的国家以立法形式确定自身管辖海域和海洋利益，各国间的海权竞争也越发激烈。

1. 美国

美国一直将维护国家海洋利益、长期称霸全球海洋作为其全球海洋战略的首要任务，而其中海洋法规被列为政府海洋综合管理的三大管理手段

[①] 参见《联合国海洋法公约》第135～137、140、141、153条。

之一。

  据统计,美国现有涉海法律法规 140 余部,包括《水下土地法》《外大陆架土地法》《海岸带管理法》《海洋保护、研究和自然保护区法》《海洋自然保护区规划条例》《清洁水法》《外大陆架土地法修正案》《海洋法》等。

  实践中,美国政府奉行海洋自由原则,其虽积极参加了《联合国海洋法公约》制定的历次会议,但始终拒绝加入公约,并在实践中为一己之私常常采用双重标准选择性适用国际法。一个非常典型的例证就是:美国虽未加入《联合国海洋法公约》,但美国认为对于《联合国海洋法公约》项下的海域划分及所赋予沿海国的权利,其同样运用和享有,并宣称《联合国海洋法公约》的规定为国际惯例。而这一自相矛盾的现象背后折射的其实就是美国一直以来所奉行的海洋霸权政策。

  具体来看,在管辖海域划分方面,美国采取了内水、领海、专属经济区和大陆架的划分方法,联邦政府和州政府分别享有不同的管辖权。在内水和领海方面,美国采用沿海平均低潮线作为领海基线,基线以内的水域为美国内水。1953 年颁布的《水下土地法》和《外大陆架土地法》规定,沿海州拥有自基线向外延伸 3 海里区域的管辖权,此海域通常称为"沿海州水域"。沿海各州对这一范围内的水下土地及其资源拥有管理、支配、租赁、开发和利用权利,联邦政府拥有 3 海里以外大陆架的管辖权和控制权;沿海州的权利应服从联邦政府在领海内的防卫、航行、贸易及外交方面所担负的责任。[①] 1988 年,里根总统根据《联合国海洋法公约》的规定,发布总统令,宣布美国的领海延伸至 12 海里。在美国领海内,外国船舶享有无害通过权。

  在专属经济区方面,1976 年美国国会通过了《渔业养护和管理法》(后更名为《马格纳森—史蒂文斯渔业保护和管理法》),建立 200 海里渔业保护区,禁止外国渔船在美国 200 海里范围内非法捕鱼,但美国政府许可的外国渔船除外。由此,美国渔业管辖权从 12 海里扩大到 200 海里。1983 年,里根总统宣布建立 200 海里专属经济区。在专属经济区内,美国享有《联合国

[①] 参见李双建、于保华等:《美国海洋战略研究》,时事出版社 2016 年版,第 159 页。

海洋法公约》项下的权利。美国政府承认对海洋科研的管辖,并指出在200海里专属经济区进行海洋科研必须征得沿海国的同意。与此同时,对相关海域内的海洋环境保护问题,美国政府也高度重视。2010年,位于美国专属经济区内墨西哥湾水域的英国石油公司"深水地平线"钻井平台发生爆炸,引发溢油事故给海洋生态环境造成严重破坏,美国政府向英国石油公司提出200亿美元的赔偿请求用于海洋生态修复,同时对英国石油公司刑事追偿12.58亿美元,并要求英国石油公司支付美国野生动物保护协会23.94亿美元,向美国科学院支付3.5亿美元,向美国证券交易中心支付5.25亿美元。虽然后来双方以208亿美元和解,但这个方案也成为美国历史上数额最大的环境损害赔偿协议。从中也不难看出美国对于其自身海洋权益方面的高度重视。

在大陆架方面,美国1945年总统令和1983年总统令中均明确主张大陆架向外扩展至少200海里,并且从2001年开始美国一直致力于搜集和分析数据来确定它的扩展大陆架的外部界限。[①] 目前,美国在大西洋海岸、墨西哥湾、白令海和北冰洋等许多地方,大陆边外缘的延伸超过了200海里。并且近期美国公布了其200海里以外大陆架界限,将大面积矿产资源丰富的海床纳入其管辖。对此,我国外交部在2024年4月2日例行记者会上明确指出,美国单方面划定200海里以外大陆架界限是典型的单边主义和霸权行径。200海里以外大陆架定界规则源自《联合国海洋法公约》而非国际习惯法,美国不是《联合国海洋法公约》缔约国,无权依据《联合国海洋法公约》主张外大陆架,也无权通过大陆架界限委员会审议其外大陆架界限。美国单方主张非法无效,严重违反国际法,侵蚀国际海底区域这一"人类共同继承财产",损害国际社会整体利益,不会得到国际社会认可。这再次暴露出美国对国际法合则用、不合则弃的实用主义做法和霸权本质。[②]

在海洋执法方面,美国海岸警卫队是美国海上唯一的综合执法机构,其

---

① 参见郑露伸:《美国海洋法律体系研究》,大连海事大学2016年硕士学位论文,第26~27页。
② 参见《2024年4月2日外交部发言人汪文斌主持例行记者会》,载外交部网,https://www.fmprc.gov.cn/fyrbt_673021/202404/t20240402_11274924.shtml。

创建于1790年,是世界各国海岸警卫队的鼻祖。在机构设置上,美国海岸警卫队隶属于国土安全部,总部设在首都华盛顿,下设大西洋地区和太平洋地区两个司令部,主要承担着美国国土防卫、海上安全、海上治安、海上交通、海洋资源与环境保护等多项职能任务,在美国海洋执法实践中发挥着重要的作用。

2. 日本

日本作为一个岛国,同样高度重视海洋问题,尤其是海洋法的制定工作。日本于1996年批准了《联合国海洋法公约》,并制定了大量的海洋法律。主要表现为:《海洋基本法》《领海与毗连区法》《专属经济区和大陆架法》等海洋基本制度方面的法律,《专属经济区内行使渔业等有关主权权利的法律》《海洋构筑物安全水域设定法》《为促进专属经济区和大陆架的保全和利用对低潮线保全和相关设施完善等法》等海洋附属制度方面的法律,《海上保安厅法》等执行海域管辖方面的法律,《禁止特定船舶入港特别措施法》《在领海等区域内有关外国船舶航行法》等管理相关船舶入港和外国船舶在领海等区域航行方面的法律。

其中,日本《海洋基本法》是根据日本《2005年海洋建议书》的要求所制定的,并且作为日本海洋根本法,是其他涉海法律的"母法"。其明确了日本海洋管理的理念、基本政策及相关主体的法律责任,并规定设立了综合海洋政策总部,完善了日本的海洋管理体制。[①]

在海域划分方面,日本《领海与毗连区法》采用混合基线的方法确定领海基线,自该基线以外12海里的海域为日本领海;在基线以外24海里以内的海域设立毗连区,防止和处罚在领域(领土和领海)内违反海关、财政、出入国管理(移民)或卫生法规的行为。[②] 在专属经济区和大陆架方面,日本《专属经济区和大陆架法》规定,专属经济区是自基线起距离为200海里的海域及其海底与底土,当距离超过200海里时,超过部分应由相邻或相向国

---

① 参见徐祥民主编:《海洋法律、社会与管理·首刊(2009年卷)》,海洋出版社2010年版,第89~94页。

② 参见日本《领海和毗连区法》第1、2、4条。

家间的等距离中间线(从日本基线量起的距离与他国的基线量起的距离相等的线)确定。大陆架是基线起距离为 200 海里的线内海域,当该线从基线量起超过中间线时,其超过部分以中间线划定,但当日本与他国间协议划定界线时,则该线代替中间线。①

目前,日本与周边多个邻国存在海洋领土和划界争端,加快立法和修法进程成为日本常用的满足其拓展管辖范围企图的手段之一。比如,2007 年通过《海洋构筑物安全水域设定法》,以保护其在东海问题上所谓的"海洋权益",试图防止我国在日本单方面主张的"中间线"附近海域实施开发活动,并为日本民间企业今后在"中间线"附近海域从事开采活动提供制度上的法律保障;②2012 年,日本对《在领海等区域内有关外国船舶航行法》进行修改,以强化对我国钓鱼岛周边海域的"管理"和"管辖"。

在海洋执法方面,日本根据《海上保安厅法》第 1 条的规定,于 1948 年正式设立海上保安厅。海上保安厅作为日本的海洋执法机构,将日本周边海域从北至南依次划分为 11 个管区。其中,第 1 管区负责北方四岛问题,第 7 管区主要负责处理与韩国的独岛问题,第 11 管区主要针对的是我国钓鱼岛及周边海域。③ 日本海上保安厅主要职责包括:处理海上发生的涉外案件,开展海域巡逻;监督查处外国渔船的不法作业;维护海上交通安全;保障港口秩序;进行海上搜救;保护海洋环境;进行国际合作;等等。日本海上保安厅有拘留权,但没有裁决权。④

3. 韩国

韩国 1996 年批准《联合国海洋法公约》。目前,其涉海法律达 100 多部,涉管辖海域方面的立法主要有《领海和毗连区法》《专属经济区法》《海洋渔业开发框架法》《关于领海及毗连区法的实施令》《关于外国人在专属经

---

① 参见日本《专属经济区和大陆架法》第 1、2 条。
② 参见廉德瑰、金永明:《日本海洋战略研究》,时事出版社 2016 年版,第 110 页。
③ 参见闻舞:《下设六支队伍,舰机配备齐全——专盯钓鱼岛的日本海上保安厅第 11 管区》,载《环球军事》2008 年第 14 期。
④ 高之国、张海文主编:《海洋国策研究文集》,海洋出版社 2007 年版,第 369 页。

济区内从事渔业活动的法规》《海洋矿产资源开发法》等。

其中,《海洋渔业开发框架法》是适用于以渔业为核心的海洋产业开发的框架法,包括总则、构建海洋渔业政策和促进海洋开发制度三部分。从内容上看,该法要求韩国涉海涉渔法律的制定与修订应与其理念、规范保持一致,所以该法也被认为是韩国海洋基本法。该法项下同时设立"海洋与渔业发展委员会"。[1]

在具体海域划分方面,韩国《领海和毗连区法》采用了混合基线的方法,领海宽度为12海里,但依总统令在某些特定海域也可另行设定12海里范围以内的领海宽度。毗连区是除领海水域外以基线为准开始测量到其外侧24海里的水域,但特定水域除外。[2] 韩国专属经济区的范围,根据韩国《专属经济区法》规定,是除领海外从基线量起200海里的水域;但当韩国与他国的专属经济区重合时,除了与他国之间另有规定,韩国在中间线以外不行使专属经济区权利。[3] 同时韩国还在《关于外国人在专属经济区内从事渔业活动的法规》中,对外国人在韩国专属经济区的捕鱼行为作出了专门规定。在大陆架方面,韩国并未进行专门立法,而是以《海底矿物资源开发法》对韩国大陆架之下的石油、天然气等海底矿产的勘探和开采活动作出规定。

目前,韩国与周边多个邻国存在海洋领土和划界争端。除了与日本的竹岛(独岛)主权归属争议外,与我国之间也涉及部分海域的划界问题,与朝鲜存在朝鲜半岛西部海域"北方界线"以及"西海五岛"周边水域的归属等问题。而在实践中,对于与不同国家的海洋权益争端,韩国会在考虑国家整体利益的基础上结合两国之间的双边关系情况,来确定接下来所要采取的政策。比如针对与我国之间的海洋划界问题,韩国主要通过与我国开展磋商谈判的方式推动双方之间就有关问题达成共识;针对与日本之间的领土争

---

[1] 董跃:《我国周边国家"海洋基本法"的功能分析:比较与启示》,载《边界与海洋研究》2019年第4期。
[2] 参见韩国《领海和毗连区法》第1、2、3条。
[3] 参见韩国《专属经济区法》第2、5条。

端,韩国起初为维护与美日之间的同盟关系会采取避免事态升级的防守策略,但在日本使该问题矛盾化、尖锐化的情况下,则会采取相对强硬的策略维护主权;针对与朝鲜的海洋争端,韩国则通过积极寻求与朝鲜之间在相关区域的合作并保证必要防御手段的方式,来解决相关问题。

在海洋执法方面,韩国1953年组建的海洋警察厅(当时称作"韩国海洋警察队")是韩国主要的执法机构。具体负责海上巡逻、海难救助、犯罪搜查、情报收集与处理、海上交通安全和海洋污染监测防治等方面的工作。该机构同时具有警察机关的搜查、逮捕、起诉及执行与任务相关法律的职权。在具体执行海上巡逻工作时,有权扣留或驱逐非法进入其领海的外籍船只。[①]

4. 小结

从总体上看,当前国际社会以领土主权和海洋权益为中心的法律博弈愈演愈烈,各海洋国家都纷纷以立法的形式主张和固定其本国权益。这一方面反映出世界海权发展的规则化趋势;另一方面则反映出各国间海洋法权的竞争在不断加剧,并在部分国家异化为掠夺他国领土主权和海洋权益的手段和媒介,这在海岸相邻或相向的国家中表现得尤为明显。比如,一些国家虽批准了《联合国海洋法公约》,但在划定专属经济区等问题上无视海岸相邻或相向国家的合法权益,直接以国内法的形式、单方以等距离中间线的方法划定与周边国家专属经济区界限等,都构成对《联合国海洋法公约》精神及条款的违背。《联合国海洋法公约》明确规定海岸相向或相邻国家间专属经济区界限的划定应在国际法基础上以协议的方式加以确定,因此,此种单方划定界限的行为在国际法上是不被承认和允许的,进而在此基础上对相关海域、岛屿实施的所谓"管辖"行为也都是非法和无效的。而为了维护以《联合国海洋法公约》为中心的国际海洋法律秩序不受破坏,维护我国的领土主权和海洋权益不受侵犯,加快中国特色法治海权建设是应有之义。

---

① 参见王世涛编著:《海事行政法学研究》,中国政法大学出版社2013年版,第80页。

第二节　中国特色法治海权建设的实践基础

中国不仅是一个幅员辽阔的陆地国家,同时也是一个地处太平洋西部、海域面积广阔的海洋国家。虽然在五千年文明史上农耕文明一直占有十分重要的地位,但不可否认的是与海洋和谐共存也是中国历史的重要组成部分。

一、中国法治海权发展历程

纵观历史,中国法治海权的发展主要分为四个时期,分别是以皇权至上为主导的时期、不平等条约破坏下的时期、海洋意识逐渐觉醒的时期以及新中国成立后独立自主的时期。

(一)皇权至上主导时期

在夏朝至春秋时期,中国就已经出现海产品捕捞、海上交通等各类海洋活动。在战国时期,《韩非子·大体》中曾有"历心于山海而国家富"的论述,是中国比较早的关于海洋法治的表述。后来随着唐宋时期指南针的发明、造船技术的提升,中国海洋事业开始处于腾飞阶段。1080年颁布的《广州市舶条法》便是宋代市舶条法的集大成者。中国在14世纪至15世纪早期更是成为综合实力在整个南海地区占据主导地位的国家。其中,明朝郑和率船队七下西洋不仅比欧洲大航海时代早了十年,而且也是当时世界上规模最大的海上航行,在世界航海史上留下了浓墨重彩的一笔。但当时中国由于传统陆权思想及儒家思想平和性的特点,更多地将海权视作为一种"力量展示"的媒介而非扩张的手段。因此,当时的海权更多的是皇权主导下中国内政的外延,并未真正引起当局者足够的重视。

(二) 不平等条约破坏时期

明朝至清朝因实行了一系列的海禁政策,中华民族由盛转衰。《天津条约》《马关条约》等西方列强强迫我国签订的一系列不平等条约对中国主权造成严重破坏。例如,外国船舶可以随意在我国内水以及沿海航行等。在这一时期,《大清商律草案》作为大清政府规范商业活动的法律,其中专门列有海船律一编,该编吸收了当时国际海商法的核心内容,比如在海上运输部分对船舶所有人、船长、船员的责任义务,海事纠纷的处置原则,海难事故处置的基本标准等都予以了规范。[1] 但该法律草案最终因清朝覆灭未能施行。因此,总体上看,这一时期的海权更多的是不平等条约主导下的各国以所谓条约形式对中国领土主权和海洋权益的瓜分和掠夺。

(三) 海洋意识逐渐觉醒时期

民国时期的政府相较于清朝,海洋意识逐渐觉醒。1925年,中华民国政府签署《斯匹茨卑尔根群岛条约》,为我国后面进行北极科学考察提供了法律依据;1929年,颁布了我国历史上第一部海商法《中华民国海商法》和中国历史上第一部渔业法;1930年,派员参加了在海牙召开的第一次国际法编纂会议;1931年,颁布了《中华民国领海范围为三海里令》,宣布了中国领海宽度为3海里,缉私区为12海里;1943年,与美国、英国签署《中美英三国开罗宣言》,规定日本所窃取于中国之领土,例如东北四省、台湾、澎湖群岛等,必须归还中国;1945年,与美国、英国发表《波茨坦公告》;1948年,出版《中华民国行政区域图》及其附图《南海诸岛位置图》,向世界昭示了中国对南海诸岛及其附近海域的权利主张;等等。故而,总体上看,这一时期中国的海洋领土主权意识逐渐觉醒,并开始利用海洋法权来维护国家领土主权和海洋权益。

---

[1] 参见杨一凡主编:《新编中国法制史》,社会科学文献出版社2005年版,第528页。

（四）新中国成立后独立自主时期

新中国成立后，中国的法治海权真正回归其公平公正的本质，开始走向独立自主。历史上的海禁和闭关锁国等政策给国家所带来的磨难和惨痛教训，使得人们对于海洋的重要性、海洋法治的重要性的认识提升到一个前所未有的高度。作为一个世界海洋大国，同时也是海洋地理相对不利的国家之一，我国始终坚持依法管海、依法治海。中国是最早签署《联合国海洋法公约》的国家之一，并在1996年批准了公约。并且，作为缔约国，我国一直以来认真履行《联合国海洋法公约》项下的权利义务；在国内层面也先后制定颁布了《领海及毗连区法》《专属经济区和大陆架法》等一系列涉海法律法规，依法保障我国领土主权和海洋权益。2019年，习近平总书记提出构建海洋命运共同体。这是对世界走向和海洋未来发展的前瞻性思考，对维护世界和平和可持续发展意义重大，当前中国特色法治海权建设也应以海洋命运共同体理念为中心而展开。而从已有实践看，中国特色法治海权建设已经积累了较为丰富的立法、执法和司法基础。

二、中国海洋立法实践

目前，中国已经出台的涉海法律法规，从内容上看主要可以分为六类：一是海洋权益保护类的法律法规，如《领海及毗连区法》《专属经济区和大陆架法》等；二是海洋生态环境保护方面的法律法规，如《海洋环境保护法》《海洋自然保护区管理办法》等；三是海洋资源开发和保护方面的法律法规，如《渔业法》《对外合作开采海洋石油资源条例》《海域使用管理法》《海岛保护法》等；四是海上交通安全和海洋管理方面的法律法规，如《海上交通安全法》《海关法》《海警法》等；五是海事海商方面的法律，如《海商法》《港口法》《海事诉讼特别程序法》等；六是海洋科学研究和海底电缆管道铺设等方面的法律法规，如《涉外海洋科学研究管理规定》《铺设海底电缆管道管理规定》等。因海洋权益保护类法律是其中的基础和关键，故本部分主要就该内

第四章　法治海权

容作一介绍。

(一) 中国领海及毗连区制度

根据中国 1992 年《领海及毗连区法》的规定,中国领海为邻接陆地领土和内水的一带海域。中国的陆地领土包括我国大陆及其沿海岛屿、台湾及其包括钓鱼岛在内的附属各岛、澎湖列岛、东沙群岛、西沙群岛、中沙群岛、南沙群岛以及其他一切属于中国的岛屿。中国领海基线向陆地一侧的水域为内水。中国的领海基线采用直线基线法划定,领海宽度从领海基线量起为 12 海里。目前,中国先后三次公布了在大陆领海的部分基线、西沙群岛的领海基线、钓鱼岛及其附属岛屿的领海基线,以及北部湾北部的领海基线。[1] 中国对领海的主权及于领海上空、领海的海床及底土。外国非军用船舶,享有依法无害通过中国领海的权利;外国军用船舶进入中国领海,须经中国政府批准。[2] 中国毗连区为领海以外邻接领海的一带海域;宽度为 12 海里。中国有权在毗连区内对在陆地领土、内水或者领海内违反有关安全、海关、财政、卫生或者入境出境管理的法律、法规的行为行使管制权。[3]

(二) 中国专属经济区和大陆架制度

根据中国 1998 年《专属经济区和大陆架法》的规定,中国专属经济区为领海以外并邻接领海的区域,自领海基线量起延至 200 海里。中国在专属经济区为勘查、开发、养护和管理海床上覆水域、海床及其底土的自然资源,以及进行其他经济性开发和勘查,行使主权权利;对专属经济区的人工岛屿、设施和结构的建造、使用和海洋科学研究、海洋环境的保护和保全,行使管辖权。中国大陆架为我国领海以外依本国陆地领土的全部自然延

---

[1] 参见 1996 年《中华人民共和国政府关于中华人民共和国领海基线的声明》、2012 年《中华人民共和国政府关于钓鱼岛及其附属岛屿领海基线的声明》、2024 年《中华人民共和国政府关于北部湾北部领海基线的声明》。
[2] 参见《中华人民共和国领海及毗连区法》第 2、3、5、6 条。
[3] 参见《中华人民共和国领海及毗连区法》第 4、13 条。

伸,扩展到大陆边外缘的海底区域的海床和底土;如果从领海基线量起至大陆边外缘的距离不足 200 海里,则扩展至 200 海里。中国为勘查大陆架和开发大陆架的自然资源,对大陆架行使主权权利;对大陆架的人工岛屿、设施和结构的建造、使用和海洋科学研究、海洋环境的保护和保全,行使管辖权;中国拥有授权和管理为一切目的在大陆架上进行钻探的专属权利。[①] 中国与海岸相邻或者相向国家关于专属经济区和大陆架主张重叠的,在国际法的基础上按照公平原则以协议划定界限。2000 年,中国同越南根据《联合国海洋法公约》、公认的国际法各项原则和国际实践,在充分考虑北部湾所有有关情况的基础上,按照公平原则,通过友好协商,确定了两国在北部湾的领海、专属经济区和大陆架分界线,并签署《中华人民共和国和越南社会主义共和国关于两国在北部湾领海、专属经济区和大陆架的划界协定》。

(三)其他

此外,中国其他五类涉海法律规范在实践中也为中国相关海洋活动开展和海洋权益维护提供了强大制度保障。例如,2023 年修订的《海洋环境保护法》将海洋环境保护作为生态文明建设的重要内容,规定了保护优先、预防为主、源头防控、综合治理、公众参与等项重要原则,对于维护中国海洋环境权益、捍卫国家海洋安全和发展利益也同样意义重大。在实践中,这些涉海法律法规同向发力,既全方位、深层次地提升了中国海洋法治水平,也为中国特色法治海权建设奠定了重要基础。

三、中国海上维权执法实践

(一)中国海上维权执法机构设置情况

党的十八大以来,党中央对海上维权执法体制进行了两次重大调整和

[①] 参见《中华人民共和国专属经济区和大陆架法》第 2~4 条。

改革,2018 年,第十三届全国人民代表大会常务委员会第三次会议通过《全国人民代表大会常务委员会关于中国海警局行使海上维权执法职权的决定》,原海警队伍整体划归中国人民武装警察部队领导指挥,调整组建中国人民武装警察部队海警总队,称中国海警局,统一履行海上维权执法职责。① 2021 年,《海警法》通过并施行,在内容上对中国海警的机构设置和海上维权执法的具体职责等内容作出了进一步明确。中国的海警机构由中国海警局及其海区分局和直属局、省级海警局、市级海警局、海警工作站组成。

(二) 中国海警机构职责任务

中国海警机构海上维权执法工作的基本任务是开展海上安全保卫,维护海上治安秩序,打击海上走私、偷渡,在职责范围内对海洋资源开发利用、海洋生态环境保护、海洋渔业生产作业等活动进行监督检查,预防、制止和惩治海上违法犯罪活动。对于在海上维权执法过程中出现的侮辱、威胁、围堵、拦截、袭击海警机构工作人员或阻碍调查取证,或强行冲闯海上临时警戒区,或阻碍执行追捕、检查、搜查、救险、警卫等任务,或阻碍执法船舶、航空器、车辆和人员通行,或采取危险驾驶、设置障碍等方法驾驶船舶逃窜,危及执法船舶、人员安全,及其他严重阻碍海警机构及其工作人员执行职务的行为,由公安机关或者海警机构依照《治安管理处罚法》的规定予以处罚。而对于外国在海上执法方面对中国公民、法人和其他组织采取歧视性的禁止、限制或者其他特别措施的,海警机构可以按照国家有关规定采取相应的对等措施。② 这对一些周边国家的执法人员常对中国在海域内正常从事渔业活动的渔民采取"情绪化"的海盗式执法方式可以起到很好的反制作用,③

---

① 参见王宁:《关于〈中华人民共和国海警法(草案)〉的说明——2020 年 10 月 13 日在第十三届全国人民代表大会常务委员会第二十二次会议上》,载中国人大网,http://www.npc.gov.cn/npc/c2/c30834/202101/t20210125_309899.html。

② 参见《中华人民共和国海警法》第 5、73、79 条。

③ 据不完全统计,1989 年至 2010 年周边国家在南海海域袭击、抓扣、枪杀我国渔船事件达 380 多宗,涉及渔船 750 多艘,渔民 11,300 余人。其中,25 名渔民被打死或失踪,24 名渔民被打伤,800 多名渔民被判刑。参见童伟华:《南海海域刑事管辖问题研究》,载《河南财经政法大学学报》2013 年第 3 期。

有助于更好保护我国渔民合法权益。

四、中国海事司法实践

(一)中国海事司法的基本情况

海事法院是中国目前的主要海事审判机关。1954年,中国曾设立水上运输法院,作为当时审理海事案件的司法机关,后来在1957年国务院发布的《关于撤销铁路、水上运输法院的决定》中被撤销。此后直到1979年《人民法院组织法》第2条第3款中再次明确将水上运输法院作为专门人民法院,重新开始负责审理海事案件。

然而,这一审判模式并未持续太久,1982年公布的《民事诉讼法(试行)》规定,中级人民法院审理包含海事争议案件在内的一审涉外民事案件;1983年修改的《人民法院组织法》中亦将1979年《人民法院组织法》第2条第3款的规定删除,并规定人民法院设立经济审判庭,审理各种经济纠纷案件,包括海事争议案件。因此,在这个时间段,中国的海事海商案件转由地方上的中级人民法院审理。

后来,随着对外开放政策的深入,中国海上货物运输和国际贸易活动得到快速发展,随之而来的是不断增多的海事海商案件。为了更好适应中国对外开放的现实需要,最高人民法院和原交通部在1984年5月发布了《关于设立海事法院的通知》,决定在上海、天津、青岛、大连、广州、武汉等6个口岸城市设立海事专门法院。因此,海事法院自设立伊始便被赋予了全球眼光的司法特性。而在海事法院设立的第二年即1985年,希腊一航运公司便向青岛海事法院申请留置中国某公司船载货物,彼时在海事专门法律尚未颁布的情况下,法院参考相关国际公约等规定,裁定准予留置货物,该案被英国《劳氏亚洲海事》称为"中国海事法院的首次判决"。

最高人民法院后来又在1990年批准设立了海口、厦门海事法院,1992年设立宁波海事法院,1999年设立北海海事法院,2019年设立南京海事法院。目前,我国一共有 11 个海事法院。实践中,为更好地方便当事人诉讼和解决海事纠纷,各海事法院又陆续在沿海各大港口设立了派出机构,即派出法庭。据统计,全国目前共有 42 个派出法庭,中国已成为世界上设立海事审判专门机构最多、最齐全的国家,这充分展示出了中国特色社会主义司法制度的优越性。

在管辖海域方面,根据 2016 年最高人民法院《关于审理发生在我国管辖海域相关案件若干问题的规定(一)》和《关于审理发生在我国管辖海域相关案件若干问题的规定(二)》,中国海事法院的司法管辖权覆盖我国管辖的全部海域,包括内水、领海、毗连区、专属经济区、大陆架,以及中国管辖的其他海域。[①] 而其中"其他海域"主要是指依据中国《专属经济区和大陆架法》第 14 条规定享有历史性权利的水域,以及中国与有关国家缔结的协定所确定的共同管理的渔区等。[②] 由此,海事司法已成为中国经略海洋、管控海洋工作的重要组成部分,海洋意识亦构成了海事司法的核心与关键。

目前,经过四十余年的发展,中国已成为世界上受理海事海商案件最多的国家。最高人民法院发布的《中国海事审判(2018—2021)》白皮书显示,仅 2018 年至 2021 年,全国海事审判三级法院便受理海事海商案件 89,384 件,结案 88,764 件;受理海事行政案件 4339 件,结案 4227 件;试点受理海事刑事案件 45 件。这些案件的公正高效审理,有力展现了公正、高效、权威的中国司法形象和法治中国建设的巨大成就;也是国际航运中心东移大背景下,中国法院突出中心视域,围绕全球海洋治理、国际航运中心建设,打造国际海事争议解决优选地的重要实践。

而在处理每一起涉外、涉海纠纷的过程中,海事法院始终全面贯彻落实习近平总书记提出的以人民为中心的发展思想,全面贯彻人类命运共同体、海洋命运共同体理念,把厚生境界,即平等保护中外当事人合法权益,作为

---

① 参见最高人民法院《关于审理发生在我国管辖海域相关案件若干问题的规定(一)》第 1 条。
② 参见许俊强:《领海外国家管辖海域的海事司法管辖权之完善》,载《人民司法·应用》2017 年第 22 期;白佳玉、王晨星:《海洋权益维护的司法考量:我国海事司法管辖的依据、发展与国际法意义》,载《云南民族大学学报(哲学社会科学版)》2017 年第 5 期。

海事司法的重要理念和指导思想。例如,青岛海事法院在依法扣押马绍尔群岛籍"尼莉莎"轮案中,外方当事人放弃伦敦仲裁,在法院促成下达成和解协议,新船东特意将船舶更名为"尊重"(Respect),致敬中国法治;在利比里亚籍"狮子"轮案中,安全、高效遣返21名外籍船员,为妥善处置疫情期间全球性海员换班遣返难题、帮助航运企业复工复产提供了"中国方案"。

(二) 中国海事司法的职能作用

海事审判直接服务于外贸航运、海洋开发,一头连着港口航运贸易金融,一头连着全球资源;一头连着国内大循环,一头连着国内国际双循环;一头连着国内法治,一头连着涉外法治,事关国家司法主权、海洋权益,肩负着服务保障海洋强国建设的重要任务。其职能作用主要表现为四个方面。

一是对外开放的法治引领保障职能。当前,国际竞争越来越体现为制度之争、规则之争。海事司法因其独特的涉外性、涉海性,审判工作中既要适用中国法律,也要适用国际公约、条约和国际惯例,由此而形成的裁判规则天然具有国际规则属性,在对接高标准国际经贸规则,稳步扩大规则、规制、管理、标准等制度型开放方面发挥着重要的法治引领、法治保障作用。并且在持续深化对外开放的大背景下,海事司法的这种软实力作用更加凸显。在实践中,围绕服务保障高水平对外开放和加快建设海洋强国,最高人民法院出台了《关于人民法院服务保障进一步扩大对外开放的指导意见》等一系列规范性文件;各海事法院也积极结合自身区位优势,主动对接当地海事司法新需求。例如,青岛海事法院成立全国海事法院首个自贸区审判区,推进海事司法标准供给,形成8大类港航合同范本、10册《合规指引与风险防治》专题司法文库,设立全国首个海事域外法查明研究中心等,均为国内企业"走出去"、国外企业"走进来"提供了有力司法保障。

二是涉外涉海资源的配置职能。市场经济本质上是法治经济,法治资源的有效运用必然带动涉外、涉海资源的高度富集与科学配置。根据最高人民法院2016年发布的《关于海事法院受理案件范围的规定》,中国海事法院受理6大类共108种第一审案件,内容涵盖海事侵权纠纷案件、海商合同纠纷案件、海洋及通海可航水域开发利用与环境保护相关纠纷案件、其他海事海商纠纷案件、海事行政案件和海事特别程序案件等诸多领域,范围十分广泛。这使得信息、职能、平台等形成聚集优势成为可能,而由此形成的规则信息、行业信息将进一步为市场主体做出准确判断提供有力支撑,为海事资源的合理配置提供充足保障。例如,青岛海事法院和山东省高级人民法院审理的中国首个全潜式深海养殖装备"深蓝一号"建造合同纠纷案,通过合理划分双方责任、确定损失数额,并积极探索判后调解模式,保障了国产深远海渔业规模化养殖活动的有序进行。

三是全球海洋争端解决机制职能。目前,中国法院受理的海事海商案件涉及世界上一百多个国家和地区,海事司法坚持"条约信守"原则,适用《承认及执行外国仲裁裁决公约》等国际条约承认与执行外国仲裁裁决,适用司法协助双边条约承认与执行外国法院判决。与此对应,海事司法的裁判结果在国际社会也能够得到广泛的承认与执行,从而成为海事司法发挥全球海洋争端解决机制功能的重要方面。比如,在"努萨(NUSA)"轮船舶扣押案中,运用中国司法智慧,引导外方当事人撤回在新加坡的仲裁申请,并选择青岛海事法院诉前调解程序解决纠纷,成为我国打造国际海事争议解决优选地的又一成功范例;厦门海事法院审理的发生在我国钓鱼岛附近海域的船舶碰撞损害责任纠纷案、上海海事法院审理的发生在南海黄岩岛附近海域船舶沉没海难事故纠纷等,均彰显了中国海事司法的全球海洋争端解决机制功能。此外,海事法院的船舶扣押与拍卖、海事强制令等海事司法专属职能也是中国参与全球争端解决的重要手段。其中,船舶扣押除了能为海事请求权人提供可靠担保,还可为扣船法院取得案件的实体管辖权,从而为海事法院参与全球争端解决提供窗口;而海事强制令作为极具海事特色的一项制度设计,在实践中可反制外国法院签发的禁诉令,为海事纠纷的国内主体提供及时、有效的救济。

四是涉外人才培养支持职能。中国海事法院所受理的案件中大量系涉外案件。据统计,2018年至2021年全国海事审判三级法院共受理涉外案件10,397件、涉港澳台案件2693件;审结涉外案件10,611件、涉港澳台案件

2782件。[①] 每一起涉外案件都涵盖诸多涉外法律关系,海量的涉外案件本身就是中国涉外人才参与国际事务的重要窗口,是涉外法治人才培养与发挥作用的重要实践基地。通过审理这些涉外案件,法院干警将全方位了解案件相关国家的历史文化和法律制度,全景式掌握全球产业的国际规则和运行逻辑,这无疑为提升海事审判水平和能力、打造高素质的海事审判专业队伍奠定了坚实基础。此外,最高人民法院充分发挥先后在青岛海事法院、上海海事法院、浙江省高级人民法院和广州海事法院设立的国际海事司法基地的作用。各海事法院积极设立各类学术交流平台,先后承办的全国海事审判研讨会,紧贴国家发展战略和海事审判实务工作需要开展研讨;广州海事法院举办的广州海法论坛、青岛海事法院举办的海事司法创新大会等平台已初具规模,亦为涉外人才的培养起到了重要的支持和保障作用。

因此,从已有实践看,中国特色法治海权建设目前已经具备了良好的立法、执法和司法基础,未来也应在此基础上不断向前推进。

第三节　中国特色法治海权建设的基本原则与路径措施

中国特色法治海权的核心在于以法治手段保护我国领土主权和海洋权益,因此,其建设应坚持三项基本原则:维护以《联合国海洋法公约》为中心的国际海洋法律秩序;依法保障国家领土主权和海洋权益;主动参与全球海洋法治建设。

一、中国特色法治海权建设的基本原则

(一)维护以《联合国海洋法公约》为中心的国际海洋法律秩序的原则

维护以《联合国海洋法公约》为中心的国际海洋法律秩序是中国特色法

[①] 参见最高人民法院发布的《中国海事审判(2018—2021)》。

治海权建设的基本原则。该原则具体又可以表现为两方面,分别是维护以《联合国海洋法公约》为中心的国际海洋法律体系、反对任何破坏和曲解《联合国海洋法公约》的行为。

1. 维护以《联合国海洋法公约》为中心的国际海洋法律体系

习近平总书记指出,中国全面参与联合国框架内海洋治理机制和相关规则制定与实施,落实海洋可持续发展目标。《联合国海洋法公约》代表了国际社会绝大多数国家对于维护和平海洋秩序和解决海洋问题的需求,符合世界各国的期望。它废弃了历史上由海洋强国以海上实力为基础构建的传统海洋秩序,构建起相对公平合理的全新的当代海洋秩序,[①]是全球海洋治理规则的基础。尽管从内容上看《联合国海洋法公约》部分条款存在模糊宽泛、部分内容未作规定的问题,但这并不妨碍其作为综合性的海洋法典,在全球海洋治理中的重要地位。我国始终坚持以公约为核心,恪守公约的目的和宗旨,致力于维护公平、合理的国际海洋秩序,携手国际社会共同建设"我们所希望的海洋"。

中国在1996年批准《联合国海洋法公约》后即作为公约缔约国积极参与国际海洋事务。2009年中国常驻联合国代表团向联合国秘书处提交中国关于确定200海里以外大陆架外部界限的初步信息、2012年提交中国东海部分海域200海里以外大陆架外部界限划界案等都是中国积极履行公约规定义务、尊重公约的具体表现。不仅如此,为认真履行公约有关海洋合作等方面的目标要求,中国还先后提出了"21世纪海上丝绸之路"倡议和"海洋命运共同体"理念等,并在日常实践中积极推动相关内容落实落地。国际海洋法除了《联合国海洋法公约》这一主要表现形式之外,还包含国际习惯法等内容,它们共同构成了国际海洋法律秩序的重要组成部分,均应平等维护和遵守。

2. 反对任何破坏和曲解《联合国海洋法公约》的行为

中国致力于维护以《联合国海洋法公约》为中心的国际海洋法律秩序,

---

① 参见张海文:《地缘政治与全球海洋秩序》,载《世界知识》2021年第1期。

坚决反对任何破坏公约或打着公约的旗号曲解公约条款以攫取不当利益的行为。美国作为一个海洋大国，长期游离于《联合国海洋法公约》外，一直力求在《联合国海洋法公约》之外塑造并主导于己有利的所谓"基于规则"的国际海洋秩序。[1] 其在事实上享受着海洋法规定的全部权利的同时，却反对受到相关法律制度限制。比如，实践中，美国侦察机和军事测量船多次闯入我国沿海从事非法测量，多次打着"自由航行"的旗号闯入中国台湾海峡等，便是对国际海洋法律秩序的严重破坏。真正公平合法、为国际社会所普遍接受的是以联合国为核心的国际体系，各国共同维护的秩序只能是以国际法为基础的国际秩序，而不是由美国和少数西方国家的意志或拟定的规则包装而成的国际规则。[2]

与此同时，还应正确理解与适用《联合国海洋法公约》。比如，在实践中，部分国家认为根据《联合国海洋法公约》中有关大陆架和专属经济区的规定，该国有权对南海某些岛屿享有主权权利；部分国家在与周边邻国存在海岸相邻或相向的情况下直接单方面宣布了本国200海里的专属经济区；等等。这些都是对《联合国海洋法公约》条款的曲解。首先，"陆地统治海洋"原则是国际海洋法的一项基本原则。该原则下，只有在一个国家依法享有领土主权的情况下，该国才能主张并享有相应的专属经济区和大陆架。也就是说，一国享有的专属经济区和大陆架的权利不能脱离于该国的陆地主权而单独存在，因此，一国通过主张专属经济区和大陆架再进而"宣示"领土主权的行为显然无法得到支持。其次，《联合国海洋法公约》规定的海岸相向或相邻国家间专属经济区不应由一国单方面宣布，而应该由国家间通过协议的方式解决。最后，对于《联合国海洋法公约》生效前已经存在的事实，应遵循"法不及既往"的原则，有关国家无权根据《联合国海洋法公约》主张权利。

---

[1] 参见付玉、王芳、李明杰：《中国海洋政策与管理》，浙江教育出版社2023年版，第266页。
[2] 参见李晓宏：《中国代表强调"基于规则的国际秩序"是对法治精神的违背》，载人民网，http://world.people.com.cn/n1/2021/1013/c1002-32251754.html。

(二)依法保障国家领土主权和海洋权益的原则

海洋主权是国家主权的组成部分。[1] 习近平总书记指出:"我们坚持和平发展,坚决捍卫领土主权和海洋权益。谁要在这个问题上做文章,中国人民决不答应!"[2]因此,依法保障国家领土主权和海洋权益也构成中国特色法治海权建设的一项基本原则,具体又包括依法捍卫国家领土主权和海洋权益不受侵犯以及依法解决各种海洋争议两个方面。

1. 依法捍卫国家领土主权和海洋权益不受侵犯

根据《联合国海洋法公约》有关规定和中国主张,中国管辖海域面积约300万平方公里。在近代以前,中国整体实力位居世界前列,其他东亚国家在文化、习惯等方面深受中国影响并依附于中国,反映到海洋问题上便表现为缺乏明确划定海界的必要性。但在第二次世界大战后,伴随着以《联合国海洋法公约》为中心的国际海洋法律秩序的逐渐形成,以及世界各国纷纷以法律形式提出自己的海洋主张,通过法律手段维护本国领土主权和海洋权益已成为国际社会的大趋势。也正因如此,新中国成立后,一直根据《联合国海洋法公约》的宗旨和原则不断制定和完善国内立法,并在日常实践中始终坚持依法治海,依法主张权利和依法适用权利。与此同时,我们也尊重世界其他国家和地区合法的领土主权和海洋权益主张,努力维护能够代表国际社会共同价值和理念的全球海洋法律秩序。

2. 依法解决各种海洋争议

和平共处五项原则是我国与世界各国关系的准则,在海洋问题上,中国同样遵守和平共处五项原则,并以海洋法权思维应对相关问题。当前,中国与朝鲜、韩国、日本、菲律宾、马来西亚、文莱、印度尼西亚、越南8个国家海岸相邻或相向,并同这些国家存在不同的岛屿主权和海洋划界争端。针对与周边海洋邻国的岛屿主权、海域划界及其他海上争议,中国一贯主张在遵守

---

[1] 杨华:《海洋基本法的立法定位与体系结构》,载《东方法学》2021年第1期。
[2] 《国家主席习近平发表二〇一七新年贺词》,载中华人民共和国中央人民政府网,https://www.gov.cn/xinwen/2016 - 12/31/content_5155320.htm。

《联合国宪章》和《联合国海洋法公约》的宗旨和原则的基础上通过对话、谈判来解决双方存在的海洋争议问题,尊重各方自主选择和平解决海洋争端方式的权利。[1] 这在中国1996年批准《联合国海洋法公约》的决定中也有明确体现。该决定第二条确认:中国将与海岸相向或相邻的国家,通过协商,在国际法基础上,按照公平原则划定各自海洋管辖权界限。在实践中,中国通过外交谈判并运用海洋法律规范和平解决了北部湾海洋划界等都是典型例证。但其中需要强调的是,对于历史性权利,《联合国海洋法公约》虽未作十分明确的界定,但也没有否定其存在,且《联合国海洋法公约》宗旨亦显示了对历史性权利的尊重,因此,历史性权利也是一国主张海洋权利的重要法理依据。除此之外,在争议解决前,中国还提出了"搁置争议、共同开发"的倡议,并与诸多海上邻国签订了共同开发文件。例如,2002年与东盟各国签署的《南海各方行为宣言》等,都为地区和平和发展作出了积极贡献。

(三) 主动参与全球海洋法治建设的原则

当前,随着全球海洋事业的不断发展,全球海洋法律秩序存在的问题也日益凸显。作为条约法代表的《联合国海洋法公约》制定于20世纪80年代,在当时虽对世界各国的海洋实践产生了深远影响,但公约中存在的岛屿、礁岩、历史性权利、剩余权利等概念和解释不清的问题以及海洋气候变化、新能源开发等海洋新议题的出现,均决定了公约在今后一个时期仍需不断完善和修订。而对此,中国作为一个负责任的大国应主动参与全球海洋法治建设,并将之作为建设中国特色法治海权的一项基本原则。我国要积极参与解决全球海洋法治建设中的问题,要在支持公约的基础上,通过提出中国方案、中国主张,为规范全球海洋秩序作出贡献,不断推动构建公平正义的国际海洋秩序。而从已有实践看,中国一直积极参与相关国际会议以及国际条约和协定的起草制定工作,积极参与解决全球性和区域性的海洋问题;提出"一带一路"倡议,丰富了《联合国海洋法公约》项下各国间海洋合

---

[1] 参见杨华:《海洋法权论》,载《中国社会科学》2017年第9期。

作方式;提出"海洋命运共同体"理念,对公约中蕴含的保护全球海洋环境、实现人海和谐价值理念的具体化;等等。以上都体现了中国为维护全球海洋秩序和谐稳定所作出的积极努力。未来,中国特色法治海权建设亦应在认真遵守《联合国海洋法公约》的基础上不断发展、完善公约有关内容,推动全球海洋法律制度进一步健全完善。

二、中国特色法治海权建设的路径措施

在具体路径措施方面,中国特色法治海权建设应重点围绕健全完善中国涉海法律体系、强化中国海上维权执法能力以及建强新时代中国海事司法审判机制三个方面展开。

(一)健全完善中国涉海法律体系

科学完善的海洋法律体系是中国特色法治海权建设的前提和基础。为更好服务保障中国特色法治海权建设,中国的海洋立法未来应重点从推动"海洋条款"入宪、加快制定我国海洋基本法和完善我国涉海配套法律法规三个方面加以提升。

1. 推动"海洋条款"入宪

目前,中国已制定和颁布了一系列的涉海法律法规。从内容上看,这些法律法规主要以规范某一领域或行业的相关规定为主,并在实践中为规范相关领域活动起到了积极的促进作用。诚然如此,有关"海洋"的内容却始终未曾在作为中国根本大法的宪法中正式出现。尽管《中国人民政治协商会议共同纲领》和1978年《宪法》中都有一定的海洋元素,但总体上相对宽泛。2018年《宪法》历经数次修订,也未出现"海"或"海洋"的规定。这也导致中国海洋利益一直缺少作为国家根本法的宪法的直接保护,维护海洋主权和权利的法律支撑不足。而纵观世界范围内的海洋国家,越南、葡萄牙、爱尔兰在内的很多国家均在本国宪法中规定了"海洋条款",并在引领这些国家海洋事业发展方面发挥了重要作用。对此,中国作为一个海洋大国,推

动海洋条款入宪更是为必需,这不仅对于维护海洋权益、解决海洋争端十分重要,而且对于增强全民的海洋意识亦十分关键。而在海洋条款入宪的规范构造上,考虑到中国的海情、国情、现行宪法的构造以及与涉海法律体系的内容相衔接等因素,适宜采用宪法修正案的方式进行修法;而在具体内容上,宜涵盖中国的领土主权、海洋资源等核心要素。

2. 加快制定中国海洋基本法

为更好地服务和保障中国特色法治海权建设,目前中国的海洋法律体系除要推动"海洋条款"入宪外,还需要一部具有统领性、根本性和基础性的海洋基本法。制定海洋基本法,一方面可以系统呈现宪法海洋条款所无法展现的中国管辖海域内主权、主权权利和管辖权的内容;另一方面,则可以解决不同海洋法律法规之间的冲突或不协调问题,进一步明确中国海洋基本政策,理顺法律关系,从而避免"各自为政"的情况发生。除前述提到的美国、日本等国外,加拿大、英国、澳大利亚等世界上很多海洋国家都制定了本国具有海洋基本法性质的法律,并且法律在实践中有力保障了这些国家海洋事业的整体发展。考虑到海域划界、海洋资源开发、海洋环境保护等各类海洋问题彼此之间息息相关,且均在不同程度上决定或影响着一国的海洋综合实力的发展,因此,符合中国需要的海洋基本法在范围上应当能够涵盖我国海洋事务所涉及的全部问题,是一部能够规范中国各类海洋活动的综合性法律。而在体系结构上,首先应明确我国的海洋主权范围,具体来讲,一是对中国的领海基线问题予以明确;二是对中国海洋历史性权利作出清晰的规定;三是将中国拥有主权权利、管辖权、专属权利的海域(如领海、毗连区、专属经济区和大陆架的范围)规定在海洋基本法中,从而为保障中国海洋安全、维护海洋权益奠定坚实基础。其次则是就中国海洋资源开发、海洋环境保护、海洋司法、海洋执法等内容作出具体规范,为相关活动的开展提供海洋基本法保障。

3. 完善中国涉海配套法律法规

服务和保障中国特色海权建设,完善中国涉海配套法律法规也是应有之义。单行性海洋立法是解决具体海洋问题的关键。从已有实践看,中国

第四章　法治海权

虽已制定了大量的海洋法律法规,但不少规定都存在可操作性弱、条文模糊等问题。以管辖海域内的刑事案件为例,中国目前涉海罪名体系并不健全,违反中国毗连区有关安全、海关、财政、卫生或入境出境方面的法律法规构成现行刑法中的哪些具体罪名都尚不明确。而这些情况的存在则进一步导致目前未能实现中国海洋权益的全面保护。考虑到海洋维权执法等现实情况,中国涉海配套法律法规在制定和修订时,应将通过法律维护海洋权益作为重要的立法目的。为使配套的海洋法律法规能充分发挥作用,要重点从两个方面着手:一方面,尽快制定在中国海洋法律体系中起支撑作用的新法,并对与我国海洋事业发展不相适应的旧法进行及时的修改或清理;另一方面,不断完善出台在法律体系中起细化和补充功能的配套规则。[①] 应尽快出台《领海及毗连区法》《专属经济区和大陆架法》的实施细则和专项规定,并就海洋科学研究、专属经济区内军事活动问题、领海内军舰无害通过和海洋环境保护法律法规域外适用法律后果等内容进行完善。[②] 同时在内容上设置具有维权效果的具体条款,以不断完善中国海洋法律体系,为中国海洋强国战略提供有力支持。

(二)强化中国海上维权执法能力

保护国家主权、安全和海洋权益是中国特色法治海权的核心,而这一目标的实现离不开强有力的海上维权执法力量。因此,加强海上维权执法也是服务保障中国特色法治海权建设的路径和措施之一。具体应重点从加强海上维权巡航执法、开展多种形式的海洋综合执法和持续强化海上维权执法领域的沟通合作三个方面加以完善。

1. 加强海上维权巡航执法

常态化维权巡航执法是中国海警局维护中国领土主权及安全、保障海洋权益不受侵犯的重要内容和职责所在。为更好履行该项职责,一方面应

[①] 参见张湘兰、叶泉:《建设海洋强国的法律保障:中国海洋法体系的完善》,载教育部人文社会科学重点研究基地、武汉大学国际法研究所主办:《武大国际法评论》第16卷·第1期。
[②] 参见金永明:《中国海洋法理论研究(第2版)》,上海社会科学院出版社2023年版,第452页。

加大投入，不断强化中国海洋执法能力。高质量的海上执法工作，离不开执法船艇、车辆及码头基地等装备设施保障，且专用性强、配置要求高。因此，要不断提升中国海上执法装备水平，以不断满足中国海洋维权实际需求。另一方面，继续强化对非法进入中国管辖海域的外国舰船或违反中国相关法律、侵犯中国海洋权益的违法行为的海洋维权执法力度，及时采取识别、查证、警告、驱离等执法措施。同时，中国海警局还应通过在中国传统渔区开展常态化护渔维权行动，确保渔民在传统渔区的生产作业活动顺利进行，海洋权益得到有力保障。

2. 开展多种形式的海洋综合执法

中国海洋维权执法工作涉及的领域广泛，并且需要极高的时空覆盖率，因此，开展多种形式的海洋维权执法行动十分重要。而对此，除开展打击非法采挖贩卖海砂、非法开发无居民海岛、海上生产作业污染海洋环境等常规执法活动外，各类涉海专项执法行动也十分关键。在实践中，这些涉海专项执法行动主要包括海洋生态环境保护专项执法行动、打击海上各类走私违法犯罪专项执法行动和涉及国际海底光缆管护及海洋伏季休渔监督检查方面的执法行动等。并且从效果上看，这些专项行动严厉打击了各类违规行为，对精准解决和整治重点领域存在的问题意义重大。未来，海警机构应继续积极开展包括常规执法和各类专项执法行动在内的多种形式的海洋综合执法活动。

3. 持续强化海上维权执法领域的沟通合作

海上维权执法领域的沟通合作主要表现为对内与对外两个方面。在对内方面，主要是指海警局应加强与我国涉海部门间的协作配合。除联合开展的专项执法行动外，中国海警局还应与各部门建立起良好的执法协作配合机制。目前，海警局已与11个中央国家机关建立了执法协作机制，未来，海警局仍应继续定期与各涉海部门开展沟通交流，不断推动海上执法协作机制落实落细、顺畅进行。对外方面，则要不断建立和加强与外国行政机关和涉海执法机构的长效沟通协作机制。目前，中国海警局与韩国、越南、菲律宾、巴基斯坦、俄罗斯5国海上执法机构建立了合作机制，与美国、日本、澳大利亚、柬埔寨等19国海上执法机构保持联系,参与了6个多边合作机制。今后,中国海警局仍应继续强化与各国海上执法机构等部门间的磋商与对话协调机制,并通过签署备忘录和开展联合巡航、联合检查、联合办案等形式,不断深入开展在打击海盗、反恐、反走私、缉毒、搜救等领域的双边合作或多边合作,从而为维护地区和全球海上安全稳定不断做出积极贡献。

(三)建强新时代中国海事司法审判机制

海事司法是经略海洋、管控海洋的重要组成部分。并且因司法仅针对违法犯罪的个人,不易造成国际局势紧张,结果也更易为国际社会所接受,可相对温和地逐渐强化中国对相关海域的话语权和主导权,因此,也是建设中国特色法治海权建设必不可少的一项内容。而为更好地服务和保障中国特色法治海权建设,中国海事司法未来应重点围绕四个方面加以完善,分别是强化对中国管辖海域的司法管辖、平等对待中外当事人、深入推进海事审判"三审合一"和完善海洋生态环境司法保障体系。

1. 强化对中国管辖海域的司法管辖

全面管辖是海事司法服务保障中国特色海权建设的重要基础。当前,中国管辖海域包括内水、领海、毗连区、专属经济区、大陆架,以及管辖的其他海域。在中国的管辖海域范围内,我国具有无可置疑的司法管辖权,中国海事审判机关应当在管辖海域内充分行使司法管辖权。对于发生在中国内水、领海、毗连区、专属经济区、大陆架等区域的案件,海事法院应及时行使司法管辖权,避免在相应水域出现司法权力真空。虽然当前中国面临部分领海基线未划定、部分重叠海域未完成划界等问题,但这并不能成为不履行海事司法管辖权的理由。对于中国已划定领海基线的海域,应依法确定管辖海域并行使管辖权;就争端岛礁附近海域,中国已划定领海基线的管辖海域可根据基线确定,未划定领海基线的如南沙海域只要其位于九段线内,至少属于中国的历史性水域,我国拥有当然的管辖权。[①] 此外,最高人民法院

---

① 参见童伟华、邹立刚:《国家管辖海域刑事管辖权问题研究》,法律出版社2019年版,第2~3页。

《关于审理发生在我国管辖海域相关案件若干问题的规定(一)》第 2 条还确立了属人管辖原则,对在中国与有关国家缔结的协定确定的共同管理的渔区或公海从事捕捞等作业的我国公民或组织,中国也享有管辖权。

在实践中,中国海事法院根据《联合国海洋法公约》和中国国内法的规定,对我国钓鱼岛、西沙群岛、南沙群岛及其附近海域的海事案件行使司法管辖权的实践,在维护中国海洋权益方面发挥了重要作用。未来,海事司法机关应立足海事司法职能作用发挥,继续加强对中国管辖海域内相关案件的研判;要对发生在重点海域的案件及时启动司法程序,开通"绿色通道",以便在依法保护中外当事人合法权益的同时,强化中国在该海域的领土主权和海洋权益。

2. 平等对待中外当事人

海事审判涉外性强,因此,平等对待中外当事人是海事司法服务保障中国特色法治海权建设的又一重要内容。具体包括中外当事人违法犯罪同等处罚和中外当事人权益受损同等救济两个方面。

第一,中外当事人违法犯罪同等处罚。无论中国还是外国当事人,只要在中国管辖海域内存在违反中国法律、涉嫌犯罪的行为,中国司法机关均将依法公平适用法律,给予二者在违法犯罪行为方面同等的处罚,不会因为案件主体系外国当事人而加重或减轻、免除处罚(但案涉主体涉及中国法律规定的豁免情况的除外)。例如,对在中国管辖海域发生的非法捕捞水产品或非法捕猎珍贵濒危野生动物的犯罪行为,一经查实,中国司法机关即有权根据相关法律规定追究有关主体的刑事责任,而不考虑当事人的国籍,中外当事人应同等承担法律责任。

第二,中外当事人权益受损同等救济。具体而言,在中外当事人因权益受损而到法院提起诉讼的情况下,二者均享有平等的诉讼地位和诉讼权利,享有同样的受法律保护的权利。而且,无论作为原告方的外国当事人来自哪个国家,其所享受的合法权利都是同等的,与国籍无关。比如,在中国公安、海关、渔业行政主管部门等开展行政执法的过程中,如果外国当事人认为出现了因前述执法行为使其合法权益受到侵害的情况,此时其享有与国

第四章 法治海权

内当事人同等的依据行政诉讼法等相关法律规定提起行政诉讼的权利。再如,在传统海事海商案件中,法院尊重当事人意思自治,恪守国际条约义务,平等保护中外当事人合法权益。

3. 深入推进海事审判"三审合一"

海事审判"三审合一",即将海事民事、行政、刑事案件统一归口由专门的法院或审判业务庭审理的审判工作机制。目前,最高人民法院《关于海事法院受理案件范围的规定》中已明确列举了七类属于海事法院管辖的行政案件类型,且伴随我国海事法院受理的首例海事刑事案件"卡塔利娜"轮案的审结,我国海事审判"三审合一"工作已然开启。未来,海事审判"三审合一"工作仍构成海事司法服务保障中国特色法治海权建设的重点。具体而言:

在海事民事案件方面,要强化规则供给、提升我国制度型话语权。海事民事案件是中国海事法院成立四十余年以来所审理的主要案件类型,并且伴随海事海商法律体系的日渐完备,已经积累了丰富的审判资源。然而,大量企业在开展国际业务时仍面临缺乏标准化规则指引,规则"议价"能力较弱,特别是在合同签订过程中受制于外国企业格式合同条款,导致合法权益无法得到有效保障的窘境。中国企业涉外纠纷解决中仍普遍存在"3个90%现象":90%以上国内企业签订的涉外商事合同都选择了国际商事仲裁解决纠纷;其中90%选择了外国仲裁机构;一旦发生纠纷,90%以上的国内企业都败诉。因此,提炼裁判规则,向涉外涉海企业提供法律标准,为国内企业"走出去",国外企业"走进来"提供法律指引和司法保障最为关键。对此,青岛海事法院首创海事司法标准供给制度,即通过将国际、国内海事司法、仲裁案例中的裁判规则提取凝练,转化为企业经营或合同签订的规则指引,促进企业提升国际合规能力、更好对接国际规则,从而构建起了涉外、涉港、涉海企业的全生命周期生态链。目前已形成港口疏浚、仓储质押、集装箱作业、散杂货作业、滚装作业、港口货物保管、液体散货作业和件杂货作业八大类标准合同规则并在山东港口集团及旗下港航企业全面推广使用,在降低企业法律风险、提升规则话语权方面发挥了重要作用,该制度可予全国推广。

在海事行政案件方面,要加大海事行政审判力度、进一步完善海事法院行政案件的受案范围。在2016年之前中国海事行政案件的管辖权一直处于在海事法院和地方法院之间辗转徘徊的状态,2016年最高人民法院发布的《关于海事法院受理案件范围的规定》最终明确了海事法院对海事行政案件的管辖权。根据该规定,海事法院目前主要受理7类海事行政案件,涉及海事行政诉讼、海事行政赔偿、海事行政补偿、海事行政执行四个领域。并且经过多年的发展,在支持监督海事行政机关依法行政,促进行政执法尺度统一,助力涉海法治环境、营商环境、生态环境改善优化方面发挥着越来越重要的作用。与此同时,应当注意的是,规定所列举的7类海事行政案件类型无法周延涵盖所有海事行政案件,而对该7类案件以外的海事行政案件海事法院则不能行使管辖权。对此,考虑到海事案件需要法官对航海条件、船舶构造、船员技能、国内海事法律及国际海事规则有全面综合的把握,且在同一海事纠纷分别引发民事与行政案件的情况下,案涉证据、事实等都存在交叉,交由不同的法院审理不仅浪费司法资源,也会极大地影响审判效率,并不利于当事人合法权利和我国海洋权益的保护,故而,未来应进一步完善海事法院海事行政案件的受案范围,加大海事法院海事行政案件的审理力度,以更好保护各方利益。

在海事刑事案件方面,应授权海事法院以海事刑事案件专属管辖权。目前,中国海事法院已试点审理了一些海事刑事案件,《关于审理发生在我国管辖海域相关案件若干问题的规定(一)》和《关于审理发生在我国管辖海域相关案件若干问题的规定(二)》中关于刑事方面的相关规定更是为海事法院审理海事刑事案件提供了制度上的支持。然而,海事法院始终未获得对海事刑事案件的管辖权,海事刑事案件主要分散于各地方法院审理。考虑到海事刑事案件同海事行政案件一样往往涉及国际海事规则、海上专业技术规范和标准,具有较强的专业性,并且实践中存在一定民刑交叉和刑行交叉的可能,因此,有必要授予海事法院以海事刑事案件的专属管辖权,这对于保护中国管辖海域内的海洋权益十分重要。例如,南海海域每年都发

第四章　法治海权

生大量的刑事犯罪,包括海盗犯罪、环境污染犯罪、非法捕捞水产品犯罪等,其中某国渔民在中国西沙海域主要通过采取"毒、电、炸"鱼的恶劣手段,对西沙海域的渔业资源造成毁灭性的破坏,无论是根据中国刑法还是《联合国海洋法公约》都构成犯罪。[1] 与此同时,一些外国法院借行使刑事管辖权之机曾经或正对中国渔民和企业在中国海域的生产活动加以限制以主张和强化自己所谓的"领土主权"和"海洋权益"。[2] 这都迫切要求我们加快完善海事刑事案件管辖权配套机制建设,补足海事刑事案件公诉权配置、强化海事刑事案件与海事民事案件、行政案件的衔接,加强法检协同以及优化海事审判专业化队伍建设,以更好地实现对中国公民合法权益的保护、实现对领土主权和海洋权益的全面保护。

4. 完善海洋生态环境司法保障体系

当前,海洋生态环境正不断遭受损害,法治海权中的生态保护性要求越发强烈,因此,完善海洋生态环境的司法保障体系,也构成了海事司法服务中国特色法治海权建设的一项重要内容。[3] 具体而言,应重点从以下三个方面推进:

一是要加强海洋生态法治规则的域外适用。海洋生态法治中海洋的资产性概念主要为生态性所涵盖,因此,对海洋环境本身公共利益的保护是海洋生态法治的基石。又因海洋生态环境损害系一种以生态环境本身为对象的损害,故而,对其法益保护应当蕴含风险预防的要求,即在司法启动条件上进行提前,当有关主体的行为有使环境遭受侵害或有侵害之虞时,为维护环境公共利益可向法院提起诉讼。[4] 而这在最新修订的《海洋环境保护法》中也有明确体现,该法第 2 条第 3 款规定,在中国管辖海域以外,造成我国管辖海域环境污染、生态破坏的,适用本法规定。这对中国开展管辖海域外的

---

[1] 参见童伟华:《南海海域刑事管辖问题研究》,载《河南财经政法大学学报》2013 年第 3 期。
[2] 参见高俊华:《关于海事审判"三合一"的思考》,载《中国海商法研究》2015 年第 1 期。
[3] 本节部分内容参见余晓龙:《论海洋生态法治文化的体系构成及基本目标》,载马来平、杨立敏、肖鹏主编:《海洋科普与海洋文化》,中国海洋大学出版社 2020 年版,第 219~228 页。
[4] 参见别涛主编:《环境公益诉讼》,法律出版社 2007 年版,第 23 页。

环境司法具有重要启示。质言之,在未来的司法实践中,需进一步强化海洋环境生态法治规则的域外适用,敏于发现涉外海事关系中能够纳入我国海事司法管辖的人员、关系、事件等司法联结点,及时将涉及中国海洋生态环境、海洋财产等方面的重要内容纳入中国海事司法保护范围,从而不断提升海洋环境保护实效,为全球海洋治理提供中国方案。

二是要强化对海洋生态管理部门的司法规范与法律指引。海洋生态环境是一个有机整体,其保护和利用离不开各涉海部门之间的协作配合。但实践中由于海洋污染的源头广泛,以及海洋本身作为一个整体具有的流动性的特点,导致各海洋监管部门之间难免发生交叉管理或职责重叠的情形。这表现在诉讼中就会出现对于同一海洋污染,出现多部门分别起诉或均不起诉的情况,并由此导致原本的制度设计或因潜在的角色不明而出现功能被弱化、效果被消解的情况。对此,为了规范和引导实践中各有关部门的海洋生态管理活动,法院应通过总结和提炼司法裁判规则、发布典型案例、向有关部门发送司法建议等方式,提升各涉海行政部门对海洋环境保护相关问题的认识水平,实现各涉海部门工作职责与功能的充分发挥,并最终推动以海洋生态环境保护为目标的海洋生态法治体系不断健全完善,以全面提升我国海洋生态环境保护水平。

三是要优化规范海洋生态保护司法程序。海洋环境公益保护的实现离不开规范高效的司法程序作为支撑。在现行法律规定之下,应坚持海洋环境监管部门提起海洋生态环境损害赔偿的优先性,[1]将海洋环境监管部门作为提起海洋环境损害赔偿诉讼的一般主体,其他社会组织或个人等发现的海洋污染损害线索可向相关部门提出。而有关部门无论最终是否决定提起诉讼,都应及时向这些提出线索的组织或个人进行答复并说明有关决定内容。在这一过程中,为充分保障社会公众的监督权,可参考欧盟《环境责任

---

[1] 考虑主要有三:一是该种维护海洋生态环境公益的方式为法律所明确规定,适用起来没有任何异议;二是生态环境损害赔偿是当前国家生态文明建设的重大战略举措,具有政策性优势;三是海洋环境监管部门有相对成熟的海洋信息收集系统和强大的技术资源手段,由其作为主体提起诉讼具有优势。

指令》中的有关做法,在这些组织或个人对决定内容有异议的情况下,赋予这些主体就该决定主张司法审查的权利。而对于索赔诉讼无法涉及的"具有损害社会公共利益重大风险"的情形,为实现生态环境预防性保护的要求,应允许其他主体提起诉讼,以更周延地保护我国海洋生态环境,避免潜在的重大海洋生态环境损害事件的发生。

第五章　生态海权

随着国际海洋形势的深刻变革与全球海洋治理体系的不断演进，海权内涵不断得以丰富、发展，其重要性日益凸显。海权，这一传统上关联着国家海上力量、海洋控制与利用能力的概念，如今已远远超越了单纯的军事和经济范畴，涵盖了生态维度。在这一背景下，生态海权的概念应运而生，并逐渐受到国际社会的广泛关注。简言之，生态海权，是指国家依据国际法与国内法，在合理、科学地利用海洋资源的同时，负有保护海洋生态环境、维护海洋生物多样性、促进海洋可持续发展的权利与责任。这一权利的实现，要求国家在行使海洋管辖权时，必须平衡好海洋资源开发与环境保护的关系，采取有效措施防止海洋污染、生态破坏和过度捕捞，确保海洋生态系统的健康与稳定。

作为后起的海洋国家，中国在近年来海洋生态事业的发展上取得了显著成就，其生态海权的理念与实践也逐渐受到国际社会的关注。然而，不可否认的是，目前中国的生态海权也面临着诸多的挑战与机遇。在发展生态海权的问题上，中国既需要向内梳理生态海权发展的脉络与历程，亦需向外探索，汲取其余国家在生态海权发展实践中的有益经验,以实现中国特色生态海权的构建与完善。

第一节　海洋生态与海权

自 15 世纪大航海时代拉开序幕,海洋在国家发展中的重要性便日益显著,推动了人类文明向更加勇敢和创新的海洋探索时代迈进。进入 21 世纪,随着全球性问题如人口增长、资源紧张和环境退化的加剧,沿海国家纷纷将战略目光聚焦于海洋,积极制定海洋发展战略。这一转变使得海洋权益的焦点不再局限于传统的制海权争夺,而是更多地聚焦于海洋资源的开发和利用,以及海洋权益的维护与保障。各国在海洋领域既存在竞争,也开展合作,共同应对挑战,探索可持续发展的道路。在这一过程中,保护海洋环境、促进海洋生态平衡也成为不可忽视的重要议题。作为海洋大国的中国,需在充分认识海洋生态与海权关系的基础上,大力发展中国特色的生态海权。

一、海洋生态与海权的关系

生态海权作为海权的子概念,主要强调一国海权对海洋资源的开发、利用及对所辖海域的生态治理能力。随着世界各国及地区对海洋资源及生态环境关注度的日益提升,生态领域的海权已越来越受到各国重视。

习近平总书记强调"绿水青山就是金山银山",一个生态健康的海洋就是取之不尽用之不竭的天然宝藏。海洋蕴藏着丰富的矿产资源、生物资源,不仅带动着沿海地区的经济发展,也为全世界人民的生产生活提供了极大的便利。自大航海时代开启以来,历经 6 个世纪的发展,世界已经联结成为地球村,而海洋则是连接地球村各个人类生活区域的高速公路。海洋虽然便利了人类的生产生活,但人类的生产生活却为海洋带来了无尽的污染:海底资源的开发导致石油泄漏、航运垃圾导致水体污染、过度捕捞引起物种灭绝,还有工业污水、核废水排放入海洋之类的情形。为了保障海洋的生态环境,世界各国人民必须做出实际的行动。然而,出于国家政治、经济、法治等方面的考量,各国往往无法形成统一的合力。为解决上述问题,形成世界各国统一治理的合力,促成世界人民大团结的实现,生态海权的理念便应运而生。

二、海洋生态与海权的历史发展

中国乃以农为本之国度,沿海民众大多从事农耕。沿海岸线除去部分盐碱滩外,仍存有广袤的农田。即便是那些从事渔业、盐业、远航经商之人,其所需粮食也多由本村寨或本家族耕种、供应,沿海区域总体上仍属于农耕经济区域。作为农耕文化核心的"天人合一"思想观念,在沿海民族当中依旧占据主导地位。只是由于居住环境和劳动生活存在差异,从而形成了具有中国海洋文化特色的思想观念,也就是"人海和谐"的思想观念。为了祈求神灵能够保佑沿海渔民出海平安顺利,并带来渔业的丰收,他们精心塑造了中国的海洋女神形象,并定期进行盛大的迎神出会活动,以此表达虔诚的敬意与期盼。古代中国民众在对太阳与大海的畅想中,创作出众多神话故事,以此抒发对自然的敬畏以及改造自然的渴望。在《山海经》里留存着华夏先民有关海洋的神话记录,像"夸父逐日""精卫填海"等。于先秦时代的"蓬莱神话系统"中,能够看到人们对"海上三神山"的憧憬以及对大海的无尽遐想。[①]

尽管我国拥有丰富的海洋神话故事,然而海洋生态研究的发展过程却起步甚晚。世界上最早的海洋生态的研究起源于西方。

(一)海洋生态研究的发展进程

自1777年丹麦学者O.F.米勒首次运用显微镜探索微小海洋浮游生物的奥秘以来,海洋生态学的创立经历了以下阶段。首先进入的是探索与描

---

① 参见陈凤桂等编著:《海洋生态文明区理论与定位分析》,海洋出版社2018年版,第43页。

第五章　生态海权

述阶段。其间,1832 年法国学者 J. V. 奥杜安与 H. 米尔恩 – 艾德华兹开创性地提出了浅海生物分布模式的新视角。随后,英国学者 E. 福布斯不仅革新了采集方法,通过挖泥技术获取底栖动物样本,还基于这些丰富的资料,首次揭示了海洋生物垂直分布带的存在。同时期,英国"挑战者"号的海洋考察历经三大洋,不仅发现了众多前所未有的生物种属,还初步解析了海洋生物与海洋环境之间的复杂关系,其长达 20 年的成果整理,最终编纂成 50 卷巨著《挑战者号远征报告》,极大地推动了海洋学知识的积累。此外,一系列关键生态概念如广(狭)温性生物、广(狭)盐性生物、生物群落等,以及浮游生物、底栖生物、游泳生物等重要分类术语的提出,共同标志着海洋生态学作为一门独立学科的正式创立。

相较于西方国家,中国海洋生态学的研究起步晚了一百多年。在新中国成立之前,由于旧中国处于半殖民地半封建社会的状态,国家政治腐败、经济衰微,导致海洋生态学的研究活动极为有限,仅进行了少数几次以海洋生物为主要对象的调查。这些珍贵的调查包括:1935 年至 1936 年,由张玺教授领衔的"胶州湾海产动物采集团"所执行的四次深入调查;同期,浙江省水产试验场在浙江海域开展的渔业资源及海藻种类调查;1947 年上海中央水产试验所在舟山附近海域实施的渔业资源调查;等等。这些调查虽数量不多,却为中国海洋生态学研究的初步发展奠定了基石。

中华人民共和国成立后,中国海洋生态学研究迎来了真正意义上的启航。得益于党和政府对海洋事业的深切关怀与高度重视,自新中国成立初期,国家便着手构建海洋科研机构体系,培养高校海洋科研人才,并积极推进调查船的建造及科研仪器设备的研发与购置。海洋科技被明确纳入国家科技发展战略规划,中央及地方政府纷纷设立专项研究基金,为海洋科研提供坚实的资金保障。自 20 世纪 50 年代,中国海洋生态学研究遵循既定规划,首先从摸清沿海资源、实施海洋综合调查入手,随后逐步拓展至南极海域、北极海域及大洋的深远探索。特别是在"开发海洋、建设海洋强国"的国家战略指引下,尤其是 2012 年后,随着生态文明建设被纳入国家"五位一体"总体布局,海洋生态学研究迎来了前所未有的发展机遇,步入了一个繁荣兴盛的新阶段。在这过去的70多年里,中国海洋生态学研究紧跟国际前沿步伐,在多个领域取得了举世瞩目的成就。这些成就广泛覆盖海洋生物生态调查、生物多样性研究、生态系统结构与功能解析,海湾与河口生态过程探讨,珊瑚礁、红树林及海草等典型生态系统保护,大洋、深海及海山生态探索,海洋生态灾害研究,人类活动对海洋生态的影响评估、生态承载力分析、生态修复技术,全球气候变化与海洋酸化的生态效应,生态系统服务功能评估以及基于生态系统的海洋管理等。中国在国际海洋重大研究计划合作中的杰出表现,赢得了国内外的高度评价与广泛赞誉。可以说,中国在短短70余年间,不仅实现了海洋生态学研究从起步到快速发展的历史性跨越,更是取得了从海洋生态学发展的初级阶段迅速迈向了高级阶段的辉煌成就。[①]

(二)海权的发展历程

百年来,中国共产党秉持着实现民族独立、人民解放以及国家富强、人民幸福的崇高理想,历经伟大斗争的洗礼,进行了不懈的探索与奋斗,铸就了辉煌的成就。在这一历史进程中,我们先后完成了救国、兴国、富国的三大伟大目标,如今正意气风发地行进在实现中华民族伟大复兴的壮丽征途上。回望历史,自15世纪大航海时代起,海权便与国家兴衰紧密相连,海权的兴盛预示着国家的强盛。新中国成立以来,党和国家始终将发展海洋事业置于战略高度,不仅确立了海权思想的重要地位,而且不断丰富和完善这一思想体系,以引领和推动中国海洋事业的蓬勃发展。[②] 新中国成立初期,我国海洋力量尚十分薄弱,以毛泽东同志为核心的党的第一代中央领导集体,在总结一百多年来我国饱受西方列强从海上入侵的历史教训的基础上,建立海洋管理机构、开展海洋科学研究、兴办海洋教育,恢复和提升传统海

[①] 参见李永祺、唐学玺:《中国海洋生态学的发展和展望》,载《中国海洋大学学报(自然科学版)》2020年第9期;陈嘉楠:《中国海洋生态学的发展和展望》,载中国海洋发展中心网,https://aoc.ouc.edu.cn/2020/1027/c9824a304341/page.htm。

[②] 参见王历荣:《中国共产党海权思想的理论渊源、历史根据与现实指向》,载《成都大学学报(社会科学版)》2022年第5期。

洋渔业、盐业、航运业,海洋事业得到快速发展。改革开放之后,随着经济特区、沿海城市先后开放,促进国民经济和社会发展成为海洋工作重心。党和国家发出"发展海洋事业,振兴国家经济""进军海洋,造福人民"等号召,党的十六大、十七大作出"实施海洋开发""发展海洋产业"等重大战略部署。①党的十八大以来,习近平总书记围绕海洋发展作出一系列重要论述:"历史经验告诉我们,面向海洋则兴、放弃海洋则衰,国强则海洋权强、国弱则海洋权弱。""海洋事业发展得怎么样,海洋问题解决得好不好,关系我们民族生存发展,关系我们国家兴衰安危。"②

当然,中国的生态海权思想并非完全源自国外,也绝非凭空出现,而是自先秦时期起,历经了漫长的历史演变过程。在遥远的春秋时期,《管子·海王》篇章中已有先见之明地提出了"官山海"与"以为国"的深远理念,这一思想极具前瞻性,深刻认识到海洋所蕴藏的巨大财富对于国家迈向富强之路的关键性作用。然而,在历史的长河中,由于农耕文明的蓬勃兴盛,中国长期以来更多地被定位为以大河为中心的大陆型国家。黑格尔在其著作《历史哲学》中深刻指出:"尽管中国毗邻浩瀚大海,且古代中国不乏远洋探索的辉煌,但海洋文明的光芒并未充分照耀其文化,海洋亦未深刻影响其文明进程。"唯有郑和七下西洋的壮举,成为这段历史中的璀璨异数,使中国短暂地屹立于东亚乃至世界海洋强国之列。据法国学者弗朗索瓦·德勃雷在《海外华人》中的详尽记载,郑和深谙海洋之于国家富强的关键,他言:"国之富强,海洋不可轻忽。财富生于海,亦险藏于海……倘异邦之主掌控南洋,华夏则危在旦夕。幸吾国舰队威名远扬,当借此扩大商路,震慑异域,保南洋安宁,使觊觎之徒望而却步。"此番言论,乃是中国古代海权意识的早期觉醒,它将海权提升至国家安全战略的高度,体现了先贤对国家命运、民族安危的深远忧虑与宏大视野,实为忧国忧民、深谋远虑之典范。

---

① 参见自然资源部党史学习教育领导小组办公室:《党领导新中国海洋事业发展的历史经验与启示》,载自然资源部网,https://www.mnr.gov.cn/dt/hy/202201/t20220107_2716913.html。
② 《习言道|"面向海洋则兴、放弃海洋则衰"》,载中国新闻网,https://www.chinanews.com.cn/gn/2022/07-11/9800407.shtml。

实际上，中国当前对海洋的高度重视，其根源可追溯至近代西方列强凭借坚船利炮对中国造成的深刻冲击与压力。在这一段交织着屈辱与抗争的历史中，中国的思想家与政治家在痛定思痛之后，对海洋之于国家兴衰的关键作用进行了深刻反思与重新评估，从而推动了中国海洋强国理念迈入一个崭新的发展阶段。魏源在其著作《海国图志·筹海篇》中，率先倡导改革漕运为海运，旨在通过海运的繁荣来促进海商的发展，进而依托海商的力量构建起新型的海上军事实力，以期中国能够通过掌握强大的海权，凭借海洋文明崛起为足以"制夷"的海洋强国，即"海国"。随后，洋务运动则将"师夷长技以制夷"的战略构想付诸实施，致力于建设现代化的海上军事力量，以有效应对来自海上的安全挑战与竞争态势，同时积极开拓海洋贸易，旨在从广袤的海洋中汲取源源不断的经济资源与国家利益。这一系列举措，不仅彰显了中国在海洋战略上的深谋远虑，也标志着中国在追求海洋强国之路上迈出了坚实步伐。然而，在实践探索的进程中，洋务派在制定海洋战略时，未能全面考量经济贸易的迫切需求、海权势力的激烈竞争以及海洋意识的深刻培育，而是片面地将海权简化为"坚船利炮"的单一概念，因此，其战略重点仅局限于提升船舰技术与构建海上军事力量，过分聚焦于海防层面。李鸿章在"海防议"中的论述便鲜明地反映了这一点，他言道："我国造船之初衷，非为海外征伐，实为固守疆土、维系和平之需……但求平日能于海疆彰显国威，一旦有警，则可迅速撤回海口，采取守势，以守为攻。"此言深刻揭示了洋务派在海洋战略上的局限与偏颇。

孙中山先生，作为近代中国首位系统性阐述海洋强国理念的伟大先驱，他深刻洞察到"国之兴衰强弱，常系于海非陆，海上权力之优劣，直接映射国力之强弱"。对于重振与维护海权，孙中山构思了极具战略眼光的蓝图，即对内致力于收回海关主权，对外则积极竞逐太平洋海域的权益，同时强调陆海两域的协调并进。他预见到"海权竞争之舞台，已自地中海转移至大西洋，而今，则聚焦于太平洋……太平洋之局势，实为中华民族生存之基、国家命运之所系。中国，恰处太平洋之心脏地带，故争夺太平洋海权，实乃守护中国门户之关键"。在此基础上，孙中山进一步提出"陆海统筹"的策略，主张中国的发展应当"海陆并重,不偏不倚,既要承袭大陆之坚韧精神,亦需融汇海洋之开放意识,两相促进,共铸辉煌"。值得注意的是,孙中山的海权观念远非单纯强化海上军事力量的构建,而是兼顾了海洋所承载的商业贸易之重大意义。他视港口为"国际实业发展之起点,世界贸易之枢纽",断言其为"中国与全球交通之要冲"。尽管孙中山的海洋强国思想即便置于今日亦不失其前瞻性与价值,但受限于当时的历史背景与条件,这一宏伟构想更多地停留在了理论探讨的层面,尚未能全面付诸实践。

新中国成立后百废待兴,故而,尽管对海上力量的构建持有战略高度的考量,但其发展重心却更多地倾向于国防现代化的需求,海洋商业及贸易领域的发展则显得相对滞后。这一背景下,近海防御策略长期以来一直作为我国海上力量发展的主导思想。直至国防建设取得显著成就,新中国方才具备了深入探索与研究海洋,并给予其应有重视的坚实基础与条件。改革开放以来,我国对海洋的研究正式大规模引入"海权"这一概念。从国家政策层面来看,党的十四大曾指出,"今后军队要努力适应现代战争的需要,注重质量建设,全面增强战斗力,更好地担负起保卫国家领土、领空和领海主权和海洋权益,维护祖国统一和安全的神圣使命。"这是新中国成立后,第一次把维护"海洋权益"写进党的政治报告。党的十八大提出的海洋强国思想,明确中国建设海洋强国的大政方针。[1]

三、海洋生态之于海权的重要性

习近平总书记指出:"海洋对人类社会生存和发展具有重要意义,海洋孕育了生命、联通了世界、促进了发展。海洋是高质量发展战略要地。"[2]海洋于国际政治、海上安全保障能力、科技以及经济等领域,具备深刻的战略意义与重大的现实意义,是世界各国竞相开发利用的"蓝色疆土"。海洋是

---

[1] 参见梁亚滨:《中国建设海洋强国的动力与路径》,载《太平洋学报》2015年第1期。
[2] 《习近平致2019中国海洋经济博览会的贺信》,载中央人民政府网,https://www.gov.cn/xinwen/2019-10/15/content_5440000.htm。

辽阔的生态空间,现今人们已然认识到海洋自身所具有的庞大资源价值以及广阔的开发前景,也深知海洋乃是国家和民族谋求生存与发展的战略要地。现代海洋利益的竞争已由历史上借助控制海洋来争夺陆地,转变为针对海洋权利和海洋利益的角逐。[1]

(一)海洋生态为海权的发展提供了物质基础

海洋生态系统涵盖海洋生物、海洋植物以及海洋环境,它们彼此作用,构建起一个繁杂且精细的生态网络。海洋中蕴藏着人类生存与发展所依赖的庞大基础性资源,是陆地与空间资源的关键补充及替代选择。[2] 海洋所蕴藏的资源远比陆地更为丰富,涵盖海水资源、海洋生物资源、海洋矿产资源、海洋能源、海洋空间资源等。对于那些拥有广袤海域的国家来讲,强大的海权通常建立于丰富的海洋资源基础之上。

海洋的物质资源主要包含海水资源、海洋生物资源、海洋矿产资源、海洋能源、海洋空间资源等。海洋能源主要有海洋风能、潮汐能、海流能、波浪能、海水温差能、盐差能等,其开发利用的前景无比广阔,蕴藏量极为庞大。海洋能源属于具备巨大能量的可再生能源,不但清洁而且无污染,然而具有较强的地域性,能量密度较低,在风能、太阳能等绿色能源之后,被赞誉为"蓝色能源"。[3] 海洋空间资源是一个综合性概念,它涵盖了与海洋开发利用紧密相关的多个地理区域,具体包括海岸地带、海面水域、海中区域以及深邃的海底空间等。海洋空间是地球表面最大的公共空间,作为拓展人类生存与发展的新空间,其越来越受到国际社会的关注,海洋空间的开发将会成

---

[1] 参见杨震、蔡亮:《"海洋命运共同体"理念视野下的当代中国海权功能》,载《世界地理研究》2023年第4期。

[2] 参见张开城等:《海洋社会学概论》,海洋出版社2010年版,第333页。

[3] 参见曹立主编:《建设海洋强国》,中国青年出版社2022年版,第5~7页;杨震、蔡亮:《"海洋命运共同体"理念视野下的当代中国海权功能》,载《世界地理研究》2023年第4期;《海洋能源——蓝色的未来》,载微信公众号"东海研究院"2020年10月13日,https://mp.weixin.qq.com/s/tq1qhjxoyuR7chmM5ZBWFA。

为全球重点竞争的领域。①

(二)海洋生态的稳定直接关系到国家海权的稳定

海洋生态的稳定与国家生态安全息息相关,是维系国家自然环境和生态平衡的关键一环。海洋作为地球上最大的生命摇篮,其生态系统的健康与否直接影响到海洋生物多样性的保持以及物种的生存和繁衍。一旦海洋生态遭受污染或破坏,如化学物质的排放、过度捕捞、海洋垃圾堆积等,都将对海洋生物的生存环境造成严重影响,进而威胁到它们的存续。

更为严重的是,海洋生态问题的影响并不局限于海洋本身,它还可能通过食物链这一自然界的紧密联系,将负面影响传递到人类社会。人类食用的海鲜产品如果来自受污染的海洋环境,就可能携带有害物质,从而对食用者的健康造成潜在威胁。这种跨界的生态风险,使海洋生态保护成为关乎公众健康和社会稳定的重要议题。

因此,维护海洋生态安全不仅是出于保护自然环境和生物多样性的考虑,更是保障国家海权稳定、维护民众福祉的重要前提。国家需要通过加强海洋环境监测和治理、推动国家间的海洋生态保护合作等方式,确保海洋生态的长期稳定和可持续发展。

四、海权的生态功能

海洋生态中蕴藏着丰富的物质资源。海洋生态系统与人类存在发展密切相关的功能主要表现为它的环境服务功能和经济功能。

(一)环境服务供给功能

根据联合国千年生态系统评估项目的研究结果,可以将海洋生态系统

---

① 参见曹立主编:《建设海洋强国》,中国青年出版社2022年版,第5~7页。

提供的服务归纳为供给服务、调节功能、支持服务和文化服务。[1]

1. 供给服务

海洋赋予人类丰富多样的食物资源,像鱼类、贝类、虾类以及海藻等,成为人类获取蛋白质、维生素及其他营养成分的关键途径。供给服务不但满足了人类对于海产品的需求,还显著提升了人类的经济福祉。人类会借助鱼类来制造鱼肝油、深海鱼油和鱼粉,依靠甲壳类生物生产畜禽饲料或者添加剂,人们将贝壳、鱼皮、珊瑚等物品作为装饰观赏的素材,其中部分具备药用价值的还被用作医药原料。供给服务在人类社会发展中扮演着关键角色,它通过提供众多必不可少的原料,极大地促进了经济的繁荣与人类的发展。此外,基因资源则是指海洋生物所蕴含的丰富基因及其携带的遗传信息。这些基因资源为人类提供了培育优质、高产且具备强抗逆性的水产养殖品种的可能性,从而有效提升了海产品的产量与品质,进一步推动了人类经济福利的持续增长。

2. 调节功能

海洋在调节全球气候方面发挥着重要作用,借由海流与风促使水分子运动,助力地球上热量与盐分的分配,减缓气候变化的速率和幅度。气候调节机制主要依赖于多重生态过程,其中包括藻类植物通过光合作用有效吸收二氧化碳,以及海洋生物如贝类在钙化过程中固定碳元素,它们直接摄取海水中的碳酸氢根离子以构建碳酸钙贝壳。此外,一个至关重要的环节是海洋生物泵,它通过复杂的生物学链条——涵盖有机物的生成、消耗、传递、沉降及最终分解——实现了碳从海洋表层至深层的垂直迁移。这一过程显著降低了海洋表层的二氧化碳分压,使之低于大气水平,进而驱动大气中的二氧化碳不断融入海洋,强化了海洋生态系统对大气二氧化碳的吸收能力。因此,生物泵作为一项核心生态过程,对于支撑并促进气候调节服务具有不可估量的价值。

---

[1] 参见陈凤桂等编著:《海洋生态文明区理论与定位分析》,海洋出版社2018年版,第33、45页;郑伟、石洪华:《海洋生态系统服务的形成及其对人类福利的贡献》,载《生态经济》2009年第8期;张开城等:《海洋社会学概论》,海洋出版社2010年版,第333~334页。

3. 支持服务

海洋生态系统的支持服务涵盖初级生产、物质循环、物质多样性的维系以及生态供给。初级生产,作为海洋生态系统中物质与能量的初始源泉,涉及各类海洋植物及微生物利用光能与化能所进行的生产活动。物质循环则是一个复杂而精细的过程,它依赖于光合作用、呼吸作用、分解作用及硝化作用等一系列生态机制,实现了碳、氮、磷等关键元素在海洋环境中的循环往复。海洋不仅是生命的摇篮,还为众多生物提供了至关重要的栖息地,如产卵场、越冬场及避难所等,这些场所对于维护生物多样性具有不可替代的作用。海洋生态系统的支持服务,其影响于人类而言是间接而深远的,它主要通过供给服务(如资源提供)、调节服务(如气候调节)以及文化服务(如精神满足)等多种方式,间接地促进并丰富了人类的经济与文化福利。

4. 文化服务

人们通过精神层面的感受、知识的获取等方式从海洋生态系统中获取非物质性的利益,主要体现在休闲娱乐、文化等价值方面。文化服务作为海洋生态系统多元魅力的综合体现,难以单一归结于某一具体成分或生态流程之中。诸如红树林、珊瑚礁、海岛等标志性的海洋生态系统,凭借其独一无二的自然景观与深厚的美学底蕴,极大地满足了公众休闲娱乐的精神需求。此外,海洋那浩瀚无垠、变幻莫测的独特环境,还激发了影视制作、文学创作、教育普及以及音乐创作等领域的无限灵感,为艺术家提供了广阔的创作空间,进而在潜移默化中提升了全人类的文化福祉。

(二)经济功能

联合国贸易和发展会议指出,海洋经济每年的价值处于 3 万亿美元至 6 万亿美元的区间,为至少 1.5 亿人提供了直接就业机会,其涵盖的行业众多。[①] 而这一系列的经济收益,皆是基于对海洋生态系统的开发利用所取得的。

[①] 参见《联合国:海洋经济的价值每年在 30—60 亿美元之间》,载每日经济网,https://cn.dailyeconomic.com/2023/05/15/49793.html。

就中国而言,2023年,全国海洋生产总值达到了99,097亿元,实现了6.0%的年度增长,其在国内生产总值中的占比也提升至7.9%,相比上一年度增长了0.1个百分点。在这一总体增长中,海洋经济内部结构呈现出多样化发展态势:海洋第一产业贡献了4622亿元的增加值,占比为4.7%;海洋第二产业增加值达到35,506亿元,占比为35.8%;而海洋第三产业则展现出强劲的增长势头,其增加值高达58,968亿元,占据了海洋生产总值的半壁江山,达到59.5%。[①]

事实上,海洋生态系统所产生的经济效益和海洋所蕴藏的丰富资源,并不能仅仅通过每年的产值数字来体现。像达到千亿吨级规模的海底石油资源,还有富含各类矿物元素的金属结核产物等,均属于亟待开发的宝贵资源。然而当下,受限于技术条件,人类对这些资源的勘探与研究尚处于较低层级。就拿国际海域来说,其面积约占全球海洋的64%,可目前仅有1%的公海得到了开发与治理,而被纳入人类治理范畴的国际海底区域更是只有0.01%。一旦技术走向成熟,海洋生态系统的经济功能必将进一步凸显出来。

五、世界其他国家生态海权的建构与策略

海洋,是孕育人类生命的摇篮,同时也是国家利益竞技的角斗场。近年来,世界各国已在生态海权领域展开了激烈的竞争,许多国家也已在生态海权的建构方面取得了长足的发展,如美国、俄罗斯、日本等。这些国家对中国生态海权发展模式的建构具有极大的参考意义。因此,了解国家间生态海权的建构模式与战略,显得至关重要。

---

① 参见《2023年海洋经济复苏强劲,量质齐升》,载人民政协网,https://www.rmzxb.com.cn/c/2024-03-22/3513411.shtml;《2023年海洋生产总值增长6%》,载自然资源部网,https://www.mnr.gov.cn/dt/ywbb/202403/t20240320_2840072.html。

（一）美国：以"海权论"为支撑的海洋霸权主义

1. 注重保护本国海洋油气资源

美国拥有海上油气资源的海域面积约达 174 万平方千米，大约占其总海域面积的 2.4%。在近海区域，石油产量占国内总产量的 32%，天然气产量占 19%。就水域而言，海上油气的主要生产海域包括墨西哥湾（占比超过 95%）、阿拉斯加海域以及太平洋海域。美国在油气的勘探与开发领域均处于世界领先地位，而且鼓励本国企业前往其他国家进行海上油气资源的开采。与此同时，美国将本国部分油气储量丰富的地区，像科罗拉多州、犹他州、怀俄明州等划定为禁止开采的区域，从这一系列举措能够看出，美国对油气资源的储备工作极为重视。

2. 注重海洋环境保护

美国高度重视渔业资源的保护工作。在鱼病治疗方面，联邦政府严禁滥用可能导致残留污染的药物。其推行的"个体可转让配额制度"，允许渔民自主决定出海时机，并且这种转让机制使渔民能够将捕捞业务外包给作业效率更高、成本更低的人员，这不仅促使美国水产品价格降低，还增加了水产品的种类。从渔业政策法规到所采取的技术手段，都充分彰显了可持续发展的理念，着重强调水产养殖的容量问题，而非盲目追求集约化养殖。在渔业管理上，层次分明，首先将渔业资源的保护置于首位，其次是对渔业资源的合理开发利用以及实现渔业的最佳产量生产。为实施有效管理，采取了法律手段，并特此设立了 5 个区域性渔业管理理事会。这些理事会被赋予制定渔业规章及分配捕捞份额的职责，而所制定的规章与捕捞份额分配方案，在获得商业部及政府正式批准后，方具备法律效力。同时，对外来物种实施严格管理，民间保护组织也在持续呼吁保护濒危物种，并监督政府进行有效的管理。

此外，美国通过增加海洋自然保护区的面积，以及对已有的海洋保护区进行管理和维护，来实现对海洋环境的保护。1934 年，美国建立了最早的国家海滨公园，此后又陆续设立了不同类型的国家海洋保护区域。1992 年《阿拉斯加行动计划》提出后,美国在海洋保护区及海洋资源保护方面率先对其予以关注。2011年,美国海洋保护区面积占其领海面积的28.6%,相比之前增长了3.9%。

美国构建了相对完备的法律体系,并确立了自然资源损害赔偿制度,设立了联邦油污基金等,进一步强化了对船舶污染海洋的治理力度。与海洋环保相关的法律主要包含《清洁水法》《1990年油污法》《综合环境反应、赔偿与责任法》《濒危物种法》。由于美国的水域环保法律标准高于国际要求,所以美国未加入任何国际油污公约。针对船舶溢油事故,美国主要从两个层面作出规定:一方面,船舶在建造时就必须符合美国的法律规定和标准,并制定船舶应急反应计划;另一方面,在政府监管领域,美国环境保护署将美国划分为十大区域,分别制订事先的地区溢油计划以及事故发生时的应急计划,明确责任分工和运作体制。美国还设立了油污基金以提供油污清除经费,并借助其先进的环境探测系统对海洋环境进行监测,对海洋进行空间规划,以保障生态系统的恢复能力,推动对海洋的多元化开发利用,发展以环境保护为核心的海洋经济。

(二)俄罗斯:以"海洋学说"为指导的海洋强国战略

俄罗斯,作为一个拥有深厚历史底蕴的大国,其地域广袤,纵贯亚欧大陆,与三大洋相邻,海岸线延展达3.4万千米,不仅有着源远流长的航海过往,还具备得天独厚的海洋条件,在世界范围内是颇具影响力的海洋大国之一。

俄罗斯一直高度关注海洋安全问题,2001年发布了《2020年前俄联邦海洋学说》,2010年又推出了《2030年前俄联邦海上活动发展战略》,清晰地指明了海洋在助推国家发展进程中的关键地位,[1]这些都是引领俄罗斯开展海洋活动、规划海洋战略的纲领性文件。在此基础上,俄罗斯分别于2015年

---

[1] 参见江新国:《海权对俄罗斯兴衰的历史影响》,载《当代世界社会主义问题》2012年第4期;邓猛、王成:《从新版〈俄联邦海洋学说〉看俄海军未来发展趋势》,载《现代军事》2016年第1期。

和 2022 年颁布了第 2 版和第 3 版的《俄联邦海洋学说》。

海洋学说对各类海洋因素予以较为全面的思考,体现了俄罗斯联邦以及民众对于海洋发展的诉求。它论述了俄罗斯在世界海洋中的国家利益,俄罗斯联邦安全所面临的挑战与威胁,以及俄罗斯海洋活动的优先发展方向等内容,涵盖了建立俄罗斯海上力量的后勤保障站点、推动卫星通信和导航系统的发展、强化人工智能系统的开发与应用、重视海洋经济、发展海上运输、海洋资源的勘探与开发、确保俄罗斯重要港口运输的顺畅,还有大陆架资源、北极资源、专属经济区的开发与保护等。

在海洋战略方面,俄罗斯是从构建海洋海上安全保障能力、发展海洋经济以及提升海洋科技等众多方面入手的。其中关于生态海权的部分,具体表现为以下几点。

1. 海洋能源资源开发

俄罗斯的能源资源极为丰富,其所属的北极地区更是能源储量的"富矿"。俄罗斯在能源生产与出口方面占据重要地位,特别是在油气资源领域。已探明的石油储量占全球的 12%,位列世界第七;天然气储量则高达世界总量的 35%,居于首位。此外,诸如煤、铁、铜、黄金和白银等其他矿产资源的储量也都在世界名列前茅。

俄罗斯北极地区的丰富油气资源,主要集中于巴伦支海与喀拉海的大陆架海域,以及亚马尔地区。具体而言,在巴伦支海的大陆架范围内,包括伯朝拉海区域在内,俄罗斯拥有 11 处油气产地,细分之下有 4 个油田、1 个油气田、3 个凝析气田以及 3 个天然气田。同样地,在喀拉海的大陆架区域,覆盖了塔佐夫斯基湾与鄂毕湾,也分布着 11 处油气产地,其构成包括 2 个油气田、2 个凝析气田以及 7 个天然气田。

对于俄罗斯而言,开发北极地区的油气资源在其海洋战略中占据着举足轻重的地位,具有深远的战略意义和经济价值。第 2 版《俄联邦海洋学说》清晰阐述了俄罗斯的战略方向,即加大力度对俄罗斯专属经济区和大陆架上的生物资源及矿产原料进行深入的探测与开发工作。而《2035 年前俄联邦北极国家基本政策》则进一步聚焦,将北极地区定位为支撑国家社会经济发展的关键战略资源基地,明确指出北极地区贡献了全国超过80%的天然气产量及17%的石油开采量,凸显了其不可或缺的重要性。

在北极地区的油气开发布局上,俄罗斯采取了全面覆盖的策略,不仅积极投身于北极大陆架的油气勘探与生产工作,还同步推进北极陆上区域的石油生产与开发,以全方位挖掘北极地区的能源潜力。北极地区所蕴藏的丰厚油气资源,已被明确视为俄罗斯必须全力捍卫的关键核心战略利益。《2035年前北极战略》为此精心规划了未来发展蓝图与具体行动路径,构建一种新型的大陆架开采项目模式,该模式在国家监管框架内,积极促进私人投资者的深度参与。同时,国家层面将鼎力支持油气开采技术(特别是针对大陆架油气资源的开采技术)以及液化天然气生产工艺的研发与创新。此外,战略规划中还详细布局了油气冷凝中心的建设网络,包括但不限于在涅涅茨自治区设立天然气矿物冷凝中心,在亚马尔—涅涅茨自治区打造新港油气冷凝中心,在波瓦涅科夫设立天然气冷凝中心,在季曼—伯朝拉油气田与西泰梅尔油田建设油气原料中心,以进一步优化资源配置,提升油气产业链的整体效能。

2020年3月,俄罗斯正式颁布了《北极油气项目矿产资源开采税优惠法案》,该法案为北极地区及部分液化天然气领域的新项目提供了显著的税收减免优惠。具体而言,针对大陆架上的石油项目,前15年开采税率被设定为5%;而天然气项目则享受更为优惠的1%开采税率。尤为引人注目的是,北极东部新油田开发项目在前12年内更是免除了开采税。此外,法案还涵盖了诸如对泰梅尔半岛新油田基础设施投资给予优惠条件等激励措施。

为了深入开发北极大陆架,俄罗斯采取了一系列多管齐下、相辅相成的政策措施。这些措施不仅包括了通过进口替代策略推动关键技术和装备的国产化进程,还放宽了私有企业的市场准入条件,旨在营造一个更加开放和包容的投资环境。尤为关键的是,俄罗斯实施了税费优惠政策,以此作为吸引外资参与北极开发的重要手段,进而更有效地解决在开发技术和资金筹集方面所面临的挑战。

2. 海洋渔业的调整和发展

俄罗斯拥有极为辽阔的海岸线,这使得其渔业资源极为丰富,在北极地区表现得尤为突出,共有超过 150 种鱼类。其中,鳕鱼、鲱鱼、比目鱼等具有极高的经济价值。北极地区的渔业产量占据了全俄总产量的 15%。基于自身的这一优势,俄政府坚定支持渔业领域的蓬勃发展,自 2019 年起,通过修订《联邦渔业和水生资源保护法案》这一联邦法律,实现了对渔业捕捞配额制度的重大调整。具体而言,《联邦渔业和水生资源保护法案》将渔业捕捞配额的有效期限从原有的 10 年显著延长至 15 年,此举不仅为渔业产业的稳定性奠定了坚实基础,还极大地激发了企业长期投资的热情,对营造更加公平、透明的市场竞争环境起到了积极的推动作用。与此同时,为进一步减轻渔业企业的运营负担,俄罗斯政府配套实施了税收优惠政策,旨在通过降低税负来增强企业的盈利能力和市场竞争力。此外,俄罗斯还积极构建并有效运行国家环境认证系统,这一举措不仅提升了渔业生产的环境友好性,还在一定程度上强化了俄罗斯渔业综合体的整体竞争力,为其在国际市场上赢得了更广阔的发展空间。

俄罗斯计划在远东、西北、南部以及里海等多个战略区域,布局并建设一系列现代化的渔业综合设施,打造渔业集群,以此增加高附加值的深加工渔产品所占的比重,进而构建起从捕捞、加工、存储、包装、运输到销售的完整产业链。

3. 海洋科学研究

俄罗斯在海洋科考领域起步较早,因而具备了深厚的海洋科考经验。苏联在长达 40 余年的研究历程中,对北冰洋进行了深入的探索,这一不懈努力累积了极为丰富的北冰洋海底地质研究数据。然而,苏联解体后,受政治局势动荡和经济衰退的冲击,俄罗斯在全球海洋科考的范围逐步缩减。近年来,随着综合国力的显著提升,俄罗斯全面重启并强化了海洋调查与科学考察活动,其海洋研究的核心聚焦于海洋环境保护、水文地理勘测及海洋资源研究等多个关键领域。

为此,俄罗斯专门设立了海洋科考中心,该中心承担起远洋科考任务、执行海洋调查计划,并协调相关科研活动,确保科研工作的有序进行。依托其独特的地缘优势,俄罗斯在北极科学考察领域始终保持着世界领先地位,每年在该区域开展的海洋科学考察活动高达约 50 次,这些活动不仅极大地丰富了海底地质研究数据,也为俄罗斯向联合国大陆架界限委员会提交北极外大陆架权利主张提供了强有力的数据支撑。此外,俄罗斯对南极科考同样给予了高度重视,目前在南极建立了 5 个永久性科考站与 5 个季节性科考站,形成了较为完善的科考网络。通过这些科考站,俄罗斯科学家对南极海域的地质构造进行了详尽的调研,为深入了解南极自然环境与资源分布奠定了坚实基础。

4. 海上运输业的发展

全球化进程加速了世界贸易的繁荣,而世界贸易的持续繁荣反过来又不断推升全球海运量的增长。海上运输业的发展状况,作为衡量一个国家经济对外开放程度与国际联系紧密性的重要指标,不仅是海洋经济蓬勃发展的核心驱动力,还直接促进了船舶工业、钢铁、机械等诸多关联产业的协同发展,发挥着引领与推动的关键作用。在俄罗斯的国家海洋战略蓝图中,航运事业占据着举足轻重的地位。俄罗斯尤为重视海运的独特价值,认为相较于其他运输方式,海运以其物理层面上的高度灵活性,为国家提供了政治独立性的坚实保障,是一种兼具海上安全保障能力与深远战略意义的经济活动形态。海上运输是与国家政治、经济和文化中心相联系的主要交通途径,对于北部和远东地区而言更是如此。

俄罗斯已将海上运输纳入国家统一运输系统的整体规划之中,旨在通过多项战略举措提升北部及远东地区的交通运输效能,其中便包括充分利用北方海航道等关键通道。同时,俄罗斯致力于增强海港运输能力,以充分满足进出口货物及国际过境运输的需求,从而深入挖掘对外贸易的发展潜力。这一系列努力不仅旨在巩固和提升海上运输的稳定性和安全性,还进一步强化了海路、运河及港口水域的整体安全保障水平,为俄罗斯的海上运输事业构建了更加坚实的后盾。

为全力推动海洋战略,俄罗斯强化海洋战略的顶层设计,接连颁布多部战略性文件,同时积极开展维护和拓展本国海洋权益的众多新实践,海洋战略的全面施行正逐渐成为俄罗斯快速发展的强大助力。①

(三)日本:以"海洋立国"为指导的海洋发展计划

地理乃是构成国家力量中一项恒久稳定且难以变更的关键因素。日本在政治、经济、文化以及战略等方面与其他国家存在差异,这与其自身所处的特殊地理状况紧密相关。日本所处的地理位置赋予了其海洋国家的属性,对其海权观念的形成具有至关重要的意义。日本作为一个被海洋环绕的岛国,面临着自然资源匮乏、土地稀缺、国土面积狭小以及人口密度大等问题。同时,由于地处板块活动带,常年遭受地震、海啸等自然灾害的侵袭。这些地理特点迫使日本不得不踏上征服和追求海洋的道路,必然地成为了海洋国家。

"冷战"后的十余年里,日本社会从学术界至政治领域,持续回响着对本国海洋法律体系不健全的批评声音。这些批评聚焦于日本缺乏界定海洋权益的基本法律框架,政府海洋管理职能分散于多个部门之中,导致效率低下且缺乏统一的战略规划与指导。尤为引人关注的是,尽管日本已加入《联合国海洋法公约》,却迟迟未能出台具体的海洋政策以回应国际海洋秩序的变迁。2002年,日本财团进一步向政府建言献策,提出了制定《海洋基本法》的倡议。该法案构想全面而深远,涵盖了海洋管理的基本理念、制定海洋管理基本计划、设立海洋相关阁僚会议制度、任命海洋担当大臣以及建立海洋审议会等重要内容,旨在通过立法手段强化日本海洋管理的统一性、协调性与高效性,为日本在21世纪的海洋战略竞争中奠定坚实的法律基础。

日本的历史进程中,其海洋战略经历了显著的变迁。自明治维新起至第二次世界大战落幕,日本秉持的是海洋扩张战略,积极寻求在海洋领域的势力扩张与影响力提升。然而,随着"二战"的结束,日本的国家战略发生了

---

① 参见刘洋:《普京时期俄罗斯海洋战略的内涵、实践及特征》,载《俄罗斯东欧中亚研究》2021年第2期。

深刻转变,从"二战"结束直至20世纪末,日本转而实施吉田茂所倡导的和平主义战略,致力于国家的重建与国际和平的维护。2005年,日本提出了海洋立国的海洋战略,这是其第三次的海洋战略目标,该战略体现了观念的转变,即从过去仅将海洋视作保障国家安全的屏障,转变为如今提出的海洋立国战略,旨在引领国民积极开拓,同时意味着全国致力于开发和利用海洋。[1]

2007年4月20日,日本国会正式通过了具有里程碑意义的《海洋基本法》,该法案不仅确立了日本"海洋立国"作为国家发展的基本方针,还明确宣告了日本致力于在追求和平的同时,积极促进海洋资源的开发利用与海洋环境保护之间的和谐共生,以此为基础,开创一个全新的海洋国家发展时代。为实现这一目标,《海洋基本法》还规定了制定海洋基本计划及相应基本对策的具体要求与路径。

根据《海洋基本法》的明确规定,日本构建了以"综合海洋政策本部"为核心的海洋战略推进机构,该机构由内阁总理大臣亲自挂帅担任本部长,官房长官及海洋政策担当大臣则出任副本部长职务,而本部成员则广泛涵盖了除本部长与副本部长之外的所有内阁成员。这一组织架构的设立,标志着日本在行政管理体系上实现了对海洋战略的全面整合与统一管理,为海洋政策的制定与执行提供了强有力的组织保障。《海洋基本法》的颁布与实施,因此被视为日本海洋政策发展历程中的一个重大里程碑,具有深远的历史意义与战略价值。在此基础上,日本日后逐步完善了海洋战略法制体系。每届日本内阁都会制定为期5年的《海洋基本计划》。2023年4月28日,日本政府在内阁会议上确定了未来5年海洋政策的新指导方针《海洋基本计划》,将制定"海洋开发重点战略",内容包含自主式水下航行器的本土化生产、小笠原群岛和南鸟岛及周边海域的开发等,以获取稀土等资源。[2]

---

[1] 参见郁志荣:《日本〈海洋基本计划〉特点分析及其启示》,载《亚太安全与海洋研究》2018年第4期。

[2] 参见《日本要出台这项"新战略",又扯上中国》,载参考消息网2023年8月29日,https://www.cankaoxiaoxi.com/#/detailsPage/%20/ba45f5a5787e49e98758daf2e654bf7c/1/2023-08-29%2012:31?childrenAlias=undefined。

第五章 生态海权

《海洋基本法》确定了日本海洋政策的六大理念,并以此为前提和基础,制定并实施海洋政策,具体包括以下几点。

1. 促进海洋产业的开发利用

推动包括可燃冰、石油、天然气、矿物、稀土在内的各类海洋资源的开发及利用。为推进先进探测与开采技术的发展,政府将牵头开展重大海洋科研项目,为私有企业给予必要的技术与经济支撑,并大力推动政企合作。与此同时,要强化对海上风力发电等可再生能源的运用,完善相关基础设施的建设、管理及运营,优化设计方案以压低发电成本,简化发电工程的建设审批流程。另外,推进海洋能源和矿产资源(如甲烷水合物、石油、天然气、海底热液矿床、富钴结壳、锰结核、稀土泥等)的商业化进程,提升日本的能源自给水平。

振兴海洋产业,提升国际竞争实力。对日本造船产业进行重组,增强造船能力、拓展船舶出口规模、提高海运效率,并且将人工智能、物联网、自动化技术等应用于造船及码头装卸作业当中。另外,推动海洋领域的技术转移与合作,提升相关科研机构的科研水准和能力。再者,依据《海事产业强化法》等政策规定,为相关行业提供一系列支持。

保障海上运输安全。构建以日本船只和日本海员为核心的海上运输体系。除了推进日本港口等的战略性发展外,还将参与沿海航线沿线国家主要港口等基础设施的开发及运营。

2. 维护与保障海洋环境

基于《生物多样性国家战略》,设立海洋保护区,对部分水域施行更为合理的维护和管理;加强对珊瑚礁、红树林、海藻、珍稀动植物等的保护力度;长期开展海洋观测与监视工作,发展自动化观测技术;通过抑制温室气体及大气污染物的排放,降低环境负荷,加大对海洋垃圾的打捞和回收力度,以及加强对放射物的监测。

3. 提升海域检测能力

构建全方位的信息搜集体系。充分运用巡逻船、巡逻机、雷达、卫星等各类装备,从多个维度采集海洋信息;对海水温度、洋流、海冰等要素实施实时监测；大力推动用于海洋调查的传感器及无人装备的研发进程，达成海洋监视的无人化和自动化目标。

搭建信息整合与共享平台。在保障信息安全的基础上，搭建海域监视信息的整合与共享平台，强化政府部门之间（尤其是自卫队和海上保安厅之间）以及政府与非政府部门之间的协同合作。同时，政府需构建"海洋状况展示系统"，推动信息的可视化呈现，并拓展有用信息的公开范围和利用程度。

深化国际合作交流。通过多种途径收集国外及国际机构在海洋领域的相关信息，探索与同盟国及伙伴国携手构建海域监视合作机制，提升海洋监视的能力水平。

4. 加强海洋调查与科技研发

强化海洋调查工作。针对日本专属经济区、大陆架及周边海域展开深入调查，进一步丰富海底地形、资源分布等方面的信息储备，积极参与国际性海洋观测计划以及海洋信息交换组织，以实现观测数据的共享共用。

推动海洋技术创新研发。以政府作为主导力量，开展海洋领域的科研项目，致力于研发海洋调查的新装备、新技术。例如，海洋机器人技术、无人观测和传感技术、卫星利用技术等，并灵活运用载人/无人潜航器以及先进的传感器，提高海底勘察的能力。加快海洋领域基础研究的步伐，培育海洋科技人才，加速试验水槽、超级计算机等科研平台的建设与完善，强化对海洋领域大数据的运用和解析。

5. 加强对专属经济区的开发

促进专属经济区的开发利用。依据国际法律法规，谋求解决与其他国家在专属经济区域的争端问题；进一步采集专属经济区的基础信息；推进政府对专属经济区的统一协调管理，构建并健全相关法律体系。

6. 推行北极政策

实现对北极地区的可持续开发。以北极地区的观测数据为依托，研究日本海运企业开辟北极地区航线以及相关配套基础设施建设的事宜；针对北极地区的海洋环境保护和北极资源开发方式等内容，展开学术研讨。

7. 推进国际交流与合作

积极投身联合国海洋事务,倡导依据国际规则化解海洋纠纷;加强与马六甲海峡沿岸国等国家的海事合作,为其港口设施建设、自然灾害预警系统构建等提供支援。

8. 培养海洋领域人才,增进国民对海洋的认知

大力培育造船、海洋土木工程等领域的高素质人才及核心骨干,增强船员就业的稳定性,优化工作环境;强化对青少年的海洋知识教育,并借助虚拟现实等技术手段、社交媒体平台以及科普活动等方式,加大对国民的海洋知识普及力度。

第二节 中国特色生态海权建设的现实需求与理论基础

我国地理覆盖面积大,既是一个陆域大国,又是一个海洋大国,有着绵长的海岸线和广阔的海域面积。目前,我国在海洋生态领域中,遭受了前所未有的挑战。为了在日渐激烈的全球竞争中维护我国的生态海洋权益,我们必须构建具有中国特色的生态海权,而其建设,需要以正确、科学的理论为基础。

一、中国的生态海权权益内容及面临的挑战

(一)生态海权权益

我国地处太平洋西部边缘地带,拥有广袤无垠的海域,并通过一系列边缘海与太平洋相通。我国东部与南部均邻大海,海域宽广,海岸线漫长。我国的大陆海岸线绵延不绝,自中朝边界的鸭绿江口起始,一路向南延伸,直至中越边界的北仑河口结束,其总长度蔚为壮观,达到了约3.2万千米之长。具体而言,这段海岸线由两大部分组成:一是大陆直接临海的部分,其长度

约为1.8万千米;二是环绕我国众多岛屿的海岸线,其长度亦不容忽视,达到了约1.4万千米。涵盖热带、亚热带以及温带,海洋资源丰富多样,海洋自然条件得天独厚。我国是一个岛屿众多的国度。全国海岛资源综合调查显示,我国面积在500平方米以上的岛屿有6961个,其中有居民居住的岛屿为433个,而500平方米以下的岛屿更是多达上万之数。其中,面积最大的岛屿为台湾岛,约3.6万平方千米,其次是海南岛,约3.4万平方千米。沿海还有50多个群岛和列岛。这些岛屿犹如大陆的屏障、国防的前哨以及海上力量的基地。[①] 基于如此广阔的海洋建立起的中国生态海权,包含着如下权益。

1. 渤海

渤海由五个主要部分共同构成,它们分别是:位于北部的辽东湾、地处西部的渤海湾、位于南部的莱州湾、占据中部的中央盆地,以及连接东部海域的渤海海峡。这五个部分共同构成了渤海这一独特的海域。其南北长约556千米,东西宽约236千米,总面积达7.7万平方千米。渤海属于我国的内海,平均深度仅18米,全境皆为大陆架,完全处于我国主权的掌控与管辖范围之中。[②]

渤海蕴藏着丰富的生物资源和矿产资源。渤海海域以其极为肥沃的水质著称,该海域内营养盐含量丰富,为各类饵料生物提供了得天独厚的生长环境,从而孕育了丰富多样的生物群落。具体而言,渤海中的浮游植物年生产量高达1.4亿吨,而鱼类年生产量也达到了可观的49万吨。作为渔业的摇篮,渤海不仅适宜多种鱼类、虾类、蟹类以及贝类的繁衍栖息,更是它们茁壮成长的理想之地。因此,自古以来,渤海便享有"聚宝盆"之美誉,象征着其无尽的资源与财富。渤海区域整体构成了一个规模宏大的含油地质构造,因此,该海域蕴藏着极为丰富的石油与天然气资源。这些资源不仅广泛

---

① 参见薛桂芳编著:《蓝色的较量:维护我国海洋权益的大博弈》,中国政法大学出版社2015年版,第111~112页。
② 参见《渤海》,载中国科学院地理科学与资源研究所网2007年3月28日,https://igsnrr.cas.cn/cbkx/kpyd/zgdl/cnh/202009/t20200910_5692451.html。

分布于滨海地区,如胜利油田、大港油田及辽河油田,而且与海上油田紧密相连,共同构成了一个庞大的油气资源网络,展现出渤海地区在能源领域的巨大潜力和价值。截至2024年2月25日,渤中26-6油田已累计探明的储量成功跨越了2亿立方米的里程碑,这一成就不仅彰显了其庞大的资源规模,更使其在全球范围内脱颖而出,成为当前全球最大的变质岩油田。2024年3月18日,我国渤海中北部海域传来振奋人心的消息,秦皇岛27-3油田作为亿吨级的重大发现横空出世,其探明的石油地质储量高达1.04亿吨。这一发现距上一次该海域的重大油气突破已时隔十年之久,因此意义非凡。它不仅标志着我国海上油气勘探工作的又一重大胜利,更对进一步夯实我国海上油气资源储量基础,确保能源安全供应具有不可估量的重要战略意义。

　　除此之外,渤海还凭借其得天独厚的底质与气候条件,稳居中国盐业生产领域的龙头地位,成为最大的盐业生产基地。在中国四大知名的海盐产区中,渤海独占鳌头,囊括了长芦、辽东湾及莱州湾这三大重要海盐产区。尤为值得一提的是,莱州湾沿岸蕴藏着极其丰富的地下卤水资源,其储量高达惊人的80.8亿立方米,[①]这一发现堪称奇迹,因为这里的卤水不仅储量巨大,而且埋藏相对较浅,浓度也异常之高,仿佛是大自然精心雕琢的一座"液体盐场",其价值不可估量。

　　2. 黄海

　　黄海西边紧临山东半岛与苏北平原,东边毗邻朝鲜半岛,北边接壤辽东半岛,面积大概是40万平方千米,其最深处处于黄海东南部,约达140米。基于黄海的自然地理特性及其相关因素的综合考量,人们习惯性地将其划分为北黄海与南黄海两大区域。具体而言,北黄海是一个相对封闭的海域,它巧妙地坐落于山东半岛、辽东半岛以及朝鲜半岛之间,海域面积广阔,约计8万平方千米。该海域的平均水深约为40米,而最深处则位于白翎岛的

[①] 参见《需要抢购囤盐吗？山东省盐业协会发声》,载微信公众号"鲁中晨报"2023年8月25日,https://mp.weixin.qq.com/s/OGn3YVp0yl-WM_hsHdWdrQ。

西南侧,水深可达 86 米。南黄海则是指位于长江口至济州岛连线以北的那一片广阔的椭圆形半封闭海域。其面积更为辽阔,超过了 30 万平方千米。在南黄海,平均水深略深于北黄海,达到了 45.3 米,而最深点则位于济州岛的北侧,水深惊人地达到了 140 米。黄海的水温年度变化幅度处于 15～24℃,海水的盐度较低,约为 32‰。

黄海蕴藏着丰富的生物资源和矿产资源。黄海的生物区中温带物种占据优势地位,但也存在一定数量的暖水种成分。黄海以其丰富的生物种类和庞大的数量著称,这一生态优势直接孕育了多个优质的渔场,包括烟威、石岛、海州湾、连青石、吕泗以及大沙等地,这些渔场均因黄海的丰饶资源而享有盛名。南黄海盆地由于存在中、新生代沉积,所以具备良好的油气资源开发前景。滨海砂矿是当下开采的主要矿产类别,在山东半岛近岸区域还发现了储量丰富的金刚石矿床。另外,黄海因寒暖流在此交汇,形成了独特的水文环境,进而孕育了丰富多样的水产资源。尤为值得一提的是,渤海与黄海沿岸地区以其平坦开阔的地势和辽阔的面积,为晒盐业提供了得天独厚的自然条件,使这些区域成为理想的晒盐基地。[1]

3. 东海

东海与黄海相接,地处我国大陆的浙江、福建沿海以东,日本九州岛及琉球群岛以西,北边邻朝鲜半岛南端,南边抵达我国的台湾岛,是由我国大陆和台湾岛,还有朝鲜半岛与日本九州岛、琉球群岛等环绕而成的较为开阔的边缘海。东海的东北部经由对马海峡与日本海相互连通,西南部借由台湾海峡与南海相接。东海从东北至西南约长 1296 千米,东西宽度约 740 千米,面积约达 77 万平方千米。

东海具备丰富的生物资源与矿产资源。在东海大陆架之上,蕴藏着极为充裕的石油资源,我国在此积极勘探,发现了多个油田。其中,西湖凹陷区汇聚了春晓、平湖等油气田,占地面积约 2.2 万平方千米,相当于台湾岛面

---

[1] 参见《混浊之海——黄海》,载河北省自然资源厅(海洋局)网 2022 年 8 月 3 日,https://zrzy.hebei.gov.cn/heb/gongk/gkml/kjxx/kpyd/10752230741786914816.html。

积的 2/3，且已探明天然气储量超 700 亿立方米。广袤的东海大陆架海底平坦，水质上佳，并且有多种水团交汇，给各种鱼类提供了优良的繁殖、索饵以及越冬环境。舟山群岛附近的渔场素有中国海洋鱼类宝库之称，是中国最为主要的优质渔场，盛产大黄鱼、小黄鱼、带鱼、墨鱼等。

4. 南海[①]

在中国大陆的最南端，有一片广袤的海域，它宛如一座"水上长城"，时刻捍卫着中国南部的疆土。整个南海海域面积约达 350 万平方千米，是中国近海中面积最大、深度最深的海洋区域。近些年来，科学家逐渐发现了南海所蕴藏的各类能源，此时人们才深刻领悟到，南海绝非仅仅是一片汪洋，其内涵远不止是海水，更关乎着人类工业发展的命脉——资源。

南海的资源丰富多样，涵盖油气资源、海洋能源以及空间资源。南海是世界主要的沉积盆地之一，目前已探明有 37 个沉积盆地具备聚气储油的地质条件，总面积惊人，达 50 平方千米，约为西欧北海产油区面积的 6 倍之多。南海海域的石油、天然气等碳氢化合物资源储量极为庞大。南海北部大陆架的石油地质储量丰富，其中珠江口盆地独占鳌头，储量高达 4.5 亿吨。而位于西部的琼东南、莺歌海以及北部湾等沉积盆地，其石油地质储量总和也达到了可观的 1.5 亿吨。更令人瞩目的是，西部区域还已探明天然气储量超过 3000 万亿立方米，展现出南海北部大陆架在能源领域的巨大潜力。南沙群岛及其附近海域存在 8 个主要的油气沉积盆地，总面积约 40 万平方千米。此外，在华南海岸带的沙坝、海滩和岸裙等的沙体中，蕴藏着丰富的砂矿资源，其中已达工业品位或已开采的有钛铁矿、钨、锡、金、锆石、独居石、磷钇矿、金红石、铌钽铁矿和玻璃石英砂。并且已划分出了几个砂矿成矿带，如粤东钻石砂带、粤中锡砂带、粤西独居石—磷钇矿砂带、雷州半岛—琼东钛

[①] 参见《南海》，载中国科学院地理科学与资源研究所 2007 年 3 月 28 日，https://igsnrr.cas.cn/cbkx/kpyd/zgdl/cnh/202009/t20200910_5692448.html；《南海的自然资源》，载广西壮族自治区海洋局网 2017 年 2 月 21 日，http://hyj.gxzf.gov.cn/hykp_66917/hydl/t3474534.shtml；《海洋科普丨南海，究竟对中国有多么重要？经略南海需要从认识南海开始》，载微信公众号"防城港市港口区海洋局"2017 年 4 月 9 日，https://mp.weixin.qq.com/s?__biz=MzIyODY5NDU0NQ==。

铁矿—锆石砂带以及桂南玻璃石英砂带。

南海诸岛的太阳能资源丰富程度在我国各海域中名列前茅,甚至超越了绝大多数内陆地区,可与青藏高原相媲美。南海的有效风速处于3~20米/秒,出现时数为5500~8000小时,出现时间占比65%~89%,有效风能密度达300~650瓦/平方米,属于中国风能资源较为丰富的区域。南海海域辽阔,波能资源充沛,据估算可达$38.3×10^{13}$瓦,是渤海、黄海、东海三区波能蕴藏总和的两倍。更为突出的是南海的温差能资源,南海表层海水全年大多温度超过26℃,而在1000米深处常年低至5℃,这种稳定、持久且显著的温差,为温差发电创造了有利条件,倘若能全面开发,预计可发电$(1~2)×10^{12}$瓦。此外,南中国海海域的天然气水合物资源量预测高达$800×10^8$吨油当量,极具开发潜力。[1]

南海地区的陆地总面积相对有限,然而海域广袤无垠,其空间资源的开发潜力巨大。当下,海洋空间资源的利用方式通常包括:港口航道建设、海岛土地开发、水下仓储等。伴随人类社会科技的不断进步,利用海洋空间能够拓展海上种植业、海上城市等新型的人类生存与发展空间。

(二)生态海权权益面临的挑战

中国既是海洋大国,也是陆地大国。传统上,中国的海洋利益主要集中于近岸海域,并且对海洋安全问题高度重视。与海上邻国相较而言,中国在海洋资源的利用方面处于劣势。中国虽拥有300万平方千米的管辖海域,然而由于与海上邻国的主张存在重叠,再加上岛礁和海域划界的争议短期内难以解决,实际上未能对全部海域进行有效开发与利用。长期以来,中国与周边海上邻国之间存在资源纠纷,海洋资源权益面临挑战。[2]

黄海方面,中国作为濒临三个半闭海的传统渔业大国,捕鱼作业多集中

---

[1] 参见庞雄奇等:《中国南海天然气水合物资源产业化发展面临的风险与挑战》,载《石油学报》2024年第7期。

[2] 参见薛桂芳编著:《蓝色的较量:维护我国海洋权益的大博弈》,中国政法大学出版社2015年版,第335页。

于近海。因海域相对狭窄,在与海上邻国协商解决海域边界重叠问题时,还不得不面对渔业资源的竞争,这种状况在黄海和东海表现得尤为显著。在对黄海和东海共有海域鱼类资源的长期开发过程中,由于周边国家之间的关系以及海洋权益争端纷繁复杂,渔业关系也随之受到影响。一方面,渔业问题在平衡政治关系中发挥着至关重要的作用,往往能够影响甚至改变国家间的正常关系;另一方面,国家间政治关系的变化,也经常对渔业关系产生作用,所以,黄海和东海周边国家在处理渔业问题时总是极为谨慎。[1]

如前文所讲,东海凭借其优良的水质以及独特的海底地形,不仅位列世界著名渔场之列,还蕴藏着丰富的油气资源,也是中国东部沿海地区远洋航运的关键通道之一。所以,对于东海的沿海国家来说,其具备重要的自然资源价值与航运价值。自20世纪60年代"埃默里报告"披露东海大陆架以及钓鱼岛海域存有丰富的油气资源,且可能成为全球最具前景的油气储藏区域之后,东海原本的平静瞬间被打破,该海域的能源开发旋即成为相关方面的关注重点之一。日本不顾历史事实,妄图与中国争抢钓鱼岛及其附属岛屿的主权,争夺东海专属经济区和大陆架的权益,其根本意图在于获取更多的自然资源,这种行径绝不可能得逞。[2]

南海长久以来都是世界范围内备受关注的海域之一,原因在于其蕴藏着丰富的诸如石油和天然气之类的资源。不仅沿海国家,就连区域外的国家也纷纷介入,从而引发了剧烈的争端。从20世纪70年代至80年代,由于对南海丰富的渔业资源和矿产资源心怀觊觎,南海周边国家开始持续就海洋资源与中国产生争端。和石油、天然气等化石矿产资源不同,渔业资源有着生物资源特有的流动性和可再生性等特性,故而各国对于渔业资源争夺的敏感度相对较低,这便于中国在与周边各国长期共同开发利用南海渔业资源的过程中建立一定的沟通途径。然而近年来,随着海洋权益争端的加

---

[1] 参见薛桂芳编著:《蓝色的较量:维护我国海洋权益的大博弈》,中国政法大学出版社2015年版,第336页。
[2] 参见薛桂芳编著:《蓝色的较量:维护我国海洋权益的大博弈》,中国政法大学出版社2015年版,第359页。

剧,渔业资源争夺的矛盾也随之激化,南海的渔业资源竞争越发激烈,渔业纠纷日渐频繁。[1]

二、中国生态海权建设的现实需求及基础条件

(一)生态海权建设的现实需求

在社会的不断演进中,对海权重要性的深刻认识已成为一种不可逆转的客观趋势,尤其是在当代,中国海权的发展已根植于坚实且迫切的现实需求之上。

首先,国际体系已为海权的发展创造了有利条件。冷战的结束标志着全球范围内经济全球化的加速推进,中国以更加开放和包容的姿态,主动融入并积极参与构建更加平等和建设性的国际体系。在此进程中,中国视融入国际体系为实现国家利益的重要途径,充分发挥自身的主观能动性,不仅致力于拓展国际空间,还积极维护并增强自身的海权利益。

其次,从经济需求与海外贸易发展的视角来看,中国自转向"外向型经济"以来,海外贸易的拓展已成为驱动经济增长的核心要素,这一转变赋予了建立强大海权以巨大的内在动力。中国作为高度依赖外贸和资源进口的国家,与全球经济的深度融合要求我们具备高效、稳定的外部经济交流渠道。同时,为确保资源的合理获取与分配,强有力的保障手段不可或缺。因此,"海洋生命线"的安全、海洋资源的有效开发与保护等问题的重要性日益凸显,构建强大的海上力量以应对这些挑战的需求也随之变得越发迫切。中国作为全球工业规模最大的国家,进口原材料与能源,出口全产业的工业制成品、服务,输出资本以及工业化的生产和生活模式。这些经济活动均在全球化的经济体系中开展,因而中国需要维系这一体系的完整与高效。在这一方面,中国与主要大国的需求基本趋同。正是因为海洋资源本身亦具

---

[1] 参见薛桂芳编著:《蓝色的较量:维护我国海洋权益的大博弈》,中国政法大学出版社2015年版,第358页。

有可观的经济价值,故中国需要尽可能多地开发利用海洋资源。

最后,从海洋认知的维度审视,海洋不仅是国家对外交流的桥梁与纽带,其深远意义更在于作为国家生存与发展不可或缺的关键空间。海洋作用观倾向于经济视角,将海洋视为连接内外、促进经济发展的桥梁,承载着中国开放战略的重要使命。中国已深刻认识到海洋的战略价值,将其提升至"生存与发展的重要空间"之高度。在此基础上,中国积极树立海洋安全观,秉持综合安全理念,不仅坚决捍卫国家主权与领土完整,还高度重视海洋在经济安全、能源保障、环境保护、政治稳定以及社会和谐等广泛领域的核心作用,致力于构建全方位、多层次的海洋安全保障体系。[1]

（二）生态海权建设的基础条件

中国拥有成为海权强国的基础性地理条件,其地处太平洋西岸,纬度适中,拥有天然良港,战略位置重要,并且有着得天独厚的强大陆权作为支撑。

三、中国生态海权建设的基本原则与理论基础

（一）可持续发展

1. 缘起与发展

伴随工业文明的出现,全球生态危机与区域生态退化接踵而至,为人类的生存和发展敲响了警钟。随着人类对于自身生存与发展以及人与自然关系的探索越发深入,一种主张人与自然和谐发展的理念——"可持续发展"——逐步成为当下社会发展的主导观念。

1972年,国际知名学术组织罗马俱乐部率先发布了一份题为《增长的极限》的研究报告,该报告创新性地引入了"持续增长"及"合理且持久的均衡发展"等前沿理念。随后,在1987年,世界环境与发展委员会发布了具有里

---

[1] 参见石家铸:《海权与中国》,复旦大学2006年博士学位论文,第40页;贾子方:《论中国海权观念的更新》,载《亚太安全与海洋研究》2016年第2期。

程碑意义的《我们共同的未来》报告,该报告首次全面阐释了"可持续发展"的概念,强烈呼吁全球各国将可持续发展作为核心发展目标,融入各自的国家战略之中,并提出了8大原则作为行动指引。1992年,联合国环境与发展大会成功通过了《21世纪议程》及《气候变化框架公约》等一系列重要文件,这一里程碑事件标志着可持续发展战略正式从理论探讨迈向了实践操作的崭新阶段。紧随其后,1994年我国国务院亦采取行动,审议通过了《中国21世纪议程——中国21世纪人口、环境与发展白皮书》,这一举措不仅彰显了我国对可持续发展的高度重视,也标志着可持续发展战略首次被纳入我国经济社会发展的长远规划蓝图之中。进入1997年,党的十五大更是明确将可持续发展战略确立为我国现代化建设中不可或缺、必须深入实施的国家战略,进一步强化了其在国家发展大局中的核心地位。2002年,党的十六大把"可持续发展能力不断增强"当作全面建设小康社会的目标之一。可持续发展已然成为人类社会理想的发展模式以及一种普遍的政策目标。[1]

从全球范围来看,人类的生产与生活已然超越了地球的承载限度,世界正在快速消耗着自然资源的既有存量。据预估,在接下来的30年中,世界人口将会增加近20亿,从当下的80亿增加至2050年97亿,甚至有可能在21世纪80年代中期达到近104亿的峰值。[2] 目前,全球范围内平均每年新增人口数量高达约8500万,这一庞大数字背后伴随着巨大的资源消耗与环境压力。具体而言,每年需额外消耗1.5亿吨碳水化合物,占用新增土地面积相当于1.2亿亩,电力能源消耗激增550亿度,水资源使用量增加24亿立方米,钢铁消耗量攀升至1700万吨,同时,温室气体排放量也额外增加了1.2亿吨。由此,世界人口的膨胀、生态环境的恶化、能源资源的短缺、发展的非理性抉择、国家间的不公平、社会矛盾的激化等问题更将不断加剧,这一切都促使人类立足于当下的文明,继续探寻合理的发展路径,即可持续

---

[1] 参见石洪华等:《基于海陆统筹的我国海洋生态文明建设战略研究——理论基础及典型案例应用》,海洋出版社2017年版,第1页;牛文元:《可持续发展理论的内涵认知——纪念联合国里约环发大会20周年》,载《中国人口·资源与环境》2012年第5期。

[2] 参见《全球议题:人口》,载联合国网,https://www.un.org/zh/node/128301。

发展之路。①

2. 概念与内在要素

《我们共同的未来》报告对可持续发展作出了具有广泛传播力与深远影响力的界定,即"一种旨在满足当代人需求的同时,不损害后代人满足其需求之能力的发展模式"。这一定义不仅深刻体现了可持续发展的持续性原则,强调了经济、社会与环境之间的长期平衡;还融入了公平性原则,关注代际间及不同社会群体间的发展权益;同时,它也彰显了共同性原则,呼吁全球合作以共同应对可持续发展的挑战。基于此,不同领域的学者将其拓展至各自的学科范畴,主要包括经济学、社会学和生态学这三个方向。可持续发展属于一个牵涉自然科学、社会学、经济学、政治学等众多学科领域的复杂且综合性的系统工程,涵盖了生态环境的保护与优化、资源的长久利用、经济的持续进步以及社会的可持续发展等诸多方面。站在人类可持续发展的视角来看,社会可持续发展是目标,经济可持续发展是社会可持续发展的基石,而生态可持续则是经济可持续的必备条件。②

从全球普遍接受的定义出发,我们可以提炼出可持续发展的多维度丰富内涵。

(1) 共同发展

地球是一个错综复杂的大系统,其中每个国家或地区都是这一大系统中不可分割的子系统。系统最本质的特征在于其整体性,体现为各子系统间紧密相连、相互影响。一旦某一子系统出现问题,其影响将不可避免地直接或间接波及其他子系统,严重时甚至可能触发整个系统结构的突变,破坏整体的平衡与稳定。基于大气环流、海洋洋流等效应,此情况在地球生态系统中体现得尤为显著。因此,可持续发展的核心理念聚焦于整体发展、协调共进与普遍繁荣,力求实现全面、和谐与共享的发展目标。

---

① 参见牛文元:《中国可持续发展的理论与实践》,载《中国科学院院刊》2012年第3期。
② 参见石洪华等:《基于海陆统筹的我国海洋生态文明建设战略研究——理论基础及典型案例应用》,海洋出版社2017年版,第1页。

（2）协调发展

协调发展是一个多维度的概念，它涵盖了从世界到国家和地区不同空间层面的和谐统一，同时也要求经济、社会、环境这三大核心系统之间的平衡与协同。进一步地，协调发展还体现在一个国家或地区内部，确保经济与人口、资源、环境、社会以及社会各阶层之间的相互促进与和谐共存。

（3）公平发展

在全球经济发展的广阔图景中，层次差别因发展水平的差异而显著存在，这一现象长期伴随着世界经济的演进。然而，当这种发展不均衡加剧，且根源可追溯到不公平与不平等时，其影响便超越了局部界限，向全球范围蔓延，最终可能严重阻碍乃至破坏可持续发展的全球共识与实践。公平发展作为应对上述挑战的关键，涵盖两个不可或缺的维度：时间维度的公平强调当代人的发展权利与责任并重，必须避免以牺牲后代人的发展潜力为代价；而空间维度的公平则呼吁国与国、地区与地区之间的发展应基于相互尊重与协作，确保一国或地区的发展不应削弱他国或他地区的发展能力，共同促进全球经济的均衡与可持续发展。

（4）高效发展

在可持续发展的宏大叙事中，公平与效率如同鸟之双翼、车之两轮，缺一不可，共同驱动着前行的力量。值得注意的是，可持续发展语境下的效率概念，超越了传统经济学范畴的单一维度，它不仅局限于经济效率的提升，更深刻地融入了对自然资源合理利用与环境保护的综合考量。因此，我们所追求的高效发展，是在经济、社会、资源、环境、人口等诸多领域相互协调、相互促进的基础上，实现的一种全面而高效的发展模式，确保发展的速度与质量并重，当前利益与长远福祉兼顾。

（5）多维发展

在当今全球化的浪潮中，人类社会虽紧密相连，但不同国家与地区之间的发展水平却呈现出显著差异，这些差异根植于各自独特的文化、体制、地理环境及国际背景等多元化因素之中。鉴于可持续发展的综合性与全球性特质，它天然地包容了多样性、多模式与多维度选择的内在要求，强调在追求共同目标时需充分考量不同地域实体的实际情况与可接受程度。因此,在可持续发展这一全球共识的指引下,各国及地区在践行可持续发展战略时,应秉持因地制宜的原则,紧密结合自身的国情或区情,探索并走出一条既符合全球可持续发展大势,又彰显地方特色的多样化、多模式可持续发展道路。这样的路径选择,不仅能够确保可持续发展战略的有效落地,还能促进全球范围内可持续发展实践的丰富与深化。[1]

(二)建设海洋强国

1. 缘起与发展

"建设海洋强国"这一战略构想,不仅是中国特色社会主义事业的核心组成部分,更是马克思主义理论在中国创新发展的最新结晶。它深深植根于中国传统海洋文明的沃土,是对这一悠久文化血脉的传承与新时代的升华。同时,它承载着近代以来无数先进中国人渴望重振海洋雄风、追求国家富强与民族复兴的梦想,是这些梦想在新时代的延续与宏伟拓展。更为重要的是,"建设海洋强国"作为维护当代中国海洋权益与确保海洋安全的关键方略,其战略意义深远而重大。它不仅为中国在未来海洋中立足与发展奠定了坚实基础,更为中国海洋事业的蓬勃发展指明了清晰而坚定的方向,引领我们向着海洋强国的宏伟目标不断迈进。当然,其形成具备深厚的理论及文化根源。

其一,理论基础。在马克思与恩格斯的著作中,他们不仅积极肯定了海洋开发与利用在促进资本积累、推动海洋贸易发展以及奠定强国地位方面所展现出的显著效用,同时也深刻批判了欧美国家借助航海主导权在全球范围内实施殖民掠夺的恶劣行径。这两位思想巨匠,以历史唯物主义为坚实立足点,采取了一种既客观又辩证的视角,全面剖析了海洋强国对全球经济带来的复杂影响——既包括正面的推动作用,也不乏负面的消极效应。

---

[1] 参见李龙熙:《对可持续发展理论的诠释与解析》,载《行政与法(吉林省行政学院学报)》2005年第1期。

正是这样一种深刻而全面的理论洞见,为中国探索并建设一条迥异于欧美传统殖民模式、独具中国特色的海洋强国之路,奠定了坚实的理论基础与思想基石。

其二,文化历史渊源。古代中国曾孕育出辉煌璀璨的海洋文明,其在港口规模、航海贸易规模、造船技术与航海能力,以及贸易管理体系的先进性上,均傲视全球,引领时代潮流。在这一辉煌历程中,古代中国以海上丝绸之路为桥梁,秉持和平与合作的原则,开展广泛的对外贸易活动,这一模式与大航海时代西方盛行的征服、扩张与殖民行为形成了鲜明而深刻的对比。中国海洋文明所蕴含的和平、开放、包容等优良特质,不仅构成了新时代建设海洋强国的宝贵文化基因,更是推动构建海洋强国战略不可或缺的关键文化源泉。①

因此,自新中国成立以来,我们党一直致力于探寻符合中国国情、富有中国特色的海洋事业发展道路,持续创新海洋强国理论,适时调整海洋强国的发展构想,精心制定海洋强国发展战略,从而构建起了相对丰富的具有中国特色的海洋强国理论体系。②

党的十八大报告明确提出:"提高海洋资源开发能力,发展海洋经济,保护海洋生态环境,坚决维护国家海洋权益,建设海洋强国。"③这是建设海洋强国的重大部署。党的十九大进一步提出"加快建设海洋强国"。党的二十大报告又再一次强调,"发展海洋经济,保护海洋生态环境,加快建设海洋强国",这是以习近平同志为核心的党中央对海洋强国建设作出的战略部署。

2. 概念与内在要素

海洋强国思想构建了一个全面而系统的理论体系,其核心要素紧密交织于维护海洋权益、促进海洋经济发展、推进海洋科技创新及保护海洋生态

---

① 参见蔡勤禹、华瑛:《新时代海洋强国思想多维源流探析》,载《理论与评论》2019年第6期。
② 参见刘应本、冯梁:《中国特色海洋强国理论与实践研究》,南京大学出版社2017年版,第80~81页。
③ 胡锦涛:《坚定不移沿着中国特色社会主义道路前进 为全面建成小康社会而奋斗》,人民出版社2012年版,第40页。

环境这四大支柱之中。这四要素虽各有其独立的领域与深刻内涵,却共同编织成一个双循环的互动框架。其一,维护海洋权益作为基石,为海洋经济的蓬勃发展、海洋科技的持续创新以及海洋生态环境的妥善保护提供了广阔的战略舞台;同时,后三者的繁荣与进步又成为巩固与拓展海洋权益的强大支撑,形成了一种正向循环的增强效应。其二,海洋经济、海洋生态与海洋科技之间亦构建起另一重紧密相依的循环链条,它们相互依存、相互促进,海洋经济的繁荣为海洋科技的研发提供了物质基础与市场动力,海洋科技的进步则助力海洋经济的转型升级与海洋生态的可持续管理,而海洋生态环境的保护又反过来保障了海洋经济的可持续发展与海洋科技的创新应用,三者间形成了良性循环的生态系统。[①]

进入 21 世纪以来,人类在海洋领域的探索与利用取得了显著且大规模的进展。在此背景下,建设海洋强国作为中国特色社会主义事业的重要篇章,其战略意义尤为凸显。这一战略不仅聚焦于依托国家综合实力的不断攀升,以强化海洋发展的驱动力,确保海洋生态得到有效保护,并坚决维护国家海洋权益,同时它也深刻认识到,通过不断深化对海洋的认识、拓宽海洋的开发利用领域,能够为国家的繁荣富强与民族的伟大复兴注入强劲动力。自改革开放以来,我国综合国力实现了质的飞跃,海洋事业也随之踏上了发展的快车道,为加速推进海洋强国建设提供了前所未有的历史机遇和广阔舞台。新时代海洋强国建设的战略思想,是一个兼具深度、广度与动态性的时代理念,其核心精髓深刻体现在依海富民、强国以及坚定不移地捍卫国家海洋权益两大维度。这一战略将推动海洋经济作为关键目标与核心路径,旨在通过强化蓝色经济在国家发展版图中的地位,实现依海而强的宏伟目标。其本质要求在于,必须全力加速海洋科技的革新与发展,依托前沿科技力量,深化海洋资源的勘探、开发与可持续利用能力。同时,海洋强国建设亦强调海洋管控的加强、海洋生态环境的精心呵护与海洋生态文明的积

---

① 参见蔡勤禹、姜志浩:《新时代海洋强国思想内在要素及其关系探析》,载《上海党史与党建》2020 年第 12 期。

极构建,这些努力均服务于海洋经济的繁荣,旨在通过海洋经济的辐射效应,引领并促进其他关键领域的协同发展,最终致力于解决"人民日益增长的美好生活需要和不平衡不充分的发展之间的矛盾"。作为兼具陆海优势的国家,我们深知维护国家海洋主权对于海洋强国建设的重要性。在和平与发展仍为全球主流趋势的今天,中国加快建设海洋强国的步伐,始终秉持和平发展的基本原则,坚决维护国家海洋权益不受侵犯。习近平总书记的重要论述为我们指明了方向,"我们要坚持走和平发展道路,但决不能放弃我们的正当权益,决不能牺牲国家核心利益"[①],"建设海洋强国要运用防御性的国防政策、通过和平的方式来坚决维护国家海洋权益"[②]。

(三)海洋生态文明思想

1.缘起与发展

党的十七大报告中首次提出"生态文明"理念,并强调要使"生态文明观念在全社会牢固树立"。

党的十八大以来,以习近平同志为核心的党中央在推进新时代中国特色社会主义伟大事业的历史征程中,以前所未有的力度抓生态文明建设,谋划开展了一系列根本性、开创性、长远性工作,全党全国推动绿色发展的自觉性和主动性显著增强,美丽中国建设迈出重大步伐,我国生态文明建设领域正经历着历史性、全局性的深刻转型与转折性变化,这一系列变革不仅规模宏大,而且影响深远,已在全球范围内缔造出令人瞩目的生态奇迹与绿色发展的辉煌成就,走出了一条生产发展、生活富裕、生态良好的文明发展道路,为全面建成小康社会增添了绿色底色和质量成色,为实现第二个百年奋斗目标、实现中华民族伟大复兴的中国梦奠定了坚实的绿色根基。

---

① 《习近平在中共中央政治局第三次集体学习时强调 更好统筹国内国际两个大局 夯实走和平发展道路的基础》,载中央人民政府网,https://www.gov.cn/ldhd/2013-01/29/content_2321822.htm。
② 王越芬、孙健:《习近平新时代建设海洋强国战略思想的三重维度》,载《改革与战略》2018年第9期。

党的十九大报告以"加快生态文明体制改革,建设美丽中国"为题,将生态文明作为独立篇章进行论述,并指出"建设生态文明是中华民族永续发展的千年大计"。① 2018年5月,党中央召开全国生态环境保护大会,正式提出习近平生态文明思想,高高举起了新时代生态文明建设的思想旗帜。

海洋事业建设属于一项极为复杂的系统性工程。由于我国工业化进程起步较晚,长期以来形成了对陆地发展的偏重,而相对忽视了海洋的重要性,导致公众海洋意识普遍薄弱,海洋领域的开发建设也起步较晚。此外,早期社会发展片面追求经济增长速度,未能充分考虑海洋等生态环境的自然承载能力,结果引发了海洋生态资源的持续退化乃至枯竭,严重破坏了生态可持续发展的平衡状态。这一状况不仅威胁到了近海经济的健康发展与生态保护的成效,还成为我国向深海领域拓展海洋强国建设步伐的一大障碍。习近平总书记强调:"中国高度重视海洋生态文明建设,持续加强海洋环境污染防治,保护海洋生物多样性,实现海洋资源有序开发利用,为子孙后代留下一片碧海蓝天。"②由此不难看出,海洋生态环境保护不仅是海洋强国建设实现可持续发展的重要基石与坚实保障,更直接关联着国家发展总体布局的顺利推进,以及能否有效回应海洋强国建设的时代赋予的崇高使命。正是基于这样的时代需求与迫切呼唤,海洋生态文明观念应运而生,并伴随着实践的深入而日益成熟与完善。③

2. 概念与内在要素

海洋生态文明建设属于生态文明建设的构成部分,是达成经济与社会科学、协调、可持续发展的必然要求。海洋生态文明建设的理念并非仅限于对环境的大力优化,它既摒弃了狭隘的"人类中心论"视角,也避免了极端化的"自然中心论"倾向。相反,这一建设过程旨在通过促进海洋经济的蓬勃

---

① 参见中共中央宣传部、中华人民共和国生态环境部编:《习近平生态文明思想学习纲要》,学习出版社、人民出版社2022年版,第1~2页。
② 《习近平集体会见出席海军成立70周年多国海军活动外方代表团团长》,载中华人民共和国中央人民政府网,https://www.gov.cn/xinwen/2019-04/23/content_5385354.htm。
③ 参见王涛、殷昭鲁:《习近平海洋生态文明观系统思维探析》,载《现代交际》2023年第11期。

发展,进而维系并增强海洋生态环境的平衡;同时,依托海洋环境所维持的良好生态循环,反向促进海洋经济开发迈向更高层次的发展。在这一过程中,海洋经济与海洋生态环境的保护非但不相冲突,反而呈现出一种既各自独立又相互依存、相辅相成的关系,共同推动着构建和谐共生、共存共荣的海洋生态文明新局面。其内涵应当从三个层面加以思考——海洋生态文明意识、海洋生态文明行为以及海洋生态文明制度。[①]

(1)海洋生态文明意识

所谓海洋生态文明意识,指的是在处理人类活动与自然环境,特别是与海洋相互关系时所秉持的基本立场、观点以及采用的方法。其具体体现为在对待眼前利益与长远利益、局部利益与整体利益、经济效益与环境效益、开发与保护、生产与生活、资源与环境等关系时,所应拥有的海洋生态学观念。

海洋生态文明意识乃是海洋生态文明建设的精神内核。海洋生态文明建设首先应当着眼于海洋生态文明意识的构建。古代中国早早提出了"顺应自然"的生态价值观,然而在传统生态意识中,海洋生态文明意识却鲜少被着重强调。尽管近些年来,"维护海洋生态稳定"的呼声在国内逐渐高涨,但这仍未从根本上扭转中国海洋生态文明意识建设相对滞后的局面。

(2)海洋生态文明行为

海洋生态文明的行为主体由三个相互关联、相互影响的部分共同构成:政府管理部门、海洋开发利用者以及社会公众。这三者之间紧密相连,彼此间的行动与决策均会对海洋生态文明的建设产生深远的影响。

政府作为生态文明物质建设的主导力量,既是生态文明理念的倡导者,也是生态文明制度的制定与执行者,更是国际环境合作的重要参与者。政府的首要职责在于为社会提供有效的公共物品,并应对重大公共危机。优质的生态环境属于人类社会的公共物品,生态环境的公共物品属性导致

[①] 参见郑苗壮、杨妍编著:《中国海洋生态文明建设研究》,浙江教育出版社2023年版,第37~40页。

市场机制在生态文明建设中的作用存在局限性,故而必须体现政府的主导地位。加大生态文明建设的力度,弥补经济社会发展历程中在生态环境方面的亏欠,是政府未来的重大使命。然而,倘若仅仅着眼于保障生态环境的修复、控制等技术和物质层面,那仅能算作生态建设,而非生态文明建设。生态文明建设的核心更多体现在人们对文明生活理念、伦理规范和精神价值的追求上。所以,政府在制定并执行海洋生态文明制度、依靠制度守护生态环境、推进生态文明建设的同时,还应当积极倡导并运用柔性、感化的方式,将代表现代社会生产和生活方式的价值理念、精神素养向整个社会传播。

海洋开发利用者是海洋生态文明建设的直接利益关联方。海洋生态文明建设的目标在于推动海洋生态保护与海洋经济发展相适配,达成保护与发展的协调统一。海洋开发利用者是海洋生产活动的直接参与者,海洋生态文明建设必然会影响到其利益。海洋开发利用者是海洋经济发展的关键力量,如何在海洋生态文明建设进程中实现海洋产业结构的调整与转型,保障海洋开发利用者的利益,达成保护与发展的双赢局面,是海洋生态文明建设必须着重思考的问题,也是政府作为海洋生态文明物质建设主导者的主要任务。

社会公众既是海洋生态文明建设的参与者,也是其受益者,在海洋生态文明建设中占据重要地位。社会公众对海洋生态文明建设的意识认同和价值理念认同对于海洋生态文明建设至关重要。公众通过合理的程序以及积极正确的态度主动参与各级行动决策,既能表达自身意见,又能发挥良好的公共监督作用,促使政府决策更公开透明,更能反映民意。

(3)海洋生态文明制度

海洋生态文明制度乃是海洋生态文明建设的坚实保障。从国家层面的视角审视,生态文明制度建设在国家发展的宏伟蓝图中得到了显著体现与高度重视。生态文明建设制度可细分为四大类:生态文明决策制度、管理制度、评价制度及奖惩制度。其中,生态文明决策制度作为最具权威性与高度机构实体化的制度形式,明确规定了人与自然、社会与自然和谐共生的目标,并据此制定了相应的社会及个体行为准则与规范。生态文明管理制度作为生态文明决策制度的细化与具体执行,其有效实施与否直接关联到决策制度能否达到预期成效与避免潜在失误。而生态文明评价制度,则是在政府进行行政许可审批之前的关键环节,旨在预先分析、预测及评估待批项目可能对环境与生态造成的影响,从而为生态文明管理制度的制定与执行提供科学依据与有力支撑。此外,生态文明奖惩制度作为推动生态文明建设进程中不可或缺的一环,其构建与完善是进程中的必要任务。该制度通过确立一系列明确且具体的刚性规范与约束,不仅有助于将生态文明建设的总体目标与战略部署制度化,更能够激励政府机构与广大民众更加积极主动地参与到生态文明建设的伟大事业中来,共同为实现人与自然和谐共生的美好愿景贡献力量。

(四)陆海统筹观念

1. 缘起与发展

《中共中央关于制定国民经济和社会发展第十四个五年规划和二〇三五年远景目标的建议》强调,"坚持陆海统筹,发展海洋经济,建设海洋强国"。"陆海统筹"已经成为国家发展战略和公共政策领域中一个明确、稳定的专属概念。

需要指出的是,最初对于陆海统筹内涵与外延的定义并非十分明晰。然而,随着党中央、国务院所印发的战略文件和政策文件出台,陆海统筹的方向及重点越发清晰,即聚焦于国内发展一体化,并且将基于生态系统的海岸带与海洋综合管理当作出发点与落脚点。近年来,党的全国代表大会报告、国务院政府工作报告,还有国民经济和社会发展五年规划纲要等重大战略及政策文件,均把陆海统筹划定为国内发展议题,归属于经济板块(如优化国土空间布局、推进区域协调发展)和生态板块(如推动绿色发展、生态环境治理)。中共中央、国务院《关于建立更加有效的区域协调发展新机制的意见》指出,要"推动陆海统筹发展","以规划为引领,促进陆海在空间布局、产业发展、基础设施建设、资源开发、环境保护等方面全方位协同发展",还要"编制实施海岸带保护与利用综合规划",尤其要"推动海岸带管理立法"。陆海统筹主要被定位于自然资源、生态环境的管理领域及专业范畴。

《关于统筹推进自然资源资产产权制度改革的指导意见》提出"强化自然资源整体保护""加强陆海统筹"。《国家生态文明试验区(海南)实施方案》清晰阐明了构建"陆海统筹保护发展实践区"的愿景,强调需秉持陆海空间一体化的规划理念,核心在于以海洋生态为基准来规划陆地发展,确保陆海主体功能定位相协调、空间格局划定相匹配、用途管控相衔接。为此,将建立跨陆海的生态系统保护修复与污染防治区域联动机制,以促进陆海生态环境的协同保护与一体化发展。同时,方案深化了省域"多规合一"的改革举措,旨在构建一套高效、统一的规划管理体系,并进一步完善国土空间开发保护制度,为海南生态文明试验区的全面建设与可持续发展奠定坚实基础。[1]

2.概念与内在要素

陆海统筹指的是在区域社会经济发展进程中,全面考量陆海的资源环境特性,系统探究陆海的经济功能、生态功能以及社会功能。基于陆海资源环境生态系统的承载能力,以及社会经济系统的活力与潜力,以实现陆海双方的协调为根本,开展区域发展规划与计划的编制及施行工作,以此充分激发陆海之间的互动效应,推动区域社会经济和谐、稳健、高速发展。

陆海统筹把陆地和海洋视作一个整体,不仅将海洋当作区域经济发展的支撑要素之一,亦把陆地视为海洋变化的影响因素之一,对海陆进行整体谋划。陆海统筹涵盖经济、社会、自然等诸多方面,不但包含物质层面,还涉及文化、精神层面,乃至制度层面。陆海统筹是规划和实践的指导理念,是有效应对海岸带所面临的威胁与破坏、促进海岸带区域可持续发展的重要指导思想。[2] 第一,尽管国内发展与国际战略之间的联系颇为紧密,但在专业领域存在区分和分工,狭义层面的陆海统筹主要定位于国内发展这一议

---

[1] 参见刘德喜主编:《建设中国特色的海洋强国》,广东经济出版社2022年版,第68~71页。
[2] 参见石洪华等:《基于海陆统筹的我国海洋生态文明建设战略研究——理论基础及典型案例应用》,海洋出版社2017年版,第13页。

题。第二,在海洋经济领域,陆海统筹是对国家宏观区域经济及产业经济政策的补充与完善,并非重组或替代。海洋经济的管理应当以国家层面的区域经济、产业经济宏观政策为基础和依据。前者与后者呈现出局部与整体、特殊与一般的关系,主要发挥着支撑和促进的作用。海洋经济宏观调控的基点和主轴在于海岸带、海洋自然资源的可持续开发利用,以及生态环境的保护和优化。第三,陆海统筹的核心要点在于基于生态系统的海岸带与海洋综合管理。这会是当下及未来一段时间内中国海洋管理和海洋事业的重要使命与主攻方向。[1]

(五)海洋命运共同体

1. 缘起与发展

2019年4月,习近平总书记提出了构建海洋命运共同体的重要倡议。海洋命运共同体构想作为人类命运共同体在海洋领域的全新拓展,是对人类命运共同体的丰富和发展,是中国在全球治理特别是全球海洋治理领域贡献的又一"中国智慧""中国方案",必将有力推动世界发展进步,造福各国人民。[2] 既把握住了新时代世界发展的大趋势,也为全人类海洋事业发展和中华民族海洋文明伟大复兴指明了前进的方向。

2. 概念与内在要素[3]

海洋命运共同体,是建立于共同体成员间对政治交往、经济发展及文化传统的相互尊重之上,基于共同的海洋认知与利益催生出的认同感与归属感,进而促使各方在海洋领域携手合作、共同构建的一个紧密联结的联合体。其全面覆盖了海洋政治、安全、经济、文化及生态五大维度,这五个方面紧密相连,既相互促进又相互制约,共同构成一个不可分割的整体。在应对

---

[1] 参见刘德喜主编:《建设中国特色的海洋强国》,广东经济出版社2022年版,第68~71页。
[2] 参见《共同构建海洋命运共同体》,载自然资源部网,https://www.mnr.gov.cn/dt/mtsy/201904/t20190424_2406492.html。
[3] 参见孙超、马明飞:《海洋命运共同体思想的内涵和实践路径》,载《河北法学》2020年第1期;张京:《新时代海洋命运共同体》,载《光明日报》2023年9月1日,第4版。

任一领域的问题时,均须采取统筹兼顾的策略,避免孤立解决,以确保海洋命运共同体的全面协调与可持续发展。

政治方面,习近平总书记指出:"海洋孕育了生命、联通了世界、促进了发展。我们人类居住的这个蓝色星球,不是被海洋分割成了各个孤岛,而是被海洋连结成了命运共同体,各国人民安危与共。"①当下,我国在海洋方面遭遇着诸多风险与挑战,由此所产生的问题常常会影响整个世界。各国应当彼此尊重、平等对待、增进信任,强化海上的对话与交流,切不可动辄依靠武力来处理国家间的海洋争端。要踏上互利共赢的海上安全之道,携手应对各种海上共同的威胁和挑战,齐心合力维护海洋的和平与安宁。

安全方面,习近平总书记指出:"中国坚定奉行防御性国防政策,倡导树立共同、综合、合作、可持续的新安全观。"②这一观念为构建新型国际安全关系明确了正确的方向。各国应当在海洋的大格局之中求同存异,竭力营造出平等互信、公平正义、共建共享的安全格局,以及互利、互享、互荣的发展环境。

经济方面,海洋,这座资源宝库,蕴藏着无尽的财富,为国家提供了将海洋资源优势转化为经济优势的契机,从而驱动海洋经济的蓬勃发展。随着时代的发展,海洋国家对海洋资源的依赖日益加深,海洋已成为国家发展战略中不可或缺的一环。海洋命运共同体理念应运而生,它倡导海上的互联互通与务实合作,旨在将广袤的海洋转变为国家间经济交流的桥梁与纽带。在此框架下,构建海洋经济命运共同体成为关键一步,它引领各国在追求自身海洋利益的同时,亦能兼顾他国利益,促进海洋经济的共赢与繁荣。此进程要求各国超越传统界限,真诚地就海洋利益展开对话与合作,共同探索在发展中实现各自海洋经济利益最大化的途径。通过达成广泛而深入的共识,各国能够携手并进,在海洋经济的广阔舞台上共创辉煌,实现共同发展与繁荣的愿景。

---

① 《习近平集体会见出席海军成立 70 周年多国海军活动外方代表团团长》,载中央人民政府网,https://www.gov.cn/xinwen/2019-04/23/content_5385354.htm。
② 《习近平集体会见出席海军成立 70 周年多国海军活动外方代表团团长》,载中央人民政府网,https://www.gov.cn/xinwen/2019-04/23/content_5385354.htm。

生态方面,习近平总书记指出:"中国高度重视海洋生态文明建设,持续加强海洋环境污染防治,保护海洋生物多样性,实现海洋资源有序开发利用,为子孙后代留下一片碧海蓝天。"[1]海洋命运共同体旨在达成海洋与人类的可持续发展。可持续发展理念,作为海洋命运共同体的核心理念,构成了海洋环境保护法律体系的重要基石。鉴于海洋资源的有限性,我们亟须将海洋生态观与海洋利益观深度融合,坚定不移地踏上绿色发展的道路。面对海洋生态环境污染所展现出的跨界性挑战,构建海洋生态命运共同体的紧迫性不言而喻,它旨在凝聚共同体成员的力量,携手合作,共同抵御海洋生态环境污染带来的严峻威胁,守护我们共同的蓝色家园。

文化方面,习近平总书记指出:"海纳百川、有容乃大。国家间要有事多商量、有事好商量,不能动辄就诉诸武力或以武力相威胁。"[2]这为新时代世界各国处理海洋争端事宜明确了行为准则。在应对海洋争端时,各国应秉持平等协商的原则,致力于完善危机沟通机制,并加强区域安全合作,以确保涉海问题能够得到妥善而有效的处理。某些霸权国家的行为呈现出趋强与尚武的特征,常常凭借自身实力,倾向于通过诉诸武力来获取更多海洋利益或者解决海洋权益争端。历史昭示:对抗与打压只会给世界招致灾难,传统的强权理念和霸权思维必须被摒弃。构建海洋命运共同体,务必要打破以霸权主义和自我利益为核心的治理模式,推进新型海洋治理体系与新型国际关系的构建,进而促进人与海洋的和谐共生以及由海洋所联结的各国的繁荣发展,增强共同体成员对海洋命运共同体理念的认同感与归属感。

(六)"双碳"目标

1. 缘起与发展

随着人类社会在政治、经济、文化及科技等多方面的深度融合与交织发

---

[1] 《习近平集体会见出席海军成立70周年多国海军活动外方代表团团长》,载中央人民政府网,https://www.gov.cn/xinwen/2019-04/23/content_5385354.htm。
[2] 《习近平集体会见出席海军成立70周年多国海军活动外方代表团团长》,载中央人民政府网,https://www.gov.cn/xinwen/2019-04/23/content_5385354.htm。

展,人类文明的整体化进程显著加速。在此背景下,经济发展不再孤立于单一领域,而是成为一个涵盖竞争与合作、差异与和谐、和平与发展的复杂交响曲。然而,这一进程也随着对自然生态日渐严峻的挑战。全球生态气候的急剧恶化,凸显了人类文明与自然环境之间不可分割的关系,以及我们保护自然的迫切责任。《联合国气候变化框架公约》的界定,将人类活动导致的气候变化,特别是全球气候变暖,置于全球关注的中心舞台。近年来,气候变化的影响越发显著,其多维度、深层次的后果逐渐显现。全球平均地表温度的持续上升,极端天气事件的频发,以及由此引发的自然灾害和生态系统破坏,不仅对经济造成短期冲击,更在长远上增加了社会的不稳定性和人类发展的风险。面对这一全球性挑战,国际社会逐渐认识到,只有通过限温控碳、绿色减排等全球性行动,才能有效抵御气候变化带来的冲击。这一共识的形成,不仅是对当前危机的直接回应,更是对人类文明可持续发展未来的深刻洞察和坚定承诺。因此,加强国际合作,共同应对气候变化,已成为全人类不可推卸的责任和使命。

自改革开放以来,中国经济实现了飞跃式发展,跃升为世界经济舞台上的重要力量之一,其碳排放量亦伴随着经济总量的增长而同步增加。当前,中国已位居全球二氧化碳排放榜首。随着中国特色社会主义新时代的开启,经济发展模式正由粗放型向高质量发展转型,这一转变不仅重塑了经济建设的核心理念,也将环境保护从经济发展的负担转变为推动高质量发展的强劲引擎。在此背景下,构建全方位低碳、零碳社会成为高质量发展阶段的重点任务。[①] 在全球共同应对气候变化的宏大叙事中,习近平总书记在2020年9月第75届联合国大会一般性辩论中,提出中国二氧化碳排放力争于2030年前达到峰值,努力争取2060年前实现碳中和。党的二十大报告中提出:"积极稳妥推进碳达峰碳中和。"建设人与自然和谐共生的现代化,必须基于我国能源资源实际情况,将系统观念深植于"双碳"工作的每一个环

---

① 参见徐政、左晟吉、丁守海:《碳达峰、碳中和赋能高质量发展:内在逻辑与实现路径》,载《经济学家》2021年第11期。

节,通过增强碳吸收能力、减少碳排放需求、优化碳转换效率、严格控制碳排放总量等措施,稳步迈向"双碳"目标。实现碳达峰、碳中和,是以习近平同志为核心的党中央高瞻远瞩,统筹国内国际两个大局作出的重大战略抉择,它既是破解资源环境瓶颈、保障中华民族永续发展的关键举措,也是中国向世界作出的构建人类命运共同体的庄严承诺。

2019年《联合国气候变化框架公约》第25次缔约方大会指出,强化海洋在应对气候变化中的减缓和适应行动,会给大气环境与海洋生态带来长远且积极的作用。故而,发展海洋碳汇成为我国达成双碳目标的重要基石。[1]

2. 概念与内在要素

碳达峰,是指二氧化碳等温室气体排放量达到历史最高点后,开始逐步减少的趋势,即达到排放峰值后不再增长而转为下降。碳中和,则是指某一地区在特定时间范围内,通过自然过程(如植树造林)或人工手段(如节能减排、碳捕集利用与封存等),实现人为活动直接及间接排放的二氧化碳总量被等量吸收或抵消,从而达到二氧化碳的"净零排放"状态。通常而言,人类的生产生活活动会产生一定量的碳排放,为减轻这些碳排放对环境的影响,需要采取相应措施来削减或消除这些碳量,以达到个体的或整体的"零排放"目标。我国已郑重承诺,在2030年前努力实现碳达峰,这标志着我国将确保由化石能源燃烧(如煤炭、石油、天然气)、工业生产过程、土地利用变化与林业活动所产生的温室气体排放,在2030年前达到峰值,并随后进入下降通道。同时,我国还致力于在2060年前达成碳中和目标,这要求我国通过产业结构优化升级、能源消费革命、科技创新引领等路径,大幅削减碳排放总量,并辅以植树造林增加碳汇、节能减排、二氧化碳回收利用、先进的碳捕集与封存技术等手段,确保排放的二氧化碳能够被等量吸收或抵消,实现真正的碳中和。2021年9月22日,中共中央与国务院联合发布的《关于完整准确全面贯彻新发展理念做好碳达峰碳中和工作的意见》,标志着对碳达峰与碳中和工作进行了全面而系统的规划与部署。该意见明确了五个核心目标

---

[1] 参见曹立主编:《建设海洋强国》,中国青年出版社2022年版,第123页。

领域,旨在推动构建绿色低碳循环发展的经济体系,包括:

至2025年,绿色低碳循环发展的经济体系将初步形成,届时,重点行业的能源利用效率将实现显著提升。相较于2020年,单位国内生产总值的能耗将降低13.5%,单位国内生产总值的二氧化碳排放量将减少18%;同时,非化石能源的消费占比预计将达到20%左右;此外,森林覆盖率将达到24.1%,森林蓄积量将增至180亿立方米,这一系列成就将为实现碳达峰与碳中和目标奠定坚实而稳固的基础。

至2030年,经济社会发展的全面绿色转型收获显著成果,重点耗能行业的能源利用效率步入国际先进水准。单位国内生产总值能耗显著降低;单位国内生产总值二氧化碳排放对比2005年下降65%以上;非化石能源消费比重约达25%,风电、太阳能发电的总装机容量超出12亿千瓦;届时,森林覆盖率预计将达到约25%,森林蓄积量则将突破至190亿立方米,生态环境显著改善。同时,二氧化碳排放量将达到峰值,并呈现出稳中有降的积极态势,为推进碳达峰后的碳中和进程奠定了坚实的基础。

至2060年,绿色低碳循环发展的经济体系与清洁低碳、安全高效的能源体系将全面稳固确立,届时,我国能源利用效率将达到国际领先水平,非化石能源在能源消费结构中的比重将超越80%。这一系列成就将确保碳中和目标顺利实现,同时,生态文明建设的丰硕成果将引领我们迈入人与自然和谐共生的崭新纪元。[1]

(七)中国式现代化

1. 缘起与发展

新中国成立以后,我国确立了社会主义基本制度,给现代化建设筑牢了根本的政治前提与制度根基。为迅速改变"一穷二白"的滞后局面,我们依靠自身力量、奋发图强,构建起了独立且相对完整的工业体系以及国民经济体系,特别是"两弹一星"等国防尖端科技取得突破,给予了现代化建设珍贵

---

[1] 参见中共中央、国务院《关于完整准确全面贯彻新发展理念做好碳达峰碳中和工作的意见》。

的经验以及物质支撑。改革开放与社会主义现代化建设的新征程中,党作为核心力量,团结并引领全国人民解放思想、锐意进取,成功建立了社会主义市场经济体制,引领国家实现了人民生活水平的三次历史性跨跃:从最初的温饱不足,到总体小康的实现,再到向着全面小康的奋力迈进。这一系列成就不仅为中国现代化进程奠定了坚实的物质基础,还构建了充满生机与活力的新型体制框架,为国家的快速发展提供了强有力的制度保障。①

自党的十八大以来,以习近平同志为核心的党中央深刻把握中华民族伟大复兴战略全局和世界百年未有之大变局,高瞻远瞩地统筹推进"五位一体"总体布局,并协调推进"四个全面"战略布局。在这一宏伟蓝图的指引下,党和国家事业取得了举世瞩目的历史性成就,经历了意义深远的历史性变革,中国式现代化新道路不断拓展,展现出越来越广阔的发展前景。②

2021年11月,《中共中央关于党的百年奋斗重大成就和历史经验的决议》指出:"党领导人民成功走出中国式现代化道路,创造了人类文明新形态,拓展了发展中国家走向现代化的途径,给世界上那些既希望加快发展又希望保持自身独立性的国家和民族提供了全新选择。"③

2022年10月16日,习近平总书记在党的二十大报告中指出:"从现在起,中国共产党的中心任务就是团结带领全国各族人民全面建成社会主义现代化强国、实现第二个百年奋斗目标,以中国式现代化全面推进中华民族伟大复兴。"④在新中国成立特别是改革开放以来长期探索和实践基础上,经

---

① 参见王香平:《中国式现代化是强国建设、民族复兴的康庄大道——学习〈习近平关于中国式现代化论述摘编〉》,载中央人民政府网,http://dangjian.people.com.cn/n1/2024/0208/c117092-40175670.html。
② 参见温红彦、钱一彬、李建广:《坚定不移沿着这条光明大道走下去》,载《人民日报》2022年2月28日,第1版。
③ 温红彦、钱一彬、李建广:《坚定不移沿着这条光明大道走下去》,载《人民日报》2022年2月28日,第1版。
④ 习近平:《高举中国特色社会主义伟大旗帜 为全面建设社会主义现代化国家而团结奋斗——在中国共产党第二十次全国代表大会上的报告》,载中央人民政府网2022年10月16日,https://www.gov.cn/gongbao/content/2022/content_5722378.htm。

过十八大以来在理论上和实践中的创新突破,我们党成功推进和拓展了中国式现代化。党的二十大报告指出,中国式现代化是人口规模巨大的现代化;中国式现代化是全体人民共同富裕的现代化;中国式现代化是物质文明和精神文明相协调的现代化;中国式现代化是人与自然和谐共生的现代化;中国式现代化是走和平发展道路的现代化。[1]

2. 概念与内在要素

中国式现代化新道路的生态意蕴主要体现在以下方面:

首先,中国式现代化新道路深植"人与自然和谐共生"的核心理念为哲学根基,其明确指出,摒弃传统生产要素密集型的粗放发展模式,转而拥抱以生态文明为核心的新型发展范式,是通往人与自然和谐共生的现代化图景与美丽中国建设宏伟蓝图的必由之路。这要求我们以敬畏之心,秉持生态文明观念,将节约、保护及自然恢复置于发展议程的首位,如同珍视生命般呵护生态环境,携手共创人与自然和谐共生的美好未来。

其次,将坚持绿色低碳发展视作实现中国式现代化新道路的必由之路。中国式现代化应当致力于开辟一条生产发展繁荣、生活富足安康、生态环境优良的文明发展之路,以此构建美丽中国,为民众创造优越的生产生活空间,并为全球生态安全作出积极贡献。这一进程的核心在于,我们必须坚决摒弃以生态环境为代价的传统粗放型发展模式及单一追求 GDP 增长的发展观念,转而拥抱绿色低碳的中国式现代化新路径,实现发展在数量积累、质量提升与速度控制上的和谐统一。

再次,将"以人民为中心"与走和平发展道路的"人类情怀"确立为中国式现代化新道路的价值取向。一方面,中国式现代化道路应坚定不移地遵循"以人民为中心"的发展理念,将实现共同富裕确立为其本质要求与鲜明特征,致力于让发展成果更多更公平惠及全体人民;另一方面,中国式现代化新道路坚决摒弃西方历史上通过殖民与暴力掠夺实现现代化的旧途径,

---

[1] 参见吴铭:《深入理解把握"中国式现代化"》,载人民网,http://theory.people.com.cn/n1/2022/1031/c40531-32555182.html;辛向阳:《深刻把握中国式现代化的中国特色和本质要求》,载中央纪委国家监委网,https://www.ccdi.gov.cn/lswhn/lilun/202210/t20221020_225757.html。

立足构建人类命运共同体的广阔视野,倡导不同文明间的平等对话与互鉴融合,选择和平发展的道路作为通往现代化的正确途径。

最后,将"五个文明"的协同并进与美丽中国的建设确立为中国式现代化新道路的发展目标与追求,力求实现全面、协调、可持续的发展。为了中华民族的永续繁荣与满足人民日益增长的美好生活需要,中国共产党高瞻远瞩,为中国特色社会主义现代化事业精心布局了"五位一体"的总体框架,其中,生态文明建设被置于至关重要的战略地位,强调必须将其深度融入经济、政治、文化和社会建设的全过程。这一布局旨在以创新、协调、绿色、开放、共享的新发展理念为引领,将"五个文明"的协调并进与美丽中国的建设确立为中国式现代化不断前行的目标与方向。① 聚焦解决发展过程中的不充分与不均衡问题。通过践行生态文明的发展路径,推进中国式现代化的进程,以满足人民群众对美好生活的深切期盼。

第三节　中国特色生态海权的建设路径

迄今为止,西方已然形成了相对成熟的生态海权体系,然而,由于与西方相异的历史发展进程及传统文化,我国必须构建具有中国特色的生态海权。构建中国特色生态海权,就是要坚持党的领导,基于中国陆海的实际情况,坚持和平发展道路,立足海洋生态的海权价值和海权的生态功能,把握中国特色生态海权建设的现实需求与理论基础,建构中国自主的海权研究知识体系。

中国的海权发展思想既根植于中华民族的海上兴衰历史,又着眼于当前的海洋强国建设实践,与西方以"争霸"为本质的传统海权理念存在根本差异。历史上,中华民族未曾从海上向外进行扩张,可以说,扩张性的海权

---

① 参见王雨辰、王瑾:《习近平生态文明思想与中国式现代化新道路的生态意蕴》,载《马克思主义与现实》2022 年第 5 期。

第五章 生态海权

发展在我国既无历史借鉴,也无思想基础。[1] 故而,即便西方已经形成了较为完备的海权理论体系,中国仍需开创属于自己的特色海权道路。所以,在构建中国特色生态海权的过程中,需要关注以下要点。[2]

一、坚持党的领导[3]

在中国共产党的坚强领导下,新中国海洋事业取得举世瞩目的成就。海洋经济实现高质量快速增长,显著提升了人民生活水平,成为小康社会建设的关键力量。三大海洋经济圈特色鲜明,动能转换、一体化行动及集聚效应显著增强。

海洋生态文明建设步入新阶段,资源开发保护制度完善,空间规划体系构建中,海岸带治理深化,空间用途管制加强,保护地规模质量双提升。生态预警监测体系健全,蓝色碳汇助力碳中和目标,多项整治修复工程成效显著,海洋环境持续改善,中国为全球海洋生态健康贡献力量。

海洋科技创新能力与公共服务能力大幅提升,标志性成果频出,深潜技术、油气勘探、海水养殖等领域领先全球。观测系统初步成形,其预报能力显著增强,能有效应对自然灾害。科技创新平台加速建设,推动海洋产业高质量发展。

海洋意识与文化教育蓬勃发展,宣传教育体系完善,活动丰富,影响力广泛。海洋教育基地与节庆活动成为普及海洋知识、展示海洋文化的重要

---

[1] 参见曹立主编:《建设海洋强国》,中国青年出版社2022年版,第184页。
[2] 参见高兰:《海权发展模式研究与中国海权理论构建》,载《亚太安全与海洋研究》2019年第5期。
[3] 参见习近平:《高举中国特色社会主义伟大旗帜 为全面建设社会主义现代化国家而团结奋斗——在中国共产党第二十次全国代表大会上的报告》,载《中华人民共和国国务院公报》2022年第30号;自然资源部党史学习教育领导小组办公室编著:《党领导新中国海洋事业发展的历史经验与启示》,载《中国自然资源报》2022年1月5日,第5版;王富军:《新时代坚持和加强党的全面领导的内在逻辑》,载《学校党建与思想教育》2024年第5期;毕鸿昌、唐皇凤:《中国共产党领导现代国家建设的模式演进与价值遵循》,载《求实》2024年第2期。

窗口。海洋教育深入校园,人才培养体系健全。

我国积极参与海洋国际合作与治理,与多国及国际组织签署合作协议,在全球海洋治理中发挥建设性作用,影响力增强。实施多项国际合作项目,共建共享研究成果。同时,我国在极地与深海领域的保护利用能力显著增强,极地考察成果丰硕,国际地位提升。深海资源勘探开发取得重要突破,相关法律规范逐步出台,国际影响力扩大。

中国特色社会主义最本质的特征是中国共产党的领导,党是我国各项事业的领导核心。因此,中国特色生态海权的建设离不开党的全面领导。只有在党的领导下,我国才能够更好地制定和实施海洋战略,推动海洋经济的可持续发展,保护海洋生态环境,维护国家海洋权益。

二、强化生态法治引领[①]

近年来,我国将全面依法治国战略与海洋强国建设深度融合,在构建涉海法律体系、强化执法维权、统筹国内外海洋法治等方面取得显著成效,海洋治理能力和效果持续提升,增强了国际海洋法律制度的运用与规则制定的参与度。通过海洋法治的科学化、规范化、体系化、制度化建设,逐步奠定了海洋强国建设的法律与制度基础,形成了具有中国特色的海洋法治模式。然而,相较于整体法治建设进程,完善的涉海法律法规体系尚待构建,国际海洋法律制度的综合运用能力亦显不足,主要体现在以下几方面:

第一,海洋保护立法体系不健全。海洋保护立法层次不明、效力体系有

---

① 参见郑苗壮、杨妍编著:《中国海洋生态文明建设研究》,浙江教育出版社2023年版,第291~292页;白佳玉、李晓玉:《习近平法治思想中的海洋法治要义》,载《河北法学》2024年第2期;谢琼、王军敏:《为海洋强国建设提供法治保障》,载中共中央党校(国家行政学院)网,https://www.ccps.gov.cn/xxsxk/xzx/202401/t20240130_160884.shtml;孙聪煜:《加强海洋法治建设 维护国家海洋安全》,载《文汇报》2023年12月10日,第6版;张海文:《百年未有之大变局下的国家海洋安全及其法治应对》,载《理论探索》2022年第1期;《比较法视角下中国海洋保护的立法完善》,载广东省汕头市人民检察院网2021年2月13日,https://www.stjcy.gov.cn/index.php/home/view?id=9733。

待完善。《宪法》及《民法典》中海洋保护条款的缺失,加之缺乏一部统领全局的海洋基本法,导致现行涉海法律多为领域性或行业性立法,缺乏统一的基本原则指导,法律间存在冲突。

第二,海洋保护立法内容不完善。现行海洋环境污染法律责任制度偏重行政责任,刑事威慑力不足。如《海洋环境保护法》中刑事责任条款稀缺,行政处罚手段难以有效遏制污染行为,甚至在某些情况下成为违法行为的"合法化"途径,削弱了执法权威。

第三,国家战略与政策缺失。我国虽已出台多部海洋发展规划,但尚未形成国家级海洋战略总规划,现有规划多聚焦于特定领域或区域,缺乏全局性和长期性。

生态文明建设关乎人类未来,建设绿色家园是人类的共同梦想。习近平总书记强调:"要高度重视海洋生态文明建设,加强海洋环境污染防治,保护海洋生物多样性,实现海洋资源有序开发利用,为子孙后代留下一片碧海蓝天。"[①]因此,构建中国特色生态海权应以习近平法治思想为引领,为推进生态海权的建设注入新动能。具言之:

建立并完善国家层面的涉海法律体系。当前,中国虽已初步构建起包含《海洋环境保护法》《海域使用管理法》《海岛保护法》等在内的海洋法律法规与政策规划体系,但仍需进一步细化和扩充相关法律法规及制度框架,以更有效地指导和规范海洋生态文明建设。此外,制定具备高度可操作性的海洋环境管理与保护实施细则迫在眉睫,制定实施细则旨在强化无居民海岛及其周边海域的综合开发与保护管理、海岸带管理等地方性海洋法规与规章的制定工作,从而健全近岸海域资源环境管理的法律体系。在科学规划方面,需精心编制规划,确保沿海地区的海洋发展规划与各类涉海行业规划之间无缝衔接,促进海陆统筹协调发展。这要求充分发挥规划的主导作用,依据海洋功能区划,合理布局海洋产业与临港工业,以此催生沿海经

[①] 《习近平致信祝贺2019中国海洋经济博览会开幕》,载中央人民政府网,https://www.gov.cn/xinwen/2019-10/15/content_5439996.htm。

济的新增长点。同时,将沿海经济带建设与近岸海域资源和环境保护紧密结合,实现两者的有机融合与协调发展。

统筹国内海洋法治与涉外海洋法治之间的关系。为了维护我国合法的海洋权益,我国需采取多措并举的策略。首先,需推进反制裁与反干涉行动,并健全国家涉外海洋法律规则体系,依据国际法原则构建适应我国需求的域外适用法律体系。同时,务必规范涉外执法体系,加大对在我国管辖范围内发生的涉外违法犯罪活动的打击力度,确保各海警部队能高效履行职责,发挥其应有的作用。其次,还需加大对国际法在涉外司法实践中研究与应用的力度,着重强化"一带一路"倡议下的风险管控与司法保障机制建设,以保障"一带一路"倡议的有效推进与拓展。不仅如此,我们应持续投入精力于涉外海洋法治人才的培养,推动涉外法律服务机制的完善,以此为维护我国海洋权益构建起一套完备的执法保障体系,确保我国合法海洋利益得到坚实守护。

统一协调管理机制的完善。海洋因其整体性和流动性的自然本质特性,自然而然地催生了海洋管理领域的多元化态势。鉴于此,为了有效应对,构建一套统一的、能够促成跨部门、跨区域协同合作的海洋环境保护与开发管理机制显得尤为迫切。具体而言,策略应涵盖以下两个方面:首先,需全面激活海洋管理部门的组织协调能力,明确界定各小组及其成员单位在海洋管理中的具体职权与责任边界。这包括但不限于制定科学合理的海洋开发与保护规划,组织讨论并决策关乎海洋管理全局的重大事项。同时,应设立专门的海洋管理办公室,负责监督并通报各成员单位职权执行情况,确保管理活动的透明与高效。其次,建立健全的责任人制度至关重要。依据既定的规划与实施细则,对于未能在规定时限内达成管理目标,或是在管理过程中出现重大海洋污染、海洋生产安全事故的成员单位,必须严格追究相关责任人的责任。这一制度的实施,旨在通过明确的责任归属,激励管理人员严于律己,恪尽职守,从而不断推动海洋管理效能的稳步提升。

完善公正高效的海事执法体系。在海洋国际争端日益严峻的当下,加强我国海洋执法能力乃是破局的关键所在。我们应当进一步强化海洋执法能力,以此来维护我国的海洋权益。在 2019 年中共中央政治局专题民主生活会上习近平总书记指出:"国内外形势正在发生深刻复杂变化,来自各方面的风险挑战明显增多,迫切需要我们在加强国家制度建设和治理能力建设上下更大功夫,使我们的制度优势充分发挥出来,更好转化为治理效能。"①为此,我们应当进一步强化海洋执法能力,以维护我国海洋权益。强化海洋执法能力的核心在于提升效能。一方面,要构建统一、综合的海洋执法队伍,为了全面提升海洋执法人员的素养,需加强对他们在海洋理论知识、海上执法技能、职业道德以及海洋法律法规等多个方面的系统性培训。这样的培训安排旨在确保执法人员在各关键领域都能具备充分的知识与技能,从而提升其整体素养。另一方面,要建立各部门联动机制,制定科学严密的联合执法程序与依据,完善争议协调、执法冲突以及风险处理的协商解决办法;同时,还要建立与外国行政机关和涉海执法机构的长效沟通协作机制,强化多边海上执法合作。

  充分发挥司法为海洋发展保驾护航的作用。海事司法保护具有极为特殊且重要的价值,它不仅是维护海洋环境权益、守护国家海洋安全及发展利益的专业化法治力量,更是倡导现代海洋生态文明、向外输出中国海洋权益保护规则的关键阵地。在海洋生态法治文化的司法保障范畴中,最为核心的要点在于推动海洋生态环境损害司法救济措施实现体系化的完善。海洋生态环境损害司法救济与其他生态环境损害司法救济存在显著差异,其根本原因在于海洋生态环境损害司法救济的政策和制度性规定有别于其他领域,体现为救济主体的独特性以及救济手段的梯次性特征。接下来,应当以《海洋环境保护法》的基本规定为遵循,依照以关系互动和规范保障为特性的司法治理理论,达成其平衡价值争议、协调政策冲突、推进政策施行的"治理型司法"功能,借助海洋环境公益司法制度的有效整合,对海洋生态法治文化产生显著的促进作用,增强海事司法对于涉外法治体系的完善效能,积

---

① 《中共中央政治局召开专题民主生活会强调　带头把不忘初心牢记使命作为终身课题　始终保持共产党人的政治本色和前进动力　中共中央总书记习近平主持会议并发表重要讲话》,载中央人民政府网,https://www.gov.cn/xinwen/2019 - 12/27/content_5464605.htm。

极向外输出海洋生态权益保护的裁判规则,重新塑造形成以"风险预防、关系互动、程序规制"为特色的海洋生态法治格局。①

多元化的海洋纠纷解决机制。多元化纠纷解决机制的核心在于,以公民意思自治为前提,为人们提供更为经济、便捷的矛盾化解途径,引导当事人借助仲裁、调解等非诉讼手段,达成问题解决的专业化以及资源配置的高效化。其一,创新性地引入"紧急仲裁员"模式与"紧急仲裁庭"制度,从而为当事人给予迅速的临时性救济。这一举措能够充分发挥仲裁所具有的时效性、独立性以及专业性等优势。其二,积极推动境外海商事仲裁调解裁决的承认与执行工作,扎实做好仲裁调解协议的有效性以及程序的规范性审查。其三,大力加强海商事仲裁调解的普法宣传力度。

三、重视海洋文化宣传②

自古以来,我国便以海洋大国的身份著称,不仅孕育了"舟楫为舆马,巨海化夷庚"的宏伟海洋战略,还深植了"观于海者难为水,游于圣人之门者难为言"的深邃海洋意识。海洋文明属于中华优秀传统文化的组成部分。尽管我们具备丰富多彩的海洋意识以及源远流长的传统文化,然而由于数千年的农耕文明传统,海洋元素在中华传统文化中的占比尚不充足,我国国民的海洋意识仍处于相对浅层,尚未成为国民深层次的"文化基因"。相较于西方那些以海洋文明为底蕴的国家,我国国民在海洋意识方面的差距较为显著。有研究表明,我国各省(区、市)的海洋意识发展指数平均得分,2016年为60.02分,2017年为63.71分(区间值0~100分)。由此可见,我国国

---

① 参见余晓龙:《论海洋生态法治文化的体系构成及基本目标》,载马来平、杨立敏、肖鹏主编:《海洋科普与海洋文化》,中国海洋大学出版社2020年版,第219~228页。

② 参见张一平:《增强公民海洋意识 维护国家海洋权益》,载中共海南省委统一战线工作部网2011年11月21日,http://hnpia.hntzb.org.cn/jyxc/11/49210.shtml;《提升海洋意识 建设海洋强国》,载中央人民政府网2023年6月9日,https://www.gov.cn/yaowen/liebiao/202306/content_6885338.htm;《报告精读——〈国民海洋意识发展指数报告(2017)〉》,载微信公众号"掌上海洋"2019年5月17日,https://mp.weixin.qq.com/s/7jjDkHA_PdR1iLW780OkZQ。

民海洋意识发展指数的得分依旧偏低,我国海洋意识发展指数总体上依旧呈现出由沿海至内陆依次递减的态势,西部地区民众对于海洋信息的需求较为迫切。这足以说明,我国国民的海权意识亟待加强。

习近平总书记强调:"海洋事业关系民族生存发展状态,关系国家兴衰安危。"[1]"建设海洋强国是实现中华民族伟大复兴的重大战略任务。"[2]建设海洋强国乃是中华民族共同的宏伟事业,全社会应当齐心协力,进一步关注海洋、了解海洋,营造出浓厚的海洋文化氛围,持续增强海洋意识的自觉性,全力推进海洋文化建设。增强人民的生态海权意识,需从以下方面下功夫:

健全生态海权宣传教育体系。其一,政府通过海洋主题活动、科普宣传提升民众蓝色国土意识,并联合社区、学校等举办海洋清洁活动,鼓励民众参与,增强其海洋保护责任感。其二,政府扩大海洋文化宣传设施,如增设水族馆等,以寓教于乐的方式提升公众对海洋的兴趣与了解。其三,政府利用多媒体平台广泛传播海洋保护知识及法律法规,树立全民生态道德观,营造海洋保护良好氛围。

大力培育和厚植中华海洋文明。中华民族于漫长的历史进程中缔造了璀璨的海洋文明。古代的海上丝绸之路曾将中华文化传扬至世界;指南针的出现达成了航海技术的重大突破;郑和七次下西洋,可媲美大航海时代。借由弘扬和传承中华海洋文明,逐渐让国人增进文化自信,强化经略海洋的使命感、责任感以及自豪感,让源远流长的中华海洋文明在当今构建海洋命运共同体的进程中再度谱写绚丽的篇章。

深化海洋研究迫在眉睫。世界各国,特别是沿海大国,都高度重视海洋研究,历经长久不懈的探索,这一领域从基础科学到应用科学,跨越自然科

---

[1] 《习近平:深入实施创新驱动发展战略　为振兴老工业基地增添原动力》,载中国共产党新闻网,http://cpc.people.com.cn/n/2013/0902/c64094-22768582.html。
[2] 《习近平在海南考察:解放思想开拓创新团结奋斗攻坚克难　加快建设具有世界影响力的中国特色自由贸易港》,载中华人民共和国中央人民政府网,https://www.gov.cn/xinwen/2022-04/13/content_5685109.htm。

学与人文科学，均取得了累累硕果。相比之下，国内海洋研究略显滞后。海洋研究不仅是教育与宣传的基石，更是海洋意识萌发的源泉。高校与科研院所应积极推进海洋科研，力求高水平成果。其中，海洋历史文化探索尤为重要，它记录了我国近现代海洋经济的发展，如渔业、航运的繁荣及海岛开发，展现了劳动人民的贡献与辉煌。我们应深入挖掘这一文化宝藏，系统整理史料，抢救性收集民间海洋生产、生活、民俗等资料，以丰富历史考证，重现海洋非遗魅力，传承与发扬这份宝贵遗产。

培育海洋国土及资源的主权意识。我国作为陆海兼备的复合型大国，拥有超过300万平方千米的辽阔海域及6500余个岛屿。依据《联合国海洋法公约》，我国不仅主权管辖着200海里专属经济区与大陆架，还享有这些区域资源的勘探与开发权益。中华民族自古以来便与海洋结下了不解之缘，而今，中国未来的生存与发展亦离不开对海洋的深入探索与利用。国家主权作为我国不可动摇的核心利益，其重要组成部分便是海洋领土及其相关权益。在新时代的背景下，培养全民的海洋国土观与海洋主权意识，以及增强建设海洋强国的历史使命感，已成为一项极为重要且紧迫的任务。

树立海洋国土的忧患意识。近年来，随着国际形势的深刻变迁，我国维护海洋通道及海外利益安全的挑战日益严峻，这无疑加大了推进"一带一路"建设的难度。在此背景下，我们亟须树立强烈的海洋国土忧患意识，深刻认识到构建强大现代化海上力量的紧迫性和重要性。同时，我们应深入研读《联合国海洋法公约》《南海各方行为宣言》《国家海洋事业发展规划纲要》及《钓鱼岛是中国的固有领土》白皮书等法律文件与政策声明，精准把握我国政府维护海洋权益的方针政策。唯有如此，方能在捍卫海洋权益、有效治理海洋、推动海洋事业振兴及建设海洋强国的伟大征程中，不懈奋斗，贡献力量。

牢固树立海洋保护意识。海洋是自然资源的宝库，其极大地满足了人类对水资源、风能、矿物、食物及旅游等多方面的需求。然而，随着海洋开发的日益深入，一系列问题逐渐浮现，成为全球性挑战：近海渔业资源面临枯竭,海岸带栖息地逐渐丧失,海洋生物多样性持续下滑。尤为严峻的是,人类活动向海洋排放的污染物不仅危害人类健康,还威胁着野生动物的生存繁衍,海洋垃圾与污染已成为难以根除的海洋环境问题。习近平总书记指出:"要下决心采取措施,全力遏制海洋生态环境不断恶化趋势,让我国海洋生态环境有一个明显改观,让人民群众吃上绿色、安全、放心的海产品,享受到碧海蓝天、洁净沙滩。要把海洋生态文明建设纳入海洋开发总布局之中,坚持开发和保护并重、污染防治和生态修复并举,科学合理开发利用海洋资源,维护海洋自然再生产能力。要从源头上有效控制陆源污染物入海排放,加快建立海洋生态补偿和生态损害赔偿制度,开展海洋修复工程,推进海洋自然保护区建设。"[1]我们应深入研习并切实贯彻习近平总书记关于海洋生态文明建设的重要论述,深刻认识到海洋生态系统的脆弱性,以及建立和谐人海关系的迫切现实意义。需以呵护生命的态度去关爱大自然,对海洋怀有珍视与保护之情,致力于让海洋恢复其原有的清洁与美丽面貌。

增强建设海洋强国的紧迫感与责任感。海洋经济繁荣是海洋强国之基,现代化强国必以海洋强国为要。我国约95%的进出口货运量由海运承担,2023年海运进口量创新高,超过30亿吨,彰显海洋对国家经济的重要性。[2] 进入21世纪,海洋在国家发展及对外开放中的作用更加凸显。我国不断优化产业结构,提升海洋资源开发能力,并推进"21世纪海上丝绸之路"建设,在港口、桥梁、船舶、隧道、石油平台及海上装备等领域取得瞩目成就,如"蛟龙"号等国之重器投入使用,强化了海洋强国实力。我们应从国家和民族利益出发,认识到海洋强国战略的紧迫性,增强信心,深入学习习近平总书记相关论述,确立使命感与责任感,捍卫海洋权益,推动海洋科

---

[1] 《习近平:要进一步关心海洋、认识海洋、经略海洋》,载中央人民政府网,https://www.gov.cn/ldhd/2013-07/31/content_2459009.htm。
[2] 《交通运输部关于开展2024年中国航海日活动的通知》,载交通运输部网2024年7月11日,https://xxgk.mot.gov.cn/2020/jigou/syj/202406/t20240618_4142591.html。杨斌:《维护跨国供应链安全 筑牢国家安全屏障》,载《解放日报》2024年5月12日,第6版。

技发展,提升资源开发水平,促进沿海经济繁荣,实现海洋与陆地经济的协调发展。

四、深化国际合作[①]

伴随改革开放的进程,中国的海洋国际合作不断向前推进,历经了从"请进来"与"走出去"并行,到"主动引领合作",再至"参与全球治理"的发展历程。在此期间,中国始终着力推动构建富有活力的海洋国际合作双边及多边机制,并深度融入海洋国际大家庭。自改革开放40余年来,中国于海洋国际合作领域收获了累累硕果。

大国合作在中国海洋国际合作中占据核心位置。自20世纪七八十年代起,中国已与美、德、加、日等国开展深入合作,成果显著,包括长江口、东海大陆架、黑潮、热带西太平洋等多领域联合研究,这些项目不仅提升了中国的科研实力,还培养了大量海洋专家。进入21世纪,海洋国际合作步伐加快。2003年中俄签署海洋合作协议,随后在日本海、鄂霍次克海等海域开展联合调查,并共同倡导"冰上丝绸之路",加强北极合作。中美则在海上安全、气候变化、生态保护等领域拥有共同利益,双方制订了多项合作计划,并在战略与经济对话中达成多项海洋合作成果。此外,中欧海洋合作也取得重要进展,双方建立高层对话机制,签署备忘录与宣言,共同推进海洋治理、渔业可持续发展及海洋经济繁荣,将2017年定为"中国—欧盟蓝色年",构建"蓝色伙伴关系"。这些合作不仅深化了国际海洋科研与治理,也为中国海洋事业的快速发展注入了新动力。

[①] 参见刘应本、冯梁:《中国特色海洋强国理论与实践研究》,南京大学出版社2017年版,第254页;徐贺云:《改革开放40年中国海洋国际合作的成果和展望》,载《边界与海洋研究》2018年第6期;《携手并肩共护家园 推进海洋合作与治理行稳致远——外交部副部长孙卫东在第四届"海洋合作与治理论坛"开幕式上的讲话》,载外交部网,https://www.mfa.cn/web/wjbxw_new/202311/t20231113_11178824.shtml;郑苗壮、杨妍编著:《中国海洋生态文明建设研究》,浙江教育出版社2023年版,第297~298页。

第五章 生态海权

中国一贯坚持"与邻为善,以邻为伴"的周边外交方针,积极践行"睦邻、安邻、富邻"政策。为此,中国与印度尼西亚、韩国、马来西亚、泰国及柬埔寨等国相继签署了政府或部门间的海洋合作协议,并定期召开双边联委会,明确合作内容,推动项目实施,取得了显著的合作成效。随着"一带一路"倡议的深入实施,"中巴经济走廊"与"中俄蒙经济走廊"等国际经济走廊应运而生,它们如同桥梁般连接着中国与南亚、东南亚、中亚地区,促进了区域内的互联互通与共同发展。这些经济走廊不仅构建了畅通的经济循环体系,为区域经济的健康、可持续发展注入了强大动力,还通过经济、能源等多领域的合作,进一步拉近了北非、伊朗、伊拉克等在内的海湾国家与世界经济的联系,展现了"一带一路"倡议的广泛影响力和深远意义,构建起经济共振的"朋友圈",从而更有效地实现全方位联动和多元化共赢。

在全球化的新格局下,任何国家都无法置身事外,唯有团结协作、同舟共济,方能共同寻求全球性问题的解决方案,实现合作共赢,增进共同福祉。海洋因其独特的连通性、流动性和广袤性,使海洋事务常常跨越国界,成为全球性议题。面对海盗、走私、海上恐怖主义等安全挑战,以及极地、公海和国际海底资源的开发利用,各国需加强协调合作。国际社会已普遍认同通过对话、谈判等和平方式解决海洋争端,以维护各国海洋利益。作为负责任的大国,中国应积极参与国际海洋治理,倡导多边主义,推动在全球范围内解决海洋问题,努力构建一个包容性强、代表性广泛的国际海洋治理体系。这旨在确保各国能够公平合理地开发海洋资源,相互尊重海洋权益,共同维护国际海洋秩序的稳定与繁荣。和平发展、合作共赢,乃是建设具有中国特色海洋强国的科学之道、正确之途、宽广之路、希望之径,也是能够大有作为的路径。诚然,中国所倡导的合作共赢原则并非一味地妥协与让步,而是通过斗争谋求团结,依靠团结保障合作,中国的海洋核心利益与正当权益是不容让步的。

坚持共商共建。应当秉持真正的多边主义,坚决反对凭借搞小圈子、拉帮结派来谋取海洋霸权、制造分裂对抗。我们倡导维护以联合国为核心的国际海洋治理体系,切实维护《联合国海洋法公约》的宗旨原则,对公约进行完整、准确且善意的解释与适用,制定并完善公平合理、能够经受住历史与实践检验的国际海洋规则。中国将持续与周边海上邻国展开友好协商,共同制定契合本地区特色的海上安全规则,与东盟国家全面且有效地落实《南海各方行为宣言》,加快制定"南海行为准则",持续推动海上安全建设。

  坚持合作共赢。发展乃是解决一切问题的关键所在。我们呼吁更多国家加入习近平总书记提出的"21世纪海上丝绸之路"倡议,积极发展蓝色伙伴关系,加快推进中国—东盟自贸区3.0版的建设进程,全力维护海上产业链供应链的稳定与畅通,大力加强海底光缆等海洋基础设施的互联互通建设,始终保持开放与包容的合作态势,携手助力全球经济复苏;构建资源开发多边合作机制,强化与各国的技术合作交流,积极推动资源的共同开发利用,优化海洋互联互通状况,在开采技术、溢油污染处理等领域达成共赢局面,把合作的"蛋糕"做得更大更好。

  坚持相融共生。健康且充满活力的海洋乃是人类发展的基石。我们应当强化海洋生态文明建设,切实保护海洋生态环境,推动海洋的可持续发展。要积极落实《海洋生物多样性协定》的各项框架制度,让该协定成为达成联合国2030年可持续发展目标的有力助推器;坚持和周边国家开展合作,明确并限制包括陆源污染物在内的未达标物质的排放,构建区域统一的海洋环境监测网络,监督各国的执行状况;加大保护海洋生态的宣传力度,与周边海上邻国携手实施休渔和资源养护措施,推进可持续发展,让海洋带来的福祉永传千秋。

第六章 文化海权

第一节 海洋文化与海权

"兴化军境内地名海口,旧有林夫人庙,莫知何年所立,器宇不甚广大,而灵异素著。凡贾客入海,必致祷祠下,求杯珓,祈阴护,乃敢行。盖尝有大洋遇恶风而遥望百拜乞怜,见神出现于樯竿者。"[①]这位神,便是浙江、福建、广东、台湾等沿海地区共同信奉的海神,中国海洋文化史中最重要的民间信仰崇拜神之一——妈祖。民间和官方在航海前后都会祭拜妈祖,妈祖文化体现了人们对海上风险的畏惧和借助信仰战胜艰难险阻的信念,是开辟海上丝绸之路的精神支柱,更是全人类尤其是21世纪海上丝绸之路沿线国家共同的精神财富。

以妈祖文化为代表的海洋文化,与海洋文明和海权的发展密不可分。海洋文化带给航海者以强大的精神力量,支撑海上将士英勇奋战、促使海洋贸易不断发展壮大、加深国与国之间的合作交流,是建设海洋强国雄厚的软实力和坚强的思想后盾。21世纪是海洋的世纪,

---

① 目前已知最早记录妈祖事迹的古籍,是南宋洪迈所著《夷坚志·卷九·林夫人庙》。

也是文化的世纪。大力发展新型海洋文化、建设中国特色社会主义文化、建设海洋强国是实现中华民族伟大复兴的重大战略任务。在全球化、现代化的今天,发挥海洋文化在海权领域中的突出作用、吸收国际文化海权发展经验、把握中国特色文化海权建设的原则、开辟中国特色文化海权建设的路径、建构中国自主的海权研究知识体系势在必行。

一、海洋文化概述

海洋文化是一个动态的、多元的、广博的文化体系,包罗万象。海洋文化的基本概述是海洋文化理论体系的基石,辨析海洋文化的概念、特征、功能与重要性能够厘清事物的本质,深刻把握事物的内涵并拓展事物的外延。对海洋文化理论体系做一个清晰的认知,意在根据影响海洋文明与海权发展的各种变量,把握海洋文化建设发展的方向与大局,更好地拟定国家的海洋战略,从而捍卫、强化国家海权,建设海洋强国。

(一)海洋文化的概念

文化与人类同时产生。从广义上说,文化是指人类社会历史实践过程中所创造的物质财富和精神财富的总和;从狭义上说,文化是指社会意识形态,以及与之相适应的制度和组织机构。文化在人类生存和社会发展的过程中发挥着重要的作用,具有传续、凝聚、认知、赋能、服务社会以及维持秩序等功能。[①] 作为一种"软实力",文化的内在伟力不容忽视。文化能够让别国"自愿"支持本国政府的价值观与政策,已经成为国际竞争与国际影响力的新角力场。

海洋文化作为文化的一列分支,与陆地文化相对,同样源远流长,具有独特的精神意蕴与价值内涵,是文明的重要组成部分。有关海洋文化的概念,大致有以下几种观点。

---

① 参见张开城等:《海洋社会学概论》,海洋出版社2010年版,第156页。

有观点认为,海洋文化就是和海洋有关的文化,即人类对海洋本身的认识、利用和因海洋而创造出来的精神的、行为的、社会的和物质的文明生活内涵。

也有观点认为,人类社会历史实践过程中受海洋的影响所创造的物质财富和精神财富的总和就是海洋文化。

曹忠祥认为,海洋文化不仅表现为人类认识海洋过程中所形成的思想、观念、意识、心态,而且包括由此所生成的生产方式、生活习惯、社会制度以及语言文学艺术等多方面的内容,其实质是人类与海洋自然地理环境相互关系的集中反映。①

曲金良认为,海洋文化作为人类文化的一个重要的构成部分和体系,就是人类认识、把握、开发、利用海洋,调整人与海洋的关系,在开发利用海洋的社会实践中形成的精神成果和物质成果的总和,具体表现为人类对海洋的认识、观念、思想、意识、心态,以及由此而生成的生活方式,包括经济结构、法规制度、衣食住行习俗和语言文学艺术等形态。②

在综合国力竞争日渐突出的今天,文化越来越成为民族凝聚力和创造力的重要源泉。海洋文化的概念可以界定为:沿海地区的人民、民族和国家在社会实践中制造、形成的与海洋相关的各种物质成果,包括风俗习惯、艺术、思想观念等在内的精神成果,以及在对内生产、对外交流的过程中逐步形成的具有自身特点和文化影响力的文化现象的集合。

(二) 海洋文化的特征

在地球这个蔚蓝色的星球表面,分布着七大洲、四大洋和大大小小的岛屿。丰富广袤的地理环境决定了不同区域的沿海人民有着不同的海洋文化,例如南太平洋海洋文化、地中海海洋文化、印度洋海洋文化和北大西

---

① 参见曹忠祥:《发展海洋先进文化 促进海洋经济和谐发展》,山东省海洋经济技术研究会2007年学术年会论文。
② 参见曲金良:《发展海洋事业与加强海洋文化研究》,载《青岛海洋大学学报(社会科学版)》1997年第2期。

洋海洋文化等。世界各国的海洋文化既有其相通之处,也有其不同之处。

一方面,各国海洋文化普遍有以下五个相通的特征:一是开放性与外向性。海洋连接着岛屿与陆地,人类的绝大多数民族、国家和地区都濒临海洋,地理大发现后海洋的开放性与外向性是天然而生的。二是多元性与兼容性。太平洋沿岸、大西洋沿岸、印度洋沿岸与地中海沿岸因为不同的地理位置形成了不同的海洋文化,多样且兼容并存。三是民族性与地域性。以福建省为例,"闽在海之中,海为闽人田",福建形成了具有地域特色的海神崇拜和妈祖文化。四是商业性与功利性。在海洋文明社会里,舶来品刺激着商业贸易业的繁荣发展,经商下海不是副业而是主业。五是冒险性与交流性。海洋文明越发达,海外异质文化的吸引力就越大,郑和下西洋与鉴真东渡等海洋活动都历经波折,传播并交流了异质文化。

另一方面,早期西方的海洋文化与今天全球化的海洋文化差异颇大。西方的海洋文化受西方海权的影响,首先具有排他性,追求"独我"。这种特性是由资本主义追逐利益最大化的本性、国家组织海洋探险并且给予风险补偿和欧洲国家市场同质化带来了激烈的贸易竞争这三个要素决定的。其次,西方的海权具有控制性,倡导强权。英国东印度公司在印度的贸易垄断权长达二十余年,从商业贸易企业变为印度的实际主宰者。最后,西方的海权崇尚武力,具有暴力性。建立强大的海军,通过海上决战获得并维持海权,历史上的大国崛起都是通过武力而非和平的方式达成的。西方的海权与海洋文化遵循着一种古老的"丛林法则",以掠夺东方财富为目的发动十字军东征,以掠夺美洲、非洲资源为目的制造种族大屠杀等,完全相悖于以合作共赢、和平发展、贸易结盟为特征的海洋文化,更相悖于以"四海一家""人海和谐"为代表特征的中华传统海洋文化。

(三)海洋文化与海权的关系

海权是独立于陆权的权力。现代海权被界定为"国际无政府状态下一个国家在海洋领域或运用海洋所享有的实力、影响力和控制力,不仅包括海上军事力量,还包括海洋经济实力、海洋科技水平和海洋文化实力"。从词

第六章　文化海权

源上看,海权(sea power)的概念源于希腊语"thalassokratia",希罗多德和修昔底德都曾用这一概念来描述作为文化的海权,指一个以海洋为主导的国家,通过有意识地构建海洋文化和海洋身份来确保海洋带给自身的经济和战略优势,以此作为一个海洋大国发挥作用。换言之,广义的海权体系包含了海洋文化,文化海权发挥着海洋战略功能。

文化海权是海权的基本类型之一,是一个国家对本国领海、毗连区、专属经济区、大陆架、公海在物质、观念和制度层面开发和利用的权利和权力。海权战略衍生出相应的海洋文化,海洋文化又影响和决定着海权战略的制定,海权的文化功能就主要体现在海洋文化方面。[①] 国防大学海军少将杨毅曾指出,"中西方对海权概念理解上的差异表现出双方战略文化的差异。"在海洋文明中,海洋文化作为核心要素,培育了海洋民族敢于冒险、敢于接受新事物的进取精神。但在某些条件下,海洋文化中包含的开放、进取、冒险、智慧会走向极端,变成排他、侵略、扩张和弱肉强食,正如前文所述西方早期的海权特征。扩张性的海洋文化决定了西方对外殖民侵略的海洋政策和称霸型海权,而相对内敛、带有更多农耕文明色彩的中华民族则在意识层面上产生了封建专制制度,并实行了闭关锁国的海洋战略。近现代的大门是被海洋文明叩响的,近代以来主导国际格局的强国都是海洋国家,因此有些观点认为海洋文明比大陆文明更加高级。对此应当客观地看待,海权国家的出现并不能单纯地被归结于海洋文化,还有市民社会的出现和技术革命的因素,海洋文明与大陆文明无所谓高下之分。

如今,海权早已不再停留在一个国家综合运用经济与军事力量控制与利用海洋、维护国家海洋权益的层面上了。21世纪是海洋的世纪,人类社会的发展和出路将越来越寄希望于海洋;21世纪更是文化世纪,国际社会重视海洋文化的建设和发展,已是大势所趋。全球化的今天,建设海洋强国要求一个国家在具备雄厚的海洋军事实力、先进的科技和发达的经济的同时,更

[①] 参见杨震、蔡亮:《"海洋命运共同体"理念视野下的当代中国海权功能》,载《世界地理研究》2023年第4期。

341

要拥有领先于时代的海洋文化和坚实的海洋文化软实力。海洋文化,已经成为衡量现代海权综合实力的重要指标。

二、海洋文化的海权性功能

文化作为一种社会力量和精神力量,具有社会认同功能、教育功能、经济功能、娱乐功能、传播功能、历史功能、交流融合和维持秩序功能等,影响着人们认识世界、改造世界的实践。海洋文化作为文化的一种,同样具备上述功能,但更为突出显著的功能则是海权性的功能。

(一)海洋文化的教育功能

文化是人类知识和智慧的积累和传承,文化能够通过教育和社会化的过程使个体了解到社会的价值观念、道德规范和行为准则,对于人的培养具有重要的指导作用。海洋文化具有的教育功能是指通过教育手段向人们传授海洋的知识、文化和价值观念,让人们了解海洋的重要性和价值,培养对海洋的关注和保护意识,提高对海洋文化的欣赏和理解能力,了解自己国家的海权战略与意义,由内而外实现海洋的可持续发展。海洋文化教育对于培养人们的海洋保护意识、海洋文化素养和国家海权意识具有重要意义。海洋意识,是指人们对海洋的认知和感知,包括对海洋资源的利用、海洋环境的保护以及海洋文化的传承等。海洋文化素养,是指与海洋相关的文化现象和价值观念,包括对海洋艺术、海洋文学、海洋传统习俗等的欣赏和理解。国家海权意识,是指人们对捍卫国家海上防线与海上权益、了解国家海权战略与海事部署的认知与理解。

随着海洋强国战略的推进,我国海洋文化教育已经提上日程。新时代海洋文化教育是传播中国特色海洋文化、增强中国海洋文化感召力和影响力的有力抓手,有助于提升我国海洋文化的国际影响力和文化软实力,为海洋战略提供理论支持,争取国际海洋话语权,最终实现中国倡导的全球海洋治理新理念。海洋文化教育一方面要向内延伸,构建习近平新时代中国特色海洋文化体系,在中小学增加特色海洋文化课程,在大学培养海洋文化人才;另一方面要向外延伸,依托"21世纪海上丝绸之路",培育具有国际影响力的海洋文化组织,主导国际海洋文化教育活动,宣传蕴含马克思主义中国化、时代化的海洋文化观和开放、和谐、可持续发展的理念。"功以才成,业由才广",以海洋文化教育为抓手建设海洋强国,助力海权事业,对于实现中华民族伟大复兴具有重大而深远的意义。

(二)海洋文化的外交功能

海权的外交功能主要体现在军事力量和非军事力量两个方面。从非军事力量的角度来理解,具体体现在海洋事务领域,比如,海洋的治理、海洋事务论坛与海洋事务相关的国际组织的运行等。习近平总书记在2013年提出共建"21世纪海上丝绸之路"的倡议,截至2023年10月,"一带一路"框架下最高规格的国际活动"'一带一路'国际合作高峰论坛海洋合作专题论坛"已经举办到第三届。发展至今,海上丝绸之路已成为引领国际海洋合作的重要平台。文化交流是大国外交的重要内容,海洋文化交流已经成为大国海洋治理、海洋合作的重要外交途径。

海洋文化的外交功能也可以从"隐形外交"的角度来理解,主要体现在海洋文化软实力和文化影响力的输出上。2005年,自然资源部(原国家海洋局)、厦门市人民政府、联合国开发计划署驻华代表处、东亚海域环境管理区域项目组织和厦门大学联合举办了"厦门国际海洋周",目前已经成为一个公众广泛参与的海洋文化节日,一个全球海洋政策、科学技术、决策和行动的交流平台。2010年海南省三亚市举办了"三亚国际海洋文化节",主办方设置了海洋文化论坛、海洋诗书画作品展等文化活动,还推出了海洋节的主题歌《海洋之歌》。2023年,自然资源部联合广东省人民政府在汕头市举办了"世界海洋日暨全国海洋宣传日"主场活动,内容包括"和美海岛"评选和"海洋人物"评选等,号召全世界保护海洋生态系统。海洋文化的外交活动能够宣扬保护海洋的理念,弘扬、交流各国的海洋文化,在合作中提升自己的海洋文化知名度和海洋政治话语权。

(三)海洋文化的秩序功能

某种文化的形成和确立,意味着某种价值观和行为被认可或遵从,也意味着某种秩序的形成。只要这种文化仍在占据主导地位,由这种文化所确立起的社会秩序便会一直维持下去。从广义上看,海洋文化可以被划分为海洋物质文化、海洋精神文化和海洋制度文化,其中,海洋制度文化包括海洋开发制度、海洋渔业管理制度、海洋法制度以及海事处理与国际惯例制度等。[①] 在全球化的今天,各国利益和命运相互依存的程度空前紧密,海洋治理方式发生了巨大变化,一个国家难以单独有效地应对越来越严峻的挑战。各国的海洋利益早已跨过国界、超越国家,海洋事务必须由世界各国共同维护,海洋制度文化便发挥着秩序形成与维护的作用。

法律文化是人类文化的组成部分之一。法律文化是社会观念形态、群体生活方式、社会规范制度中有关法律制度的部分以及文化总体功能作用于法制活动而产生的内容。海洋法作为国际法的一部分,既是政治性制度,也是文化性制度,其作用便是确定各海域的法律地位,调整各国在海洋事务各个领域中关系的规则、制度,并维持海洋秩序的稳定。1982年通过的《联合国海洋法公约》是历史上第一个全面的海洋法法典,为海洋开发确立了法律新秩序。除法律文化外,海洋治理制度体现了海洋文化发挥的维持秩序的功能。面对全球海洋治理的新需求,习近平总书记在2019年4月出席中国人民解放军海军成立70周年多国海军活动时提出了"海洋命运共同体"的重要新理念。在海洋文化具有新特征的今天,习近平总书记倡议建立海洋命运共同体,建设共商共建共享、和平安宁繁荣的海洋新秩序。海洋命运共同体理念的提出,既是对现实海洋问题的回应,也是对人类海洋文明发展历程的反思和超越。构建海洋命运共同体,是中国式现代化的本质要求之一,彰显了中国"义利相兼,以义为先"的文化理念。作为一种超越国界且获得全球认可的海洋治理新制度,海洋命运共同体致力于推动国际海洋秩序

---

① 参见张开城等:《海洋社会学概论》,海洋出版社2010年版,第168页。

朝着更加公正合理的方向发展,致力于与全球各国一道共护海洋和平、共筑海洋秩序、共促海洋繁荣。

三、海洋文化之于海权的重要性

"人类社会的进步将越来越寄希望于海洋。换句话说,未来文明的出路在于海洋。"[1]进入海洋世纪,全球各国和人民的整体海洋意识和海洋观念普遍强化,海洋文化背后所蕴含的"海洋人文化",将成为各国在国际新秩序中建构海权的重要路径,具有跨时代的意义。

(一)海洋文化的精神

1. 开拓探索的精神

着眼中国,从徐福东渡、郑和下西洋到近代华人下南洋、闯世界并形成自己的华侨势力;从林则徐、魏源开眼看世界、"师夷长技以制夷",到今日中国的改革开放和"蛟龙"号下潜,无不体现着开拓探索、尚新图变的海洋精神。放眼世界,新航路的开辟缘起于葡萄牙的恩里克王子想通过海路改变国家的命运;全球化的帷幕拉开于麦哲伦为了探索香料进行的环球航行。开拓探索的海洋精神激励着海洋民族的发展,催化着海洋文明的进步。

2. 重商勤勉的精神

相较于"君子谋道不谋食"的内陆人,海洋人是"无利不起早"的。"以大海为命,自以暨龙户渔人,咸于是托业焉。"长期的向海而生,让沿海地区的人民养成了开放变通、重商务实的性格。即便在明清实行海禁的年代,广东一带的人民也敢远洋贸易。到了近代,中国被打开国门后,广东、福建等沿海地区的人民更是积极学习西方的先进技术与商贸经验,吃苦耐劳,出海九死一生仍不惧艰难险阻。

---

[1] 魏红涛:《谱写人类海洋和平的新篇章——第 24 届世界海洋和平大会侧记》,载《海洋开发与管理》1997 年第 1 期。

3. 兼容开放的精神

"协和万邦"语出《尚书·尧典》,其内含的开放、包容的精神是中国文化对人类文明的永久性贡献。"海,天池也,以纳百川者,从水每声。"海洋在中华民族的具象中代表着包容宽恕、含纳万物的气象和胸怀。中华文化因像大海一样吸纳百川、兼收并蓄而博大精深、川流不息。从"盛唐气象"到对外开放,莫不体现海洋文化的博大与开放。明代郑和下西洋所率的是当时世界上最强大的舰队,给沿途各国带去中国的茶叶、丝绸和瓷器等,带回的不仅是香料、宝石、象牙等物质财富,更是异域民族的尊重和信任。

4. 自由无畏的精神

海洋,在各国文化中都代表着一种自由豁达、无畏前行的精神具象。德国哲学家白尔尼说道:"伟大的心像海洋一样,永远不会封冻。"俄国诗人普希金写道:"再见吧,自由的原素!最后一次了,在我眼前,你蓝色的浪头翻滚起伏,你骄傲的美闪烁壮观。"宋代诗人苏舜钦写道:"浩荡清淮天共流,长风万里送归舟。应愁晚泊喧卑地,吹入沧溟始自由。"千百年间,正是保持着这样一种对大海自由精神的强烈向往,保持着一种对艰难险阻威武不屈的热诚,海洋文明才继往开来,海洋文化才长盛不衰,海洋民族才能"万顷波中得自由"。

(二)海洋文化的价值

1. 海洋文化具有政治价值

现代国际格局中,率先崛起并拥有话语权的大国都是拥有强大的海权与海洋文化的国家,几乎无一例外。海洋文化的政治价值主要体现在"海洋兴则国家兴"、弱国无外交的海洋意识和国际话语权的争夺中。海洋文化能够传播四种政治意识:一是海洋崛起意识,让一个民族国家在借助和依托海洋成长为世界强国的过程中对海洋产生不可替代的强烈感受和深刻认识;二是海洋主权意识,让一个国家和自己的国民重视海洋国土意识、海洋安全意识和海洋秩序意识;三是海洋战略意识,是由政府主导的、涉及政治、经济、社会、民族精神等多个层面的国家长期的发展战略;四是海洋参与意识,由关心、重视海洋的公民、群体以合法、自愿、主动的方式参加各种海洋政策的制定。海洋意识是一个国家和民族海洋事业建设能否成功的关键性因素,通过海洋文化传播海洋政治意识是建设海洋强国的重要手段。

2. 海洋文化具有经济价值

文化与财富息息相关。文化产业是现代经济的重要组成部分,文化本身更是一笔巨大的财富,具有显著的经济价值。文化是经济社会发展水平的重要体现,是社会文明程度的关键标识,因此,海洋文化的经济价值绝不可被低估。自20世纪末以来,伴随着陆地资源的过度开采与枯竭、人口压力加剧和生存环境的恶化,国际社会都开始对海洋投入更大的关怀,"海洋热"带来一种经济潮流。随着海洋资源勘探的全面展开,海洋经济迅速增长,海洋养殖与加工、海洋运输与贸易、海洋药物与保健品、海洋矿产资源和海洋能源的综合利用等已经成为大规模的产业群。传统的渔港码头、沿海乡镇也向大都市化、工商贸易化的方向发展。青岛、舟山、厦门、三亚、北海等地以蓝色经济作为发展主引擎,城市名片出圈带动夯实主业。"海洋863计划""海上山东""海上中国"等政府规划的政策更是推动海洋的发展为一门体系化的人文学科。

3. 海洋文化具有科技价值

海洋是生命的摇篮、世界的通道、天然的宝藏和知识的宝库。研究海洋文化要求具备科学的眼光和理性的审视,过程包括对海洋的科学考察、实验以及成果汇总。今天的海洋科学已经形成较为完备的知识体系,内含海洋物理学、海洋化学、海洋生物学、海洋地质学、海洋气象学、海洋环境保护等多学科。人类面对浩瀚深邃的海洋,已经开展了很多系统性科考和科研,形成一系列感性认识和理性认识。中国"蛟龙"号、"奋斗者"号、"雪龙"号、"海洋石油981"……"下五洋捉鳖"已然成为现实,这些科技成果丰富着海洋文化的建设。科学严谨的海洋科技馆、底蕴厚重的海洋博物馆、丰富多彩的海洋科普活动和种类繁多的国家队海洋探索项目,能够让民众亲近海洋、认知海洋,提升海洋科学素养、涵养海洋情怀、强化海洋意识,激发保护海洋的自觉。同时,这种伴随科技成就感一同而来的文化荣誉感,能够提升国民的海洋自信,提高国家的海洋文化软实力。

4.海洋文化具有审美价值

海洋的自然属性本身就有审美意义,海洋的人文属性更是一种"求美"。古今中外,人们与海洋发生的互动产生了诸多特殊的审美体验,为海洋文化的宝库增添了许多靓丽的色彩。海洋代表着搏击与征服的美,作家高尔基的作品《海燕》中描写道:"在苍茫的大海上,狂风卷集着乌云。在乌云和大海之间,海燕像黑色的闪电,在高傲地飞翔。"海洋代表着包蕴万千的美,曹操的《观沧海》中写道:"秋风萧瑟,洪波涌起。日月之行,若出其中;星汉灿烂,若出其里。幸甚至哉,歌以咏志。"海洋代表着自由与永恒的美,奥斯曼在《沃斯米娅跃出大海》中写道:"尽管日月已暗杀了心灵的欢乐,可他仍不遗余力地奔向大海,每次都犹如初见,紧紧地拥抱他。"不同国家的海洋文化象征意义并不完全相同,这也会影响到国家的海洋文化观念和海权战略。但不可否认的是,海洋文化的审美价值对海洋意识塑造和人类文明的进步都具有重大的意义,"海洋人文化"是世界的瑰宝与财富。

(三)海洋文化与海权强国

海洋,是孕育人类生命的摇篮,同时也是国家利益竞技的角斗场。全球表面近3/4是蓝色海洋,世界各国大约有4/5属于沿海国家,超过2/3的人口临海而居。早在2500多年前,古希腊海洋学者地米斯托克利就预言:"谁控制了海洋,谁就控制了一切。"从15世纪新航路开辟以来,彼此孤立的大陆板块连接起来,世界真正成为一个整体。海洋作为一种战略性资源,是决定一个国家能否成为世界强国的重要保障。历史也告诉我们,向海而兴、背海而衰是世界强国发展史上的金科玉律。新兴崛起的大国都不可避免地与海洋有着千丝万缕的关系。在西方崛起的过程中,大国对海洋的重视和利用程度发挥着至关重要的作用。西方主要国家凭借对海洋的探索、利用和争夺,抓住了历史的机遇,走上了富国强兵、对外扩张的道路。

与此同时,较武力扩张更为隐蔽的是海洋文明的扩张。海洋文化的交流与碰撞推动了世界的发展和进步,但也抹杀了许多弱小国家的文明。西方人将海洋视为一种财富,是商业贸易的重要通道,西方的海洋文化特点就是以物质利益为导向,追求海洋资源的经济价值和扩张。如前文所述,西方海洋文化具有冒险精神和包容精神,也更具有控制性、排他性和暴力性,让他们能够与不同的文化打交道,并将侵占、掠夺和毁灭扭曲成一种"英雄主义"。葡萄牙踏上非洲大地后,四百年贩卖近一亿非洲人;哥伦布到达美洲后,大量印第安人被奴役或直接杀死,文明濒危;英国殖民印度后,东印度公司制造了人类历史上最惨烈的饥荒,直接打断了印度的脊梁……历史上海权国家的大国崛起,大多是站在伤痕累累的弱国身上,用一种看似更为"高级"的海洋文明去抹杀部分"低级"的大陆文明。

"纯粹的"海洋国家与"纯粹的"海洋文化,从一开始就是一个复杂的整体,既有开放和包容的特点,也有侵略性和扩张性的特点。[①] 海洋文化助推着海权大国的崛起,海权大国的崛起又催化着海洋文化的发展,二者像一个滚轮内的两个球体,互相推动前进。但需要明确的是,并不是只有侵略、扩张、暴力的海洋文化才能决定海洋大国的崛起,和平、平等、包容、互利的海洋文化同样能够助推海洋大国的崛起。海洋国家的崛起是多方面因素共同决定的,为了实现海洋霸权而发展侵略、暴力的海洋文化是缘木求鱼的。中国要建设海洋强国,实现中华民族的伟大复兴,应该以史为镜,借鉴世界海洋强国兴衰的经验与教训,发展中国特色社会主义海洋文化,弘扬"海洋命运共同体"理念。只有真正尊重生命、征服人心的海洋文化,才能助力我们实现海洋强国梦。

第二节　国际文化海权的演进

"强于世界者必胜于海洋,衰于世界者必先败于海洋。"海洋强国,是指海洋经济综合实力发达、海洋科技综合水平先进、海洋产业国际竞争力突

[①]　参见宋伟:《海洋命运共同体构建与新的海洋文明》,载《人民论坛》2023 年第 20 期。

出、海洋资源环境可持续发展能力强大、海洋事务综合调控管理规范、海洋生态环境健康、沿海地区社会经济文化发达、海洋军事实力和海洋外交事务处理能力强大的临海国家。在世界近现代史的长河中,出现过许多大国和强国。世界海洋的控制权最初由崇尚财富和最先进行地理大发现的葡萄牙和西班牙掌握,随后转移到了海洋贸易发达的荷兰以及在海战胜出的英国手中,而免遭两次世界大战蹂躏的美国又从英国手中"和平"地接过了海洋霸权,成为世界头号强国。这场围绕海权的争夺游戏仍然没有结束,但仔细研究会发现,走向海洋并形成自己的海洋文化是这些国家相同的国家战略。

一、世界其他海权国家的海洋文化

(一)葡萄牙与西班牙

葡萄牙的首都里斯本,以其独特的海洋文化和探险精神闻名于世。里斯本的海洋文化起源于葡萄牙伟大的探险时代。[①] 15世纪至16世纪,临近大西洋的葡萄牙率先完成了光复事业,葡萄牙航海家们开辟了从大西洋往南绕过好望角到达印度的航线。1487年,探险家迪亚士率领船队第一次绕过非洲南段到达东海岸,1497年葡萄牙贵族达·伽马率领船队成功横渡印度洋,里斯本成为当时欧洲最重要的港口之一。彼时的葡萄牙人有着血腥的海洋文化,他们将当地船员烧死,让舰队炮击城市,连路过的麦加朝圣者也不能幸免。就这样,葡萄牙依靠强大的舰队征服了无数海域,成为欧洲的海上霸主。然而,对于开启一个全新的时代来说,葡萄牙还是太小了。到16世纪下半叶,葡萄牙已经在世界的大舞台谢幕,波澜壮阔的航海伟绩终究如烟火般幻灭。如今,在葡萄牙的辛特拉,还有一座独特的航海纪念碑记录着葡萄牙丰富的海洋文化内涵,它的基座上雕刻着葡萄牙的航海地图和海洋

[①] 参见《里斯本葡萄牙的海洋文化与探险精神》,载百度文库2023年11月21日,https://wenku.baidu.com/view/c66324a04b2fb4daa58da0116c175f0e7cd119ed.html?_wkts_=1732510919954&bdQuery=里斯本的海洋文化起源于&needWelcomeRecommand=1。

生物图案,见证了葡萄牙的海洋扩张和殖民统治,也向世人展示了葡萄牙在海洋文化方面的深厚底蕴。

西班牙是一个皇室、贵族和商人都活跃在海上的国度,拥有长达7000多千米的海岸线。在民族国家兴起之前,战争起到了推进器的作用。伊比利亚半岛最强大的伊莎贝尔女王,在完成民族宗教战争后,于1492年支持哥伦布的船队代表西班牙抵达了美洲。1522年,为西班牙政府效力的航海家麦哲伦的船队完成了人类首次环球航行,原先割裂的世界终于由地理大发现连接成一个完整的世界,世界性大国也就此诞生。西班牙的"无敌舰队"凭借100多艘战舰和3000余门火炮,成就了初代的"日不落帝国",至今世界上仍有超过5.9亿人在使用西班牙语。尽管此后西班牙的海上霸主地位被英国取代,但是在百年变局中,西班牙仍然位于发达国家、高福利国家之列,并以一种松弛的海洋文化"出圈"。不同于传统的宗教观念,西班牙的海洋文化充满了开放与异域风情的碰撞,它的"沙滩文化"融合了自由与包容,向世界展示着生动与热情。

(二)荷兰

被称作"神奇的荷兰"的荷兰,海洋文化一直是它的骄傲。地处西北欧、面积大概只有两个半北京大小的荷兰在17世纪时商船吨位占到了当时欧洲商船总吨位的3/4,几乎垄断了海上贸易,成为欧洲最富裕和最强大的国家之一。荷兰人纵横各大洋,在世界各地建立了殖民地和贸易据点。荷兰这种开拓殖民地的动力和创新精神与本国海洋征服的文化传统密不可分。荷兰曾是勃艮第公国的一块疆土,进入"黄金时代"后,良好的商业文化氛围与远洋航行的精神让荷兰的制造业规模达到了英国的十几倍,并建立起一个充分保障商人权利的联省共和国,阿姆斯特丹成为当时欧洲贸易往来的中心。凭借股份公司、股票交易所、现代银行等一系列成型的商业文化和海洋文化,荷兰被称为"海上马车夫"。随着三次英荷战争的爆发和法国的侵略,国家海洋实力发展不平衡的荷兰最终走向了衰落,但荷兰的文化与精神仍在影响着世界。纽约的原名新阿姆斯特丹、澳大利亚原名新荷兰、电影《加勒比海盗》中还有一艘船名叫"飞翔的荷兰人"。在荷兰的航海博物馆,还陈列着能够展示百年前荷兰水手是如何改变世界的各种工艺品,以及由荷兰人打开"鲸"这个物种世界大门的体系化科普。

(三)英国

英国海军是英国海洋文化最重要的组成部分之一,在保卫国土和掠夺殖民地方面起到了关键作用。作为海权执有者的英国,其实是最先领教到海权是把"双刃剑"的国家。罗马人的经验和西班牙人的教训启发了英国要打造一支强大的海军。在1588年与西班牙无敌舰队的海战中,英国的海军大获全胜,就此逐步登上世界舞台。光荣革命后,英国完成了向现代社会的转型。新教理论成为孕育资本主义和重商主义的文化"温床",再加上岛国民族的航海文化与开拓精神,英国最终成为强盛的全球第一大殖民帝国。英国的海权崛起离不开自身独特的海洋文化特性,那就是学习。英国在与西班牙交战时不忘学习航海和殖民统治方面的心得,与荷兰交战时不忘学习商业贸易和现代金融制度,与法国交战时不忘学习拿破仑出色的战术,甚至攻打南非时不忘学习当地牧民的保护色服饰。19世纪后期,自由主义的弊端日益成为英国的负担,自由市场经济的弊端也逐渐显现,英国最终丧失了世界霸主的地位。但英国延续至今的海洋文化不仅是一种文化现象,更是一种生活方式。英国的国家海事博物馆,号称全球最大的海事博物馆,拥有本初子午线和伦敦唯一的天文台;英国皇家海军的标志是锚和鲸鱼;英国拥有众多海洋博物馆;英国的文学作品存在大量的海洋文化元素;英国的海洋警察也在保护海洋文化方面起着重要作用。

(四)法国

法国是一个拥有悠久的海洋历史与丰厚的海洋文化的国家。早在17世纪时,国王路易十四在法国建立起欧洲大陆最强大的绝对王权,并借此将法国的经济、文化、军事力量都带到了历史上的第一个高峰。1789年,法国大革命爆发,《人权宣言》颁布,拿破仑以大革命之子的形象出现,用征服欧洲的方式再次将法国带向巅峰。但由于法国的战略目标核心是欧陆霸权,发展海权仅仅是服务于陆权,海军处于次要的地位,法国政府对海权思想也不甚重视,法国海权迅速衰落。1805 年特拉法尔加海战,法国舰队的惨败宣告了法国大陆性海军的彻底失败。直到"二战"后,法国才在戴高乐的带领下走独立自主发展道路,恢复了往日的光荣。现如今,法国的法属海外领土遍布全球,横跨世界上 13 个时区,被称为世界上现存的"日不落帝国"。浪漫的法兰西民族热爱着自己的海洋文化,将海岸命名为"蔚蓝海岸""银白海岸""翠绿海岸"等,诗情画意。"圣马洛海洋节"是法国最为盛大的海洋文化节日之一,法国的海底古城、海底博物馆、海底考古和海洋节日等文化都颇为多彩。法国还有着独特的海洋草原景观和丰富的海洋生态系统,这些海洋文化都极大地繁荣了法国的旅游业和经济。

(五)德国

德国的汉堡市是德国最大的海港和外贸中心,是"德国通往世界的大门",海洋文化熠熠生辉。德国的双海州(石勒苏益格—荷尔斯泰因州和梅克伦堡—前波莫瑞州)同时靠近北海和波罗的海,有着多元的海洋文化。德国的柏林有着有百年历史的海洋生物馆,见证着多彩的水下世界。这样的德国,最初是一个志在统一欧洲的国家。在欧洲各国纷纷建立民族国家之际,欧洲大陆中部的一片国土始终处于四分五裂的状态。1864 年至 1871 年,普鲁士王国先后通过"普丹战争""普奥战争""普法战争"三次王朝战争,完成了德意志的统一。从 1889 年后,德国大力发展海军和工业,建立了"公海舰队"。1898 年,德国转变以前的大陆政策,开始"挑衅"英国,海军军备竞赛在欧洲拉开帷幕。但是,德国的扩张战略更重视陆军和空军的建设,海军建设不尽如人意。"一战"时,德国海军还是仅次于英国的第二,而到了"二战"时,德国的海军已基本不可能再抗衡英国。严谨、保守、遵守秩序的德国在面对西方时,具有太多的东方性和陆权性,而面对东方和俄罗斯时,又显得太过西方性与海权性。直到 1990 年,通过对战争的深刻反省,德国才以和平的方式完成了国家的再次统一。近年来,德国政府提出在北海和波罗的海划定十个保护区,致力于走在欧洲海洋保护的前列。

(六)美国

1620年,五月花号载着一百多名英国清教徒来到北美大陆。1776年,北美的13个英殖民地宣布成立美利坚合众国。1787年,美国制定了成文宪法,建立起中央政府,迅速完成了第一次工业革命。1861年,美国南北战争爆发,解决了奴隶制问题。到19世纪末,美国已经成为世界第一大经济强国,站在第二次工业革命的潮头。1929年全球经济危机,罗斯福总统通过"看得见的手"使美国走出困境。在这个进程中,美国积极地从大陆扩张主义转向海洋扩张主义,成为全球的海上霸主。1893年美国控制了夏威夷;1898年美国战胜西班牙,取得了对加勒比海和西太平洋的控制权;1914年巴拿马运河正式开通,美国获得其主权。至此,美国完全掌控北美海岸东西两大洋的通道。

美国自建国以来一直奉行"海洋共和主义"政治哲学,这种哲学强调海洋资源、海洋空间以及海上贸易对于国家繁荣与安全的重要性。在美国的海洋文化中,海洋共和主义塑造了美国的国家认同和地缘政治观念。美国高度重视海洋权益、海上贸易、海上资源开发利用以及海上安全。这种思想不仅深刻影响着美国的国家政策和外交战略,也影响着美国的文化和社会观念。2004年,美国国会发布《21世纪海洋蓝皮书》,强调海洋教育的重要性,鼓励民众关注海洋生态环境的保护和可持续发展。美国认为,具有海洋文化的公民应该能了解海洋的基本理论,能有意义交流海洋话题以及能分析理解并判断海洋相关信息。同年形成的美国海洋文化指南,后来成为美国中小学海洋教育的基本原则,普及并发展海洋文化,推动着海洋治理的完善和进步。应当注意的是,美国的海洋思想底色是复杂而多维的,对西方海洋文化认同也使美国更加倾向于追求海洋霸权。美国的海权观根植于霸权主义的基础,表现为通过文化渗透、意识形态输出等手段输出其海洋价值观,应当注意鉴别。

(七)俄罗斯

俄罗斯周边有四大海域,分别是波罗的海、黑海、日本海和北冰洋,虽然如此,但其无法与世界大洋系统相连通。1697 年,俄国沙皇彼得一世用强硬的手段推行了一场社会变革,开创性地推动了俄罗斯海军的发展,野蛮推进了俄罗斯的文明进程。18 世纪后期,俄罗斯成为地跨欧亚美的大国,并成为欧洲事务中的重要角色。然而,强大的陆权并未使俄罗斯掌握强大的海权,海权文化并没有在彼时的俄罗斯找到立足之地。经过了数百年的扩张与战争,俄罗斯虽然拥有了广阔的领土和海岸线,却没有一个理想的出海口,只能依赖摩尔曼斯克港口。但是,彼得在海洋艺术和海景方面的品位却凸显了他对海洋文化的热爱,沙皇政权甚至采用了一套新的航海术语,将许多外来词深深扎根在俄罗斯的海洋文化中。彼得"海军计划"的第一艘小船,现在就存放于涅瓦河上圣彼得堡中央海军博物馆里。俄罗斯的海洋文化彰显着俄罗斯民族的价值观:集体主义与团结精神。俄罗斯不仅有团结的海军文化,也有对海洋自然的崇拜。海洋是神圣的,是天赐的礼物,所以他们制定了一系列保护海洋的政策和法规。海洋文化深深地影响了俄罗斯人的自由意识和民主精神,培养了俄罗斯人的忍耐力,也为俄罗斯文学艺术的多样性和独特性提供了保障,让俄罗斯的文学艺术在国际舞台上独树一帜。

(八)日本

日本是典型的海洋国家,海洋和海权对日本的生存和发展至关重要,日本政府长期以来都将海洋视作"生命线"。日本的海洋文化与历史"缘起"于美国的四艘黑船。1853 年,美国用舰炮打开了日本闭关锁国的国门。1868 年明治维新,日本开始了国家工业化。伊藤博文继任后制定了巩固维新成果的日本第一部宪法,但同时写进《大日本帝国宪法》的天皇制埋下了日本军国主义抬头的隐患。高度重视、依托海上力量掠夺海洋利益的传统海权观和海洋战略使日本数次走上了陆上侵略扩张的道路。"二战"的失败迫使日本重新审视海洋,并通过海上贸易立国战略恢复和发展经济。日本的海洋文化不仅有日本海底史前高度的文明遗址,影响着日本的美食文化和社会方方面面的海鲜文化,还有着残忍的捕鲸文化。进入21世纪后,日本拒不认可国际海洋委员会和国际公约作出的一些规定,以血腥的手段大肆捕捞包括鲸鱼等在内的各种海洋资源,却仅仅是为了满足口腹之欲的"美食文化"和追求渔业保护神象征意义的"信仰文化"。2023年的8月,日本政府更是"背弃"了对海洋的崇拜与信仰,正式宣布将福岛核电站的核污染废水排向大海,这一举动引起了日本民众和全世界人民反感,严重影响了全球海洋生态环境和全人类的健康。

二、中国文化海权的历史发展

黑格尔在《历史哲学》中认为,中国古代航海技术虽然发达,但没有影响到中国的文化,"就算他们有更多壮丽的政治建筑,就算他们自己也是以海为界——像中国便是一个例子。在他们看来,海只是陆地的中断,陆地的天限;他们和海不发生积极的关系"[①]。这代表了西方观点对中国文化海权的"刻板印象"。习近平总书记指出:"历史是现实的根源,任何一个国家的今天都来自昨天。只有了解一个国家从哪里来,才能弄懂这个国家今天怎么会是这样而不是那样,也才能搞清楚这个国家未来会往哪里去和不会往哪里去。"[②]纵观历史,中国作为一个海陆兼具的国家,自古就有"环九州为四海"的记载,是最早开发、利用海洋的国家之一。中国人民在长期开发利用海洋的过程中,形成了思想、习俗、语言文学艺术等种类繁多的精神和物质成果,对周边国家有极强的辐射力和影响力,与陆地文化相互影响、相互作用,创造了底蕴丰厚且独具特色的海洋文化,共同构成了灿烂辉煌的中国文明。

---

① [德]黑格尔:《历史哲学》,王造时译,上海书店出版社2001年版,第104页。
② 习近平:《在布鲁日欧洲学院的演讲》,载《人民日报》2014年4月2日,第2版。

第六章 文化海权

(一)文化海权的历史演进

漫长的历史进程中,中国文化海权经历了起步、发展和繁荣、由盛转衰与重新启航的演进过程。

1. 中国文化海权的起步

文化海权伴随人们的海洋活动产生。先秦时期,我国先民在探索海洋的过程中产生了海洋观念,通过海洋谋求"鱼盐之利、舟楫之便",认识到了海洋的经济价值,并进行了初步的经贸和文化交流活动。

早在旧石器时代,沿海先民就开始了海洋活动。北京周口店龙骨山遗址中发现了很多海洋生物骨骼和贝壳,证明当时的人们曾和海洋有所接触。同时,古籍《物原》中"燧人氏以匏(葫芦)济水,伏羲氏始乘桴(筏)"的记载,证明了距今1万多年前我国原始祖先就已经使用植物蔓茎所绑固的树干或竹子进行短距离的漂浮。到了新石器时代,先民制作出了我国最早的船舶即独木舟,从而开启了古代早期的海上航行。北方的龙山文化和南方的百越文化都具有海洋特色,他们使用筏、舟航行海上,活动和影响范围远及太平洋地区。距今 5000 ~ 3000 年,岭南先民利用独木舟在近海活动,穿梭于南中国海乃至南太平洋沿岸及其岛屿,其文化间接影响到印度洋沿岸及岛屿。

春秋战国时期,沿海地区普遍认识到了开发利用海洋的重要性,并以国家为主体对海洋进行管理和治理。齐国有了"官山海以富国"的思想,垄断山海资源称王天下,有"海王之国"的美誉,还开辟了从山东半岛沿海起航,东通朝鲜半岛的"东方海上丝绸之路",从朝鲜进口"文皮(有花纹的兽皮,多指虎豹皮)、毡服(皮衣)",销售丝绸,开创了政府倡导和组织海外贸易的先河;越王勾践自称其民"以船为车,以楫为马,往若飘风";而吴国也被称为是"不能一日废舟楫之用"。此外,公元前485年发生了吴齐海战,这是中国历史上第一次大规模海战,此时距离西方著名的萨拉米斯海战还有五年的时间。

2. 中国文化海权的发展与繁荣

自秦汉起至明前期,中华民族多元一体格局初步形成,形成了海疆安全意识,对海洋的认识了解更加深入,由官方主导开启了更大规模、更深入的海外交流交往,逐步形成了多元海洋文化交流的格局,中华文化的影响力得以扩大,文化海权在发展中达到了繁荣时期。

秦汉时期,统治者把海疆范围以内认定为华夏文明的中心,以海为界进行统治,中国渔民开始探求海洋潮汐、季风、海流等自然规律,航海技术的提高扩大了海上航行的范围。秦人东渡,徐福两次率大规模舰队从山东半岛启航到朝鲜半岛,再由朝鲜半岛南下至日本列岛,拓展了"东方海上丝绸之路",这是东亚海洋文化、中国传统文化向海外的一次大传播。汉代开辟"南方海上丝绸之路",远航印度尼西亚、缅甸、印度与斯里兰卡,推动了海上经贸往来和人文交流——丝绸、陶瓷、茶叶、药材等中国商品通过丝绸之路被运往西方,西方的珍宝、玛瑙、香料、珠宝则通过这条路抵达中国;佛教、伊斯兰教、基督教等宗教传入中国,中国的文学、艺术、科学知识也随之传播。东汉时期,罗马使者第一次由海路到达广州进行贸易,中国派出的官方使团也到达了罗马,横贯亚、非、欧三大洲的、真正意义上的海上丝绸之路至此形成,经历90多个国家和地区,全程共约1.4万公里,是当时世界最长的远洋航线。

隋唐到明前期,随着海上航行和贸易的发展,中国文化海权走向历史的全盛时代。隋朝开始为南海神建立神祠,自此南海神受到历朝历代统治者的推崇。唐朝设专管航海贸易的职官市舶使,海洋文化交流也成为政府对外政治交往的重要内容。当时海上交通北通高丽、新罗、日本,南通东南亚、印度、波斯诸国。大量阿拉伯商人通过海上丝绸之路到东南亚和中国经商。除了官营贸易,地方豪族、地方官乃至平民也直接经营海外贸易。宋朝政府设专管航海贸易的机构市舶司,并颁布中国历史上第一个航海贸易法规《广州市舶条法》。元朝与亚非120多个国家和地区建立了航海贸易关系,海上航行几乎到达北印度洋与西太平洋全部海岸,形成了泉州等名扬世界的港口城市。明朝中国的造船技术已经相当成熟。郑和七下西洋,曾到达亚洲、非洲39个国家和地区,最远到了东非、红海,在所达之处进行和平外交和文化交流。这是15世纪西方地理大发现以前世界上规模最大的海上探险,开创了海上和平往来的范例,在中国海洋文明史乃至世界海洋文明史中留下了浓墨重彩的记录。郑和开通的航路形成了独具东方特色的海洋文化和国际交流网络,并繁盛地存在了一个世纪,直至西方殖民势力东来才有所改变。到19世纪初,中国依然是东亚的海上中心,并且在世界经济文化中占据支配地位。

3. 中国文化海权的由盛转衰与重新启航

明中叶以后中国逐渐退守陆地,明朝出台了一系列抑制海外贸易的政策,清朝多次颁布禁海令,严禁商民船只私自出海。这期间,民间海洋活动在夹缝中继续——"唯利是视,走死地如鹜""冲风突浪,争利于海岛绝夷之墟"。更有沿海边民克服种种艰难险阻移民海外,延续着乘风破浪、开拓进取的海洋精神。[①] 但此时正值大航海时代,欧洲国家不断进行海上扩张、争夺殖民地,闭关锁国的中国错失海上发展的机遇,开始落后于世界。

清末国门被西方列强由海上攻破后,民族存亡成为中国文化的核心问题。在文化领域,中国人开始重新思考海洋与国家兴衰之间的关系,强调海权对中华民族自强、国家领土完整的重大意义。以"筹海"为核心的近代海洋文化伴随着近代化舰队的组建而兴起,随后孙中山等人更是强调太平洋会成为世界竞争中心,主张效仿西方海权观念,从实业、海军、国民意识等方面提振中国海洋力量。

以毛泽东同志为核心的党的第一代中央领导集体曾亲历中国因错失海上发展机遇而落后的时代,又面临国内外敌对势力海上封锁和威胁的局面,因此对海洋主权、海洋安全保障能力、海洋利益等方面极为重视,将维护海洋安全置于首要地位,形成了以海上防御为核心的海洋思想。改革开放时期,随着《联合国海洋法公约》的颁布,新的海洋秩序开始形成,以邓小平同志为核心的党的第二代中央领导集体在继承前人的海洋思想的基础上提出

[①] 参见刘岳兵:《中日近现代思想与儒学》,生活·读书·新知三联书店2007年版,第106页。

了具有时代性的海洋观点——以海洋为通道的开放思想、海洋资源的开发和利用思想、海洋战略防御和海上力量建设思想以及和平解决海上争端思想。[1] 以江泽民同志为核心的党的第三代中央领导集体,针对新的历史条件提出了"一定要从战略的高度认识海洋""为建设具有强大综合作战能力的现代化海军而奋斗"等一系列具有全局指导意义的理论观点和思想。以胡锦涛同志为总书记的党中央提出了"远海防卫""和谐海洋""努力锻造一支与履行新世纪新阶段我军历史使命要求相适应的强大的人民海军"等重要的海洋战略思想。[2] 新时代,党的十八大吹响了"建设海洋强国"的号角,习近平总书记发表了一系列关于海洋强国的重要论述,进一步关心海洋、认识海洋、经略海洋逐步成为时代强音,中国的文化海权发展迎来了新的历史机遇,必将创造新的繁荣。

(二)传统文化海权的历史特点

中国传统海洋文化同样具有开拓探索、重商勤勉、兼容开放和自由无畏等海洋精神,与西方海洋文明相比,中国传统文化海权具有典型的民族性和地域性,体现出关怀国家命运、重视和平包容和兼具开放保护的价值意蕴,形成了独特的海洋气质。

1. 中国传统文化海权关怀国家命运

中华文明有长期大一统的传统,在海权问题上也体现了关怀国家命运的文化特点。

一是国家统一的思想。在中国五千多年文明发展历程中,国家统一始终是历史演进的主旋律。以我国台湾地区为例,在中华海洋文化史中,台湾的命运占据了重要的地位——三国时期的卫温航海、明朝郑成功驱逐窃取台湾的荷兰殖民者收复宝岛、清初施琅力保台湾、抗战胜利后收复台湾及其附属岛屿……中国海洋历史中关于统一的叙事未曾间断。二是国家安全的

---

[1] 参见王历荣:《论邓小平的海权思想及其实践》,载《中共浙江省委党校学报》2012年第1期。
[2] 参见刘霏:《改革开放以来中国的海洋战略思想》,载《社科纵横》2012年第4期。

思想。郑和作为中国海洋文化史上不得不提的重要人物,其海洋思想的重要内容之一就是主张建立舰队,体现了强烈的海洋主权意识与忧患意识。"欲国家富强,不可置海洋于不顾。财富取之海洋,危险亦来自海上……一旦他国之君夺得南洋,华夏危矣。"郑和的这句话便道出了海洋之于国家安危的重要意义。三是国家稳定的思想。中国历史上的海洋活动,特别是王朝主导的海洋活动多通过控制和利用海洋来稳定国家,韩非子曾提出"历心于山海而国家富"的著名论断,春秋时期齐国官山海的思想,主张由国家控制山川林泽之利,通过稳定国家收入维护统治,具有重要的政治意义。

2. 中国传统文化海权重视和平包容

"中华文明从来不用单一文化代替多元文化,而是由多元文化汇聚成共同文化,化解冲突,凝聚共识。"[1]相较于近代西方海洋国家以单一国家为利益边界、不断进行血腥扩张来构建世界秩序的文化,中国海洋文化讲求"四海一家""天下一体",具有鲜明的和平包容的特性。

一方面,中国探索海洋坚持和平贸易和文化输出。西方国家海外活动的根本动因是为发展资本主义寻找原料和市场,向海求生的过程也是西方海洋强国不断争夺海洋权力、不断从事掠夺性海洋贸易的过程。中国虽然很早就具备了远征海外的能力,但始终坚持友好交往、和谐共存的理念。以郑和七下西洋为例,30年间的海上远航活动中从未发动过侵略战争。"郑和模式"的"文明海权"是不以侵略为目的,而以传播中华文明、追求世界和平为价值目标的国际友好交往典范。[2] 另一方面,中国跨海交往秉持友善包容和共同发展的理念。中国海洋文明不但拥有自己本土文明的雄厚腹地优势,而且"吸纳"和"集聚"了海外周边地区的向海发展成果,并滋养、促进了海外周边地区的文明发展。东亚地区历史上形成的由中国历代中央王朝与边疆海外屏藩地区建构的"华夷秩序"和"封贡制度",就是中国文明自身和

---

[1] 习近平:《在文化传承发展座谈会上的讲话(2023年6月2日)》,载《求是》2023年第17期。
[2] 参见何平立、沈瑞英:《"郑和模式":现代海权构建的思考与启示》,载《太平洋学报》2013年第4期。

平、和谐、繁荣的吸引力和中国航海文明与当时海外地区航海文明互动的结果。① 中国作为宗主国对藩属国采取"以德怀柔"的政策,这种朝贡体系下藩属国家和地区往往能够获得超出其朝贡的利益,此种关系可以说既松散又稳固,形成了和谐共处的"汉文化圈",与西方大航海时代的殖民关系具有根本的区别。中国人民爱好的和平,归根到底是文化、理念的产物,主张亲仁善邻、兼爱非攻、协和万邦,"德化天下"而非战争治天下。中国"使用的不是战马和长矛,而是驼队和善意;依靠的不是坚船和利炮,而是宝船和友谊"②。

3. 中国传统文化海权兼具开发保护

从人与海的关系上看,中国海洋文化崇尚人类社会与海洋自然环境的相互依存。中国先民对海洋的认知源头即为"鱼盐之利"和"舟楫之便",有着极为朴素、自然的底色。其后几千年中,不同于西方利用海洋进行的扩张与攫取,中国人民对海洋的利用也集中于其丰富资源的自然属性、商贸往来的天然便利,在尊重自然规律的基础上有序开发利用海洋资源,由此产生的一系列海神信仰及航海风俗形成了中国海洋文化历史传统的重要部分。

(三)传统文化海权与文化陆权的关系

传统观点认为,中国尽管拥有历史悠久的海洋文明,但始终是陆地文明的"附庸",海洋文化是边缘性和补充性的。事实上,中国始终是一个陆海双构的大国,只是由于传统王朝叙事的视角点主要落脚在陆地文明,所以未给予海洋活动足够的关注。在中华文明的历史中,海陆元素互为依存,文化海权与文化陆权同根同源,始终相互融合、相互影响。

第一,传统文化海权与文化陆权相互融合。从目的上看,中国传统文化海权与文化陆权均服务于中央集权。历史上,中国即便在海运最发达的时期,制海权也牢牢掌握在朝廷手中,海上贸易交流始终以官营为主,对海政

---

① 参见曲金良:《"环中国海"中国海洋文化遗产的内涵及其保护》,载《新东方》2011年第4期。
② 《习近平谈"一带一路"》,中央文献出版社2018年版,第177页。

策的制定均以维护封建统治为最终目的。积极向海外拓展的秦汉到明初期,建立起以中原王朝为核心的华夷秩序和朝贡制度,目的在于实现"天朝上国"的政治图景。从来源上看,中国传统文化海权与文化陆权均受儒家思想影响。"仁"的理念对中国海洋文化影响深远;历史上中国开展的海上交往始终秉持以"和"为贵、共赢共享的理念;对朝贡国采取德治主义,也实现了"儒"文化的跨海传播。从具体样态上看,中国传统文化海权与文化陆权具有相似性和同一性。以南海海神崇拜为例,早期南海渔民为求出海平安,普遍祭拜"海龙王""观音""孙仙姑"等,从祭拜对象到祭拜方式都与陆地文化一脉相承。另外,海神祭拜对象往往以"女神"为主,与"五行"学说中"男属阳、女属阴"的观念相通。[①]

第二,传统文化海权与文化陆权相互影响。一方面,广阔的陆地为海上贸易和文化交流提供必要的支撑,海上航线和贸易也给陆地经济增添活力。海洋活动的发展繁荣以航海技术、造船技术的进步为前提,这离不开农耕文明生产力的发展。海洋文化的发展也使陆地文化得到了更广泛的传播和发展,在周边国家产生了巨大的影响力,可以说没有对海洋的探索,就没有中华文化在东亚的影响力。另一方面,不可否认的是,文化海权发展的同时,陆权占据了强势地位,并在一定意义上牵制了文化海权的发展。中国农耕文明发达,足以为众多人口提供较好的生存条件,人们没有向海求生的迫切需求,历朝历代统治阶级的首要任务也是巩固农业文明的成果、防范外来入侵和内部起义。长期的大一统统治使陆权文化极为稳固,即便外来民族或文化入侵也会很快被中原文化或者说是汉文化所同化,由此"重农""重陆"的观念越发强化,弱化了中国人走向海洋的势头,海洋文化观念始终没有上升为中国社会发展的主导思想。与之相对,欧洲国家崇尚海外扩张,西方海权文化也在海上扩张中迅速席卷全球。

---

① 参见李国强:《关于中国海洋文化的理论思考》,载《思想战线》2016年第6期。

三、当今国际文化海权的格局

"二战"后的国际海权格局较为简单,即美苏两个超级大国的"冷战"对峙。在"冷战"结束后,和平与发展成为世界的主题和时代的主流。但是,信息化时代和全球现代化并不能动摇海权对一个国家崛起和维持国际地位的重要性。海权文化中的重要学派,以主张控制海洋以图海洋霸权的马汉的"海权论"为首,盛行世界百余年。海权与国家的兴衰休戚与共,海权不仅标志着一个国家控制海洋的总体能力,同时也决定着一个国家和民族能否成为一个伟大的国家和民族。时至今日,这种思想观念仍对国家海权的发展和国际格局的变动起着重要作用。随着全球化的继续深入,各国经济贸易往来更加频繁,发展海权仍是国家应对海上非传统安全的重要手段,通过发展海权扩大国家在世界范围内的影响力的基本逻辑没有改变。然而,苏联的解体使美国成为了唯一的超级大国,新崛起的国家也在努力填补苏联解体后出现的真空地带,国际海洋纷争与战略博弈日益激烈,各种战略计划相继被提出。伴随秩序失衡而来的则是新秩序的形成,当今国际文化海权的格局可以从竞争和合作两个方面来看。

(一)"冷战"后文化海权竞争的延续

1. 海盗文化的"崛起"

海盗,是指专门在海上抢劫其他船只、对钱物或对人实施暴力行为的犯罪者。这是一个相当古老的犯罪行业,自有船只航行以来,就有海盗。海盗这个词第一次出现大约在公元前140年,由古罗马史学家波利比奥斯首次使用,后在1958年的日内瓦《公海公约》中得到正式界定。1986年,索马里内战爆发,亚丁湾一带的海盗活动越发频繁。索马里的海盗有四大团伙:邦特兰卫队、国家海岸志愿护卫者、梅尔卡、索马里水兵。这些海盗曾多次抢劫、暴力伤害船员。据国际海事局报告,索马里海盗在2011年活动高峰期曾发动237次袭击,并劫持数百名人质,给全球经济造成约70亿美元的损失。自

第六章　文化海权

2023年11月以来,索马里海盗又已成功扣押至少2艘货船和12艘渔船,给航运公司带来巨大的风险和高额的成本。海盗的行径本质是暴力的、恶劣的,却逐渐出现了成体系的海盗精神与海盗文化,并有为数不少的拥趸。在他们看来,海盗精神代表着冒险进取、无拘无束、颠覆传统、破坏现有的规则和对既有利益的抢夺。关于海盗的文化作品也有很多,斯蒂文森的小说《金银岛》让骷髅船头海盗的形象高大起来,电影《加勒比海盗》系列引起全球性轰动,游戏《大航海时代》和《怒海争锋》也是大受欢迎。甚至苹果公司都曾打出海盗文化标语"做一名海盗,比参加海军更有趣"。然而,自由不羁、勇敢无畏这些代言词并不能掩盖海盗文化暴力、掠夺的本质,海盗行径是对和平的国际秩序的打击,更是对无辜生命的漠视和践踏。

2. 海岛争夺的"文化战"

"冷战"结束后,一些曾被搁置或新发掘的岛屿则成为各国争夺和宣示主权的对象,对岛屿的争议问题成为诱发海上摩擦的主要因素。例如,日本试图侵占中国固有的领土钓鱼岛所引发的争端,而中国对钓鱼岛的归属则拥有充分的历史依据和法律依据。在当今应尽量避免采用军事化手段争夺岛屿主权的和平时代,一场"文化战"就此打响。

(二)新秩序下文化海权合作的延续

海洋秩序的国际合作可以分为国家政府间的官方合作和非政府组织间的民间合作。前者如1982年正式签订的《联合国海洋法公约》,对各种海域的法律地位和各国在各种海域从事航行、资源开发和利用、科学研究以及海洋环境保护、海洋争端的解决等方面的原则和制度进行了规定。法律是文化的内涵,并通过社会的法律意识反映。该公约致力于保护人类的和平与合作,合法地利用海洋。依据《联合国海洋法公约》,联合国又设立了作为独立司法机关的特别法庭——国际海洋法法庭。该法庭旨在解释和适用《联合国海洋法公约》并基于此作出裁判。在2008年的联合国大会上,世界海洋日被正式确立为全球性的庆祝节日,时任联合国秘书长潘基文强调,个人和团体都有责任保护海洋环境,并管理好海洋资源。

后者如全球最大的海洋保护协会世界海洋保护组织、中国的蓝丝带海洋保护协会等。这些组织、团体、协会经常与政府部门联合,举办各式各样的海洋文化节、海洋博览会、海洋主题日等,一方面强化了国际社会对海权与海洋文明的认识,另一方面通过海洋文化的交流稳固了国际海权的新格局。2005年举办的"厦门国际海洋周"已成为公众广泛参与的海洋文化节日和全球海洋政策、科学技术和决策行动的交流平台;2019年在深圳举办的中国海洋经济博览会被誉为"中国海洋第一展";2023年山东(威海)首届国际海洋文化旅游年拉开帷幕,深化"一带一路"建设海上合作蓝色伙伴关系;2023年世界海洋文明交流互鉴论坛在福建福州举行,全球各国的海洋文化领域专家齐聚一堂,共同探索海洋文明的独特魅力。

2013年10月,国家主席习近平访问东盟时正式提出了建设21世纪海上丝绸之路的战略构想,并于2018年完成世界文化遗产申报联盟的筹建。海上丝绸之路,是古代中国与外国交通贸易和文化交往的海上通道,也被称为"海上陶瓷之路"和"海上香料之路",主要分为东海航线和南海航线两条线路,其中主要以南海为中心。古代海上丝绸之路既是海上商贸之路,更是综合意义上的文化线路。从宏观上讲,海上丝绸之路就是海上文化线路;海上丝绸之路文化遗产就是海上文化线路遗产。历史证明,由海上丝绸之路带动的不同文化的交流碰撞,推动了世界的进步和发展,国际化视野的开放交流也因此成为世界发展的思想共识。中国自古以来的海洋经济观念、和谐共荣意识、多元共生意愿,将继续为国家发展战略的制定提供丰厚的历史基础。"友善、包容、互惠、共生、坚韧"的海上丝绸之路文化内涵,对中国与世界更深层次的互动,无疑具有深刻的启迪和极其重要的当代意义。

迄今为止,"海权"一词仍然强调一个海洋国家通过有意识地构建海洋文化和身份来确保海洋控制带给它的经济和战略优势。在新的时代背景下,海权也应当与时俱进,成为国家参与全球化进程、获取海洋资源、扩大国际影响力的重要手段。海洋文化应当成为国家间拉近距离的工具,通过交流逐步建立并扩大国家间的海上合作关系,有效应对、解决国际海洋纷争,形成有序稳定的海洋环境和海洋格局。成为一个海权国家比建立一支海军要复杂得多。① 中国想要实现海洋强国梦和中华民族伟大复兴的中国梦,就要走出自己的一条路,建设中国特色文化海权,用坚实的文化自信、雄厚的文化软实力和先进的海洋命运共同体理念积极参与到全球海洋治理和全球海洋文明的革新中来。

第三节　中国特色文化海权建设的原则

中国特色文化海权建设,需要科学理论的指引。加强文化海权建设,要注重提升中国文化海权软实力,牢固树立海洋命运共同体理念,为文化海权建设提供理论基础,明确发展方向。

一、注重提升中国文化海权软实力

21世纪是海洋世纪,也是文化世纪,海洋文化建设具有全球性和战略性。② 当今世界,文化的重要性不断凸显,文化的竞争已经成为全球竞争的重要领域。加强海洋强国建设,要更加重视文化意义上的海权建设,提升文化海权软实力所蕴含的强大凝聚力、吸引力和影响力,进一步坚定中国海洋文化自信,加强新时代海洋文化对外交流,强化文化海权软实力对海洋强国战略的内在支撑性作用。

(一)坚定中国海洋文化自信

中国自古以来就是海洋文明的发祥地之一。海洋文化学家曲金良教授认为,海洋文化是中华文化的重要组成部分。中国海洋文化历史悠久、源远流长、丰富多彩、特色鲜明,既是中华文明的重要组成部分之一,也是中国软

---

① 参见[英]安德鲁·兰伯特:《海洋与权力:一部新文明史》,龚昊译,湖南文艺出版社2021年版,第6页。
② 参见张开城等:《海洋社会学概论》,海洋出版社2010年版,第149页。

实力的重要组成部分之一。① 可以说,中国海洋文化源远流长,先人曾经创造出了灿烂的海洋文明,客观存在于人类的历史长河之中。这是坚定中国海洋文化自信的厚重历史文化基础。在进行中国特色文化海权建设的过程中,首要的是加强对中国海洋文化的挖掘、总结、提炼,将中国海洋文化作为中华优秀传统文化的重要组成部分,形成中国海洋文化的独特内涵和对外影响力。这也是增强中华民族文化自信的重要方面。

与此同时,文化海权还是一个不断创新发展的概念。不同时代、不同文化、不同背景将产生不同的文化海权内涵。特别是进入新时代,以习近平同志为核心的党中央将建设海洋强国作为中国特色社会主义事业的重要组成部分和实现中华民族伟大复兴的重大战略任务,持续深入推进海洋强国建设。坚定中国海洋文化自信,就是要将文化海权建设置于海洋强国战略的宏阔背景和视野之下,从海洋强国战略推进中取得的重大历史成就、重大历史经验和重要历史启发中,形成新时代中国文化海权建设的价值导向和相关内容,进一步丰富中国特色的海洋话语体系,为我国海洋事业的繁荣发展提供文化指引,同时也为全球文化海权的丰富发展与全球海洋治理提供中国智慧和中国方案。

总之,新时代文化海权建设的努力方向,就是要坚定中国海洋文化的自信,将中国海洋文化从西方固有话语体系和文化视域中摆脱出来,注重从文化意义上深刻理解和把握海权,全面准确挖掘、理解中国文化海权的内涵,彰显中国海洋文化的独特魅力,提升中国海洋文化的世界影响力。这也是提升中国文化海权软实力、更好地服务建设海洋强国的重要内容。特别是随着软实力重要性的提升,坚定海洋文化自信,加强文化海权建设,将越发成为海洋强国战略实施的重点领域。

(二) 准确把握中国文化海权的独特性

习近平总书记在文化传承发展座谈会上明确指出,中华文明是世界上

---

① 参见夏立平:《中国特色海洋文化建设与软实力提升》,载《人民论坛·学术前沿》2022 年第 17 期。

第六章　文化海权

唯一绵延不断且以国家形态发展至今的伟大文明。[1] 中国海洋文化是中华文明的重要组成部分,具有中国的标志性文化内涵和元素。准确把握中国文化海权的独特性,有利于深入理解中国海权思想,加强中国海洋文化在新时代的创造性转化、创新性发展。

准确把握中国文化海权的独特性,首要的是摆脱对中国海洋文化的偏见或者错误认识。长期以来,有观点认为中国没有海洋文化,中国文化是封闭落后的农耕文化。该种认识是带有地域偏见的错误认识,不符合历史和实际。中国不但拥有海洋文化,而且是丰富独特的海洋文化,因此不能以西方的固有思维、模式去评判中国的海洋文化。这是准确理解中国海洋文化独特性应当坚持的思维基点。我们的先民探索、创造出了具有显著中国特色的海洋文明基因,即非凡的探海能力、广大的管辖海域、繁盛的海上贸易、深远的海洋信仰、和平的海外交往和海外移民等。[2] 这种文化是区别于西方的。这种区别集中体现在中国海权的文化属性和非侵略属性上。以文化定位海权,是中国海洋文化的重要标志性概念范畴,是倡导和平、安全、共享等理念的中国海洋强国建设的重要特征。有研究指出,与近代西方提出和发展的海权概念不同,中国建设海洋强国不再过分强调通过发展海洋军事力量控制海洋,而是希望通过发展海洋经济、加强海洋合作交流、保护海洋生态、建设现代化海洋作战体系等,开发、利用和保护海洋。[3] 反之,美国则主要是从战略而不是文化的角度来看待海洋的。[4] 这同中西方海权的形成与发展认识是密切相关的。西方国家走的是大航海扩张的道路,他们强调以军事权为核心构筑海权体系,满足的是本国对他国的掠夺进而实现自身的利益的目的。中国传统海洋文化中崇尚和平、平等合作、勇于探索、维护国

---

[1] 参见习近平:《在文化传承发展座谈会上的讲话(2023年6月2日)》,载《求是》2023年第17期。
[2] 参见刘德喜主编:《建设中国特色的海洋强国》,广东经济出版社2022年版,第2页。
[3] 成志杰、袁翠萍:《建设海洋强国与构建海洋命运共同体:新时代中国海洋叙事的两个维度》,载《江苏海洋大学学报(人文社会科学版)》2023年第3期。
[4] 参见[英]安德鲁·兰伯特:《海洋与权力:一部新文明史》,龚昊译,湖南文艺出版社2021年版,第321页。

家统一等要素构成了中国特色海洋文化的底色。[①] 中国海洋文化讲求"天下一家""天下大同""求同存异""和谐共生""互利共赢",蕴藏着丰富的可持续发展内涵。[②] 中华民族对海洋的认知和利用都具有朴素、自然的色彩。即便到了明朝郑和下西洋时期,众所周知,当时我们拥有世界上最为雄厚的海军力量,但郑和船队并没有侵略扩张,也没有建立殖民地,而是本着和平、互惠的原则与相关国家交流。这足以说明中国海洋文化的和平、和谐特质。可以说,这种特有的海洋文化特质一直延续至今,并得到发扬光大。习近平总书记在中共中央政治局就建设海洋强国研究进行第八次集体学习的讲话中指出,我们要着眼于中国特色社会主义事业发展全局,统筹国内国际两个大局,坚持陆海统筹,坚持走依海富国、以海强国、人海和谐、合作共赢的发展道路,通过和平、发展、合作、共赢方式,扎实推进海洋强国建设。[③] 这就形成了中西方海洋文化内涵的本质区别。以西方的海洋文化作为定义海洋文化是否存在以及优劣的标准,显然是站不住脚的。以现代文明为标准,中国海洋文化无论是从其和平性、关怀性还是满足全人类共同利益的角度来看,无疑都具有优秀的属性。对中国海洋文化独特性内涵的把握,是增强中国海洋文化自信的内在保证,有利于指引文化海权建设的发展方向。

在和平发展的文化海权建设道路上,我们还特别强调独立自主和维护国家主权。和平发展并不是放弃国家主权和核心利益。相反,只有在相互尊重主权和核心利益的前提下,才能真正实现和平发展的目标。习近平总书记指出,我们爱好和平,坚持走和平发展道路,但决不能放弃正当权益,更不能牺牲国家核心利益。[④] 中国坚定奉行的是防御性国防政策,倡导树立的是共同、综合、合作、可持续的新安全观。这为中国文化海权建设提供了

[①] 参见夏立平:《中国特色海洋文化建设与软实力提升》,载《人民论坛·学术前沿》2022年第17期。

[②] 参见刘应本、冯梁:《中国特色海洋强国理论与实践研究》,南京大学出版社2017年版,第143~144页。

[③] 参见《习近平:进一步关心海洋认识海洋经略海洋 推动海洋强国建设不断取得新成就》,载《人民日报》2013年8月1日,第1版。

[④] 参见《习近平在中共中央政治局第三次集体学习时的讲话(2013年1月28日)》。

方向性指引,也构成了中国文化海权鲜明的特质。这一点从与世界海洋文化思维的对比中也可以发现。《联合国海洋法公约》是规范国际海洋关系的宪章性规定,以该公约为统领形成的国际海洋法体系中,自由与控制、分享与独占等观念相互影响、此消彼长。海洋法体系发展到今天,最终形成了"公海自由"加之沿海国对沿岸特定海洋区域享有排他性管辖权的二元结构,即"海洋自由＋特定管辖权"。[1] 在主权让渡基础上建立海洋关系处理规范,其典型代表是欧盟。欧盟奉行的是欧洲一体化理念,其基本特征是让渡主权,建立超越主权的国家综合体。反映在海洋关系处理上,就是实现欧盟范围内海洋关系的一体化,以欧盟作为一个整体解决海洋开发、利用、维护等方面的问题。但后来,因主权让渡理念产生系列实践问题,使得人们不得不反思该理念的合理性,并作出了相应的调整和改变。作为一个主权国家,最核心的国家利益是主权利益,如果放弃了主权利益,将产生不可回避的困难和问题。对于一体化程度较高和具有特殊历史原因的欧盟如此,对于其他国家更是如此。特别是广大发展中国家,他们有着被殖民的深刻记忆,主权让渡的观念无疑会对其造成莫大的伤害,几乎是不可接受的。[2] 中国历来奉行和平外交和独立自主的外交关系理念,任何对主权的侵犯都是不可突破的底线。这构成了中国文化海权建设中重要的原则性内容。

此外,中国文化海权还具有陆海统筹的显著特征。2010年,"陆海统筹"被首次写入国家"十二五"规划,确立了海洋在国家经济社会发展全局中的地位和作用。党的十九大报告中明确提出,要坚持陆海统筹,加快建设海洋强国。陆海统筹已然上升为国家重大战略。中国陆地资源与海洋资源均较为丰富,陆地文化与海洋文化同时具备,将陆地与海洋融合发展、坚持陆海统筹也就成为中国海洋文化不可忽视的因素。我们提出的"一带一路"倡议,倡导陆海一体、陆海联通,不仅不是中国的地缘政治战略,恰恰相反,它强调战略对接、互联互通,目的就是消除地缘政治带来的隔阂,消除殖民主

---

[1] 参见邹克渊:《国际海洋法对构建人类命运共同体的意涵》,载《中国海洋大学学报(社会科学版)》2019年第3期。

[2] 参见王义桅:《人类命运共同体:新型全球化的价值观》,外文出版社2021年版,第39页。

义分而治之带来的痛苦,最终实现民心相通。① 如果从海洋文化与陆地文化的内在关联性上看,海洋文化与内陆文化之分是相对的,而不是绝对的,没有离开陆地的"纯粹"的海洋文化,也很难找到与海洋根本无关的"纯粹"的内陆文化,两者的区分仅是"海洋"或"内陆"的文化元素的多寡及其文化结构和走向的"向陆"或"向海"的偏重。② 因此,西方强调的海洋文化和对我国不存在海洋文化的认识无疑是狭隘的。这也是理解我国文化海权应当关注的重要问题。

(三)加强新时代海洋文化对外交流

习近平总书记深刻指出,当今世界,人类生活在不同文化、种族、肤色、宗教和不同社会制度所组成的世界里,各国人民形成了你中有我、我中有你的命运共同体。③ 文明因交流而多彩,文明因互鉴而丰富。文明交流互鉴,是推动人类文明进步和世界和平发展的根本动力。坚持文明交流互鉴,是推动建设一个开放包容的世界,构建人类命运共同体的前提,是世界各国人民前途所在。④ 当前的世界各国,形成了你中有我、我中有你的局面,任何一个国家都不可能封闭不交流。在文化领域同样如此,每个国家都有自己的特殊的文化,但这些文化不是决然隔绝的关系,而是在相互学习借鉴中交融发展。在文化海权领域,这一点尤为凸显。海洋文化因海洋自身的流动性、一体性,具有天然的外向性、开放性特征。各国海洋文化在形成发展中必然涉及相互交流、彼此互鉴的过程。

在海洋文化发展中,中国文化海权的建设发展应当拥抱世界,只有在交

---

① 参见王义桅:《人类命运共同体:新型全球化的价值观》,外文出版社2021年版,第40页。
② 参见张开城、马志荣主编:《海洋社会学与海洋社会建设研究》,海洋出版社2009年版,第9页。
③ 参见习近平:《文明交流互鉴是推动人类文明进步和世界和平发展的重要动力》,载《求是》2019年第9期。
④ 参见韩毓海:《深入领会习近平文化思想,勇担大学使命》,载《光明日报》2024年1月9日,第15版。

流中才能彰显中国海洋文化的底色。① 加强文化的对外交流,展示中国海洋文化独特的魅力和影响力,吸纳有益的文化海权建设的要素,是十分重要的任务。当前世界海洋秩序正处于调整和重建的过程中,在殖民主义时代,海洋大国和海洋强国的产生和扩张多凭借"坚船利炮"等硬实力,而在今天以海军实力为主导,辅之以科技实力、国家制度、民族素质等软实力的海权系统,才是区分国家力量强弱的重要指标。② 加强海洋文化的对外交流,就是增强文化海权软实力,提升文化海权感召力、影响力的重要途径。在加强海洋文化对外交流过程中,较为重要的议题是积极参与全球海洋治理,贡献中国的海洋治理文化与海洋治理规则,助力全球海洋秩序的维护与完善。在海洋治理规则方面,形成能为全球所认同甚至影响国际海洋规则制定的中国涉外海洋治理规则,对提升中国海洋文化软实力具有重要意义。习近平总书记强调,要加快涉外法治工作战略布局,协调推进国内治理和国际治理,更好维护国家主权、安全、发展利益。③ 加强海洋文化交流,加强包括海洋在内的保护治理大格局构建,不断发展完善涉海法律制度和治理机制,为构建海洋命运共同体的法治体系贡献力量。

当然,在海洋文化对外交流中,还应注重文化的安全。文化的交流、交融必然涉及文化的异质性以及文化的渗透问题。有研究指出,要谨防通过海洋传播的外来异质文化影响国家文化安全。④ 详言之,文化安全主要指一个主权国家的主流文化体系没有遭受其他文化的侵蚀与破坏,能够在维护世界文化多样性的同时,扩大本国文化的影响力。海洋是流动的资源,连接着大洲大洋的众多岛屿和陆地。人类借助海水的流动性将一地一域的文化

---

① 参见夏立平:《中国特色海洋文化建设与软实力提升》,载《人民论坛·学术前沿》2022 年第 17 期。
② 参见姜秀敏、朱小檬:《软实力提升视角下我国海洋文化建设问题解析》,载《济南大学学报(社会科学版)》2011 年第 6 期。
③ 参见《习近平在中央全面依法治国工作会议上强调 坚定不移走中国特色社会主义法治道路 为全面建设社会主义现代化国家提供有力法治保障》,载新华网,https://www.moj.gov.cn/pub/sfbgw/qmyfzg/202011/t20201118_150445.html。
④ 参见敖攀琴:《如何提升海洋文化软实力》,载《人民论坛》2017 年第 13 期。

通过航海传递到异域他乡,产生了异域异质文化之间的跨海流动性和互动性。① 加强海洋文化对外交流中的文化安全问题,首要的是以习近平文化思想为指导,增强文化自信,提高文化鉴别力,坚定走中国特色社会主义文化发展道路和海洋治理道路,以负责任的大国姿态参与到全球文化海权重塑和海洋资源共享进程中去。

二、牢固树立海洋命运共同体理念

(一)海洋命运共同体理念提出的背景

21世纪是海洋的世纪,海洋在相当大程度上决定了人类社会的前途。在此背景下,中国提出了"海洋命运共同体"的概念。总的来看,当今世界各国相互联系、相互依存,人类越来越成为你中有我、我中有你的命运共同体。海洋命运共同体理念是人类命运共同体理念在海洋领域的具体体现和必要延展,同时也是中国文化海权的标志性内容。海洋命运共同体理念的提出,具有深刻的政治、文化和社会背景因素。

从政治背景看,当前,全球治理体系失衡、单边主义盛行,全球治理机构的困境日益加深,全球治理参与主体矛盾的尖锐化使全球治理本身举步维艰。② 对涉及的海洋共同事业和全球海洋治理缺乏行之有效的解决方案。在这种情况下,亟须新的符合人类最大利益需求的理念指引。人类命运共同体理念提出后,得到世界各国的广泛响应,并在实践中不断前进发展。在人类命运共同体理念之下,涉及海洋领域问题的解决诞生了海洋命运共同体理念。该理念的提出,将为应对严峻复杂的全球海洋治理形势提供重要的指引。

从文化背景看,海洋命运共同体理念是对以西方为传统海洋文化视角

---

① 参见敖攀琴:《如何提升海洋文化软实力》,载《人民论坛》2017年第13期。
② 参见杨震:《构建"海洋命运共同体":世界海洋治理实践的中国理念创新》,载中国海洋发展研究中心网,https://aoc.ouc.edu.cn/2021/0802/c9824a343717/page.htm。

第六章　文化海权

的海洋文化的超越发展,极大地丰富了海权的文化内涵,是建构新时代文化海权的基本理念。海洋国家与海洋文化,从一开始就是一个复杂的整体,既具有开放和包容的特点,也具有扩张性、侵略性的特点。这些特点不仅体现在西方海洋国家的海洋文化和海洋文明中,也体现在东亚日本的海洋文化和海洋文明中。[①] 对于海洋文化而言,其对人类社会正反两方面作用的特性决定了必须有超越其上的融合性文化理念作为统领,方能实现人类海洋文化的不断发展和造福全人类的目标。海洋命运共同体理念无疑就是这样一种理念。

从国际社会背景看,随着人类探索和运用海洋能力的提升,与海洋有关的国际社会共同议题显著增多,比如全球气候变暖,与此相关的异见和摩擦也不可避免地产生,需要全球社会的共同努力方能达成共识、顺利解决问题。在全球层面,构建海洋命运共同体主要着眼于涉海全球公共问题的治理,各国应致力于构建更加公正合理、稳定有效的国际法和国际规则体系,本着"共同但有区别的责任"的原则,积极提供国际海洋公共产品。[②] 以海洋命运共同体理念为遵循,将为国际社会重点热点议题贡献智慧力量,助力相关规则的建构和共识的形成。长期来看,必将推动更加和谐的国际文化海权不断发展。

(二)海洋命运共同体理念的文化内涵

海洋命运共同体理念是顺应时代发展提出的一种先进的海洋文化理念。该理念的提出不仅具有深厚的哲学基础,而且蕴含中华优秀传统文化的基因,符合全人类共同价值诉求和利益需求。

海洋命运共同体理念具有深厚的哲学根基。世界是"人—社会—自然"的复杂系统,系统中的所有事物都是相互联系、相互作用的,没有任何事物能够单独存在发展,世界系统的整体性、统一性必然孕育着强调平等、合作、

---

① 参见宋伟:《海洋命运共同体构建与新的海洋文明》,载《人民论坛》2023年第20期。
② 参见宋伟:《海洋命运共同体构建与新的海洋文明》,载《人民论坛》2023年第20期。

均衡的共同体价值观。[①] 海洋以其占据地球的广博性和时刻流动性特点,在联结世界各国方面更具重要性。早在2500多年前的古罗马,他们的哲学家也认为,海洋同阳光、空气一样,是人类共有之物,由大家共同享用。以作为共同享用物的海洋为纽带,人类紧密联结在一起,内在催生了以共用、共享为理念的海洋文化。可以说,海洋命运共同体就是以海洋为载体将人类命运紧密联结在一起的共同体,从海洋"孕育了生命、联通了世界、促进了发展"看,海洋命运共同体理念具有其生成的必然性、必要性和可能性。[②] 从以海洋视域为中心生成的海洋文化角度来看,其内在也应当具有开放性、包容性、共享性,这些特征直接指引着作为文化意义海权的基本发展方向。作为文明形态分支的海洋文化,其具有人类文明的基本特点,也具有自身的独特性。从本源意义上讲,人类各种文明形态可以相互尊重、包容,共同存在于世界之上。但建立于海洋探索和军事能力基础之上的海权文化,在一定程度上冲击了海洋文明本应具有的人类文明特质,以西方国家为代表的海洋先发国家认为,其文明是人类最高文明、普世文明形态,因而内在排斥其他文明,与其他文明具有激烈的竞争关系。在这种情况下,人类文明之间的平等和谐对话就难以开展,不利于国际正常交流和发展进步。以文明交流超越文明隔阂、以文明互鉴超越文明冲突、以文明共存超越文明优越,才能在包容"不同"中寻求"共同",在尊重"差异"中谋求"大同"。习近平主席在亚洲文明对话大会开幕式上发表的题为《深化文明交流互鉴 共建亚洲命运共同体》的主旨演讲中指出,我们应该坚持相互尊重、平等相待、美人之美、美美与共、开放包容、互学共鉴、与时俱进、创新发展,夯实共建亚洲命运共同体,人类命运共同体的人文基础。这就从文明互鉴发展的高度指出了人类社会发展进步的重要途径,背后有着深厚的哲学根基作为支撑。

　　海洋命运共同体理念蕴含着中华优秀传统文化的基因。海洋命运共同体理念的提出还建立在对中华优秀传统文化的继承发展基础之上。在中华

[①] 参见刘芳芳:《生态文明视阈下人的自我实现》,载《江西社会科学》2013年第10期。
[②] 参见夏从亚、王月琴:《新时代海洋命运共同体理念:生成逻辑·核心要义·价值意蕴》,载马来平、杨立敏、肖鹏主编:《海洋科普与海洋文化》,中国海洋大学出版社2020年版,第109页。

优秀传统文化中,历来主张"以和为贵""己所不欲勿施于人",这些主张内在地与扩张、侵略是相排斥的。历史上,中华文明在与其他文明的接触交流中倾向于认同世界的一体化和相互依存性,认同国际行为主体之间的和平共处和良性互动,在战略手段的选择上有"慎战"的文化心态,期望"不战而屈人之兵"。中国从来都是以"怀远""柔远"为国策,"或和平而相安,或狎习而与之同化",追求的是"布恩信、怀远人"的大国风度,极力反对施以暴虐和武力征服。① 中华优秀传统文化的基因,在新时代有了更广阔的发展前景。人类文明多样性是世界的基本特征,也是人类进步的源泉。不同的历史和国情,不同的民族和习俗,孕育了不同文明,使世界更加丰富多彩。文明没有高下、优劣之分,只有特色、地域之别。不同文明要取长补短、共同进步,让文明交流互鉴成为推动人类社会进步的动力、维护世界和平的纽带。② 可以说,中华优秀传统文化的基因深深镌刻在中华民族的血液之中,正是历史的传承发展为海洋命运共同体理念的提出作出了最好的注解。

当然,在上述哲学基础和文化基因的基础上,我们也广泛吸收了世界海洋文明的有益成果,站在现代世界的视角上抛弃了传统海洋文明的消极成分,吸收了其积极成分,为构建海洋命运共同体提供了更加广阔的视野,有利于提升理念的认同度和感召力。新时代中国特色海洋文化建设将使中国提出有关海洋治理与合作的倡议更具有文化积淀,使中国倡导的包含"海洋命运共同体"理念的方案更容易为国际社会所接受。③

(三)海洋命运共同体理念指引下的文化海权建设方向

海洋命运共同体理念的提出,为文化海权建设提供了方向指引。具体如下。

---

① 参见刘应本、冯梁:《中国特色海洋强国理论与实践研究》,南京大学出版社 2017 年版,第 118 页。
② 参见习近平:《论坚持推动构建人类命运共同体》,中央文献出版社 2018 年版,第 421 页。
③ 参见夏立平:《中国特色海洋文化建设与软实力提升》,载《人民论坛·学术前沿》2022 年第 17 期。

一是将文化海权建设融入海洋强国战略。海洋强国战略是事关我国海洋事业发展的总的战略指导思想,文化海权是海洋事业的重要组成部分。新时代中国特色海洋文化建设要以习近平总书记关于建设海洋强国重要论述为指引,把新时代中国特色海洋文化建设作为建设海洋强国的一个重要组成部分。[1] 海洋强国战略实施也离不开文化海权的作用发挥,需要文化海权的文化性对内滋养和对外吸引力的共同作用。中国特色海洋强国建设就是要坚持以主权、平等、和平、合作观念和新安全观为指针,走出一条"强不逞强""强而不霸"的崭新海洋强国之路。[2]

二是坚持文化海权的主权性与非霸权性。不同时期、不同国家的文化海权具有自身的特殊性。我国的文化海权建设必然要扎根于中国历史、文化之中,文化以其最为深沉的力量决定了海权的发展方向和内外特征。中国式现代化,深深植根于中华优秀传统文化。海洋文化建设,首先在于对有历史记载以来中国海洋族群在生产生活中所建立的中国传统海洋文化的整理、继承和现代化。[3] 我们主张的文化海权是开放包容的,这就决定了我们不以文化的不同来区分文化海权的高下。与西方国家主张的海权非主权性不同,我们的文化海权是建立在维护我国主权基础上的文化思想,文化海权建设绝不能以牺牲主权为代价进行。相应地,我们也充分尊重其他国家的主权利益,不因推行自己的海权思想和路线而侵犯其他国家的主权。

三是坚持合作共赢的海洋权益实现观。我们坚持建设的文化海权是以主权性为内在基准的,在此基础上我们同时也倡导合作共赢的海洋权益实现观。海洋是人类共同的资源,在海洋时代海洋资源对人类价值的意义不言而喻。在对待海洋的共享利用方面,我国所坚持的文化思想就是合作共

---

[1] 参见夏立平:《中国特色海洋文化建设与软实力提升》,载《人民论坛·学术前沿》2022年第17期。
[2] 参见刘应本、冯梁:《中国特色海洋强国理论与实践研究》,南京大学出版社2017年版,第131页。
[3] 参见苏文菁、王佳宁:《2023年中国海洋文化发展状况》,载苏文菁、李航主编:《中国海洋文化发展报告(2023)》,社会科学文献出版社2023年版,第15页。

赢。和谐合作践行是海洋命运共同体理念的主要方式。和谐合作就是要求同存异、尊重他方,在维护和拓展合法海洋利益的同时,并不排斥其他国家合理追求各自的利益;就是要加强国际合作,加强与各个国家的合作友好关系,在合作中实现发展。在涉及海洋的国际共同事务中,要在互信、互利、平等、协作基础上,加强对话交流,不断扩大共识,减少分歧,通过合作共享海洋赋予人类的各种权益。

四是坚持面向世界、面向新时代。文化海权建设要面向世界、面向新时代。我们要在继承我国古代灿烂海洋文化的基础上,结合新时代加快建设海洋强国战略的实施,把握海洋文化的丰富内涵,通过衔接古今、立足现实、开拓创新,不断发展适应新时代要求的海洋文化。[①] 建设新时代的中国海洋文化,既要坚定地传承中国优秀传统海洋文化,又要紧跟新时代发展步伐,积极开辟中国海洋文化建设的新领域,大胆探索中国海洋文化的新特色,彰显海洋文化海纳百川的开放性、兼容并蓄的包容性、博采众长的创新性,激励民众在建设海洋强国新征程上勇毅前行。

第四节　中国特色文化海权建设的路径

习近平总书记在文化传承发展座谈会上指出:"在新的起点上继续推动文化繁荣、建设文化强国、建设中华民族现代文明,是我们在新时代新的文化使命。"[②]进入新时代,国际形势风云变幻,文化成为综合实力竞争和意识形态领导斗争的重要制高点。国家建设和发展越来越离不开海洋,海洋文化已经是世界文化和民族文化沟通交流的重要平台,也是中西方意识形态斗争的重要战场。中国有着悠久的海洋文化历史,在新的历史起点上,强化具有中国特色的文化海权,要坚持以习近平新时代中国特色社会主义思想

[①] 参见唐玉:《为加快建设海洋强国提供支撑:推动海洋文化繁荣发展》,载《人民日报》2021年12月23日,第9版。
[②] 习近平:《在文化传承发展座谈会上的讲话(2023年6月2日)》,载《求是》2023年第17期。

为指导,深入学习贯彻习近平文化思想和习近平总书记关于海洋强国战略的重要论述,自觉坚持"两个结合";积极参与全球海洋治理,坚守文化阵地;提升国民海洋意识,坚定文化自信;保护海洋文化遗产,传承历史资源;深化海洋文化交流,创新文化发展。

一、积极参与全球海洋治理

在世界多极化和经济全球化进程中,西方海洋强国积极开展世界海洋争夺,以其强大的国际影响力,将价值观念、社会制度、思想意识等向发展中国家渗透,主导世界海洋主流文化。海洋价值日益凸显的今天,全球海洋治理事业既是国际竞争的舞台,更是必须坚守的文化海权阵地。正如历史上中国海洋文化引领并惠及东亚、南亚等区域,新的时代背景下,丰富中国海权叙事、增强中国在完善全球海洋治理等宏观问题上的国际话语能力是中国特色文化海权建设的题中之义。中国文化海权发展应以"关怀人类、面向未来"的广阔视野,在深度参与全球海洋治理中彰显中国海洋文化的价值,提升中国的参与度和影响力,与世界各国共同致力于实现全球海洋发展的共同利益、共同责任、共同价值。

一方面,进一步增强中国关于构建海洋秩序的元叙事能力,提升中国在全球海洋治理的话语权。将海洋命运共同体等理念写入全球海洋治理规则、制度、文件或宣言中,推动构建更加公正合理的海洋治理规则体系。另一方面,加强涉外海洋治理规则的文化形塑,彰显自由开放的基本海洋文化精神。经过70多年的发展,具有中国特色海洋文化理念的海洋法律体系已经初步形成,海事司法、海事执法、化解海洋纠纷等工作有了较大发展。同时,中国是世界范围内唯一设立专门的海事法院裁判海事纠纷的国家。海事审判通过办理涉外海事案件,公正解决纠纷,向世界彰显中国的法治理念和法治精神。例如,在"北极星1"轮案和"狮子"轮系列案中,面对外籍船东弃船、外籍船员弃管的局面,青岛海事法院坚持国际人道主义精神,及时向船员提供生活物资,并成功将外籍船员遣返归国,展现中国海事司法的大国风范和责任担当。[1] 准确适用域外法律和国际条约、国际惯例,自觉遵守《联合国宪章》的宗旨和原则,适用《联合国海洋法公约》处理涉及国家核心利益问题时要遵守国际法准则,为涉海经济的高质量发展提供规则指引和法律保障。

中国参与海洋治理的文化旨趣并非彻底颠覆现有的海洋秩序,也绝非谋求新的文化霸权,而是在遵循现有海洋规范和运行机制的基础上寻求他国合作、维护海洋权益,逐步推动国际海洋秩序向更加公平合理的方向发展。一是树立和平交往的文明观。和平是中国传统海洋文化的基因,中国追求的文化海权不会偏离和平发展的主题。正如习近平总书记指出的,"中华文明的和平性,从根本上决定了中国始终是世界和平的建设者、全球发展的贡献者、国际秩序的维护者,决定了中国不断追求文明交流互鉴而不搞文化霸权,决定了中国不会把自己的价值观念与政治体制强加于人,决定了中国坚持合作、不搞对抗,决不搞'党同伐异'的小圈子"[2]。二是树立共赢共享的发展观。作为正在崛起的大国,中国正以历史上从未有过的力度发展海洋经济,并使其成为国家新的经济增长点。当前,海洋经济发展也存在不少问题,就当前的国际形势来说,发展和崛起必须走合作互利之路,应当着力促进海洋经济合作开发,实现共赢共享。三是树立可持续发展的生态观。可持续发展的关键在于改变人们传统的思想观念和行为规范,不能认为海洋资源是取之不尽、用之不竭的。可持续发展理念则认为资源是有限的、有偿的、有主的,谋求发展的同时还要着眼于保护当前和当代人的环境,更要注重保护未来和后代人的利益。因此,走出资源开采与利用的误区,树立保护环境就是保护人类自己的正确的战略意识。

---

[1] 参见青岛海事法院:《青岛海事法院海事审判情况通报2022》,载山东省高级人民法院网2023年8月28日,http://www.sdcourt.gov.cn/qdhsfy/resource/cms/article/5047465/12494763/20230828 09524324085.pdf。
[2] 习近平:《在文化传承发展座谈会上的讲话(2023年6月2日)》,载《求是》2023年第17期。

二、提升国民海洋意识

海洋意识即海洋观念,是国民对人、社会生活与海洋关系的认识。习近平总书记在中共中央政治局就建设海洋强国研究进行第八次集体学习时强调:"要进一步关心海洋、认识海洋、经略海洋,推动我国海洋强国建设不断取得新成就。"[1]关心海洋和认识海洋是经略海洋的前提,国民海洋意识是发展文化海权的必备的精神要素。

(一)提升国民海洋意识的必要性

一方面,中国民众海洋意识整体还较为薄弱,普遍存在公众海洋观念落后、海洋知识匮乏和海洋实践单薄等诸多问题,海洋文化认同感还有待提高。新中国成立后,随着海洋战略地位的不断提高,民众关心海洋、爱护海洋的意识明显提升。中国是海洋大国,管辖海域辽阔,海岸线漫长,海洋资源丰富,历史上海上航行和海上贸易发达,有浓厚的海疆观念。随着党和政府不断对领海、岛屿和大陆架进行主权宣示,如今海洋成为推动高质量发展的战略要地。依托世界海洋日暨全国海洋宣传日,以及各地海洋文化活动——青岛国际海洋节、象山开渔节、舟山群岛·中国海洋文化节、厦门国际海洋周等,多地持续开展海洋宣传活动,国民海洋意识不断提高,普遍具有一定的海洋主权意识和海洋安全意识。但与传统西方海洋强国相比,国人大多对本国的海洋文明历史不够重视,甚至受西方海洋文化价值的影响,认为中国是落后的农耕文明,不存在海洋文化。多数国民对海上领土的了解较为有限,仅知道陆地总面积约960万平方千米,但总面积473万平方千米的管辖海域还属于"冷知识"。北京市中华世纪坛圣火广场,依然把祖国疆界限制为"960"。此外,国民的海洋资源意识和海洋经济意识处于较弱的

---

[1] 《习近平:进一步关心海洋认识海洋经略海洋 推动海洋强国建设不断取得新成就》,载《人民日报》2013年8月1日,第1版。

状态,对海洋产业和海洋经济的认识有限,文学影视作品中反映传统大陆农业历史和文化的题材很多,反映民族海洋文化历史精神和海洋产业发展的题材较少。

另一方面,海洋强国建设要依靠人民,只有把人民参与海洋强国建设的积极性充分激发出来,才能真正建成海洋强国。习近平总书记指出,"文化自信,是更基础、更广泛、更深厚的自信"。[①] 提升国民海洋意识的重要价值在于扭转并重塑国人的海洋史观和海洋文化观,增强中国国民对我国海洋文化的认同感和自豪感,树立全民海洋文化自信,提升国民海洋文化主体意识。海洋意识的强弱则直接影响到人们的价值取向和行为规范,也影响到海洋战略政策的制定和实施,在一定意义上讲,意识强则海业兴。海洋意识影响国家海洋的发展方向,提升全民族海洋意识和海洋文化素质,激发全民建设海洋强国的积极性,让全体人民成为文化的贡献者和推动者对于海洋强国建设意义重大。

(二)提升国民海洋意识的进路

增强全民族海洋意识是一个系统工程,必须多措并举,需要政府和社会各方坚持高站位、多层次、宽视野,共同不断努力。

一是要深入挖掘中华民族的海洋历史和传统海洋文化。中国利用海洋的历史源远流长,优秀传统海洋文化是中华民族的瑰宝,加强海洋历史和传统海洋文化研究、宣传,并转化为教育内容和海洋文化资源,培养国民热爱海洋的感情,让全民感受到我国不仅是一个有悠久农耕文明的陆地国家,也是一个有悠久海洋文明的海洋国家。

二是要做好海洋意识舆论引导。积极倡导和平、合作、共赢的海洋发展理念。以中国特色海洋意识为导向,创新海洋新闻媒体工作、做好海洋意识舆论引导,围绕海洋强国和 21 世纪海上丝绸之路建设,推动我国"和平、合

---

① 习近平:《在庆祝中国共产党成立 95 周年大会上的讲话(2016 年 7 月 1 日)》,载《求是》2021 年第 8 期。

作、共赢"海洋发展理念的国内外传播,提升全民族投身海洋建设的积极性和凝聚力,扩大和增强中国海洋发展理念的国际认同程度和吸引力。

三是全方位加强海洋意识宣传教育。一方面,加强海洋基础教育,教育引导青少年主动认识海洋、了解海洋。青少年是国家的未来、民族的希望,要让海洋知识进校园、进教材、进课堂、进头脑。设置体系性的海洋教育课程,针对中、小学生和大学生编写符合其知识结构的教材,组织学生开展海洋主题活动,从而普及海洋知识,引导青少年树立海洋可持续发展、海洋和平发展的海洋意识。另一方面,加强海洋社会教育,在全社会形成关心海洋、爱护海洋的良好氛围。加大力度扶持本土海洋文化产品,借助大众传媒工具,提供数量多且品质优的海洋文化产品,打造精品海洋宣传节目。开展多元化、多渠道的海洋文化推广,依托世界海洋日暨全国海洋宣传日开展丰富多彩的海洋文化活动,借助青岛国际海洋节、中国海洋文化节、厦门国际海洋周等活动,吸引更多的民众关心海洋、了解海洋。

三、保护海洋文化遗产

习近平总书记指出:"如果没有中华五千年文明,哪里有什么中国特色?如果不是中国特色,哪有我们今天这么成功的中国特色社会主义道路?只有立足波澜壮阔的中华五千多年文明史,才能真正理解中国道路的历史必然、文化内涵与独特优势。"[①]海洋文化遗产是传统海洋文化的载体,是新时代建设中国特色文化海权的重要历史资源。新时代建设中国特色文化海权,不仅要保护文化遗产的完整性,更要深度挖掘蕴含其中的文化内涵,使其焕发新的生机和活力。

(一)保护海洋文化遗产的价值

中国海洋文化遗产的整体价值可以概括为以下四个重要方面。

---

① 习近平:《在文化传承发展座谈会上的讲话(2023年6月2日)》,载《求是》2023年第17期。

其一,它是彰显中国不单是世界上历史最为悠久的内陆大国,同时也是世界上历史最为悠久的海洋大国的整体历史见证,是揭示长期以来被遮蔽、被误读、被扭曲的中国海洋文明历史,重塑中国历史观的"现实存在"的事实基础。

其二,它是弘扬中华传统文化国家战略的重要资源。中华海洋传统文化,是中华传统文化不能缺失的有机构成。长期以来,人们一提起中国传统文化,就认为是内陆农耕文化,而中华民族自身通过与海外世界的海上交流也形成了中国海洋文化遗产,只要正视它的存在,就会重视它的价值,就会形成保护它、传承它,在当代条件下弘扬其精神、利用其价值、促进其发展的文化自觉。只有这样全面、整体意义上弘扬中华传统文化的国家战略,才会带来中华文化全面、整体的复兴和繁荣。

其三,它是中国海洋发展国家战略中海洋文化发展战略的重要基础内涵。海洋文化战略是国家海洋战略的重要内容,包括对海洋文化资源(包括遗产资源)的保护和利用与当代海洋文化的创新繁荣。海洋文化遗产资源的保护与利用的意义不仅在于对增强民族海洋意识、强化国家海洋历史与文化认同、提高国民建设海洋强国的历史自豪感和文化自信心、发展繁荣当代海洋文化、对内构建海洋和谐社会、建设海洋生态文明的意义,还在于在很大程度上体现为它对于国家对外构建海洋和平秩序的战略价值。具有中国文化属性的海洋文化遗产不仅分布在中国沿海、岛屿和水下,还广泛、大量地分布在东北亚和东南亚国家和地区,能够彰显的是中国文化作为和谐、和平、与邻为伴、与邻为善的礼仪之邦文化的基本内涵,见证着中外友好交往交流,长期进行政治、经济、文化互动,构建和维护着东亚和平秩序的悠久历史。这些海洋文化遗产对于今天的东亚乃至整个世界的海洋和平秩序构建而言,是最具基础性、真实性、形象性,最具说服力因而最具启发性和感召力的"教科书"。

其四,它是中国维护国家主权和领土完整、保障国家海洋权益的事实依据,也是法理依据。法理的基础是事实和在事实面前的公正。《联合国海洋法公约》生效以来,中国不少岛屿、海域与外围国家存在海洋主权和相关权益争议,这些争议岛屿与海域中广泛、大量地分布了中国海洋文化遗产,因而充分认识和重视这些中国海洋文化遗产在这些岛屿和海域中的历史"先占性"和长期拥有性,对于维护国家主权和领土完整、保障国家海洋权益具有不可替代的价值意义。[1]

(二) 海洋文化遗产保护现状

保护海洋文化遗产具有重要的意义和价值,然而,目前中国保护的整体状况存在较大的问题。尤其是随着"海洋时代"的来临和全球性海洋竞争白热化态势的出现,中国海洋权益的维护包括海洋文化遗产安全的保护面临着越来越严重的挑战。

文化遗产保护的第一步是发现和认证,海洋文化遗产由于先天的特殊性存在认证上的难度,在申报世界文化遗产的过程中不断碰壁。以海上丝绸之路为例,中外海上丝绸之路文化遗产这一海上类型的文化线路遗产,是中外跨越海洋实现文化传播、交流和融汇的历史所形成的线性文化遗产。其分布空间广、密度大,历史积淀深厚、文化内涵丰富,对历史、现实乃至对未来影响的深度、广度和力度,都是其他文化遗产难以比拟的,但同时也存在巨大的认证难度。与陆上文化遗产不同,海上的实物遗迹难以保存,航道考证有客观的难度。海上丝绸之路申遗自 2015 年启动,申遗规模大、遗产点多,路线遗产存在难以保存及难以具象化的难题,申遗工作任重道远。除了海洋文化遗产认证客观的难度,周边国家的不法破坏行为也对我国海洋文化遗产的保护和利用造成了极大的阻碍。中国海洋文化遗产广泛、大量地分布在一些与周边国家存在主权和权益争议的岛屿和海域,许多岛屿和海域已被周边国家和地区实际控制,存在破坏、铲除具有中国属性的海洋文化遗产的恶意行为,甚至建设该国的现代海洋设施,或干脆将遗产占为己有,导致中国海洋文化遗产的损灭。

与此同时,我们缺乏对海洋文化遗产及其保护的广泛重视。一方面缺乏

---

[1] 参见曲金良:《"环中国海"中国海洋文化遗产的内涵及其保护》,载《新东方》2011 年第 4 期。

有效制度管理,一些沿海地方对保护工作不够重视,认为守着不塌即可,甚至错误地认为文化遗产保护是经济发展的"绊脚石",对海洋文化遗产景观进行随意破坏和改建,造成了对遗产本身乃至其生态的肆意侵略甚至严重破坏,有些渔村甚至出现了渔民缺乏文物相关知识而用珍贵文物修猪圈的不良现象。另一方面,对海洋文化遗产的专门研究不足,一些岛屿上的海洋文化至今没有专门的系统研究和作为国家行为、跨国合作行为的世界遗产申报。

(三)保护海洋文化遗产的进路

打造具有中国特色的海洋文化应该做好海洋文化遗产的挖掘、保护、研究和利用工作。首先要提高认识,加大海洋文化遗产保护利用力度。海洋文化遗产具有稀缺性和不可再生性,因此需要建立起完善的海洋文化遗产保护开发制度,发挥各地保护海洋文化遗产的主体作用。同时加强宣传,让社会大众成为保护海洋文化遗产的参与者。探索文化企业、旅游企业反哺海洋文化遗产保护工作的有效机制,鼓励引导社会团体、组织、有识之士通过兴办实体、资助项目、赞助活动等形式参与扶持海洋文化遗产保护工作。其次是统一规划,要坚持永续利用原则。在做好保护的基础上进行海洋文化遗产开发利用工作,工程所涉及文物修缮、复建必须遵循"修旧如旧""不改变历史原状""最少干预""与周边环境相协调"等原则。科学合理地利用丰富的海洋文化遗产资源,找到其与文化旅游等产业融合发展的特色结合点,做好统一保护、规划和科学有序开发。最后是加强海洋文化遗产历史文化研究,对现存的海洋文化遗产进行全国性普查,登记入册,加速研究成果向海洋文化遗产保护、认证和开发运用。同时,通过学术讲座、文化沙龙、知识竞赛、微电影等形式做好宣传教育工作,在全社会形成保护海洋文化遗产的良好氛围。

四、深化海洋文化交流

党的二十大报告指出,"深化文明交流互鉴,推动中华文化更好走向世界。"[①]当今世界正经历百年未有之大变局,促进海上互联互通和各领域务实合作,呼唤着具有时代性、开放性、包容性的海洋文化。[②] 开放性是海洋文化的鲜明特性,借助海洋文化在世界舞台上的影响力,以开放的姿态进行国际文化交流,是"推动海洋文化交融,共同增进海洋福祉"[③]的必然方案。

(一)开展海洋文化交流的价值

海洋是人类共同拥有的财富之海,也是世界共同关注的命运之海,在全球海洋发展的时代转换中,人类需要开创互联互通、和谐包容的海洋命运共同体,迎接海洋文明新形态的到来。西方海洋文化以竞争超越为特点,有其阶级性和历史局限性。开展海洋文化交流不仅能通过批判学习他国海洋文化,吸收、借鉴世界各地的优秀海洋文化,丰富中国海洋文化的内涵,更重要的是以中国海洋文化和平性和包容性丰富海洋发展模式,通过世界多元海洋文明之间的交流对话,推动形成发展与保护并举、开发与责任并重的新型海洋理念,以弘扬传统与借鉴吸收交融,民族进步与世界和谐协同的发展理念开辟一条文化交流与文明演绎的新路径。中国海洋文化秉持的价值观念折射了全球化时代探索解决国际共性问题的有效方式与理念,是对海洋发展方式和人类制度创新的重大贡献。通过文化交流能够增强中国主张、中国方案的世界认同,从而提升中国海洋文化的全球影响力和感召力,彰显和平开放的价值理念,提升中国海洋文化的国际传播效应,助推海洋命运共同体理念的实施,树立中国负责任大国的形象,消除部分国家对所谓的"中国

---

① 习近平:《高举中国特色社会主义伟大旗帜 为全面建设社会主义现代化国家而团结奋斗——在中国共产党第二十次全国代表大会上的报告》,载《求是》2022年第21期。
② 参见洪刚:《全面推进新时代海洋文化建设》,载《人民日报》2023年3月1日,第8版。
③ 《习近平谈治国理政》(第3卷),外文出版社2020年版,第464页。

威胁"的误解。

(二) 中国海洋文化交流的现状

中国的海洋文化交流经历了历史上的单向输出为主到近代的单向输入为主,再到当前的平等对话和交流的过程。进入新时代,中国共产党和中国人民坚持弘扬平等、互鉴、对话、包容的文明观,提出共建21世纪海上丝绸之路倡议,推动构建海洋命运共同体,促进世界各国共同利用海洋、开发海洋、保护海洋。近年来,中国不断搭建平台,推进对外文化交流合作,但目前存在一定的海洋文化传播逆差问题。在大众传媒领域,反映海洋大国历史观念的文化产品大量输入学术研究领域,西方海洋文化思想和价值观念占据了较长时间的主流地位。当前,我们尚存在海洋文化理论和海洋文化产品供给不足、对外输出较少、途径不足的问题。

(三) 深化海洋文化交流的进路

面对全球海洋治理新形势,我们需加强与沿海国家的互联互通、互利合作,积极搭建文明交流国际平台,借鉴和吸收人类优秀海洋文明成果,促进多元海洋文化的交流对话,搭建各国人民相知相亲的桥梁,共同增进海洋福祉,为繁荣发展人类海洋文明贡献中国智慧和中国方案。

一方面,持续开展中外海洋文化双向交流。推进不同文化间的对话与交流,学习、借鉴世界海洋强国的优秀文化及建设文化海权的经验。另一方面,着重传播新时代海洋文化理念。随着时代的发展,中国的海洋观从"鱼盐之利,舟楫之便"逐步进化到了以海洋命运共同体理念等为代表的新时代中国海洋文化理念。当前,开展海洋文化交流也应加强对新理念的解读和宣传,举办学术交流活动,邀请国际权威学者参与研讨,增强中国理念在国际上的认同感。同时,不断拓宽海洋文化交流途径。建立政府间及民间的海洋文化交流合作机制,在海洋考古、人才培养、海洋科技等领域合作开展学术研讨交流,发挥好互联网、电视、报纸等各类媒体的作用,讲好中国故事、传播中国声音,让中国海洋文化得到更加广泛的认可和关注。

参考文献

一、著作类

《习近平谈"一带一路"》,中央文献出版社 2018 年版。

《习近平谈治国理政》(第 3 卷),外文出版社 2020 年版。

《习近平谈治国理政》,外文出版社 2014 年版。

习近平:《论坚持推动构建人类命运共同体》,中央文献出版社 2018 年版。

习近平:《论坚持全面依法治国》,中央文献出版社 2020 年版。

习近平:《关于社会主义市场经济的理论思考》,福建人民出版社 2003 年版。

习近平:《论坚持人与自然和谐共生》,中央文献出版社 2022 年版。

习近平:《高举中国特色社会主义伟大旗帜为全面建设社会主义现代化国家而团结奋斗　在中国共产党第二十次全国代表大会上的报告》,人民出版社 2024 年版。

参考文献

习近平:《论坚持全面深化改革》,中央文献出版社 2023 年版。

《习近平著作选读》(第 2 卷),人民出版社 2023 年版。

习近平:《论把握新发展阶段 贯彻新发展理念 构建新发展格局(普及本)》,中央文献出版社 2021 年版。

[德]黑格尔:《历史哲学》,王造时译,上海书店出版社 2001 年版。

[德]乔尔根·舒尔茨、维尔弗雷德·A. 赫尔曼、汉斯-弗兰克·塞勒编:《亚洲海洋战略》,鞠海龙、吴艳译,人民出版社 2014 年版。

[美]A. T. 马汉:《海权对历史的影响(1660—1783)》,解放军出版社 2014 年版。

[美]阿尔弗雷德·塞耶·马汉:《海权对历史的影响(1660—1783 年)》(全译本),李少彦、董绍峰、徐朵等译,海洋出版社 2013 年版。

[美]安德鲁·内森、罗伯特·罗斯:《长城与空城计——中国对安全的寻求》,柯雄等译,新华出版社 1997 年版。

[美]傅立民:《论实力:治国方略与外交艺术》,刘晓红译,清华大学出版社 2004 年版。

[美]马汉:《海权对历史的影响:1660—1783》,安常容、成忠勤译,解放军出版社 2006 年版。

[美]内森·米勒:《美国海军史》,卢如春译,海洋出版社 1985 年版。

[美]尼克松:《真正的战争》,萧啸等译,世界知识出版社 2000 年版。

[美]约瑟夫·S. 奈:《美国注定领导世界?——美国权力性质的变迁》,刘华译,中国人民大学出版社 2012 年版。

[日]外山三郎:《日本海军史》,龚建国、方希和译,解放军出版社 1988 年版。

[英]安德鲁·兰伯特:《海洋与权力:一部新文明史》,龚昊译,湖南文艺出版社 2021 年版。

[英]杰弗里·帕克:《地缘政治学:过去、现在和未来》,刘从德译,新华出版社 2003 年版。

别涛主编:《环境公益诉讼》,法律出版社 2007 年版。

曹立主编:《建设海洋强国》,中国青年出版社 2022 年版。

陈凤桂等编著:《海洋生态文明区理论与定位分析》,海洋出版社 2018 年版。

陈扬乐、陈曼真编著:《海南省潜在滨海旅游区研究》,海洋出版社 2013 年版。

第一次全国海洋经济调查领导小组办公室编著:《第一次全国海洋经济调查海洋及相关产业分类》,海洋出版社 2017 年版。

段晓峰、林香红主编:《世界海洋经济发展报告》,世界知识出版社 2023 年版。

付玉、王芳、李明杰:《中国海洋政策与管理》,浙江教育出版社 2023 年版。

高健军:《国际海洋法》,法律出版社 2022 年版。

高之国、张海文主编:《海洋国策研究文集》,海洋出版社 2007 年版。

顾鸿雁:《人地共生日本乡村振兴的转型与启示》,上海社会科学院出版社 2021 年版。

何广顺、丁黎黎、宋维玲编著:《海洋经济分析评估理论、方法与实践》,海洋出版社 2014 年版。

洪兵:《剖析"美国利益"》,世界知识出版社 2000 年版。

胡波:《中国海权策:外交、海洋经济及海上力量》,新华出版社 2012 年版。

胡锦涛:《坚定不移沿着中国特色社会主义道路前进　为全面建成小康社会而奋斗》,人民出版社 2012 年版。

姜旭朝主编:《中华人民共和国海洋经济史》,经济科学出版社 2008 年版。

金永明:《中国海洋法理论研究》(第 2 版),上海社会科学院出版社 2023 年版。

鞠海龙主编:《海权与国际海洋秩序》,时事出版社 2018 年版。

李双建、于保华等:《美国海洋战略研究》,时事出版社 2016 年版。

李秀娜:《海外经济利益保护制度研究》,光明日报出版社2022年版。

李雪威主编:《新时代海洋命运共同体构建》,世界知识出版社2020年版。

廉德瑰、金永明:《日本海洋战略研究》,时事出版社2016年版。

梁启超:《梁启超评历史人物(合集)·明清卷》,华中科技大学出版社2018年版。

刘德喜主编:《建设中国特色的海洋强国》,广东经济出版社2022年版。

刘锋:《南海,祖宗海与太平梦》,外文出版社2015年版。

刘明:《中国海洋经济高质量发展研究》,浙江教育出版社2023年版。

刘应本、冯梁:《中国特色海洋强国理论与实践研究》,南京大学出版社2017年版。

刘岳兵:《中日近现代思想与儒学》,生活·读书·新知三联书店2007年版。

刘中民:《世界海洋政治与中国海洋发展战略》,时事出版社2009年版。

陆儒德编著:《爱我蓝色国土》,大连海事大学出版社2005年版。

栾维新等:《中国海洋产业高技术化研究》,海洋出版社2003年版。

牟文富:《中国建设海洋强国中的国际法问题》,知识产权出版社2021年版。

倪乐雄主编:《周边国家海权战略态势研究》,上海交通大学出版社2015年版。

秦天、霍小勇主编:《中华海权史论》,国防大学出版社2000年版。

曲金良:《海洋文化与社会》,中国海洋大学出版社2003年版。

屈广清、曲波主编:《海洋法》(第5版),中国人民大学出版社2023年版。

邵津主编:《国际法》(第6版),北京大学出版社、高等教育出版社2024年版。

沈伟烈主编:《地缘政治学概论》,国防大学出版社2005年版。

石国亮主编:《形势与政策·2011·春》,研究出版社2011年版。

石洪华等:《基于海陆统筹的我国海洋生态文明建设战略研究——理论基础及典型案例应用》,海洋出版社2017年版。

石培华、陆明明、穆怀彦等编著:《海洋旅游发展的中国模式》,中国旅游出版社2021年版。

宋云霞:《国家海上管辖权研究》,海洋出版社2020年版。

唐国梅编译:《〈联合国海洋法公约〉与国际海事组织工作的关系》,大连海事大学出版社2004年版。

童伟华、邹立刚:《国家管辖海域刑事管辖权问题研究》,法律出版社2019年版。

王家俭:《李鸿章与北洋舰队》,生活·读书·新知三联书店2008年版。

王生荣:《海权对大国兴衰的历史影响》,海潮出版社2009年版。

王世涛编著:《海事行政法学研究》,中国政法大学出版社2013年版。

王阳:《全球海洋治理法律问题研究》,武汉大学出版社2023年版。

王义桅:《人类命运共同体:新型全球化的价值观》,外文出版社2021年版。

王逸舟:《全球政治和中国外交:探寻新的视角与解释》,世界知识出版社2003年版。

徐祥民主编:《海洋法律、社会与管理·首刊(2009年卷)》,海洋出版社2010年版。

薛桂芳编著:《蓝色的较量:维护我国海洋权益的大博弈》,中国政法大学出版社2015年版。

杨德昌:《海权!中华海权!》,生活·读书·新知三联书店2022年版。

杨金森:《海洋强国兴衰史略》,海洋出版社2014年版。

杨一凡主编:《新编中国法制史》,社会科学文献出版社2005年版。

张开城、马志荣主编:《海洋社会学与海洋社会建设研究》,海洋出版社2009年版。

张开城等:《海洋社会学概论》,海洋出版社2010年版。

郑苗壮、杨妍编著:《中国海洋生态文明建设研究》,浙江教育出版社

2023 年版。

中共中央马克思恩格斯列宁斯大林著作编译局编:《马克思恩格斯选集》(第 1 卷),人民出版社 1995 年版。

中共中央马克思恩格斯列宁斯大林著作编译局编译:《马克思恩格斯文集》(第 5 卷),人民出版社 2009 年版。

中共中央宣传部、中华人民共和国生态环境部编:《习近平生态文明思想学习纲要》,学习出版社、人民出版社 2022 年版。

中国交通运输协会邮轮游艇分会、上海海事大学亚洲邮轮学院、中国港口协会邮轮游艇码头分会编:《2019 中国邮轮发展报告》,旅游教育出版社 2019 年版。

中国旅游研究院:《2011 年中国旅游经济运行分析与 2012 年发展预测》,中国旅游出版社 2012 年版。

中国社会科学院近代史研究所中华民国史研究室等合编:《孙中山全集》,中华书局 1981 年版。

中国现代国际关系研究院海上通道安全课题组编:《海上通道安全与国际合作》,时事出版社 2005 年版。

周达军、崔旺来、李百齐:《政府海洋产业管理研究》,中国书籍出版社 2013 年版。

朱锋主编:《21 世纪的海权:历史经验与中国课题》,世界知识出版社 2015 年版。

朱建庚:《国家管辖范围外的海洋法律制度》,知识产权出版社 2019 年版。

自然资源部海洋发展战略研究所课题组编著:《中国海洋发展报告(2021)》,海洋出版社 2021 年版。

二、报纸期刊论文类

《习近平:进一步关心海洋认识海洋经略海洋　推动海洋强国建设不断

取得新成就》,载《人民日报》2013年8月1日,第1版。

《习近平在广东考察时强调　坚定不移　全面深化改革　扩大高水平对外开放　在推进中国式现代化建设中走在前列》,载《人民日报》2023年4月14日,第1版。

倪光辉:《强化忧患意识使命意识大局意识　努力建设强大稳固的现代边海防》,载《人民日报》2014年6月28日,第1版。

《习近平在十八届中共中央政治局第八次集体学习时的讲话》,载《人民日报》2013年7月30日,第1版。

习近平:《高举中国特色社会主义伟大旗帜为全面建设社会主义现代化国家而团结奋斗——在中国共产党第二十次全国代表大会上的报告》,载《中华人民共和国国务院公报》2022年第30号。

习近平:《决胜全面建成小康社会夺取新时代中国特色社会主义伟大胜利——在中国共产党第十九次全国代表大会上的报告》,载《人民日报》2017年10月28日。

杜尚泽、俞懿春:《习近平:深化合作伙伴关系共建亚洲美好家园——在新加坡国立大学的演讲》,载《人民日报》2015年11月8日,第2版。

习近平:《文明交流互鉴是推动人类文明进步和世界和平发展的重要动力》,载《求是》2019年第9期。

习近平:《在布鲁日欧洲学院的演讲》,载《人民日报》2014年4月2日,第2版。

习近平:《在纪念毛泽东同志诞辰120周年座谈会上的讲话》,载《人民日报》2013年12月27日,第2版。

习近平:《在庆祝中国共产党成立95周年大会上的讲话(2016年7月1日)》,载《求是》2021年第8期。

习近平:《在文化传承发展座谈会上的讲话(2023年6月2日)》,载《求是》2023年第17期。

习近平:《在中央外事工作会议上的讲话》,载《人民日报》2014年11月30日,第1版。

李学勇、李宣良、梅世雄:《习近平集体会见出席海军成立70周年多国海军活动外方代表团团长》,载《人民日报》2019年4月24日,第1版。

倪光辉:《习近平接见第五次全国边海防工作会议代表》,载《人民日报》2014年6月28日,第1版。

《完整准确全面贯彻新发展理念——论学习贯彻习近平总书记在首部级专题研讨班上重要讲话》,载《人民日报》2021年1月14日,第1版。

《中央外事工作会议在京举行习近平发表重要讲话》,载《人民日报》2014年11月30日,第1版。

杨斌:《维护跨国供应链安全 筑牢国家安全屏障》,载《解放日报》2024年5月12日,第6版。

敖攀琴:《如何提升海洋文化软实力》,载《人民论坛》2017年第13期。

白佳玉、李晓玉:《习近平法治思想中的海洋法治要义》,载《河北法学》2024年第2期。

毕鸿昌、唐皇凤:《中国共产党领导现代国家建设的模式演进与价值遵循》,载《求实》2024年第2期。

毕长新、史春林:《马克思恩格斯海洋经济思想及其当代价值》,载《大连理工大学学报(社会科学版)》2020年第3期。

蔡勤禹、华瑛:《新时代海洋强国思想多维源流探析》,载《理论与评论》2019年第6期。

蔡勤禹、姜志浩:《新时代海洋强国思想内在要素及其关系探析》,载《上海党史与党建》2020年第12期。

蔡拓、杨昊:《试析"硬实力"困境》,载《现代国际关系》2011年第2期。

蔡拓:《全球治理与国家治理:当代中国两大战略考量》,载《中国社会科学》2016年第6期。

曹德胜、张厚保、朱博麟:《全面贯彻二十大精神保障我国粮食运输安全》,载《水上安全》2022年第6期。

曹群、丁天笑:《新形势下中国与东盟国家共建"蓝色伙伴关系":基础、挑战和路径》,载《南海学刊》2024年第1期。

陈敬根:《海洋经济发展与海事安全保障》,载《上海法学研究》2019年第21卷。

陈明辉、沈倬丞:《中日海洋经济合作的可能性及路径选择》,载《东北亚经济研究》2023年第5期。

陈宇:《人类命运共同体视域中的国家传统疆域与新疆域》,载《世界地理研究》2021年第5期。

成志杰、袁翠萍:《建设海洋强国与构建海洋命运共同体:新时代中国海洋叙事的两个维度》,载《江苏海洋大学学报(人文社会科学版)》2023年第3期。

程保志:《从欧盟海洋战略的演进看中欧蓝色伙伴关系之构建》,载《江南社会学院学报》2019年第4期。

初育国:《试论民族国家的演进及现状》,载《北京大学学报(哲学社会科学版)》2003年第4期。

崔旺来:《论习近平海洋思想》,载《浙江海洋学院学报(人文科学版)》2015年第1期。

崔野、王琪:《关于中国参与全球海洋治理若干问题的思考》,载《中国海洋大学学报(社会科学版)》2018年第1期。

邓猛、王成:《从新版〈俄联邦海洋学说〉看俄海军未来发展趋势》,载《现代军事》2016年第1期。

董跃:《我国周边国家"海洋基本法"的功能分析:比较与启示》,载《边界与海洋研究》2019年第4期。

段波:《"董贝父子世纪":查尔斯·狄更斯的英国海权想象》,载《广东外语外资大学学报》2024年第4期。

段华明:《21世纪海上丝绸之路:实现中国梦的海上大通道》,载《光明日报》2014年6月16日,第11版。

高俊华:《关于海事审判"三合一"的思考》,载《中国海商法研究》2015年第1期。

高兰:《海权发展模式研究与中国海权理论构建》,载《亚太安全与海洋研究》2019年第5期。

高兰:《日本海洋战略的发展及其国际影响》,载《外交评论》2012年第6期。

高兰:《世界主要海洋国家四种海权模式的特征及其对中国的启示》,载《中国海洋大学学报(社会科学版)》2021年第2期。

高兰:《亚太地区海洋合作的博弈互动分析——兼论日美海权同盟及其对中国的影响》,载《日本学刊》2013年第4期。

高凛:《论保护责任对国家主权的影响》,载《江南大学学报(人文社会科学版)》2011年第2期。

巩建华:《海权概念的系统解读与中国海权的三维分析》,载《太平洋学报》2010年第7期。

郭军、郭冠超:《对加快发展海洋经济的战略思考》,载《海洋信息》2011年第2期。

郭文韬:《中国崛起为"陆海双料强国"的前景判断——以"一带一路"战略视角分析》,载《南方论刊》2017年第11期。

海洋农业产业科技创新战略研究组环境保护与资源养护专题组:《发展海洋环境保护与资源养护产业刻不容缓》,载《中国农村科技》2013年第11期。

韩立民、李大海:《"蓝色粮仓":国家粮食安全的战略保障》,载《农业经济问题》2015年第1期。

韩毓海:《深入领会习近平文化思想,勇担大学使命》,载《光明日报》2024年1月9日,第15版。

韩增林等:《我国海洋经济高质量发展的问题及调控路径探析》,载《海洋经济》2021年第3期。

何平立、沈瑞英:《"郑和模式":现代海权构建的思考与启示》,载《太平洋学报》2013年第4期。

贺鉴、王雪:《全球海洋治理视野下中非"蓝色伙伴关系"的建构》,载《太平洋学报》2019年第2期。

洪刚:《全面推进新时代海洋文化建设》,载《人民日报》2023 年 3 月 1 日,第 8 版。

胡斌:《国家管辖范围以外区域海洋遗传资源开发的国际争议与消解——兼谈"南北对峙"中的中国角色》,载《太平洋学报》2020 年第 6 期。

黄庆波、王孟孟、李焱:《"国货国运"政策探究》,载《大连海事大学学报(社会科学版)》2013 年第 3 期。

黄硕琳:《渔权即是海权》,载《中国法学》2012 年第 6 期。

会娟、牛敏、韩立民:《我国"蓝色粮仓"建设思路与产业链重构》,载《农业经济问题》2019 年第 11 期。

茭振坤:《中世纪欧洲海商法研究(11 到 15 世纪)》,华东政法大学 2013 年博士学位论文。

贾子方:《论中国海权观念的更新》,载《亚太安全与海洋研究》2016 年第 2 期。

江河:《国家主权的双重属性和大国海权的强化》,载《政法论坛》2017 年第 1 期。

江新国:《海权对俄罗斯兴衰的历史影响》,载《当代世界社会主义问题》2012 年第 4 期。

姜秀敏、陈坚:《论海洋伙伴关系视野下三条蓝色经济通道建设》,载《中国海洋大学学报(社会科学版)》2019 年第 3 期。

姜秀敏、朱小檬:《软实力提升视角下我国海洋文化建设问题解析》,载《济南大学学报(社会科学版)》2011 年第 6 期。

姜秀敏:《服务海洋强国战略的海洋文化体系构建》,载《中国海洋大学学报(社会科学版)》2020 年第 4 期。

姜旭朝、王静:《美日欧最新海洋经济政策动向及其对中国的启示》,载《中国渔业经济》2009 年第 2 期。

蒋以山、谢维杰、高正、陈鲁宁:《发展海洋化工业振兴蓝色经济》,载《海洋开发与管理》2013 年第 1 期。

揭筱纹、尹奇凤:《新中国成立七十年来旅游业发展历程和演变特征》,

载《广西财经学院学报》2019年第6期。

金永明、崔婷：《"海洋命运共同体"对全球海洋治理体系困境的"三维"超越》，载《社会科学》2023年第10期。

金永明：《新时代中国海洋强国战略治理体系论纲》，载《中国海洋大学学报（社会科学版）》2019年第5期。

金永明：《中国海洋安全战略研究》，载《国际展望》2012年第4期。

靳玮、王弟海、张林：《碳中和背景下的中国经济低碳转型：特征事实与机制分析》，载《经济研究》2022年第12期。

李兵：《论海上战略通道的地位与作用》，载《当代世界与社会主义》2010年第2期。

李大陆：《海权演变与国际制度的运用》，载《太平洋学报》2014年第1期。

李国强：《关于中国海洋文化的理论思考》，载《思想战线》2016年第6期。

李国选：《南海问题与中国南部地缘安全》，载《中国石油大学学报（社会科学版）》2014年第4期。

李龙熙：《对可持续发展理论的诠释与解析》，载《行政与法（吉林省行政学院学报）》2005年第1期。

李小军：《论海权对中国石油安全的影响》，载《国际论坛》2004年第4期。

李学峰、岳奇、吴姗姗：《欧盟蓝色经济发展现状与中欧合作建议》，载《海洋经济》2023年第5期。

李映红、张婷：《马克思恩格斯的海洋观及其当代价值》，载《江西社会科学》2020年第11期。

李永祺、唐学玺：《中国海洋生态学的发展和展望》，载《中国海洋大学学报（自然科学版）》2020年第9期。

梁亚滨：《中国建设海洋强国的动力与路径》，载《太平洋学报》2015年第1期。

廖民生、刘洋:《新时代我国海洋观的演化——走向"海洋强国"和构建"海洋命运共同体"的路径探索》,载《太平洋学报》2022 年第 10 期。

林宏宇:《中国海洋战略困境:历史、现实与未来》,载《人民论坛·学术前沿》2012 年第 6 期。

林善炜:《习近平海洋强国战略思想的核心要义与时代价值》,载《理论视野》2023 年第 7 期。

林香红、高健、何广顺等:《英国海洋经济与海洋政策研究》,载《海洋开发与管理》2014 年第 11 期。

林欣:《马克思主义维度下的中国海洋强国战略》,载《宁德师范学院学报(哲学社会科学版)》2020 年第 4 期。

刘成友、胡婧怡:《大连着力发展海洋经济》,载《人民日报》2024 年 8 月 6 日,第 1 版。

刘赐贵:《关于建设海洋强国的若干思考》,载《海洋开发与管理》2012 年第 12 期。

刘芳芳:《生态文明视阈下人的自我实现》,载《江西社会科学》2013 年第 10 期。

刘霏:《改革开放以来中国的海洋战略思想》,载《社科纵横》2012 年第 4 期。

刘贺青:《英国海洋能源产业全球布局背景下的中英海洋能源合作评析与对策》,载《太平洋学报》2016 年第 10 期。

刘莲莲:《国家海外利益保护机制论析》,载《世界经济与政治》2017 年第 10 期。

刘淑静、王静、邢淑颖等:《海水淡化纳入水资源配置现状及发展建议》,载《科技管理研究》2018 年第 17 期。

刘翔、付娜:《滨海新区城乡一体化进程中农村产业升级的路径选择》,载《安徽农业科学》2011 年第 8 期。

刘笑阳:《海洋强国战略的理论分析》,载《太平洋学报》2018 年第 8 期。

刘新华:《新时代中国海洋战略与国际海洋秩序》,载《边界与海洋研究》

2019 年第 3 期。

刘学坤:《马克思恩格斯的海洋政治观研究》,载《河海大学学报(哲学社会科学版)》2022 年第 3 期。

刘阳光、徐麟辉:《渔业对粮食安全的作用及对策》,载《中国渔业经济研究》1998 年第 3 期。

刘洋:《普京时期俄罗斯海洋战略的内涵、实践及特征》,载《俄罗斯东欧中亚研究》2021 年第 2 期。

刘一健、吕贤臣:《试论海权的历史发展规律》,载《中国海洋大学学报(社会科学版)》2007 年第 2 期。

刘永路、徐绿山:《从"零和对抗"到"合作共赢"——中国特色海洋安全观的历史演进》,载《军事历史研究》2011 年第 12 期。

龙勇、宋敏:《全球能源安全大变局下保障我国能源安全的思路与方略》,载《改革》2023 年第 10 期。

娄成武、王刚:《海权、海洋权利与海洋权益概念辨析》,载《中国海洋大学学报(社会科学版)》2012 年第 5 期。

吕龙德、熊莹:《首艘国产大型邮轮交付中国造船业迎来历史高点》,载《广东造船》2023 年第 6 期。

马超林:《新中国成立以来我国能源安全观及能源安全政策的历史演进》,载《湖北社会科学》2023 年第 2 期。

马得懿:《海洋航行自由的体系化解析》,载《世界经济与政治》2015 年第 7 期。

马嬰:《当前世界海洋的发展趋势及其对中国的影响》,载《国际观察》2012 年第 4 期。

庞雄奇等:《中国南海天然气水合物资源产业化发展面临的风险与挑战》,载《石油学报》2024 年第 7 期。

牟文富:《海洋元叙事:海权对海洋法律秩序的塑造》,载《世界经济与政治》2014 年第 7 期。

牛文元:《可持续发展理论的内涵认知——纪念联合国里约环发大会 20

周年》,载《中国人口·资源与环境》2012年第5期。

牛文元:《中国可持续发展的理论与实践》,载《中国科学院院刊》2012年第3期。

潘家华、廖茂林、陈素梅:《碳中和:中国能走多快?》,载《改革》2021年第7期。

庞中英:《联合国可持续发展目标及其对全球海洋治理的意义》,载《人民论坛·学术前沿》2022年第15期。

祁怀高:《中美在西太平洋的海权博弈及影响》,载《武汉大学学报(哲学社会科学版)》2019年第3期。

秦立志:《体系变革、战略塑造与近代日本的海权兴衰》,载《日本研究》2020年第1期。

曲金良:《"环中国海"中国海洋文化遗产的内涵及其保护》,载《新东方》2011年第4期。

曲金良:《发展海洋事业与加强海洋文化研究》,载《青岛海洋大学学报(社会科学版)》1997年第2期。

任航、童瑞凤、张振克等:《南非海洋经济发展现状与中国—南非海洋经济合作展望》,载《世界地理研究》2018年第4期。

阮国岭:《用海水淡化保障高质量发展》,载《民主与科学》2020年第1期。

邵永灵、时殷弘:《近代欧洲陆海复合国家的命运与当代中国的选择》,载《世界经济与政治》2000年第10期。

石家铸:《海权与中国》,复旦大学2006年博士学位论文。

时永明:《海洋权益争端是对中国和平发展的考验》,载《和平与发展》2012年第5期。

史春林:《九十年代以来关于国外海权问题研究述评》,载《中国海洋大学学报(社会科学版)》2008年第5期。

史滇生:《中国近代海军战略战术思想的演进》,载《军事历史研究》2000年第1期。

宋国明:《英国海洋资源与产业管理》,载《国土资源情报》2010年第4期。

宋伟:《海洋命运共同体构建与新的海洋文明》,载《人民论坛》2023年第20期。

孙超、马明飞:《海洋命运共同体思想的内涵和实践路径》,载《河北法学》2020年第1期。

孙聪煜:《加强海洋法治建设维护国家海洋安全》,载《文汇报》2023年12月10日,第6版。

孙璐:《中国海权内涵探讨》,载《太平洋学报》2005年第10期。

唐玉:《为加快建设海洋强国提供支撑:推动海洋文化繁荣发展》,载《人民日报》2021年12月23日,第9版。

童伟华:《南海海域刑事管辖问题研究》,载《河南财经政法大学学报》2013年第3期。

汪永生:《海洋强国背景下中国海洋经济—科技—环境复合系统研究》,中央财经大学2021年博士学位论文。

王富军:《新时代坚持和加强党的全面领导的内在逻辑》,载《学校党建与思想教育》2024年第5期。

王海峰:《论国际软法与国家"软实力"》,载《政治与法律》2007年第4期。

王海峰:《我国远洋渔业发展现状、面临问题与对策浅析》,载《水产科技情报》2022年第6期。

王宏:《海洋强国建设助推实现中国梦》,载《人民日报》2017年11月20日,第7版。

王杰、吕靖:《货载保留政策:中国如何应对》,载《中国水运》1997年第10期。

参见魏红涛:《谱写人类海洋和平的新篇章——第24届世界海洋和平大会侧记》,载《海洋开发与管理》1997年第1期。

王历荣:《论邓小平的海权思想及其实践》,载《中共浙江省委党校学报》

405

2012年第1期。

王历荣:《中国共产党海权思想的理论渊源、历史根据与现实指向》,载《成都大学学报(社会科学版)》2022年第5期。

王琪、崔野:《将全球治理引入海洋领域——论全球海洋治理的基本问题与我国的应对策略》,载《太平洋学报》2015年第6期。

王树文、王琪:《美日英海洋科技政策发展过程及其对中国的启示》,载《海洋经济》2012年第5期。

王双:《日本海洋新兴产业发展的主要经验及启示》,载《天府新论》2015年第2期。

王涛、殷昭鲁:《习近平海洋生态文明观系统思维探析》,载《现代交际》2023年第11期。

王阳:《全球海洋治理:历史演进、理论基础与中国的应对》,载《河北法学》2019年第7期。

王印红、郭晶:《新时代习近平关于海洋强国重要论述研究》,载《山东行政学院学报》2021年第1期。

王雨辰、王瑾:《习近平生态文明思想与中国式现代化新道路的生态意蕴》,载《马克思主义与现实》2022年第5期。

王越芬、孙健:《习近平新时代建设海洋强国战略思想的三重维度》,载《改革与战略》2018年第9期。

韦有周、杜晓凤、邹青萍:《英国海洋经济及相关产业最新发展状况研究》,载《海洋经济》2020年第2期。

温红彦、钱一彬、李建广:《坚定不移沿着这条光明大道走下去》,载《人民日报》2022年2月28日,第1版。

闻舞:《下设六支队伍,舰机配备齐全——专盯钓鱼岛的日本海上保安厅第11管区》,载《环球军事》2008年第14期。

吴黄铭、郑艳、曹晓荣等:《基于海藻产业链分析的海洋药物与生物制品产业发展思路》,载《海洋开发与管理》2021年第5期。

吴锦元:《中国船舶工业发展回顾与展望》,载《船舶物资与市场》2000

年第 6 期。

吴林强、张涛、徐晶晶等:《全球海洋油气勘探开发特征及趋势分析》,载《国际石油经济》2019 年第 3 期。

吴思远:《习近平关于国家安全的重要思想的理论贡献与实践品格》,载《学术界》2022 年第 1 期。

吴征宇:《海权的影响及其限度——阿尔弗雷德·塞耶·马汉的海权思想》,载《国际政治研究》2008 年第 2 期。

武建东:《海洋石油热撑中国海洋石油开发与当代中国能源政策的转型》,载《海洋世界》2007 年第 1 期。

夏立平:《中国特色海洋文化建设与软实力提升》,载《人民论坛·学术前沿》2022 年第 17 期。

肖晞、樊丛维:《美日海权同盟的背景、特征及中国的战略应对》,载《东北亚论坛》2020 年第 4 期。

徐贺云:《改革开放 40 年中国海洋国际合作的成果和展望》,载《边界与海洋研究》2018 年第 6 期。

徐杏:《海洋经济理论的发展与我国的对策》,载《海洋开发与管理》2002 年第 2 期。

徐政、左晟吉、丁守海:《碳达峰、碳中和赋能高质量发展:内在逻辑与实现路径》,载《经济学家》2021 年第 11 期。

许俊强:《领海外国家管辖海域的海事司法管辖权之完善》,载《人民司法(应用)》2017 年第 22 期。

薛桂芳:《〈联合国海洋法公约〉体制下维护我国海洋权益的对策建议》,载《中国海洋大学学报(社会科学版)》2005 年第 6 期。

阎国良:《关于我国水产发展战略问题初探》,载《农业经济丛刊》1983 年第 4 期。

杨钒、关伟、王利等:《海洋中心城市研究与建设进展》,载《海洋经济》2020 年第 6 期。

杨红生:《我国蓝色粮仓科技创新的发展思路与实施途径》,载《水产学报》2019 年第 1 期。

杨华:《海洋法权论》,载《中国社会科学》2017 年第 9 期。

杨华:《海洋基本法的立法定位与体系结构》,载《东方法学》2021 年第 1 期。

杨玲玲:《国家利益的基本内涵和本质特征》,载《国际关系学院学报》1997 年第 4 期。

杨威:《"一带一路"视阈下中国海洋文化国际传播路径探析》,载《湖湘论坛》2019 年第 1 期。

杨震、蔡亮:《"海洋命运共同体"理念视野下的当代中国海权功能》,载《世界地理研究》2023 年第 4 期。

杨震:《后冷战时代海权的发展演进探析》,载《世界经济与政治》2013 年第 8 期。

姚莹:《"海洋命运共同体"的国际法意涵:理念创新与制度构建》,载《当代法学》2019 年第 5 期。

叶自成、慕新海:《对中国海权发展战略的几点思考》,载《国际政治研究》2005 年第 3 期。

殷克东等:《我国海洋强国战略的现实与思考》,载《海洋开发与管理》2009 年第 6 期。

尤永斌:《建设海洋强国的战略统筹与布局》,载《前线》2020 年第 6 期。

郁志荣:《日本〈海洋基本计划〉特点分析及其启示》,载《亚太安全与海洋研究》2018 年第 4 期。

袁发强:《国家管辖海域与司法管辖权的行使》,载《国际法研究》2017 年第 3 期。

张灯:《习近平关于我国海外利益保护重要论述研究》,载《东岳论丛》2023 年第 9 期。

张峰:《马克思恩格斯海洋观的理论逻辑》,载《集美大学学报(哲社版)》2022 年第 2 期。

张峰:《马克思主义经济学框架下的海权思想研究》,载《太平洋学报》

2014年第8期。

张海文:《百年未有之大变局下的国家海洋安全及其法治应对》,载《理论探索》2022年第1期。

张海文:《地缘政治与全球海洋秩序》,载《世界知识》2021年第1期。

张京:《新时代海洋命运共同体》,载《光明日报》2023年9月1日,第4版。

张宁:《再谈"国货国运"》,载《中国远洋航务》2008年第6期。

张俏、吴长春:《论建设海洋强国在中国特色社会主义事业中的地位》,载《理论探讨》2014年第6期。

张卫彬、朱永清:《海洋命运共同体视域下全球海洋生态环境治理体系建构》,载《太平洋学报》2020年第5期。

张文木:《"麦金德悖论"与英美霸权的衰落——基于中国视角的经验总结》,载《国际关系学院学报》2012年第5期。

张文木:《从整体上把握中国海洋安全——"海上丝绸之路"西太平洋航线的安全保障、关键环节与力量配置》,载《当代亚太》2015年第5期。

张文木:《论中国海权》,载《世界经济与政治》2003年第10期。

张文木:《制海权与大国兴衰的启示》,载《学习月刊》2005年第3期。

张湘兰、叶泉:《建设海洋强国的法律保障:中国海洋法体系的完善》,载教育部人文社会科学重点研究基地、武汉大学国际法研究所主办:《武大国际法评论》第16卷·第1期。

张小明:《约瑟夫·奈的"软权力"思想分析》,载《美国研究》2005年第1期。

张永梅、于宗然:《简述海水提溴技术的现状及进展》,载《化工管理》2019年第9期。

章前明:《国际合法性与大国责任的变化》,载《浙江大学学报(人文社会科学版)》2014年第2期。

赵媛、王海峰:《"双碳"背景下中国海洋可再生能源产业化路径探析》,载《能源与节能》2023年第5期。

郑伟、石洪华:《海洋生态系统服务的形成及其对人类福利的贡献》,载《生态经济》2009年第8期。

中共国家海洋局党组:《实现中华民族海洋强国梦的科学指南——深入学习习近平总书记关于海洋强国战略的重要论述》,载《求是》2017年第17期。

中国船舶工业集团公司海洋工程部:《大力发展海洋工程装备推动我国成为海洋强国》,载《海洋经济》2011年第1期。

周良武:《马克思关于海洋对资本主义兴起的影响探析》,载《淮海工学院学报(人文社会科学版)》2019年第5期。

周尚君:《从四个维度把握国家安全制度体系》,载《光明日报》2024年4月15日,第6版。

周守为、李清平:《构建自立自强的海洋能源资源绿色开发技术体系》,载《人民论坛·学术前沿》2022年第17期。

周守为、李清平:《开发海洋能源,建设海洋强国》,载《科技导报》2020年第14期。

周鑫宇:《中国国际责任的层次分析》,载《国际论坛》2011年第6期。

朱锋:《"非传统安全"解析》,载《中国社会科学》2004年第4期。

朱璇、贾宇:《全球海洋治理背景下对蓝色伙伴关系的思考》,载《太平洋学报》2019年第1期。

自然资源部党史学习教育领导小组办公室:《党领导新中国海洋事业发展的历史经验与启示》,载《中国自然资源报》2022年1月5日,第5版。

邹克渊:《国际海洋法对构建人类命运共同体的意涵》,载《中国海洋大学学报(社会科学版)》2019年第3期。

写在后面的话

　　从接受法学教育到从事司法实务，一路走来，都在与权利打交道——行使权利与保障权利。人身权、财产权、知识产权、环境权……甚而，有些微"小自信"。求学、实务四十载，自信"权利意识"、"权利观"，已成思想方法；"权利表达"、"权利能力"，已成工作方法，一笑。

　　初来乍到海事法院，蛮以为凭借所学所历足可以适应。2021年4月，一桩源自海上的特大油污案，让自己陷入迷茫之中，涉案船舶是否构成犯罪，业内外专家颇有争议。不仅如此，凡涉及海上纠纷处置，无论在观念认识还是在证据适用等诸多方面，海事法官与地方法院法官常常自说自话。于是，自以为的"小自信"渐成"坍缩"。难道传统的"权利观"，一直以来养成的"权利表达"、"权利能力"实现方式，不适用于海上纠纷的解决吗？

　　2021年4月，上级提出要深入探索研究中国特色海权理论，像一道光照进了自己的迷茫。海权，这个对自己而言不亚于"横空出世"的家伙，深深地震撼到了自己。于是从马汉的"海权三部曲"开始，我几乎涉猎了能够找见的关于海权理论的中外著述，渐渐廓清了海权与陆权、海权思维与陆权思维的界限。深刻认识到,19世纪以"控制论"为基调的马汉海权思想,已然不适用于21世纪的海洋命运共同体。传统的军事海权理论已显逼仄,而"海洋命运共同体"语境、生境下的经济海权、生态海权、文化海权、政治海权、法治海权,越来越成为那道破云穿雾的光。至此,基于"小自信"而产生的权利迷茫渐渐散去。要实现经略海洋大目标,须大力倡树海权意识和海权思维。

与其坐而论道,不如起而行之。遂与几位青年才俊开始了海权理论的探索研究。牛萌、李宁、匡浩、于昊、刘振华、王洪飞、孙法柏、单娟、余晓龙、陈健、马俊霞、刘昭、陈亚莉、李清扬等凭籍卓越的领悟力、高强的研究能力和良好的执行力,经过三年多的学习思考,在占有大量国内外海权理论研究资料的基础上,著成了这部《海权通论》。期间,多次求教于我国著名法学家、教育家、法律专家徐显明教授,数次受教于我国著名国际政治理论家、山东大学二级教授、我的博士生导师刘玉安先生,山东大学政治学与公共管理学院院长马奔教授,山东大学法学院副院长付本超教授也给予了宝贵支持,深表谢意!课题研究及成书过程中得到了宋俊文、曹照勇、王建军、王爱玲、刘小娜、郭俊莉、王妍娥同志的支持帮助,在此一并致谢!

很喜欢泰戈尔的一段话:把自己活成一道光,因为你不知道谁会借着你的光走出黑暗;请保持心中的善良,因为你不知道谁会借着你的善良走出绝望;请保持你心中的信仰,因为你不知道谁会借着你的信仰走出迷茫。请相信自己的力量,因为你不知道,谁会因为相信你,开始相信自己。愿我们每个人都能活成一道光,绽放着所有的美好!

就用这几句话作为拙著的结语吧。

愿中国特色海权理论之光照亮你我他,照进大中华!

吴锦标
2024年11月29日